디코딩 차이나

14개의 주제로 풀어본
중국

최세윤 저

보고사
BOGOSA

서문

2015년 연구년을 맞아 1년간 교환교수의 신분으로 중국 심양사범대학교를 방문하여 국제한어교육(國際漢語教育)학과 학부와 대학원에서 한국어와 중한문화비교론을 가르쳤었다. 선양(沈陽)은 랴오닝성(遼寧省)의 성도이기에 중국의 변화와 발전, 특히 동북 3성의 빠르게 발전하는 모습을 친히 볼 수 있었다. 이후 베이징(北京)에서 출발하여 선양을 거쳐 창춘(長春)을, 그리고 급기야는 하얼빈(哈爾濱)까지 가는 고속철이 개통되어 반나절 생활권이 되었다. 아마도 선양은 한반도와 중국, 그리고 러시아와 유럽을 잇는 물류의 허브 중심이 될 것이라고 조심스럽게 전망해 본다.

나는 중국을 방문할 때마다 그 도시의 가장 큰 서점을 들르곤 한다. 요즘 어떤 책이 출판되어 사회에 반향을 일으키고 있는지, 그리고 어떤 주제가 중국인들에게 회자되는지 알아보는데 서점만 한 데가 없다. 게다가 운이 좋으면 중국과 문화에 대해서 가볍게 차 한 잔 마시며 얘기할 수 있는 중국인을 만날 수도 있기 때문이다. 그날도 아침 일찍부터 심양에서 제일 크다고 하는 서점을 찾아 나섰다. 오늘은 어떤 인연과 좋은 책을 만날 수 있을까 하는 설렘과 기대감을 가지고 말이다.

평일이었지만 많은 사람이 이른 시간부터 서점에 운집해 있었고, 저마다 자신이 좋아하는 책을 붙들고 열심히 독서 삼매경에 빠져있었다. 아무래도 중국의 인문학에 대해 관심이 많은 터라 문화와 문학, 철학 분야의 서적들이 진열되어 있는 서가로 향했고, 나도 그네들처럼 푹신한 개인용 방석을 바닥에 깔고 이런저런 책을 골라 읽어보기 시작했다. 오랜만에 중국에서 생활하다 보니 예전에 알았던 중국과 많은 차이가 있음을 알게 되었고, 몇 개의 특정한 주제를 가지고 중국 사회와 문화를 풀어보는 책을 한 번 써보면 어떨까 하는 포부가 생겼다.

　그러니 자연 내 관심과 눈길은 중국문화 관련 서적이 모여있는 서가에 머물며 도움이 될 만한 책이 있을까 계속 찾아보고 있었다. 우연히 한 자리 건너 앉아있던 중년의 남성 한 사람이 내 시야에 들어왔다. 딱 봐도 학문에 많은 조예가 있을 것 같은 모습에 두꺼운 안경을 쓰고 열심히 메모해가며 책을 읽고 있었다. 무슨 책을 그렇게 열심히 읽고 있나 호기심이 생겨 옆에 쌓아두었던 책더미를 보는 순간 '아 오늘의 인연은 이분이 아닐까?'하는 생각이 들었다. 우리나라에도 꽤 지명도가 높은 위치우위(余秋雨)의 책을 읽고 있는 걸 보니 아무래도 중국의 인문학에 대해 식견이 높아 보였기 때문이다. 호시탐탐 기회를 엿보던 차에 차후(茶壺 : 중국차를 마실 때 사용하는 작은 주전자)를 꺼내 차 한 모금을 마시며 숨을 돌리고 있는 것을 보고 용기를 내 말을 걸었다. 물론 중국어로 말이다!

　　"안녕하세요? 잠시 실례를 해도 될까요? 저는 한국에서 온 중국문화에 대해 관심이 많은 사람입니다. 혹 시간이 되신다면 중국문화에 대해 잠시 여쭤봐도 될까요?"
　　"네 그렇게 하세요…."
　　"외국인으로서 중국문화에 대해 매우 관심이 많은데 중국문화를 비교적 상세하게 소개하는 책을 한 권 추천해 주실 수 있을까요?"
　　"음…. 잠시만요…! 자 이 책들을 한 번 참고해보세요!
　　"감사합니다!"
　　"메이셔얼(별말씀을요)!"

　이렇게 해서 내 손에 들어온 책은 각각 『중국문화사(中國文化史)』, 『중국문화강요(中國文化綱要)』, 『중국고대문화사(中國古代文化史)』 등등이었다. 이 책의 공통된 주제는 대부분 중국문화가 만들어진 배경과 사상적 근원, 그리고 중국의 전통문화였다. 그러니 자연 공자와 맹자는 절대 빠질 수 없었고, 그 밖에도 노자(老子)와 순자(荀子), 송명이학(宋明理學) 등 중국의 전통적 가치관에 대한 내용이 주를 이루었다. 중국의 문화라고 하면 물론 사상적 연원이 된 제자백가(諸子百家)를 빼놓을 순 없지만 내가 정말 보고 싶은 것은 현재 중국의 사회와 문화, 그리고 그 원인을 상세하게 분석한 것들이라 좀 더 구체적이고 생동감 넘치는 책을 소개해 주었으면 했다. 그러고 보니 중국문화와 관련된 서적을 모아놓은 서가에는 대부분 중국의 고대문화와 전통 가치에 관한 책들이었고, 정말 극히 일부분의 책들이 현대 중국의 사회와 가치관을 소개하고 있다.

　생각이 여기까지 미치자 문득 2008년 베이징올림픽 개막식 장면이 떠올랐다. 올림픽의 개막식은 일반적으로 주최국의 과거와 현재, 그리고 미래를 전 세계 사람들에게 보여주는 시간인데, 그때 처음부터 끝까지 개막식 행사를 본 나의 뇌리에 남아있던 것은 다름 아닌 공자의 삼천 제자들이 나와 중국의 4대 발명품 중의 하나인 인쇄술을 소개하며 만들어 낸 '화(和)'였다. 사회주의 국가로서의 중화인민공화국의 현재의 모습은 그 어디에서도 찾아보기 힘들었다. 다시 말해서 올림픽을 통해 중국의 가치는 과거에 머물면서 현재에 대한 성찰 없이 바로 미래를 보여주는데 국한되어 있는 듯 했다.

　밀레니엄 시대 이후 중국어는 중국의 위상이 높아지면서 많은 사람이 배우고 싶어 하는 외국어가 되었다. 이런 수요에 부응하고 보다 효과적으로 중국어를 가르치고 중국문화를 전파할 인재를 양성하기 위해 중국 대학에는 대외한어(對外漢語)라는 전공이 생겨났고, 후에는 한어국제교육(漢語國際敎育)이라 명칭을 변경하여 해외에서 공자아카데미를 중심으로 중국어를 가르치고 중국문화를 보급할 중국어 교사를 양성하고 있다. 그런데 심지어 이 전공에서 개설되는 중국문화 수업의 내용 대부분이 위에서 언급한 대로 공자와 맹자에 관한 것들이 대부분이었다. 외국인들이 배우고 싶고 알고 싶은 것이 비단 중국의 전통사상만이 아니라 지금 살아서 꿈틀거리는 역동적인 중국의 모습과 사회현상이라는 것임을 간과하고 있는 듯하다. 오히려 중국 사회와 문화에 대한 전문서적은 외국인들의 손에 의해서 집필되어 진다. 중국을 다만 6개월이라도 갔다 온 경험이 있는 사람들이라면 자기가 본 중국과 중국인에 대해 용감하게 서술하고 한국의 대중들에게 중국의 모습이 이렇다 저렇다 소개한다. 나도 별반 이들과 차이가 없다.

중국학을 대학에서부터 공부하기 시작했으니 어언 30여 년이 됐다. 내가 경험하고 연구한 중국에 대해 나누고싶다는 생각이 든다. 문화란 매우 주관적이어서 어떤 상태에서, 그리고 어디에서 바라본 중국이냐에 따라 달라질 수 있다. 그 어느 누구도 중국이 지구상에서 유일하게 미국과 자웅을 견줄 나라라는 것에 의심하지 않는다. 다만 왜 중국이 그런 슈퍼강국이 되었는지, 앞으로 우리의 삶에 어떤 영향을 줄지 그 원인에 대해 잘 알지 못한다. 아니, 알고 싶어하지 않는다. 중국의 정치와 경제를 제외하고는 영향력이 미미하기 때문이다. 그래서 디코딩 차이나 (Decoding China) - 이해불가의 중국을 14개의 주제로 풀어보고자 한다.

이 책은 매년 출판되는 수많은 중국 관련 서적 중에 한 권에 지나지 않겠지만, 그래도 조금은 구체적인 관점에서 중국을 들여다보는 중국문화서적이 될 수 있기를 바라는 작은 소망으로 이 책을 집필해 본다. 끝으로 이 책이 나오기까지 원고 수정과 편집, 그리고 교열을 위해 수고해주신 모든 보고사 직원분들게 감사를 드린다.

2021년 12월 봉래산 기슭에서
저자 최세윤

차례

일러두기

- 본문의 어휘 설명 및 참고도서는 각 페이지 하단 각주로 처리하였다.
- 본문의 모든 한자는 기본적으로 번체자를 사용하고, 꼭 필요한 경우와 중국어 표현의 경우 간체자를 사용한다.
- 본문에 사용된 중국 인명과 지명 등의 고유명사 발음표기는 1995년 문화 체육부가 고시한 제1995-8호 〈외래어 표기법〉에 의거한 〈교육부 한글 외래어 표기법-중국어 표기〉를 따랐다.

　　예) 李白-이백　毛泽东-마오쩌둥
- 본문과 관련된 상세한 보충설명은 '이것만은 꼭 알아두자!'로 구성하였다.
- 인터넷에서 인용한 자료는 인터넷 웹사이트의 주소를 참고서목에 표기하였다.

제1강

중국은 과연 어떤 나라인가?

-중국의 양면성, 두 얼굴의 중국

> 중국은 'G2' 국가로서 슈퍼 강국이라 불리지만
> 우리가 만나 보는 중국인으로부터는 전혀 그런 모습을 볼 수 없다.
> 아니, 오히려 후진국이라 해도 전혀 이상할 것이 없는,
> 그런 나라가 중국이다.
> 그렇다면, 중국은 과연 어떤 나라인가?
> 우리는 중국에 대해 얼마나 알고 있으며
> 과연 그것이 중국의 참모습일까?
> 양면성을 가진 중국의 모습을 들여다보자.

중국 하면 일반적으로 그렇게 낯설지 않다. 한·중 양국은 지리적으로 인접해 있고, 역사적으로 많은 시, 공간을 함께 공유해왔으며, 문화적으로는 한자를 표기 수단으로 사용했다는 이른바 '한자문화권'이라는 동질감 때문에 그다지 생경함을 느끼지 않는다. 게다가 '장유유서(長幼有序)'와 같은 중국의 전통적 가치관이 우리나라 사회에 깊숙이 뿌리를 내리고 있어 어른을 공경하고 아랫사람을 돌보는 아름다운 전통이 존재하고 있다.

'죽의 장막', 폐쇄된 중국

이렇듯 우리나라는 대부분 시간을 중국과 좋은 유대관계를 유지하면서 공존해왔지만 1992년 8월 중국과의 정식적인 외교 관계를 수립하기 직전까지 우리들의 인식 속에 중국은 '죽의 장막'이라 불리는 매우 폐쇄적인 사회주의국가로 낙인찍혀 있었다. 다시 말해서 1949년 중화인민공화국이 된 중국을, 오늘날 G2로서 미국과 자웅을 겨루는 강대국이 된 중국을 제대로 알지 못할뿐더러 많은 요소로 인해 오해와 편견으로 가득하다. 위에서 언급한 것들이 우리가 중국을 대할 때 가져야 할 의문이면서 해결해야 할 과제이기도 하다. 이것으로 볼 때, 우리가 중국의 사회와 문화를 이해하는데 많은 요소가 필요할 것으로 보인다.

흔히 중국을, 중국인을, 중국에서 일어나는 많은 사회, 문화적 현상에 대해 외국인은 말할 것도 없거니와 중국인들조차도 단 두 마디로 집약하여 대답할 수 있다. 그것은 바로 "誰知道(누가 알겠는가)?"와 "人太多(사람이 너무 많아)"이다. '誰知道'는 그야말로 '너도, 나도 잘 모르겠다'라는 모호성(模糊性, 모호함)과 불항상성(不恒常性, 무원칙)의 의미를 지닌 말이며, '人太多'는 불합리성을 나름 자기합리화하려는 말로 중국에서 경험할 수 있는 대부분 상황에 적용할 수 있는 자조적인 결론이다. 그러므로 '왜 중국인가'에 대한 문제를 논의하기에 앞서 먼저 '두 얼굴을 가진 중국의 양면성'에 대해서 이해하는 것부터 시작해야겠다.

1. 슈퍼파워 슈퍼차이나

"

G2가 되어 미국과 어깨를 나란히,

아니 곧 미지않아 G1이 될 나라!

높은 경쟁성장률을 기록하며 세계의 공장에서

세계의 소비중심으로 변모하는 나라!

'꽌시(관계)의 나라'에서 '플랫폼의 나라'로 변모하는 나라

"

첫째, 미국과 패권을 다투는 '슈퍼파워' 중국

미국과 중국은 현재 지구상에 존재하고 있는 많은 나라 가운데 패권을 다투고 있는 나라이다. 그러다 보니 자국의 이익을 도모하고 국제정세에 막대한 영향력을 행사하기 위해 두 나라는 첨예한 대립각을 세우고 있다. 급기야 두 나라는 트럼프 정부가 들어서면서 백열화 되었는데, 2018년 3월 도널드 트럼프 미국 대통령이 중국 제품에 고율 관세를 부과할 수 있는 행정명령에 서명하면서 두 나라 간의 총성 없는 무역전쟁이 시작됐다. 관세로 시작된 양국의 무역전쟁은 이후 미국의 화웨이 제재와 중국의 희토류 수출제한 시사 등으로 기술 문제로까지 확대됐으며, 미국 국방성이 2019년 6월 내놓은 보고서에 대만을 국가로 명시해 '하나의 중국' 원칙을 깨뜨리면서 체제 문제로까지 확산하였다.

이것으로 볼 때, 중국은 이제 미국과 자웅을 겨룰만한 지구상의 유일한 나라로서, 중국의 정치, 경제 등 다방면에 걸쳐 전방위적인 영향력을

행사하고 있는 명실상부한 'G2' 국가라는 사실에 물음표를 던질 사람은
아무도 없을 것이다.

둘째, 세계에서 가장 큰 소비시장을 가진 나라

중국의 위상이 이렇게 높아진 데에는 이들의 경제 규모가 한몫한다.
중국은 문화대혁명 이후 도탄에 빠진 중국 경제를 회생시켜 중국 인민들
을 배불리 먹이고 따뜻하게 생활하게 할 절체절명의 위기에 봉착하게
된다. 그래서 안으로 제도를 정비하고 확충하는 등의 개혁정책을 추진하
고 대외적으로는 국가 경제를 살리기 위해 외국과 기업에 개방 정책을
확대하는 중대한 결정을 내리게 된다.

이후 심천(深圳)과 주해(珠海)를 비롯한 연안 지역을 중심으로 개방
정책에 박차를 가하는 중국은 과감하게 외국기업과의 협력을 통해 공장
을 세우고 고용을 창출하여 소득이 증대되고, 소득이 이전보다 늘어난
중국인들은 이전처럼 먹고 사는 생존의 문제를 걱정하는 단계를 넘어서
'어떻게 하면 더 잘 살 수 있을까'라는 삶의 질을 추구하게 되었으며,
이제까지 억제되었던 소비에 대한 욕망과 경제적 능력이 향상되어 그야
말로 다시는 중국에서 만들어 낸 물건을 수출하지 않고 충분히 소비할
수 있는 '거대한 소비시장'으로 거듭날 수 있었다.

셋째, '꽌시'의 나라에서 플랫폼의 나라로 변모하는 나라!

중국은 한 마디로 '꽌시(關係)'의 나라이다. '꽌시'는 이른바 '자기와
친한 자를 친하게 대하고, 현명한 자를 현명하게 대하는 것'을 기본으로
하는 **유가의 도덕적 가치관을 바탕으로 형성된 중국인의 인간관계**를
일컫는 말이다. '꽌시'는 혈연관계, 학교 직장 등 연고 관계, 지연 관계
등을 기초해 맺어진 일종의 인맥이라 할 수 있다. 중국인들은 누군가에
게 사과할 때 '상대방에게 얼굴을 들지 못할 정도로 미안하다'는 의미로

'뚜이부치(對不起)'라고 말한다. 그러면 상대방은 의례적으로 '메이꽌시(沒关系)', 즉, '그럴 말을 들을 만큼 나오는 관계가 없으니 죄송할 것도 없다'라고 대답한다. 모두 '꽌시'와 관계된 말이다.

'꽌시'란 우리가 흔히 얘기하는 '끼리끼리', '삼삼오오', 그리고 '유유상종'이라는 말과 일맥상통하는 말이다. 그렇지만 중국의 '꽌시'는 우리의 '끼리끼리'와는 여러 면에 있어서 다름이 존재한다. 우리의 '끼리끼리'는 이합집산(離合集散)이 비교적 자유로운 데 반해 중국의 '꽌시'는 맺기도 어렵고, 한번 맺으면 죽을 때까지 지속한다.

한 마디로 중국의 '꽌시'는 상호 의무적인 성격이 매우 강하기 때문에 누군가와 '꽌시'가 형성되면 상대방으로부터 언제나, 그리고 먼저 호의적인 행동을 기대할 수 있다. 그리고 서로 간 '꽌시'를 유지하기 위해 '암묵적인 의무'에 충실해야 한다. 이렇듯 중국인의 '꽌시'는 우리의 '관계'보다 훨씬 끈끈하고 두텁다. 〈삼국지연의〉 속에 등장하는 유비와 관우, 그리고 장비가 맺은 도원결의 같은 그것이 대표적이다.

이런 **중국은 '꽌시'를 기반으로 오늘날 '플랫폼'의 나라로 거듭**난다. 중국 전통의 '꽌시'는 21세기 4차 산업혁명과 더불어 거대한 플랫폼으로 재탄생하게 되었다. 미국 애플의 스마트폰의 최대 수혜국은 아이러니하게도 미국이 아니라 중국일 것이다. 중국인은 스마트폰을 통해 이전보다 더욱 광범위한 '관계'를 맺게 되고, 중국 정부는 이를 이용해 거대한 통제시스템을 구축함으로써 플랫폼 국가로 재탄생하였다는 말이다. 혹자는 이런 상황을 진시황 아래로 가장 강력한 주민 통제시스템을 구축하여 이른바 '디지털 공산주의'를 유행시켰다고 말한다.

과거 중국은 금융 후진국으로 신용카드사용이 매우 어려워 오로지 현금만으로 물건을 구매할 수 있었다. 그러나 4차 산업혁명과 함께 중국에 불어 닥친 IT 기술의 비약적인 발전에 힘입어 중국은 신용사회를 건너뛰어 바로 모바일 결제 시스템과 핀테크 시스템을 가진 나라가 되었다. 불과 6개월 전까지만 해도 거리 곳곳에 설치된 자판기에서 현금을 사용할 수 있었지만, 현재 자판기를 포함해 거의 모든 영역에 걸쳐, 심지어는 길거리에서 물건을 파는 노점상들도, 구걸하는 사람들 모두 QR코드를 이용한 지불 방식을 사용하게 되었다. 이런 상황에 중국에서 은행 계좌를 만들 수 없어 QR코드 지불방식을 사용할 수 없는 외국인은 그저 '황당'할 뿐이고 중국인은 '당연'하다고 생각한다. 중국은 이제 모든 곳에서 광범위하게 QR코

중국은 현재 모든 점포에서 QR코드 지불 방식을 사용한다. 아예 현금을 받지 않는 상점도 생겨나 현금 없는 사회로 빠르게 진화하고 있다.

드를 사용한 결제 시스템으로 교체되어 그렇게 현금을 좋아하는 중국인이지만 그런 중국 사회에서 현금이 빠르게 사라지고 있다.

　현재 중국에서는 QR코드를 넘어 중국인들이 가장 중요시하는 **'얼굴(面子)'로 모든 금융거래를 할 수 있는 시스템을 구축**해나가기 시작했다. 이것이 바로 안면인식 기술이다. '얼굴(面子)'은 과거 체면을 나타내는 중국문화를 이해하는 중요한 키워드였다면 현재는 4차 산업혁명과 더불어 자신의 체면뿐만 아니라 금융 상태를 나타내고 사회적 지위를 과시하는 중국의 안면인식 기술을 나타내는 단어로 사용된다. 중국 정부가 전국 각지에 2억 대의 폐쇄회로(CCTV)를 통해 인구 14억 명의 얼굴 사진을 확보한 것으로 알려져 있다.

　빅데이터 분석을 통해 카메라에 비친 인물을 특정하는 안면인식 기술은 이에 따라 대형할인점과 지하철 개찰구, 짐 보관소, 초중고 교육시설, 관공서, 심지어 쓰레기 분리수거함까지 중국의 일상 속에서 폭넓게 이용되고 있다. 그러므로 쇼핑할 때 일일이 자신의 신분증을 꺼내 보일 필요가 없고, 물건을 살 때도 역시 얼굴만 내밀면 결재할 수 있다.

이제는 대중교통을 이용할 때도 별도의 승차권을 구매할 필요 없이 얼굴 하나면 모든 것을 해결할 수 있는 편리한 세상이 된 것이다. 이뿐만 아니라 안면인식 기술과 데이터 축적으로 인해 범죄 단속과 범인 검거에도 아주 유용하게 쓰이고 있다고 한다. 2018년 5만여 명이 운집한 유명 가수의 콘서트 입장 시 얼굴 확인으로 지명수배자 수십 명을 검거했고, 상하이 고속도로 요금소에서는 17년 전 살인범이 붙잡히기도 했다.

넷째, 코로나 19 사태를 효과적으로 진압한 중국

우한 봉쇄 하루 전에 500만 명의 인구가 전국으로 빠져나갔으나 25일 만에 코로나 19를 잡았다. 북경의 '신파디(新發地)' 농수산 도매시장에서 발생한 2차 확진 사태에도 2주일도 안 돼 안정시켰다. 바로 스마트폰 위치정보와 QR코드 결제 및 CCTV를 활용한 안면인식 기술 덕분에 완벽하게 한 사람까지 찾아내 격리할 수 있었다.

그렇지만 최근에 중국에도 많은 변화가 일어났는데, 바로 '주민 통제용'으로 활용되고 있는 안면인식 장치에 대한 거부 움직임이 퍼지고 있다. 중국 대도시를 중심으로 자신의 동의 없이 얼굴 정보와 출입 기록 등을 수집하고 있는 것은 명백한 사생활 침해라며 강하게 반발하는 움직임이 보이기 때문이다. 중국 베이징과 상하이에서 주택 단지 입구에 설치한 안면인식 장치에 대한 보이콧이 퍼지고 있다고 글로벌타임스(GT)가 지난해 12월 30일 보도했다.

다섯째, 중국의 비대면 원격 의료시스템

중국에는 우리나라의 수능과 같은 '가오카오(高考)'가 있다. 매년 요일에 상관없이 6월 7일부터 8일 혹은 9일까지 시험을 친다. 시험이 끝난 당일 저녁 신문과 방송에서는 각 성에서 1등을 한 장원(狀元)이 누구며 몇 점을 맞았는지, 그리고 어느 고등학교에 다니는지에 대해서 앞을 다투어 보도한다. 이 가운데 가장 사람들의 시선을 끄는 것은 당연히 이 학생이 어느 대학 어느 학과에 진학할 것 인지이다. 과연 중국의 가장 똑똑한 학생들은 우리나라처럼 의대에 진학할 것인가?

현실은 그렇지 않다. 중국에서 가장 인기 있는 학과는 단연 문과에서는 경제학과와 경영학과, 이과에서는 수학과, 물리학과, 그리고 생물학과라고 한다. 의대의 경우 낙후된 의료시스템과 들인 노력과 시간에 비해 턱없이 낮은 임금, 그리고 환자와 크고 작은 갈등으로 인해 시험 성적이 좋은 학생들이 의대에 진학하는 것을 기피한다는 것이다. 그래서 최근에는 이러한 중국의 고질적인 의료시스템상의 문제를 해결할 수 있는 대안으로 '비대면 원격의료 서비스'가 대안으로 급부상하고 있다.

현재 중국은 의료인력 부족과 시스템상의 문제로 병원 스스로가 비대면 진료를 적극적으로 추진하고 있다. 우리나라의 경우 비대면 진료가 시행되면 병원의 수익이 급감하고 의료의 질이 저하된다는 이유로 말도 못 꺼내는 상황과는 전혀 다르다. 사실 중국에서 생활에 본 사람이라면 반드시 명심해야 할 것이 있는데 그건 바로 '절대 아프지 말아야 한다'라는 거다. 중국에서는 자국민도 양질의 의료혜택을 받기 어려운데 하물며 외국인이 의료혜택을 받기는 절대 쉽지 않은 일이며, 게다가 병원에 진료를 보러 가더라도 종일 기다리는 것은 보통이고, 제대로 된 의료서비스를 받기 어렵기 때문이다. 심지어 진찰을 받기 위해 몰려드는 환자를 위해 대기표를 받아주고 수수료를 챙기는 사람이 생겨날 정도로 의료현실은 매우 열악하다. 더군다나 코로나 19의 만연으로 대면 접촉을 기피하는 현상까지 벌어져 현 상황 속에서 간편하게 오프라인 병원의 홈페이지나 스마트폰 앱을 통해 각 병원의 온라인 가상병원에 접속하여 진료받을 의사와 날짜, 시간을 정해 예약하면 간단하게 화상 진료를 받을 수 있다.

이러한 원격 의료시스템은 의료혜택의 사각지대에 놓인 산간벽지 사람들이나 굳이 의사를 만날 필요가 없는 일상적인 질환이나 만성 질환자, 그리고 혼자서 병원에 갈 수 없는 노약자들을 중심으로 호평을 받고 있다. 환자는 온라인상에서 의사에게 진찰을 받고 병원은 처방전을 온라인 약국(Smart Pharm.)에 보내고 약국은 처방전에 따라 약을 지어 택배 배달원에 주면 바로 환자의 집까지 배달되는 것이다. 사실 이 비대면 원격의료 시스템은 중국 정부가 강력하게 추진하고 있는 이른바 '다 함께 부유한 생활을 누리기 위해 공평, 공정하게 사회의 자원을 분배받자'라는 이른바 '공동부유론(共同富裕論)'의 일환인 것이다.

이와 같은 중국의 의료계 상황을 고려하여 평안보험(平安保險)은 '평안굿닥터(平安好醫生)'를, 알리바바가 '알리헬스케어 시스템(阿里健康)'을 만들었고, 원격의료 시스템을 통한 진료를 개시하자마자 순식간에 1억 명 이상이 접속하여 서비스를 받았는데, 중국 Mob 연구원 통계에 따르면 2021년 상반기 인터넷과 모바일을 통한 원격 의료시스템 사용자 수가 이미 6,000만 명을 넘어섰다고 한다. 지난해 상반기 대비 106.5% 이상 증가한 수치라고 한다. 한 마디로 중국의 원격진료, 원격의료의 신기원을 열었다고 할 수 있다.

중국은 상술한 바와 같이 **미국과 어깨를 나란히 할 지구상의 유일한 슈퍼 강국**이다. 현재 우리가 살아가는 현실 속에서 모든 방면에 걸쳐 중국을 떼어놓고 진정한 얘기가 오고 갈 수 없다. 그만큼 중국의 영향력이 전 세계에 전 영역에 걸쳐 지대하고 막강하기 때문일 것이다. 그렇지만 한편으로는 우리가 아는 중국은 꼭 그런 모습만 하고 있지 않다. 아니, 오히려 "어떻게 중국이 강대국이 될 수가 있지?"라는 반문을 한다. 지금의 중국이 되기까지 많은 부작용과 후유증을 앓고 있고, 앞으로 중국이 초강대국이 되기 위해 반드시 해결해야 할 문제이기도 하다. 그렇기에 중국은 한 마디로 '두 얼굴을 가진 나라'라고 말할 수 있다.

"

한마디로 중국은...
알 듯 모를 듯, 이런 거 같기도 하고 저런 거 같기도 하고
눈에 보이는 현상 이면의 것을 보기 위해
문화에 대한 이해는 필수다!

"

2. 짝퉁이 판을 치는 나라

사람이 있는 곳이면 어디든 중국인이 있다는 말이 있는데, 이제는
이런 말이 생겼다고 한다. **"중국인이 있는 곳이면 어디든 짝퉁이 있다."**
중국 하면 짝퉁을 떠올릴 정도가 된 것이기 때문이다. 그러므로 중국에
여행을 가서 짝퉁 시장 한 번 가보지 않은 사람은 매우 드물 것이다.

중국 어느 도시를 가더라도 알 듯 모를 듯한 브랜드 상점이 즐비하다. 특히 영어로 쓴 간판이나
상품은 철자법 하나하나 꼼꼼하게 들여다봐야 한다. 언뜻 보면 진품 같지만 기발하게 진품을
모방한 짝퉁 제품이 버젓이 판매되고 있는가 하면, 짝퉁 간판을 걸고 '내 가게에 있는 건 모두
가짜'라고 배짱 있게 장사를 하는 곳이 매우 많다.

중국 정부는 이 짝퉁 때문에 국가 이미지가 나빠지는 것을 우려하여 매년 3월 15일 소비자의 날마다 짝퉁 상품을 고발하는 프로를 집중적으로 방영하기도 하고, 가끔 갖가지 짝퉁 제품을 산처럼 쌓아 놓고 폐기하는 퍼포먼스를 벌인다.

1) 중국은 왜 이렇게 짝퉁 천국이 되었을까?

명품 짝퉁이든 공산품 짝퉁이든 **짝퉁이 유행하는 데는 적어도 세 가지 조건이 필요**하다고 한다. 그건 바로 명품 가방이든 최신 휴대전화든 원래 제품과 흡사하게 만들 수 있는 기술력이 있어야 하고, 그것을 만들기 위한 제조 비용이 저렴해야 하며, 짝퉁에 대한 풍부한 수요, 즉 넓은 시장이 있어야 한다.

이런 점에서 보자면 발전하는 기술력과 저렴한 노동력, 체면치레를 중요시하는 문화를 가진 중국은 다른 나라보다 짝퉁이 유행할 수 있는 조건을 잘 갖추고 있다고 할 수 있다. 가장 중요한 이유는 많은 사람이 명품을 가지고 있고, 나도 남들처럼 명품을 갖고 싶은 욕망은 크지만, 명품을 살 경제적인 능력이 안 되기 때문이다.

2) 짝퉁은 "산업 발전의 원동력"

중국은 **짝퉁을 '후진국 경제발전 과정에서 나타나는 어쩔 수 없는 과정의 하나'**라고 생각하고 있다. 그러므로 짝퉁을 일반적으로 자국 산업을, 그리고 기술을 발전시키기 위한 "카피"라고 생각하는 관념이 존재한다. 중소기업이나 후진국이 성장해가는 보편적 패턴 차원에서 짝퉁 제품 제작과 유통을 해석하면서, 기술 수준이 뒤떨어진 중국기업이 선진 다국적 기업과 경쟁하기 위해서는 앞선 제품을 모방하는 짝퉁 단계를 거칠 수밖에 없다고 생각한다.

중국은 세계 여러 나라의 비판을 받으면서 오히려 짝퉁으로 인해 원래 상품을 선전하는 효과가 있다고 말하며 **자국의 제조업을 발전시킬 중요한 동력**이라 큰소리치는 나라다. '모방은 창조의 어머니'라 했던가? 모방을 통해, 합자 형식을 통해 다른 나라의 기술력을 들여오고 모방해 짝퉁 만들어 보고 그러다가 외국기업의 이용 가치가 없어지면 쫓아내는 나라다. 그런데도 너무 많은 나라가, 기업이 중국 사업을 원하고 있어 억울해도 말할 수 없는 경우가 비일비재하다. 남의 것 베끼기를 통해 중국은 철강, 선박 등과 같은 노동집약적 산업에서 정보통신업계 등 기술집약적 산업으로 체질을 개선하고 있다.

3) 짝퉁 공산품에서 산자이(山寨) 문화 현상으로!

중국어로 짝퉁은 보통 가짜 모조품이라는 뜻으로 '쟈마오(假冒) 상품'이라고 부른다. 그런데 중국에는 짝퉁을 부르는 또 다른 말이 있다. 바로 산자이(山寨)라는 말이다. 짝퉁을 가리키는 '산자이'라는 말은 우리에게도 비교적 익숙하다. 특A급 짝퉁은 '까오팡(高仿)'이라 하여 '품질이 우수한 모방 제품'이라는 뜻이다.

(1) '산채' 란 무엇인가?

산채란 원래 '울타리 등 방어시설을 갖춘 산장'을 의미하는 것으로, 점차 '가난한 지역', 또는 '가난한 사람들이 거주하는 지역'을 뜻하는 말로 의미가 확장되어갔다. 또한, 산적이라든가 정부에 대항하여 난을 일으킨 사람들이 산속에 하나의 성처럼 만든 진지나 소굴을 말하기도 한다.

산채는 소설에도 자주 등장한다. 중국 소설 〈수호지〉에서는 정부에 대항하던 송강과 그의 부하들이 저항 근거지로 산채를 차리기도 했고,

우리나라에서는 임꺽정(林巨正)이 청석골에, 장길산(張吉山)이 구월산에 산채를 차리기도 했다. 이들은 정부에 대항하는 불법 세력일 수 있지만, 힘없고 의지할 것 없는 민중들의 처지에서 보면 세상의 억압과 불의에 저항하는 의적이기도 하다.

　이런 **산채 개념에 '모방'이라는 개념이 더해져 새로운 의미가 파생**되었다. 즉, 산채의 중국어 발음인 '산자이'는 짝퉁을 지칭하는 신조어로 쓰이면서 새로운 의미를 지니게 되는데, 불법, 비합법, 도둑이라는 부정적인 의미보다도 '어쩔 수 없는 상황 속에서 기존 질서에 저항'하는 의미를 내포하게 된다.

　중국에서 생산된 초기 산자이 휴대전화는 정품의 외양을 본떠 최대한 비슷하게 만들고, 로고 또한 정품과 비슷하게 Nice, Samsing, Sunny-Erision 등으로 명명하였다. 이처럼 산자이 휴대전화는 정품 휴대전화를 모방하다 보니 제품을 연구하고 개발하는 비용을 절약할 수 있어 가격도 정품 가격의 5분의 1밖에 되지 않았다.

　이러면서 휴대전화 시장을 잠식하게 되어 가격은 훨씬 싸고 기능도 정품과 비교하면 뒤지지 않으며, 외관도 오히려 중국인들이 선호하는 것으로 교체함으로써 결국 중국 대중들이 별 부담 없이 접근할 수 있는 중저가 소비시장을 장악하기에 이른다. 그렇다면 짝퉁이 산자이 문화 현상으로 진화할 수 있었던 원인에 대하여 다시 한번 정리해보자.

첫째, 주류문화에 대한 저항 및 풍자 의식

　중국 텔레비전을 통해 주로 전파되는 주류문화가 중국공산당과 중국 정부를 홍보하는 데 치중하면서 대다수 중국인의 정서를 대변하지 못하고 있는 현실 때문이다. 바로 이러한 이유로 다양한 내용과 재미를 선사하는 한국 드라마가 인기를 끌고 있다.

　설 전날에 방영되는 '춘제 완후이(春節晚會)' 프로그램에 대항하여

'산자이 짝퉁'을 만드는 이유를 보면 그것을 알 수 있다. 네티즌들은 중국공산당과 국가 정책, 업적을 선전하는 예능 프로에 저항하면서 자신들이 좋아하는 노래와 현실을 풍자하는 코미디로 엮은 '민중판 산자이 춘제 완후이'을 만드는 것이다. 이 밖에도 산자이 뉴스, 스타 등 중국 사회에 이렇게 주류문화에 대항하는 비주류 문화 현상이 곳곳에 존재한다.

둘째, 현실 비판을 위함

민의를 반영하는 역할을 하지 못하는 인민대표대회를 대신하여 네티즌이 선발한 사람들로 산자이 인민대표대회를 만든 것에서 볼 수 있듯이 중국 현실에 대한 불만을 산자이 형식으로 표출하는 것이다. 네티즌이 운영하는 산자이 인민대표대회 발언을 보면, 이것이 중국 풀뿌리 민중의 마음을 진정으로 대변하는 진짜 인민대표대회이고, 중국 인민대회당에서 거창하게 열리는 인민대표대회가 짝퉁처럼 느껴지기도 한다.

결국, 이런 산자이 현상은 풀뿌리 문화가 엘리트 문화, 주류문화에 던지는 도전장이자 민간이 정부에 던지는 도전장이며, 비주류(약소군체)가 주류계층(강자 집단)에 일침을 가하는 것이다.

셋째, 양극화 현상의 심화로 인한 인민들의 공허감 표출

개혁 개방 이후 중국 사회는 급속도로 산업화를 이루어내 사회주의가 표방하는 공산사회, 즉 다 같이 생산하고 모두에게 똑같이 분배한다는 원리, 원칙이 붕괴하고, 분배 과정에서 온갖 부정, 부패가 발생하였다. 이로 인해 각 개인 간의 소득 격차는 나날이 커졌고 도저히 이를 만회할 방법을 찾지 못해 양극화 현상은 심각한 상태에까지 이르게 된다.

이와 같은 상황 속에서 중국 인민들은 먹고사는 문제가 해결되자 웰빙의 시대에 접어들어 좀 더 좋은 것을 찾게 되고, 현실의 상황은 도저히 이를 해결할 수 없게 되어 남들이 소유하는 좋은 제품, 좋은 물건들을 자신도 갖고 싶다는 욕망이 생겨난다. 하지만 이런 욕망은 욕망일 뿐, 현실 속에서 도저히 실현 가능성이 작아지자 사회에, 체제에 불만을 품게 되면서 이를 분출한 탈출구가 필요하게 된다. 이러한 분위기에 편승한 비주류는 현실과 욕망 간의 괴리로부터 오는 공허감을 표출하고 저항하려는 의식이 하나의 문화 현상으로 자리 잡게 된다.

이것만은 알아두자!

'짝퉁'과 '산자이'는 같은 말일까?

첫째, 짝퉁과의 차별성

일반적으로 중국산 가짜 물건을 지칭할 때 우리는 짝퉁이라는 말을 사용한다. 그렇다면 짝퉁과 산자이는 같은 것일까? 정답은 '아니다'이다. 다시 말해서 짝퉁은 말 그대로 진품을 그대로 베낀 것이지만 산자이는 진품을 비슷하게 흉내를 냈지만 약간 다른 데도 있다는 점에서 진품에 대한 가짜 상품이라고 할 수는 없고 말하자면 생긴 것이 비슷하게 닮았지만 아주 똑같지 않게 만든 제품이다. 가령, 산자이는 진품의 상표명을 그대로 사용하지 않고 비슷하게 이름을 붙인다. 그리고 당당하게 소비자에게 "우리 제품은 성능이 우수하지만 저렴한 가격에 판매한다. 여러분도 이런 점 고려하시고 좋은 마음으로 이 상품을 구매해 주세요!"라고 말이다.

우리 어릴 적 생각이 난다. 우리나라에 나이키 신발이 처음 들어왔을 때 한 마디로 있는 집 자식들만 그 신발을 사서 신을 수 있었기 때문에 부의 상징이었다. 당시까지만 해도 해외 유명 브랜드의 신발을 살 수 없었던 까닭에 하얀색 가죽에 파란색 나이키 로고가 박혀있는 신발은 뭇 남학생들의 선망의 대상이었을 것이다. 이 신발이 사회적으로 큰 반향을 불러일으킨 후 얼마 되지 않아 시장에는 이와 비슷한 이름을 가진 운동화가 등장하기 시작했다. '나이스'라든지 '나이크'

등은 '나이키' 신발을 사고 싶지만 그럴 여력이 없는 사람들에겐 대리만
족을 느끼게 해주었던 그야말로 산자이였던 것이다.

둘째, 산자이만의 전략

그러므로 산자이는 결코 짝퉁 혹은 해적판이 아니다. 짝퉁이나 해적판
이 기성 유명 브랜드의 지식재산권 등과 같은 권리를 훔치는 것인데
반해 산자이는 기존 유명 상표 제품을 모방하여 나온 것이기 때문에
오히려 진품의 가치와 인기를 방증하는 것이기도 하다.

이런 이유로 산자이는 나름 진품과 거리를 두고 소비자의 구매 능력과
의욕을 교묘하게 이용하여 진품과 함께 공생 공존하는 전략을 모색한
다. 이런 중국의 산자이는 휴대전화로부터 시작하여 명품에 이르기까
지 그 범위를 확대하는 가운데 각종 TV 프로그램에도 침투해 대중들에
게 일정한 영향력을 행사하며 '문화 현상'이 되기까지 한다.

4) 산자이의 역습 : 샤오미(小米)의 약진과 의미

> "
> 우리의 사명은 모든 사람이 살 수 있는
> 좋은 제품을 만드는 것이다.
> "

(1) 샤오미 약진의 원인

샤오미는 2010년 중국의 유명한 소프트웨어개발자이자 벤처투자자
인 레이쥔이 창업한 IT 하드웨어 및 가전 브랜드이다. 역사는 짧지만
벌써 중국 스마트폰 시장에서 4위, 인도에서는 1위로 올라선 기업이다.
질이 좋으면서 가격은 저렴한 제품을 생산하여 중국의 모든 사람이 다
살 수 있게 한다는 전략이다.

중심가에 있는 샤오미 전문매장 샤오미는 오프라인 매장을 애플 플래그 샵 바로 맞은편에 오픈하는 공격적인 마케팅으로 유명하다. 샤오미 매장에서는 이 회사의 주력상품인 스마트폰 뿐만 아니라 스마트폰으로 제어할 수 있는 로봇청소기, 냉장고, TV 등 가전제품을 진열해 놓고 판매하고 있다. 바로 인터넷과 전자상거래가 익숙하지 않은 중, 장년층을 오게 하여 직접 만져보고 시연해봄으로써 이들의 구매욕을 높이려는 마케팅 전략이다. (하단 사진은 애플스토어 샵)

가격을 낮출 수 있는 요인은 마케팅과 유통비용을 거의 쓰지 않고 마진율도 5%를 넘지 않아 거의 남기지 않는 판매방식 때문이다. 애플의 마진율이 40%대인 것을 고려한다면 거의 원가나 다름없는 가격인 셈이다. 이들은 스마트폰을 팔아 이윤을 남기려 하지 않고 대신 게임, 쇼핑, 광고 등을 통해 이윤을 창출하는 데 중점을 두고 있다. 샤오미의 약진, 그 원인을 살펴보면 다음과 같다.

첫째, 중국이라는 강한 제조업 기반을 적극적으로 활용

샤오미는 소프트웨어 개발회사이기에 처음부터 제조업을 포기하고 생산은 기술이 좋은 하도급 업체(대만의 홍하이 정밀, 애플 하청기업)를 이용한다. 샤오미는 홍하이로 대표되는 중국의 제조업 기반을 적극적으로 활용한 덕분에 원가 경쟁력을 가질 수 있었다. 실제로 샤오미 스마트폰의 평균 가격은 경쟁사인 삼성과 애플보다 각각 40%, 75% 저렴하다.

둘째, 소프트웨어를 통해서 많은 수익을 창출

하드웨어에 연동되는 소프트웨어를 통해서 많은 수익을 창출한다. 즉, 샤오미는 경쟁력 있는 모바일 운영체제(MIUI)를 만들고 샤오미 앱 생태계를 활성화하는 데 성공했다. 게다가 소비자가 샤오미 게임이나 음악 등 샤오미 앱을 이용하면 샤오미가 광고 수익을 취할 수 있다. 삼성 갤럭시 사용자들은 삼성 앱스토어에서 앱을 구매하지 않고 구글 플레이마켓에서 앱을 구매하기 때문에 삼성은 이익이 창출되지 않는 구조이다.

2019년 샤오미의 매출에서 소프트웨어가 차지하는 비중은 전체의 10% 정도다. 하지만 매출총이익 기여도는 45%에 달한다고 한다. 하드웨어를 싸게 파는 대신에 자체 개발 운영체제 등 소프트웨어 부문에서 이익을 창출하는 구조로 되어 있다.

셋째, IoT[1] 생활 가전 부문으로 확장

샤오미는 스마트폰에서 거둔 전략적 성공 방식을 IoT 생활 가전 부문에서 적용하고 있다. 스마트TV, 건강밴드, 로봇청소기, 감시카메라, 공기청정기, 인공지능 스피커 등 다양한 생활 가전제품들이 모두 하나의 앱으로 연동된다. 샤오미가 사물인터넷 분야에서 시장 점유율이 지속해서 성장하는 가장 큰 이유 역시 가성비를 무기로 하는 값싸고 품질 좋은

1　Internetof Things(사물인터넷)는 사물에 센서를 부착해 실시간으로 데이터를 인터넷으로 주고받는 기술이나 환경을 말한다. 샤오미는 사물인터넷 환경을 구축하기 위해 저렴하나 성능이 좋은 가전제품을 생산할 수 있는 장점이 있다. 기존 가전제품 사들은 이 환경을 구축하기 위해 기존의 전자제품을 다 버리고 새것으로 교체해야 하고, 저렴한 가전제품을 생산해 낼 수 없으므로 샤오미는 그만큼 경쟁력이 있는 것이다.

가전제품을 생산하기 때문이다. 이미 구매한 생활가전들은 일단 브랜드도 다르고 인터넷을 통해 하나로 연결되기 어렵다. 또한, 사물인터넷을 통해 가전제품을 하나로 연결하기 위해 값비싼 기존의 제품을 교체할 수 없다는 이유도 있다. 샤오미는 바로 이점을 공략 포인트로 잡고 스마트폰을 중심으로 하나의 운영체제를 갖춘 가전제품을 생산함으로써 이 분야의 선두주자로 발돋움할 수 있었다.

짝퉁, 베끼기를 통해 성장한 샤오미는 공식적으로 중국 시장에 짝퉁을 범람하게 하는 부정적 현상을 일으켰고, 샤오미 또한 샤오미를 모방하는 또 다른 짝퉁의 거센 공격을 받는 상황이다. 그래서 샤오미의 창업자 레이쥔은 공식 석상에서 "샤오미의 모방 제품을 사지 말아 달라"고 부탁하는 상황까지 벌어졌다고 한다.

(2) 대륙의 실수 샤오미, 그들의 실수

가성비를 무기로 짧은 시간 내에 스마트폰 점유율을 끌어올린 샤오미는 2016년 한 해 세계시장 판매량이 무려 36% 급감했으나, 또 다른 중국의 스마트폰 제조사인 화웨이(Huawei), 오포(OPPO), 비보(Vivo)는 상대적으로 약진을 거듭, 두 자릿수 성장세를 이어갔다. 샤오미의 실패 원인은 다음 몇 가지로 요약해 볼 수 있다.

첫째, 스마트폰 사업의 부진

샤오미는 자신을 스스로 종합 IT 생활방식 기업이라 했으나, 샤오미의 주력상품은 역시 스마트폰이다. 샤오미는 중국의 내수시장의 활성화 덕분으로 빠르게 성장해갔다. 샤오미의 주요 고객층은 중국의 1~2선 도시(북경, 상해 등 대도시) 거주자들로, 전자상거래에 능한 젊은이들이었다. 이들은 인터넷 인프라가 잘 구축된 대도시에서 100% 온라인으로만 판매하여 가성비가 좋은 샤오미의 스마트폰을 사는 데 주저하지 않았다.

그러나 대도시의 스마트폰 시장은 포화상태에 이르렀고, 대도시 이외의 3~4선 도시와 농촌 지역이 주요 판매대상 지역이 되었다. 이 지역에 사는 사람들은 온라인 판매를 신뢰하지 않았고, 설령 조금 비싼 값을 주더라도 오프라인 매장에 가서 직접 만져보고 시험해보면서 물건을 사기 좋아한다. 샤오미는 이들을 공략하는 데 실패하였고, 이는 판매 급감으로 이어졌다.

둘째, 샤오미에는 경쟁사를 압도하는 제품이 없다.

샤오미 핸드폰의 장점은 온라인과 가성비로 판매가격을 낮게 책정할 수 있어 경쟁사보다 우위를 점하고 있다는 것이다. 그러나 중국인들도 경제적인 여유가 생겨나자 스마트폰의 다양한 기능에 관심을 끌게 되었고, 좀 더 좋고 다양한 기능을 갖춘 스마트폰을 사려는 욕구가 생겨났다. 반면에 샤오미는 아주 여전히 기본적인 기능만을 갖춘 중저가 스마트폰만을 생산하여 차별화된 소비자의 요구에 부응하지 못했다. 이는 당연한 결과다. 샤오미의 강점이 바로 '가성비'이기 때문이다.

(3) 샤오미의 등장과 그 가치

샤오미가 인터넷 쇼핑몰 '요우핀(有品)'을 직접 운영한다. 샤오미는 가성비 좋은 물건을 만들어 많은 사람의 기호와 개성에 맞는 제품들을 만들어 공급했는데, 가장 취약한 것은 역시 제품의 품질이었고, 심지어는 짝퉁 혹은 가짜 상품이라는 이미지를 없앨 수 없었다는 점이다. 그래서 샤오미는 비록 애플을 카피해 성공한 기업이지만 무조건 베끼기만 하는 것이 아니라 사용자의 요구와 의견을 수렴하여 독자적으로 품질 좋은 제품을 만들어 판매함과 동시에 제품군을 핸드폰과 가전제품에서 기타 생활용품으로까지 확대하는 전략을 세운다.

다시 말해서 중국에서 전자상거래의 양대 산맥인 '타오바오왕(掏寶

網)'이나 '징동(京東)'이 플랫폼만을 제공하는 것과는 달리 샤오미의 '요우핀(有品)'은 샤오미가 직접 자신들의 이름을 걸고 '가성비'를 기준으로 하여 물건을 선별하여 판매할 뿐만 아니라 책임지고 물건의 진위와 함께 품질을 보장해 주기 때문에 소비자들은 믿고 살 수가 있다. 이렇듯 샤오미는 가성비를 무기로 중국 사회에 많은 반향을 일으킨 기업으로서 향후 발전 가능성과 확장성이 매우 크다고 할 수 있다. 그렇다면 중국 사회에 샤오미의 등장이 어떤 가치와 의의가 있을까?

'숭양(崇洋)' : 중국의 서구문화 숭배

개혁 개방 이후 물밀듯 들어온 서구자본주의 문화의 영향으로 서구문화를 숭배하는 사람들이 외국 제품, 명품이라면 무조건 좋다고 여겨왔다. 고급브랜드는 소비자에게 상품과 서비스의 질이 우수하다는 정보를 전달하며 동시에 소비자가 상품에 대한 승인을 체현한다. 브랜드는 실물 이외의 가치를 지니고 있는데, 예컨대 소비자에게 자존감과 우월감을 부여한다. 즉, 브랜드는 그것을 소유한 사람의 사회적 신분과 지위를 확인시켜 주는 것이다. 따라서 브랜드 소비는 경제적, 사회적 차이를 드러내는 기능도 가지며 그것을 소비하는 사람들은 의식적이든 무의식적이든 타인과 다르다는 점을 강조하려고 한다. 이러한 소비행태 및 사회적 분위기 속에서 샤오미가 등장한다.

샤오미는 인터넷과 모바일 환경에 익숙한 젊은 세대들을 중심으로 그 마니아층을 넓혀갔는데, 이들을 중심으로 비록 여전히 창의적인 사고와 발상의 전환을 가져오지 못한 단점이 존재하는 것도 사실이지만 더욱 긍정적인 것은 외국 제품이면 무조건 좋다고 하는 **브랜드 맹신주의를 타파할 수 있게 되었다**는 것이다. 결국, 샤오미는 소비의 패턴을 브랜드 중심의 맹목적 소비에서 '가성비'를 중심으로 한 실용주의적 소비패턴으로 전환하도록 긍정적인 영향을 주었다.

5) 중국인은 왜 베끼기를 좋아하는 걸까?

첫째, 중국인은 남과 다른 것을 두려워하기 때문이다.

중국인의 사고방식에는 특징이 있는데, 그중 하나는 '같음'을 추구하는 것이다. 통일 또는 일치되는 것을 좋아하고, 일반적이지 않거나 도드라지는(튀는) 사람 또는 일을 참지 못한다. 아니 받아들이기가 어렵다. 누군가의 언행이 다른 사람과 다르면, 중국인은 바로 '정신이 어떻게 된 거 아니야?'라고 생각한다. 그 때문에 현대 중국 사회에서 '정신병'은 점점 더 많아지고 있고, 이와 관련된 중국어 표현도 적지 않은 편이다. 가령, '선징삥(神经病)'이란 말이 있는데, 이는 우리가 흔히 생각하는 정신질환을 말하는 것이 아니라 머리가 이상해져서 자신과 우리와 너무 다를 때 쓰는 말이다. 이런 상황에서 흔히 '니요우삥마(你有病吗: 너 병 있는 거 아니야)' 라든지 '츠추오야오러마(吃错药了吗: 뭐 잘못 먹은 거 아니야)?'라고 말한다.

"제 좀 이상해⋯." 혹은 "제정신이 아니야!" 심지어 "미쳤어"라는 말을 듣는 사람은 진짜 정신에 문제가 있다기보다는 나, 우리와 다른 생각을 가졌거나 행동을 하면 그렇게 취급해버리는 것이다. 즉, 대중이 인정하는 일정한 행동 기준을 벗어나는 행동이나 말을 하면 바로 이런 말들을 쏟아내고 들을 수 있다는 것이다. 이로 인해 개성이 강하고 독특한 행동을 하는 이들은 심한 압박감을 받는다. '다른 부류(另类)'라고 분류되면 대중 속에서 살아남기 어렵고, 생존을 위해 얌전히 그 대중 속으로 숨어들어가 남들과 똑같은 사람이 되어야 한다.

둘째, 개성이 있거나 남과 다른 것을 받아들이지 못하기 때문이다.

중국은 전통적으로 **나보다는 우리, 개인보다는 사회를, 더 나아가 국가를 중시하는 풍조가** 만연되어왔다. 이른바 '수신제가치국평천하(修

身齊家治國平天下)'라는 유가적 가치관에 대해 들어보았을 것이다. 이 가운데 가장 중요한 핵심 가치는 무엇일까? 아마도 '修身(자기 자신을 수양함)'이라고 생각할 것이다. 아니다, 바로 '平天下(천하를 평화롭게 하다)'에 있다. 내가 열심히 수양하고 공부하여 훌륭하고 제대로 된 가정을 세우는 궁극적인 목표가 이런 과정을 통해 바로 국가 발전에 이바지하고 더 나아가 세상을 평화롭게 하자는 것이기 때문이다.

즉, 전통적으로 중국인의 가치관을 지배해 온 유가 사상이 조직과 사회, 국가를 중요하게 생각하고, 여러 윤리와 도덕적 개념으로 중국인들을 아주 오랫동안 조직과 사회, 국가에 충성하는 사람들로 만들어간 것이다. 바로 '통일'이라는 거룩하고 신성한 이름 아래 자행된 **획일적인 사고와 행위를 갖도록 한 사상개조로 인해 창의적인 사고의 발전을 저해**한 셈이다.

셋째, 남과 다름을 허용할 수 없는 시스템이기 때문이다.

사람이 너무 많아 일일이 개인의 개성과 창의, 그리고 남과 다름을 허용하고 받아들일 수가 없다. 획일적인 방법으로 아이들을 교육하는 것만으로도 사실 너무 벅찬 게 현실이다. 그렇게 자라온 중국인들이 부모가 되면 똑같이 반복된다. 중국의 부모들은 아이가 어릴 때부터 질서를 존중하고 겸손 하라고 가르친다. 그런 교육의 목적은 아이가 조직과 사회 속에서 남들과 잘 어울려 살기를 바라기 때문이다. 중국의 부모들은 개성이 강하고 독립적으로 사고하고 행동하는 아이로 키우지 않으려 하며, 권위에 도전하고 전통에 반하는 것을 특히 싫어한다.

중국의 위대한 성인으로 추앙받는 공자에게 여러 가지 직함이 있다. 사상가, 철학가, 정치가 등등인데, 그중 가장 위대한 것은 그가 교육자라는 것이다. 그렇다면 **공자가 중국의 교육에 끼친 영향은 무엇인가?** 공자는 70세 이후 정치가로 사는 삶을 접고 교육을 위해 노나라로 돌아가

학교를 세운다. 공자는 그때까지 제자들에게만 자신의 사상을 가르쳤지만, 교육기관을 설립하여 본격적으로 후학을 양성하였다.

잠시 공자의 교육철학과 방법에 대해서 알아보자. 『논어(論語)·옹야(雍也)』에는 "중간 이상의 사람들에게는 높은 수준의 것을 말할 수 있고 중간 이하의 사람들에게는 높은 수준의 것을 말할 수 없다."라는 말이 있다.[2] 여기에서 공자는 '일깨우기식' 교학 방법을 제시하면서 일방적으로 지식을 전달하기만 하는 주입식 교육 방법을 반대하였다. 다시 말해서 학생에게 '하나를 알려주면 셋을 생각해낼 수 있도록 하여 학생 스스로가 충분히 독립적으로 사고한 후에 이치를 깨닫는 것'이야말로 가르침의 기본이자 핵심이라는 것이다.

결국, 배우는 자의 사고를 깨우칠 수 있도록 일깨워 주는 자가 좋은 교육자이고, 이런 방법을 통해 많은 것을 유추할 수 있는 학생이야말로 좋은 학생이라고 할 수 있다. 이것이 바로 교육가로서의 공자가 후대에 남겨준 귀중한 전통문화 유산이기도 하다. 물론 '배우고자 하는 사람에게는 누구에게나 배움의 문을 개방하여 가르침에는 차별이 있어서는 안될 것(有敎無類)'[3]이라 하며 누구든지 교육을 받을 수 있다는, 그래서 교육의 기회를 균등하게 부여했다는 점에 있어서 매우 가치 있는 일이라 평가받을 수 있지만 다른 병폐도 존재한다. 공자가 교육기관을 만든 이후로 학교는 학생을 똑같은 모습으로 길러내는 곳이 되었다.

다시 말해서 유가의 교육철학은 어찌보면 '훌륭한 시민'으로 만드는 것이 최종적인 목적이다. 그래서 다음과 같은 격언이 중국인들 사이에 회자 된다.

---

2 中人以上, 可以語上也. 中人以下, 不可以語上也.
3 『논어(論語)·위령공(衛靈公)』.

> "
> 맨 앞에 날아가는 새가 총도 먼저 맞는다.
> 모난 돌이 정 먼저 맞는다.
> "

중국인이 **시류에 휩쓸리거나 유행을 좇는 것도 이런 '같음'을 추구하는 사고와 관련 있다.** 다들 좋다고 하거나 유행하는 어떤 물건이 나오면 자신에게 필요한 것인지 따져보지 않고 남들이 다 가지고 있어서 사야 한다고 생각한다. 남과 다른 것을 싫어하기 때문이다. 그래서 중국인들 사이에 금기시하는 것이 있는데 그건 바로 '튀지 않는 것', '자신을 너무 드러내지 않는 것'이다.

시험에 초점을 맞추는 중국의 교육제도 또한 한몫한다. 학생의 지식과 사고 능력이 모두 획일적으로 한 방향으로 맞춰진다. 정답은 하나, 예외는 없다. 중국인들은 정치적으로나 사회적으로 모두 같음을 추구하고, 행동을 통일하고, 사상적으로 이견을 달지 않는 것이 가장 바람직하고 긍정적인 현상이라고 생각한다.

가정이나 사회에서도 마찬가지다. 이런 '대통일' 사고가 중국인 사고 방식의 가장 큰 특징이다. 그러므로 서로 다름과 같지 않은 사고를 바탕으로 하는 과학기술의 혁신은 중국에서 찾아보기가 어렵다. 즉, 창의력과 혁신성이 떨어지기에 과학기술은 진보하지 못하는 것이다.

넷째, 창의력과 혁신이 부족하기 때문이다.

통찰력과 상상력을 바탕으로 추리, 가설 등의 사고 활동이 더해져 새로운 현상을 발견하거나 현상과 본질의 연관성을 찾는 일이다. 수많은 종류의 전자제품 중 중국인이 발명한 것은 하나도 없다. 인류에게 영향을 준 '가장 위대한 100가지 발견'에는 양자, 전자, 미생물, 자유낙하

정의 등이 포함된다. 모두 현대 과학기술의 기초가 된 중요한 발견이지만, 이 중 중국인이 발견한 것은 단 하나도 없다. 노벨상을 받은 진정한 중국인은 단 한 명도 없다.(화교는 제외!) 5천 년이 넘는 문명과 세계에서 가장 많은 인구를 자랑하는 중국의 위상과 걸맞지 않은 결과이다.

　그 결과 애플, 마이크로소프트 등 과학 기술적 소양과 창의성을 갖춘 부자들이 중국에는 없다. 중국 부자들은 대부분 부동산이나 주식, 외국 제품의 하청기업으로 부를 쌓았다. 또한, 세계적인 명품 중에서 중국 디자인은 없다. 중국은 단지 명품을 생산하는 '세계의 공장' 역할만을 해왔다. 다시 말해서 'Made in China(중국 제조)'만 있을 뿐 'Designed by China(중국 디자인)'는 좀처럼 찾아보기 힘들다.

다섯째, 실용적인 측면만을 강조한다.

　역사상 중국의 과학기술 분야의 혁신은 대부분 실용적인 측면에만 머물러 과학적 검증을 통해 이론화시키는 능력이 부족했다. 중국인은 전통적으로 시적사고, 감성적 사고가 아주 많이 발달한 민족이다. 그래서 중국인들은 시적인 정취와 그림 같은 풍경에 아주 민감해서 아름다운 것을 보면 직관적으로 반응하고, 시나 글로 표현하기를 좋아했다. 똑같은 달을 보면서 중국인들은 그 속에 옥토끼가 살면서 풍요로움을 노래하였고, 미국인들은 그 달을 정복하기 위해 우주선을 만들었다!

　중국 문명에서 가장 발달한 분야는 철학, 문학, 예술이다. 특별히 문학 분야에 있어서 중국의 문인들은 새로운 소재를 발굴하고 창의적이고 독특한 문학작품을 쓸 수가 없었고 단지 훌륭한 문학작품을 모방하고 학습하는 것뿐이었다. 당나라의 대시인이었던 두보는 "책 만 권을 읽으면 신들린 듯 글을 쓸 수 있다.(讀書破萬卷, 下筆如有神)"라고 했다. 창의적인 사고나 소재보다는 그저 과거를 답습하고 모방하는 것을 통해 문화를 만들어내고 전승했다. 그런 이유 때문인지 '모방'은 중국인들 마음 깊은 곳에 자리 잡은 심리적인 편애라고 할 수 있는데, 오늘날 중국의 한국 TV 프로그램 베끼기나 짝퉁의 범람 등 이런 심리로부터 비롯된 것으로 생각한다.

그렇다면 중국인에게는 원래부터 창의력이 없는 것일까? 그렇지는 않은 것 같다. 단지 모방만 하다 보니 창의력이 부족해진 것이라고 본다. 한 가지 더 중요한 이유가 있다면 앞서 설명한 바와 같이 중국은 전통적인 습성과 환경 때문에 모방하는 것에 대해 매우 관대하게 생각하고 있으며, 심지어는 짝퉁 문화를 장려하는 분위기가 있다. 짝퉁 문화는 창조 정신의 적이다. 창의력을 말살할 뿐만 아니라 지적 재산권을 침해하는 부도덕한 행위이다. 그런데 중국에는 이런 것을 전혀 부도덕한 행위라고 생각하지 않는다.

스티브 잡스가 어떻게 애플을 다국적 기업으로 성장시킬 수 있었을까? 미국은 지적 재산권에 대한 법률적인 보호가 있어서 타인의 기술을 모방할 수 없고, 그 행위 자체를 부도덕하고 불공정한 행위라고 보는 것뿐만 아니라 강력한 제재를 가하기 때문이라고 할 수 있다.

여섯째, 중국인의 농경 문화적 사고의 영향 때문이다.

중국인은 오랫동안 농업에 종사하면서 그 속에 많은 이치와 깨달음을 얻었다. '하늘은 열심히 일한 만큼 댓가를 준다.'라는 말도 그 이치와 깨달음 중 하나다. 역사적으로 중국은 언제나 농사지을 땅을 부족하고, 인구는 많았으며, 농업과학 기술은 정체되어 있었다. 따라서 농업생산량을 늘리기 위해 많은 노동력이 필요했다.

이 과정 중에 '근면함'은 중국인의 미덕 중 하나이고, 세계 각지에서 화교들이 생존하는 방법이기도 하다. 여기서 근면함이란 단지 농업노동에 온 관념이기 때문에 자연스럽게 땀을 흘리고 몸을 쓰는 일로 이해한다. 상대적으로 '지적 노동'은 소홀히 여기는 성향이 있었다. 사실 많은 과학 발명의 동기는 '게으름'과 '편함'이다. 사람들에게 더욱 많은 휴식과 여가를 주기 위해 노력하는 과정에서 놀라운 과학 발명이 이루어진다. 그런데 발명은 부지런함보다는 지혜가 한층 더 필요하고, 상상력과 창조력이 필요한 일이다.

3. 시민의식, 공중도덕 의식이 결핍된 무례한 나라

중국은 이른바 'G2'라는 말이 옥스퍼드 영어사전에 올라갈 정도로 세계적 절대 강자가 됐음에도 불구하고 평균적인 시민의식은 상당히 떨어진다. 공공장소에서 아무렇지도 않게 침을 마구 뱉는 행위가 대표적이다. 남녀노소, 시간과 장소를 불문하고 뱉어댄다. 심한 경우엔 마치 폐병이라도 걸린 사람처럼 누런 가래를 몸 저 아래쪽에서 끌어올려 뱉기도 한다. 길거리에서 심심치 않게 볼 수 있는 이런 장면은 외국 사람들도 손을 절레절레 흔들어댄다. 얼굴이 예쁜 젊은 아가씨들도 공공장소에서 이런 모습을 보이면 누구나 할 것 없이 혀를 내두르게 한다.

대도시 지하철역에 부착된 안내문
지하철역안 화장실 이외의 곳에서 용변을 보지 말라는 경고문구가 매우
이색적이다.

공공장소에서 큰 소리로 떠드는 것도 세계 최고 수준이라고 봐야 한다. 이 분야에는 지식의 많고 적음, 신분의 높고 낮음, 빈부의 격차 등과는 아무 상관이 없다. 버스나 지하철에서 마치 자기 집 안방에서 전화하듯 큰 소리로 통화한다. 새치기는 또 어떠한가? 시장에서 가게에서 계산할 때나 버스를 탈 때나 그야말로 어떤 상황을 막론하고 질서 있게 차례대로 하는 모습을 찾아보기가 매우 어렵다. 버스를 타고 가다가, 기차를 타고 가다가 자신이 마신 음료수나 담배꽁초 등을 차창 밖으로 버리는 건 다반사다. 길거리를 지나가다가 불시에 날아드는 담배꽁초나 쓰레기에 맞기 십상이다. 그러니 길을 걸어갈 때 주위를 잘 살피면서 가야 할 지경이다.

올림픽 이후 많이 좋아졌다고는 하나 여전히 시민의식, 공중도덕 의식이 결핍되어 도저히 이해할 수 없는 행동을 일삼는 나라가 중국이다. 중국인의 해외여행이 급증하고 있는데, 여행지에서 큰 소리로 떠들기, 새치기하기, 공중도덕 질서 안 지키기 등의 추태를 서슴지 않고 부리는 중국 사람들, 이런 해외 언론에 대해 '우리가 이 나라 경제에 얼마나 큰 보탬이 되고 있는데!'라고 오히려 큰소리치는 중국인들이 사는 나라가 또한 중국이다.

공중도덕 의식이 부족한 중국인들에게 중국 정부는 드디어 '문명 티셔츠'를 배포하기에 이른다. 2008년 베이징올림픽에 앞서 중국 사람들이 더운 여름 웃통을 벗고 다니는 습관 때문에 중국 정부는 특별히 문명 티셔츠를 제작하여 광장이나 기차역과 같이 사람이 많이 모이는 곳에서 제발 올림픽이 열리는 동안만이라도 옷을 입고 다니라고 이른바 문명 티셔츠를 공짜로 나눠주었다. 더욱 기가 막혔던 것은 공짜로 나눠 주는 바람에 다시 줄을 서서 몇 장의 티셔츠를 받은 사람들이 그것을 도로 내다 파는 웃지 못할 광경도 있었다고 전해진다

필자도 90년대 초반 중국에 처음 방문했을 때 중국의 대중교통수단

을 체험해 보겠다고 베이징대학교 앞에서 시내버스를 타고 천안문광장까지 간 적이 있었다. 베이징대학교가 시내버스의 종점이었기 때문에 출발 후 얼마까진 버스를 타는 사람이 거의 없어서 몰랐는데 몇 정거장이 지나고 난 후부터 정말 번들거리는 맨몸을 자랑이라도 하듯 드러내고 시내버스에 오르는 건장한 대장부들을 만날 수 있었다. 이들과 장장 1시간여 남짓 되는 시간을 함께 버스를 타고 갔다가 죽을 만큼 고통스럽던 기억이 아직도 생생하다.

중국인의 공중도덕 의식은 세계적이다!

싱가포르 한 교차로에서 중국인이 신호를 무시하고 달리다 여러 명의 사상자를 낸 초유의 교통 사망사고가 발생하였다. 사실 휴지 한 장 함부로 버렸다가는 엄청난 금액의 벌금을 내는 준법정신이 엄격하기로 소문난 싱가포르에서 교차로에서 교통신호를 지키지 않은 것도 모자라 사망사고가 난다는 건 상상조차 할 수 없는 대사건이었다. 싱가포르 경제발전국은 이 사건으로 인해 당시 투자 이민 수속 중이던 중국인 1,000여 명 모두에게 비자 발급을 거부하였고, 동시에 앞으로 투자 이민 신청자 중 부동산 개발이나 광산 개발 경력이 있으면 이민을 금지한다는 조처였다.

캐나다 이민국은 지난해 7월 외국인들의 투자 이민을 무기한 중지한다고 발표했다. 외국 투자이민자의 40%를 차지하고 있는 중국인들의 사치스러운 생활과 무질서, 부동산시장 교란 등이 캐나다에 결코 이롭지 못하다는 결론을 내린 것"이라고 분석하였다. 밴쿠버 외곽에 있는 리치먼드시는 전체 인구(약 18만 명)의 60%인 11만여 명이 중국인 이민자다. 이 때문에 시 전체가 중국인들의 무질서로 애를 먹고 있고 최근에는 다른 도시로 이사하는 백인들이 늘고 있다고 한다.

호주는 중국 이민자들의 '묻지 마 부동산 투기'로 골치를 앓고 있다.

호주 정부가 지난달 1일 발표한 통계에 따르면 지난 1년간 중국 이민자들이 구매한 부동산은 모두 42억 호주 달러(약 4조1,800억 원). 이들은 시드니 해변의 고급 주택에서 시골 별장까지 장소를 불문하고 부동산을 사들이고 있다. 이 때문에 매년 1~2% 선에서 안정세를 보이던 부동산 가격이 5~10%까지 치솟고 있다.

그런데 한국은 얼마 전부터 중국인들의 여행 자유화를 위해 복수비자 발급을 확대, 실시하였고, 심지어 제주도는 아예 무비자로 입국할 수 있고 얼마 전 부산시도 중국인의 투자 이민을 장려하기 위해 조건을 대폭 완화했다. 시민의식이 부족하고 지역사회와 동화되려는 노력이 부족한 중국인들이 세계 곳곳에 경제 논리로 그 지역사회의 질서를 무너뜨리고 부동산 생태계를 혼란에 빠트리면서 자신들의 커뮤니티를 형성해가고 있으니 문제가 아닐 수 없다.

시민의식 결핍 해결을 위한 중국 정부의 대책 : 법으로 엄정하게!

급기야 중국 정부는 해외 여행객 공공질서 위반 땐 구류 및 벌금을 물리기로 했다는데 벌금을 물린다고 문제가 해결될 수 있을까? 근본적으로 중국인들에게는 상대방을 배려하는 마음, 공중도덕, 시민의식 등이 모두 결핍되어 있다. 그러므로 중국인은 질서에 복종하지만, 질서를 존중하지 않는다는 말이 나오는 것이다. 왜냐하면, 중국의 질서는 대부분 강력한 권력이나 징벌 때문에 유지되기 때문이다.

중국의 역사를 보더라도 쉽게 이해할 수 있다. 진시황이 중국을 처음 통일한 후 대통일제국을 다스리고 유지하기 위해 선택했던 정치 이념이 바로 법가(法家)이다. 법가는 한마디로 상벌의 기준이 명확한, 어떻게 보면 대단히 합리적인 잣대와 기준이 될 수 있다. 공을 세우면 상을 주고, 잘못하면 벌을 주는 것이기 때문이다. 그렇게 법가를 통치이념으로 내세운 진(秦) 왕조는 전시가 아닌 평화로운 상태에서 상벌의 기준이 모호해지고 이에 불만을 품은 신하들의 반란으로 39년이라는 짧은 역사를 남긴 채 역사의 뒤안길로 사라지고 만다. 권위와 복종만으로 사회의 질서는 오래 유지될 수는 없는 것이다. 나그네의 외투를 벗기는 것은 강한 폭풍이 아니라 따스한 볕을 내는 햇볕인 것과 같은 이치이다.

다시 말해서 징벌이 무서워서 정부의 정책에 복종하지만, 마음속에서 우러나와 정책을 받아들이고 더 나아가 질서를 존중하는 것이 아니라서 권위나 징벌이 없어지면 중국인들은 비교적 쉽게 질서를 잃고 혼란에 빠지며, 종종 사회적 대재난을 만들어내기도 한다. 중국의 경제발전 속도를 의식 수준이 따라가지 못해 생겨나는 일이므로 근본적으로 도덕의식 교육, 회복 등이 없이는 앞으로도 마찬가지일 것으로 생각한다.

중국인의 도덕불감증, 무엇이 문제인가?

중국 사람들은 땅이 너무 넓고 인구도 많아서 내가 조금 나쁜 일을 한다고 해도 그렇게 티도 나지 않고 주위에 별 지장이 없다고 생각한다. 그렇다 보니 '나 하나쯤이야' 하는 사고가 자연스레 생겨난 거 같다. 사람들은 황하(黃河)와 장강(長江)을 바라보며 "이렇게 끝이 안 보이게 넓고 긴 강물에 누가 쓰레기나 폐수를 버려도 금방 뒤섞여 흘러가서 흔적도 찾을 수 없을 거야, 설령 버려도 누가 알 리 없고, 또 내가 마실 것도 아닌데 별 상관없겠지!"라고 생각한다. 다들 이런 마음으로 대하니 그 하나가 모여 엄청난 수가 되었고, 이에 따라 환경오염과 사회 무질서, 불공정, 불평등은 더욱 심해져 간다. 사실 이런 건 비단 중국만의 문제가 아니라 사람 사는 곳이면 어디든 벌어질 수 있는 상황이다. 차이는 바로 문제의 심각성을 깨닫고 문제 해결을 위해 얼마나 다각적인 노력을 기울이냐 하는 것에 있다. 중국의 공중도덕 의식 부족과 시민의식의 결여는 교육의 부재로 인한 요인이 어느 정도 한 몫을 차지하고 있다고 볼 수 있다.

필자가 중국 대학에 교환교수로 갔을 때 직접 가르쳤던 중국 대학생들 우리의 생각보다는 훨씬 자유로운 분위기 속에서 학교생활을 한다. 맨 앞줄에 앉은 세 학생은 가장 열심히 한국어 공부를 했던 학생인데, 이 학생들 모두 대학을 졸업하고 교사자격증을 취득한 후 공자학원을 통해 한국에 들어와 중국어교사가 되었다.

중국교육의 목표는 배양(培養)이다!

중국은 공산당 일당 독재인 철저한 사회주의국가로 중국사상 위주의 교육을 시행한다. 다시 말하면 인민의 교육을 '중국공산당을 위한 배양정책'으로 일관한다. 그래서 중국에서는 '교육'이라는 말보다 '배양'이라는 말을, 그리고 졸업 후에는 '취업'이라는 말보다는 '배치'라는 말을 쓴다고 한다. 그러므로 진정한 인성교육이나 외국인에 대한 배려는 애초에 안중에도 없는 듯하다.

중국의 대학생들은 물론 학생들이 워낙 많기 때문이기도 하지만 정해진 시간표에 따라 일률적으로 고등학교 시절과 비슷하게 엄청난 주입식 교육을 받는다. 중국의 중, 고등학교와 대학은 우리나라 사람들이 일반적으로 생각하는 그런 대학교육의 풍토가 아니다. 초, 중, 고등학교 매 학년 모두 덕육(德育: 반공 도덕 같은 공산주의 사상 과목)이 필수고, 학기마다 공산당 혁명사, 마르크스주의 이론, 덩샤오핑 사상 등의 정치 과목이 필수 과목이다.

군사훈련(軍訓)은 필수!

이뿐만 아니라 중국의 대학생들은 '중화인민공화국 국방교육법'과 '중화인민공화국 병역법'에 따라 대학에 입학하자마자 4주간 남녀 구별 없이 필수적으로 군사훈련(軍訓)을 받아야 한다. 신입생의 군사훈련은 전투 훈련, 군사 사상, 군사과학 기술, 현대국방, 구급법 등의 수업으로 구성되며, 군사훈련의 목적은 단연 애국주의 사상, 국방에 대한 개념, 조직성과 규율을 강화하는 데 있다.

중국 정부는 신입생들이 군사훈련을 통해 군사 관련 지식과 기술을 습득하고, 학생의 본분을 지킬 수 있으며, 예비역을 확대하는 데에도 도움이 된다는 점에서 이 제도를 지속해서 존속시키고 있다. 이것으로 볼 때, 중국의 고등교육 또한 근본적으로 중국은 인격을 형성하는 등 교육의 기본목적에는 아예 관심을 두지 않는다. 다만 사회주의 국가건설과 발전에 필요한 인민을 배양하는 데에만 중점을 쏟고 있을 뿐이다. 더욱이 모든 수업은 거의 콩나물시루 같은 교실에서 천편일률적으로 배양되고 있을 뿐이다.

중국은 우리가 생각하듯이 학생들에게 참된 사람으로서 가져야 할 기본적인 지식이나 소양을 가르치지 않는다. 중국 학교 현실을 보면 가히 상상을 초월할 정도다. 입시학원과 같이 기계적이고 주입식인 암기교육 위주이고 이에 낙오하면 가차 없이 처리해 버리는 교육 풍토가 있다. 매 학기 학생들의 성적이 게시판에 공개되는데, 낙제생은 물론 일반 학생들의 명단과 성적이 버젓이 학기마다 게시판에 공지된다. 물론 최근에는 대학교육에서 학생들의 기본소양이 매우 중요하고 취업과 진로를 정하는 데 있어서 필수적인 요건이라 여겨져 학생들이 요구하기도 하고 학교에서도 적극적으로 기본소양 관련 교양 교육을 점차 확대하는 추세이다.

꿈과 낭만이 넘쳐나는 다른 외국대학이나 우리나라 대학과는 비교도 되지 않는 교육 풍토다. 다시 말하면, 중국은 잘하는 학생들만 추려내도 그 수가 넘치는 나라다. 그러니 중국 대학에서 외국인에 대한 교육은 상대적으로 소홀히 할 수밖에 없다. 외국인에 대한 배려 역시 찾아보기 어렵다. 단지 경제적 논리로 외국 학생을 대할 뿐이다. 청소년이건 어린 학생이건 다 마찬가지다. 언어상 핸디캡을 가진 외국 학생에 대한 배려는 전혀 없다는 것을 깊이 새겨두어야 할 것이다.

이런 이유로 중국에서 가장 환영받는 유학생들은 다름 아닌 한국대학에서 중국으로 온 교환학생일 것이다. 교환학생은 상응하는 재정적, 행정적 지원을 주고받기 때문에 어느 정도 학교의 관심과 보호를 받을 수 있다. 그리고 차라리 한국에서 대학을 졸업하고 이곳 중국에서 어학연수를 하는 학생이거나 중국에서 대학원을 다니는 학생이 비교적 한국인으로 대접받고 기를 펴고 살고 있을 뿐이다.

그렇다면 중국 명문대학에 다니는 한국 유학생들은 어떨까? 이들은 실제로 중국 대학의 정식 학부 과정에 입학하여 중국 학생들처럼 다양한 전공을 선택하고 수업을 듣는 것이 아니다. 물론 중국에서 중, 고등학교를 졸업하여 중국어 구사 능력에 전혀 무리가 없는 학생의 경우엔 전공수업을 들을 수 있지만 대부분 한국 유학생들은 국제교육학원(國際教育學院) 혹은 국제문화교육학원(國際文化敎育學院)이라는 대학 부설 중국어 전문 교육기관(언어 중심)에 소속되어 한국대학의 중국 관련 학과에서 개설되는 동일한 어학 및 이론 과목을 수강하고 학사학위를 취득한다. 이 학위과정의 동기나 선배는 모두 중국에 중국어를 배우러 온 외국 학생들이다. 상대적으로 중국 학생들과 교류가 적거나 심지어 전혀 없을 수 있다. 그러니까 중국 대학에서 유학했다고 해서 모든 학생이 중국 학생들과 함께 어느 특정한 학과에 소속되어 수업을 들으며 전문지식을 습득하는 것은 아니니 유학 시 이런 점을 잘 알고 가야 할 것이다.

이상과 같이 우리는 중국이 전혀 다른 양면성을 가지고 있음에 대해서 살펴보았다. 초강대국을 지향하는 중국이지만 14억의 인구를 가진 대국으로서 하드웨어의 발전만큼 문화적 영향력이 뒤를 받쳐주지 못하고 있다. 그래서 이런 중국을 한마디로 정의하자면 **'스케일은 엄청나게 크지만 디테일이 매우 부족한 중국'**이라고! 바로 이 점이 중국의 약점이자 무서운 잠재력이라고 말할 수 있다. 중국에 대한 정확한 정보와 지식을 갖고 있지 못하면 마치 장님이 코끼리가 어떻게 생긴 동물이라고 말하는 것과 같은 주관적이며 편협하고 오해와 편견이 가득한 중국을 그리게 될 것이다.

　과연 중국은 어떤 나라인가? 왜 중국인가? 그리고 중국의 사회와 문화를 어떻게 학습하고 이해할 것인가? 이 물음에 대한 해답을 찾기 위해 우리는 눈에 보이는 현상에만 주목할 것이 아니라 그 이면에 내재하여 있는 중국의 본질적인 것, 다시 말해서 중국에 대한 인문학적 소양을 바탕으로 중국을 제대로 이해하기 위해 차근차근 심도 있게 접근해가야 할 것이다.

중국의 힘은
어디에서 비롯되었을까?

"
중국은 어떻게 반세기 만에
세계의 공장이 되었으며,
또 어떻게 세계의 소비시장을 주도하는
엄청난 경제력을 갖게 되었을까?
이번 장에서는
세계의 초강대국으로 성장한 중국의 힘은
어디에서 비롯되었는지에 대해서
알아보기로 하자.
"

　　자고 나면 변화하고 발전하는 중국은 아마도 지구상에서 미국과 어깨를 나란히 할 유일한 나라이며, 장차 정치적으로나 경제적으로나 미국을 넘어 초강대국으로 부상할 것으로 예측하고 있다. 그렇지만 중국은 이렇게 전 세계적으로 초강대국으로서 지대한 영향력을 행사하고 있지만, 우리가 가본 중국, 만나 본 중국 사람은 이런 모습과는 다소 다른 모습을 보여 우리를 혼란에 빠트린다.

　　과연 중국은 어떤 나라인가? 이른바 'G2' 국가로서 이들의 힘은 도대체 어디에서 나오는 것일까? 우리가 중국을 이해하는 데에 반드시 알아야 할 것은 무엇일까? 이번 장에서는 다양한 민족과 광활한 영토를 가지고 세계의 초강대국으로 성장한 중국의 힘은 어디에서 비롯되었고, 그것은 구체적으로 무엇인지 알아보도록 하자.

1. 세계의 공장에서 거대한 소비 대국으로!

　　매일 1억 명 이상의 사용자가 중국에서 가장 인기를 끌고 있는 인터넷 쇼핑몰인 타오바오왕(掏寶網, 알리바바)에 접속하여 물건을 구매하는데, 2020년 광군지에(光棍節, 싱글데이) 하루 매출량이 3,723억 위안에 이를 정도로 구매량이 엄청나다. 중국 인구는 현재 약 14억 명으로 미국보다 네 배 이상 많고, 유럽연합 인구를 다 합친 것 보다 두 배 이상 많다.

　　이 14억이 넘는 중국인이 바로 생산자이면서 동시에 소비자이기에 중국은 자체적으로 어마어마한 생산시장과 소비시장을 함께 가지고 있는 유일한 나라이다. 국경절 연휴 동안 중국인들이 먹고 마시는 데 쓰는 돈만 약 175조 원이라 한다. 우리나라 한 해 예산의 절반을 넘는 수치다. 중국인들조차도 이해할 수 없는 상황에 부딪혔을 때 자조적으로 "런타이

2020년 광군지에 티엔마오 인터넷 쇼핑몰 하루 거래량 인터넷 쇼핑몰 한 곳에서 판매된 실시간 총액이 3,723억 위안(약 67조 원)이다. 얼마나 많은 중국인이 소비를 했는지 가히 짐작해 볼 수 있는 대목이다.

뚸(人太多)"라고 말하면서 자신을 위로한다. 그렇다면 불과 몇십 년 전까지만 해도 굶어 죽는 사람이 수를 헤아릴 수조차 어려울 정도로 많았던 중국이 어떻게 이렇게 짧은 시간 안에 거대한 소비 대국으로 변모할 수 있었을까?

첫째, 노동자의 임금향상과 이에 따른 생활방식의 변화

그건 바로 중국 노동자의 임금향상이 노동자의 생활방식과 질에 커다란 변화를 가져다준 것과 밀접한 관계가 있다. 이전에는 노동력을 값싸게 제공하고 최소한의 임금을 받아 가장 기본적인 생활을 하면서 그저 배불리 먹고 따뜻하게 잠을 잘 수만 있었다면 그것에 만족했었다.

그러나 외국기업이 값싼 노동력을 얻기 위해 중국에 들어와 공장을 짓고 이에 고용의 기회를 얻은 중국인들은 점차 소득이 증대된다. 이에 따라 이제까지의 생존의 문제에서 삶의 질을 생각하게 되는 단계로 발전하면서 중국인은 생산자이자 소비자로서 자기 삶의 질을 높이는 데 관심을 두고 기꺼이 소비하는 이른바 '웰빙'시대에 진입하기 시작했다.

둘째, 중국은 세계에서 가장 큰 내수시장

중국은 이로 인해 더는 생산 대국이 아니라 잠재적 구매력을 지닌 14억의 소비자가 존재하는, 세계에서 가장 큰 내수시장을 가진 나라로 탈바꿈했다. 중국은 현재 이러한 내수시장 확대를 기반으로 경제를 활성화하는 한편 외적으로 수출을 늘리고 개혁 개방을 지속하면서 내순환(內循環, 내수진작을 통한 국내시장의 활성화)과 외순환(外循環, 기술자립을 통한 국제시장 내 경쟁력 강화)이 유기적으로 돌아가게 만들자는 쌍순환(雙循環, Duo Circulation) 전략을 주창하고 있다. 이는 시진핑(習近平) 주석이 2020년 5월 정치국 상무위원회에서 처음 제기한 것으로, 30년 전의 덩샤오핑(鄧小平)이 주창했던 쌍순환(雙循環)을 수정한 것이다. 덩샤오핑식 쌍순환은 '국제 경제에 적극적으로 참여함으로써, 그 힘을 빌려 국내 경제 활성화를 추구하려는 전략'인데 반해 시진핑의 쌍순환은 세계 경제와 긴밀한 연결을 유지하면서도 내수를 진작시킴으로써 국내 경제를 최대한 발전시켜 나간다는 개념이라는 점에서 차이가 있다.

중국공산당의 핵심 권력 기구인 중앙위원회가 2020년 10월 26일부터 19기 5차 전체회의(19기 5중전회)를 열어 2021년부터 2025년까지 적용될 14차 5개년 경제계획(14·5 계획)과 2035년까지의 장기 경제발전을 논의하고 10월 29일 폐막했다. 5중전회는 해당 회의에서 내수 강화와 기술 혁신을 향후 5년간의 국가 발전 전략으로 채택하는 한편, 2035년까지 사회주의 현대화 실현을 위해 1인당 국내총생산(GDP)을 중진국 수준으로 끌어올린다는 목표도 제시했다. 이를 위해 내수시장을 강화하는 쌍순환 발전 전략을 채택하였다.

셋째, 5억 명의 중산층

2019년을 기준으로 중국의 인구는 14억 명을 돌파하고 1인당 국내총생산(GDP) 1만 달러 시대에 처음 진입했다. 중국 국가통계국은 지난해 중국의 GDP가 99조 865억 위안, 우리 돈 1경 6천 700조 원으로 집계됐으며 1인당 GDP는 1만 276달러를 기록해 처음으로 1만 달러의 관문을 넘어섰다고 밝힌 바 있다.

이는 약 20년 만에 10배로 늘어난 것으로 한국의 3분의 1 수준이지만 연 소득 3만 달러 이상의 중산층 인구가 이미 3억 명을 돌파하였고, 2020년에는 중산층의 규모가 5억 명에 이르렀다. 이전과 다른 구매력과 삶의 질을 중시하는 중국의 중산층 출현은 중국의 내수를 활성화하고, 더 나아가 중국이 세계에서 가장 큰 소비시장을 갖게 하는 데 지대한 영향을 미치고 있다.

2. '사람이 많은 것이 곧 힘이다(人多力量大)'

중국의 인구는 1949년 건국 당시 약 5억 명에 불과했다. 마오쩌둥은 새로운 중국을 건설하는데 필요한 것이 인력임을 깨닫고 '사람이 많은 것이 곧 역량(人多力量大)'이라는 구호를 내세우게 된다. 인민의 힘으로 건국한 신중국이 자본주의 국가들을 뛰어넘어 부강해진다는 목표를 설정하고 모든 인민이 힘을 모아 이른바 '대약진운동'을 전개하였다.

'대약진운동(大躍進運動)'이란 소련의 지원 없이 중국의 인력과 자원을 총동원한 일종의 '자력갱생운동(自力更生運動)'의 성격을 지녔으며, 중국의 방대한 인력을 총동원하여 단기간에 미국과 영국의 공업을 따라잡는다는 목표를 세웠다. 그리하여 인구를 증대시키기 위해 아이를 5명 낳은 어머니는 '영광의 엄마', 그리고 10명 이상을 낳으면 '영웅'이란 호칭까지 부여하며 출산장려운동을 폈다.

이에 따라 중국 위생부(衛生部)는 피임약 수입 금지령을 내리고 낙태를 법으로 엄격하게 단속하기도 했는데, 그 결과 1953년 중국 인구는

6억 200만 명을 기록하였고, 그로부터 10여 년 뒤인 1976년에 9억 4천만 명에 달했으며, 1982년에는 드디어 10억 명을 돌파하게 되었다.[1]

> **"**
> 아이러니하게도 중국은 개혁 개방 직후
> 신중국 건설을 방해하는 요인이
> 인구가 너무 많음을 지적하고 산아제한정책을 편다….
> **"**

　일반적으로 인구가 많아지면 일하고 싶은 사람은 많은데 일자리는 한정되어 있어 고용 창출에 많은 어려움이 발생하고 그래서 경제가 어려워져 소득의 불균형 현상이 벌어지고 사회는 양극화의 어려움에 빠질 것으로 생각하기 쉽다. 그렇지만 중국은 이 같은 문제를 '수출 중심의 경제'로 전환하는 것으로 해결했다. 즉, 중국은 세계를 상대로 물건을 만들면서 거대한 노동력을 흡수할 수 있게 되었고, 이는 곧 소비의 증대로도 이어졌다. 노동자가 곧 소비자이기 때문이다.

　중국은 외국기업을 받아들일 때 반드시 합자 기업 형태로 받아들인다. 외국기업은 중국의 저렴한 인건비로 생산원가를 낮출 수 있어 가격 경쟁에 다른 기업보다 우위를 점할 수 있고, 중국은 이런 외국기업이 많이 들어와 지역경제는 물론 가계경제에도 많은 보탬을 주게 되었다. 이러면서 중국인들은 소득이 점점 증가하게 되고 중국 한 사람마다 소비 능력을 갖추게 되어 내수시장을 활성화하였고, 결국 중국 경제를 성장하

---

[1]　중국 정부는 1971년 이전까지 기본적으로 출산에 대해 규제를 하지 않았기 때문에 중화인민공화국 수립 후 20여 년간 출생률은 평균 35% 전후에 달했다. 그러나 70년대 이후 산아제한정책의 시행으로 출생률은 계속 낮아져 1970년 33.43%에서 1980년 18.21%, 1990년 21%, 1999년 15.23%로 내려왔다. 그러나 이것도 이탈리아, 일본, 독일, 미국, 한국 등에 비하면 여전히 높은 편이다.

게 하는 원동력이 되었다.

3. 슈퍼파워 중국의 또 다른 원동력

개혁 개방 이후 중국의 경제는 발전하기 시작하였고, 급기야 중국이 2001년 WTO에 가입함으로써 세계 많은 나라는 생산기지를 중국으로 옮김으로써 세계의 공장이 되었다. 이후 중국은 인구의 대국답게 해외기업에 값싼 노동력을 제공하여 외국기업이 생산원가를 낮추는 효과를 가져와 생산성이 크게 향상되었을 뿐만 아니라 수많은 일자리를 창출함과 동시에 비약적으로 소득이 증대되는 두 마리 토끼를 잡을 수 있게 되었다.

노동자와 농민 등 무산계급이 주체가 되어 성립된 중화인민공화국 헌법 서문에는 무산계급이 타도해야 할 주적으로 자본가와 소자본 기업주를 명시해왔지만 이제 이들은 바로 중산계층의 가장 큰 구성원이 되고 있다. 이렇게 개혁 개방의 혜택을 받은 일부의 사람들은 '중산계층'으로서 이전과는 다른 가치관과 생활 양식을 추구하며 사회의 발전과 변화의 주도세력으로 자리매김해간다.

1) 중국의 중산계층에 대한 개념정리

'중산층(middle class)'에 대한 개념은 나라와 지역, 그리고 상황에 따라 매우 복잡한 양상을 띠고 있어 한마디로 정의를 내리기가 어렵다. 중국의 경우에는 주로 직종과 소득수준, 그리고 지출수준과 분야를 가지고 판단하는데, 이것 외에 다른 자산을 합쳐 고려하게 되면 현재 중국사회의 현실에 그다지 부합하지 않을 수 있기 때문이다.

(1) 중국 중산계층의 등장 : '선부론(先富論)'과 '바이링(白領)'

중국의 개혁 개방 정책에 따라 사회구조에 많은 변화가 일어나게 되는데, 가령, 노동자, 농민, 지식인을 포함한 2개 계급과 1개의 계층이라는 전통적인 구조에 변화가 일어나게 된다. 개인 사영기업, 주식회사와 외국투자회사, 중외 합작회사, 국영기업이 출현하면서 이들 기업의 관리자 혹은 소유자의 수입이 이전보다 많이 증가함에 따라 이들의 사회적 지위와 가치관도 점차 변화하면서 다른 직업군, 계층과는 다른 사회 계층이 형성하게 되었다.

90년대 중반 이후 중국 정부는 더욱 개혁 개방 정책에 박차를 가하면서 경제영역과 구조에 많은 변화가 발생하고 사람들이 선호하게 되는 직업도 더욱 다양화되어갔다. 이에 따라 중국에는 민영기업가, 신경제 조직의 관리자, 고급기술을 가진 전문가들로 구성된 문화적 수준도 높고 직업적 명성도 높은 새로운 계층이 나타나게 된다. 이들은 문화 수준이 비교적 높고, 근무환경도 좋으며, 수입도 안정적이고 사회적 지위와 명망도 갖춘 이른바 '중간계층'으로 편입되면서 중국 내 계층의 분화 현상을 가져오게 되었다.[2]

여기서 말하는 '중간계층'이란 원래 자산계급과 무산계급의 중간에 속해있으면서, 주로 월급을 받으며 자산계급이 생산한 것을 분배하는 일에 종사하는 화이트칼라 노동자를 이르는 말로 사용되었다. 별장, 자가용, 유명상표의 옷과 신발, 쾌적한 업무환경, 낭만적인 여가생활, 안정적인 수입 등 중국 사람들은 일반적으로 다양한 채널을 통해 서구 여러 나라 중산계층의 부러움을 살 만한 생활을 이해하게 되었다. 중국도 개혁 개방 이후 소득의 격차가 발생함에 따라 중산계층이 형성되었고, 그 발전 속도도 매우 빠르다고 한다. 실질적으로 의, 식 방면에 있어

2　『后工業社會進程中的中産階級研究』, 曹憲忠, 山東大學 博士論文, 2004年 8月 30日.

서 중국의 대도시 거주민들은 이미 서구의 국가와 상당히 근접해있고, 다만 주거 환경에 있어서 다소 낙후된 모습을 보여주고 있을 뿐이다.

이처럼 중국의 중산계층은 1978년 '먼저 부자가 되어라'라는 선부론 구호와 함께 시작된 개혁 개방 정책에 따라 점차 형성된다. 물론 일련의 사회학자들은 보편적으로 선부론으로 인해 부를 축적한 이들을 '중산계층'이라 부르는 것은 다소 무리가 있어 보인다고 한다. 왜냐하면 '부유한 사람'들의 부의 근원 자체가 안정적이지 못할 뿐 아니라 심지어는 제대로 교육을 받지 못했던 사람들이 사회와 법제의 결함과 문제로 부를 축적할 수 있었기에 이들은 사회제도와 규범, 그리고 법이 제도화되는 것에 따라 자신들의 부를 잃을 수도 있기 때문이다. 이런 이유로 중국 사회에서 중산계층이라 하면 주로 소득수준을 기준으로 나누는데, 개혁 개방 정책으로 기회와 혜택을 받고 치부에 성공하여 서구의 생활 양식을 모방할 여력이 되는 사람들을 가리킨다.

(2) 중산계층의 분류조건

일반적으로 유럽과 미국 등 선진국 사회에서 중산계층에 대한 일정한 기준이 있다. 첫째, 중산계층은 사무직에 종사하는 사람이어야 하는데, 이들은 일반적으로 매달 일정액의 월급을 받아 고정수입이 확보된다. 둘째, 비교적 높은 문화적 수준을 가지고 있으며, 전문대나 4년제 대학 등의 고등교육을 받은 사람들이다. 셋째, 안정된 직장과 수입이 있으며, 수입은 중간 정도이다. 넷째, 비교적 편안하고 쾌적한 생활환경과 조건을 가지면서 나름대로 개성이 있는 라이프 스타일을 추구한다. 이 가운데 미국의 경우 가정의 경제적인 조건을 중시하며, 유럽은 소득 수준과 상관없이 문화 수준과 가치추구에 중점을 둔다.

이처럼 직업은 계층을 분류하는 가장 기본적인 지표이다. 하지만 직업 한 가지로 계층을 나누는 지표로 사용된다면 중국의 사회현실과는 다소 부합되지 않는 부분이 발생한다. 가령, 화이트칼라(관리직)에 종사하는 모든 사람을 중산계층으로 분류하기에는 다소 무리가 따르기 때문이다. 화이트칼라에 종사하더라도 수입이 비교적 낮고, 취업 유지가 보장되지 않으며, 이에 따라 생활환경이나 형편이 상대적으로 낮을 수 있기 때문이다. 이들은 오히려 하층에 속하는 노동자, 농민보다 약간 높은 생활여건을 가지고 있다. 이러한 이유로 중산계층의 분류기준은 직업을 기본으로 하고 게다가 교육 정도와 수입 정도를 모두 고려해야 한다.

　교육수준에 대해 말하자면, 중국 인구의 교육수준은 서구 선진국들보다 아주 낮은데, 고등교육을 받은 사람은 소수에 불과하고, 고등교육 또한 단지 대도시에서만 그 보급률이 높을 뿐 상대적으로 농촌이나 3, 4선 도시의 경우 매우 낮으며, 심지어 중학교 학력도 보급된 지 불과 얼마 되지 않았다. 그러므로 중국에서는 중산계층으로 분류되기 위한 기준은 직업과 소득이라 생각하고 교육 정도는 부차적인 지표라고 생각하기도 한다. 인구 대비 교육 수혜율로 보았을 때, 중국의 경우 중산계층으로 분류하는 가장 기본적인 지표로 교육 정도의 높고 낮음은 고려하지 않고 단지 수입이 일정 기준에 도달하면 모두 중산계층으로 분류하기도 한다.

　결론적으로 중국 사회에서 중산계층에 귀속되기 위해서는 먼저 일정한 교육수준과 평균 이상의 소득 정도를 가지고 있는 화이트칼라, 즉 관리직에 종사해야 한다. 중국사회의 특수성을 고려해 볼 때, 개인사업자(개체호, 個體戶)와 농업과 운수업, 건축업 종사자, 그리고 소규모 업종 고용주의 경우 중등 혹은 그 이상의 수입을 가지지만 부분적으로 이들의 경영활동이 블루칼라(노동직) 직업군에 속하기 때문에 중산계층에서 배제될 수밖에 없다.

대도시 한복판에서 부의 상징인 벤츠가 당나귀가 끄는 수레 때문에 오도 가도 못 하는 상황이 벌어졌다. 이렇듯 중국은 부자와 가난한 자가 한 공간에서 존재하는 부의 편중 현상이 날로 심각해져 사회문제가 되고 있다. 시진핑 주석이 최근 공동부유론을 주창한 것도 이런 부의 편중 현상을 중단하고 너무 많이 가진 자의 부를 하층민에게 나눠주어 함께 잘 사는 사회를 만들자는 취지이다.

(3) 중국 중산계층의 불안감

중국 경제가 빠르게 발전함에 따라 중, 소도시 건설과 마을 현대화 산업이 추진되었고, 이에 따라 더 많은 사람이 부를 축적하게 된다. 이런 사람들은 경제적으로 소득이 증가하여 이미 중산계층의 수준까지 이르게 되지만 그 외 사회적 지위나 문화적 수준은 아직 높지 않고, 더군다나 작업 환경과 생활 소비 측면에 있어서 사회학에서 규정하는 중산계층의 기준까지 오르지 못한 것도 사실이다. 이러한 특수한 중국의 상황으로 인해 많은 사람이 중산계층에 편입되는가 하면, 상대적으로 많은 사람이 여러 이유로 인해 중산계층의 행렬에서 낙오되고 있기도 하다. 즉, 중산계층의 기준을 단지 소득수준으로만 정한다면 근로 기준과 작업 환경의 낙후로 인해 언제든지 소득이 감소하여 하층으로 전락할 위험이 존재한다.

개혁 개방 정책은 상술한 바와 같이 '먼저 부자가 되라'라는 선부론

(先富論)에 따라 추진되었기 때문에 경제적인 측면만을 고려한 채 사회, 문화, 제도 전반에 걸친 균형 있는 발전을 이루지 못했다. 이렇듯 불균형적인 경제발전 일변도의 정책으로 인해 많은 사회문제가 양산되는데, 자연히 소득 간의 불균형 현상으로 계층이 분화되고 심화하며 굳어지는 부정적인 요소를 배제하기 어렵다. 이렇게 중산계층이 형성되면 사회 전반적인 빈부의 구조 자체가 '올리브형'으로 바뀌게 되는데, 이는 비교적 부유한 사람들이 많아져 안정적인 사회로 발전되어가는 것을 의미하기도 한다. 중국에는 7억 이상의 도시인구가 있는데, 만약 '올리브형' 사회구조에 이르기 위해 중산계층이 어떻게 하든 60% 이상, 즉 4억 명 이상이 되어야 한다.

개혁 개방 정책의 시행으로 이익을 얻었던, 그래서 중산층이 될 수 있었던 도시에 거주하는 일반 노동자의 경우 혜택 자체가 그리 많지 않아서 불안정한 요소가 존재한다. 가령, 이들의 퇴직금은 많지 않아 물가 상승 폭과 반비례하고 저축을 했다 하더라도 자녀가 결혼하여 집이라도 한 채 장만해주어야 한다면 '계약금(首付)'을 내주기에도 벅차다. 게다가 의료보장 또한 매우 제한적이라 가족 중에 누구 한 사람이라도 중대한 질병에 걸린다면 병원비로 많은 돈을 지출하게 되어 집안 형편이 급속도로 기울어지게 된다. 큰일이 있기 전까지 도시의 평민으로 살아온 이 가정은 빠른 속도로 도시의 빈민층으로 전락하게 될 것은 불을 보듯 뻔하다.

그러므로 일정한 사회보장제도를 제대로 갖추지 못한다면 평민계층에 속한 사람들 가운데 단 한 사람도 예외 없이 경제적 결핍으로 인해 도태될 것이라는 위기감이 존재하기 때문에 운 좋게도 중산계층에 올라간 소수의 사람이라도 근본적으로 중산계층이 가질 수 있는 생활의 여유와 안정감을 가질 방법은 없는 것이다. 이것으로 볼 때, 중산계층은 수시로 하층으로 전락할 수 있다는 위기감 속에서 생활하기 때문에 그들에게 있어서 제일 중요한 관심사는 얼마나 성공할 수 있느냐보다는 오히려 언제든 하층민으로 전락할 수 있다는 우려와 고민이 존재한다.

2) 중국의 신소비계층 탄생 : '신중산계층(新中産階層)'

중국의 급속한 도시화와 산업화의 영향으로 기존 사회에 불균형 현상이 존재하기 시작하고, 소득수준의 현저한 차이와 이에 따른 삶의 질적인 부분과 가치관, 문화 수준 등에 차이를 보이기 시작한다. 현재 중국에서 도시에 거주하고 있는 사람들의 숫자가 부단히 증가하고 있어 이미 미국 인구의 1배가 넘는 상황에 이르렀는데, 이는 결국 중국인들의 소득수준이 나날이 증대되고 있고 이들의 소비 욕구 또한 높아지고 다양화되고 있음을 방증하고 있다. 이처럼 사람들의 생활조건과 환경이 대폭 개선되어 개혁 개방 전후로 중국의 소비 추세가 '양적 소비' 형태를 보였다면 2005년 현재 중국 사회는 '질적 소비' 형태로 변화하는 양상을 띠고 있다.

2004년의 사회 소비총액은 1978년 당시와 비교해 34배의 증가율을 보였으며 연평균 성장률은 14.6%에 달한다. 다년간의 소비 열풍으로 소비문화는 꾸준히 고급화되어 가는 추세이며 가계의 수입 증가로 인해 기본생활수요에 해당하는 의복, 식료품 등의 구매 및 주거비용 등도 고급화 경향을 띠고 있다. 결국, 중국인들의 소득증대는 소비 욕구를 자극하여 이전과는 다른 소비행태를 보여주고 있으며, 이런 사람들이 주로 모여 사는 도시에는 비슷한 소득수준과 소비행태, 그리고 생활방식과 방식, 가치관을 지닌 새로운 계층이 자연스럽게 형성, 발전하였다.

(1) '신중산계층'의 등장과 특징

사회의 변화와 더불어 중국에는 소득수준과 소비행태에 따라 새로운 계층을 구분하는 용어들도 생겨나기 시작했다. 계획경제 체제에서는 국가가 개인의 생활과 직업을 보장해 주었지만, 개혁 개방과 더불어 중국인들은 '보이지 않는 손'이 쥐락펴락하는 시장경제로 한순간에 내몰리게 된 것이다. 시장 경제는 무한한 기회를 제공하여 냉혹한 경쟁에서 승리한 새로운 부유층을 만들어내는가 하면 하루아침에 일터에서 내몰려 '리유민(流民)'으로 전락한 계층이 생겨나기도 한다. 이러한 시장 경제 체제의 형성 과정에서 점점 양극화되어 가는 계층 관계와 소비 풍토에서 적극적인 소비 습관을 지닌 신소비계층이 탄생하게 된다.

요즘 중국에서는 이러한 **신소비계층을 중심으로 기존 중산층과는 다른 새로운 계층이 주목받고 있는데, 바로 '신중산계층(新中産階層)'**이다. 알리바바의 창업주인 마윈은 이러한 새로운 계층의 출현으로 새로운 제조업 개념을 제시한 바 있는데, 과거 20~30년 전에는 대량생산, 표준화가 주를 이루었다면 미래 30여 년은 개인의 욕구가 높아지고 다양한 계층이 형성됨에 따라 지능화, 개성화, 그리고 '맞춤식 제작'이 주를 이룰 것으로 예측하기도 했다.

2016년 기준으로 신중산계층에 속하는 사람들은 약 1억 8천만 명으로 전체 인구의 약 13%를 차지하고 있는데, 이들은 기존의 중산계층이 권력과 지위, 재산 등을 중시한 것과는 달리 생활의 질, 취미(品位), 개성, 창의성, 섬세함 등과 관련된 일련의 라이프 스타일을 중요하게 생각한다. 신소비계층의 특징에 대해 다음 몇 가지로 요약해 볼 수 있다.

첫째, 가장 중요한 건 경제적 여유이다.

'신중산계층'이란 일반적으로 연간 가계 순소득(각종 지출을 제외한 순수 소득)으로 15만에서 40만 위안(한화로 1672만 원~8360만 원)으로, 기본적으로 자동차와 집을 가지고 있으며, 투자 가능 자산(잉여 재산)으로 20만 위안에서 500만 위안 정도를 보유하고 있는 계층을 말한다. 75허우에서 80허우, 90허우 세대의 사람들로 현재 30에서 40세가 주축을 이루는데, 이들 대부분 높은 교육수준으로 대졸자가 92%. 석사 이상이 22%이다. 그리고 이들은 1, 2선 대도시에 거주한다.

이들은 일반적으로 대도시에서 생활하면서 최소 80㎡ 이상의 부동산과 10만 위안 이상 되는 자동차를 소유하고 있어야 한다. 이런 기준은 이들이 생활상의 안정감을 느끼는 최소한의 조건이라고 생각한다. 그리고 수입에서는 연 수입이 15만 위안이 경계선이다. 이 수입은 당연히 직장에서 자기 자신의 전문지식과 노력을 통해 얻은 대가로서 돈 많은 부모를 포함한 누구의 도움을 받은 것은 이에 해당하지 않는다.

둘째, 이 계층은 일단 젊고, 80, 90허우를 중심으로 형성된다.

그리고 대체로 25세~40세 이하의 사람들이 61.4%를 차지한다. 이들 대부분 개혁 개방 이후 중국의 산업화, 도시화에 따라 부를 축적하게 된 부모세대 밑에서 성장하면서 가장 기본적으로 양질의 교육을 받고 물질적인 풍요로움 속에서 어린 시절을 보냈다.

이들은 또한 물질적 혜택과 이로부터 오는 안정감을 경험한지라 이를 지속해서 유지하고 더욱 발전시키기 위해 일단 학구열이 대단히 높고 목표가 뚜렷하며 인간관계를 매우 중신하는 세대로 성장한다.

셋째, 삶을 즐기는 문화에 소비한다.

중국의 신중산계층은 어떤 계층보다 '삶을 즐기는 문화생활'에 투자하는 비율이 높다. 그들은 음악회를 찾고 미술관에서 그림을 감상한다. 영어신문이나 유행잡지의 주요 소비계층이기도 하다. 중산층은 상류계급이 아닌 관계로 신분 상승의 욕구와 신분 하락의 불안감이 함께 존재한다. 근무 이외의 시간에도 자신을 개발하는 데 끊임없이 투자함으로써 현대사회에서 살아남을 수 있는 경쟁력을 향상하려 노력한다.

이들은 동시에 현재를 즐기는 삶을 산다. 미래를 위해 소득의 대부분을 저축했던 이전과는 달리 시간을 쪼개 운동을 하고 휴가 기간 여행을 떠나는 등 유럽과 미국 등지 중산층이 생활하는 문화를 쫓아가려 한다.

현재 중국에서도 자녀를 갖지 않고 둘만의 인생을 즐기길 원하는 딩크족(DINK: Double Income No Kid) 또한 늘고 있다. 생존을 위해 사는 것이 아니라 생활의 질을 중시하고 인생을 즐기는 경향을 엿볼 수 있다. 이는 자신이 사회에서 행사하고 있는 능력에 대한 자신감의 발현이자 개인주의 성향의 확산으로 인한 것이다.

넷째, 유행에 매우 민감하다.

신중산계층 가운데 특히 여성은 유행의 흐름에 즉각적으로 반응한다. 개혁 개방 이후 중국의 중소도시에는 크고 작은 쇼핑센터와 유흥가가 생겨났다. 거리 곳곳에는 상품들이 넘쳐나고 대중매체에는 상품을 홍보하는 광고들이 매일같이 전파를 타고 흘러나온다. 모델과 스타들은 그 자체가 상품이 되어 소비자들을 유혹하여 현대인들은 상품의 거대한 양에 무방비로 내던져진 상태이다. 중국의 여러 신소비계층은 매일같이 쏟아져 나오는 광고와 유행에 민감하게 반응한다.

특별히 중국 여성들은 인터넷 쇼핑몰의 주요 고객이다. 인터넷이 가진 장점인 속도와 접근성, 정보성은 상품 시장에서도 그 위력을 발휘한다. 또한, 유행상품에 대한 자극적인 홍보는 중국 2, 30대 여성의 구매 욕구를 불러일으킨다. 이들은 사전에 정해놓은 구매 의사가 없었음에도 습관적으로 인터넷 쇼핑몰에 접속하기도 하고 충동 구매를 하는 경우도 적지 않다. 인터넷 사용에 능동적이고 유행의 흐름에 민감하여 인터넷이 가진 최대 특징인 실시간의 속도로 유행에 반응하는 것이다.

그렇다고 이들은 기성세대와는 달리 명품 가방을 들고 다니면서 자신의 부를 과시하지도 않고, 이를 자신을 평가하는 기준으로 삼지 않고 매우 실용적이면서도 자신의 개성을 드러낼 수 있는 에코백을 즐겨 사용한다. 화려하지 않지만, 매우 깨끗하고 정돈된 느낌의 머리 모양과 옷차림을 선호하기도 한다.

다섯째, 이들은 여행을 매우 좋아한다.

2015년 4월 14일 아침 한 고등학교 상담교사로 재직 중이던 꾸사오창(顧少强)은 어느 날 갑자기 '세계가 이렇게 넓으니 한번 직접 보고 싶다(世界這麼大, 我想去看看)'라고 정말 간단하게 작성되니 사직서를 내버리고 여행길에 올랐다고 하는데, 당시에 한 통의 사직서가 중국 사회에 많은 반향을 불러일으켰다. 이후 '세계가 이렇게 넓으니 한번 직접 보고 싶다'라는 말은 2015년 10대 인터넷 용어에 선정된 바 있다. 자기 계발과 학습을 제외하고 그 어떤 것도 "세계는 넓고 보고 싶은 것도 많다."라는 욕구보다 이들을 유혹하는 것은 없는 것처럼 보인다.

보도에 따르면, 향후 1년 동안 90% 이상이 여행계획을 가지고 있다고 대답하였다.[3] 이 가운데 약 70% 이상의 사람들은 해외여행을 가겠다고 했는데, 이것으로 볼 때, 신중산계층은 견문을 넓히는 것이 무엇보다 중요하며 해외여행을 계획할 정도로 경제적 능력이 있는 사람들로서 '단체여행(游客)'보다 자유로운 '개별여행(散客)'을 훨씬 더 선호하는 것으로 나타났다.

여섯째, 격조와 품격을 잃지 않는 생활의 질을 중시한다.

물질적인 풍요로움 외에도 격조와 품격을 잃지 않는 삶의 질을 중시한다. 거주환경은 백만장자처럼 화려하거나 사치스럽지 않으면서도 실내장식과 가구를 선택하는 데 있어서 특별히 주의를 기울인다. 실내장식

---

3 『中國經濟時報』, 2017年 8月 10日 財經版.

은 결국 자신의 품격이자 수준이며 라이프 스타일인 것이다. 먹는 것에 있어서 산해진미가 아닐지라도 반드시 음식의 맛을 추구하며 그것을 즐길 줄 안다. 취미의 경우 오페라나 음악회 가고 일이 없을 땐 집에서 분위기 있는 음악을 들으면서 가벼운 마음으로 와인을 한잔하는 여유 또한 잊지 않는다.

이 밖에도 도덕과 윤리의식, 그리고 예의범절과 소양을 갖추고 있으며, 옷은 자신의 가치와 품위를 제일 잘 드러내는 것이기 때문에 반드시 고가의 명품은 아니더라도 개성과 스타일을 중시하며 자신이 추구하려는 라이프 스타일에 부합되는, 그리고 상황과 장소에 맞게 옷을 선택하여 입을 줄 알아야 한다.

일곱째, 외모와 건강, 그리고 균형 있는 삶을 추구한다.

현대를 살아가는 중국 여성들은 한국의 젊은 여성들과 마찬가지로 자신의 외모와 건강을 위한 투자를 아끼지 않는다. 헬스클럽에서 몸매를 가꾸고 미용실에서 피부 관리를 받는다. 이는 중국에도 외모를 중시하는 풍조가 퍼지고 있기 때문이며 또한 여성의 활발한 사회 진출로 개인 수입이 증가하고 주 5일 근무제가 보편화 되어 자신에게 투자할 수 있는 시간이 늘어났기 때문이기도 하다.

외모에 관한 관심뿐만 아니라 건강에 관한 관심도 높아져 먹거리의 질을 중요시한다. 중국은 아침 문화가 발달하여 일찍 출근하는 사람들도 밖에서 어렵지 않게 아침 한 끼를 해결할 수 있다. 그러나 중국의 2, 30대 여성들이 만든 또 하나의 문화는 한 끼 식사가 끼니를 때우기 위한 수단에 그치지 않고 건강을 유지하는 데 필수적인 요소로 인식하게 된 것이다. 그리하여 먹는 것에 대한 소비를 아끼지 않고 영양과 품질, 맛에 민감하다.

여덟째, '워라벨(일과 삶의 균형)'을 추구

이와 더불어 생활적으로 자기 자신은 물론이거니와 자신과 관계를 맺고 있는 가족, 친척, 그리고 친구, 심지어는 직장 내 동료들과도 좋은 관계를 유지하여 대, 내외적으로 이른바 '워라벨(일과 삶의 균형)'을 추구하며 삶을 살아가고자 하는 특징을 가지고 있다.

이들은 경제적인 여유를 토대로 시종일관 낙관적인 태도를 유지하며 문제가 생겼을 때 누구를 원망하지 않고 투지를 불사르며 적극적으로 문제 해결 방안을 도출해내며 그대로 실천에 옮김으로써 순조롭게 자기에게 속한 여러 임무와 임무를 수행해간다.

(2) 신중산계층의 역할

이러한 새로운 중산계층은 아마도 중국 사회의 주류가 될 것이 분명한데, 이들은 한 국가의 부유 정도를 실현하며 시대를 선도하는 문화 수준을 견인할 것으로 예측된다. 신중산계층은 상대적으로 부유하고 비교적 좋은 업무환경에서 일하기 때문에 현실 생활과 사회체제에 대해 비교적 만족하며 사회의 주류가치와 질서에 대해 강한 유대감을 가질 수 있어서 사회적 대립이나 모순에 직면하여 완충 역할을 하게 될 것이다.

결국, 신중산계층은 정치적으로 비교적 온건한 의식구조를 가진 이들을 대표하며, 경제적으로는 소비를 촉진하는 주요계층이고, 문화적으로 문화를 생산하고 누리는 주체가 된다. 그러므로 이러한 사회의 구심점 역할을 담당하는 중산계층의 소비를 진작시키고 계층의식을 고취함으로써 국가 산업 발전의 원동력으로 삼고, 양극단의 중간지점에 하나의 디딤돌을 구축함으로써 이론적으로 계층 간의 이동이 쉽도록 '브릿지(가교)' 역할로서 중간계층을 적극적으로 활용할 수 있다.

또한, 사회 기층(弱小群體)에 속한 사람들이 끝까지 희망을 잃지 않고 자신들도 언젠가는 중산계층이 되어 삶의 질을 향상할 수 있을 것이라는 희망의 끈을 놓지 않게 하는 임무를 수행할 수 있다. 예측에 따르면, 중국은 점차 방대한 중산계층 형성에 박차를 가할 계획인데, 약 3억 5천만 명 정도가 될 것이고, 향후 5억 명 이상이 중산층에 편입될 것이라고 한다. 이는 중국의 미래를 안정적으로 이끌어 갈 중요한 역량이며, 중산계층이 지금과는 다르게 사회의 부 가운데 많은 부분을 차지하게 될 것이라고 내다보고 있다. 즉, '신중산계층'은 중국 사회를 안정시킬 중요한 사회적 역량임과 동시에 중국사회의 의식구조와 가치관을 드러내는 중요한 계층이며 소비와 문화를 선도할 문화적 주체가 될 것이다.

(3) 신중산계층의 전형 : '베이퍄오(北漂)' 혹은 '하이퍄오(海漂)'

지방 출신 사람이 베이징이나 혹은 상하이 같은 대도시에서 직장을 구하고 그곳에 정식으로 뿌리를 내리기 위해 고군분투하는 중국의 젊은 세대들을 가리켜 '베이퍄오(北漂, 베이징에서 떠돌이 생활을 하다)' 혹은 '하이퍄오(海漂, 상하이에서 떠돌이 생활을 하다)'라고 부른다. 이들은 대개 농촌 혹은 지방 소도시에서 온 타지인(外地人)으로 대학교육을 거쳐 베이징이나 상하이의 화이트칼라나 임금노동자가 된다.

이들은 대부분 그 지역에 연고가 없고 토지와도 유리되어 있어 어쩔 수 없이 도시의 기층이 되어 사회생활을 시작한다. 설령 대도시와 인근 지역에서 대학을 졸업한 우수한 젊은이들은 성공적으로 대도시에서 직장을 구해 도시 생활을 시작하지만, 이들 또한 도시에서의 삶의 기반이 미약하고 결정적으로 호적(戶口)이 없어 정부의 각종 혜택을 받지 못한다. 그래서 이들은 언제라도 도시에서 퇴출당할지 모른다는 불안감과 불확실함 속에서 살아가고 있다. 그러므로 '도시의 이방인'으로서 안정적으로 대도시에서 삶의 기반을 마련하는 것과 그 지역 호적을 손에 넣는 일이 무엇보다도 중요하다.

'도시의 이방인'으로서의 냉혹한 현실과 삶

중국 국가통계국에 따르면 2020년 상하이 분양 주택의 평균 가격은 6만 위안을 넘어 사상 최고치를 기록했으며, 학군이 좋은 일명 '쉐취팡(學區房)' 지역은 3.3㎡당 190만 위안(한화 약 3억 2천만 원)을 넘었다. 현실이 이러하니 상하이 도시 노동자의 평균 임금이 1만 1,002위안(한화 약 194만 원)에 불과한 도시의 이방인들은 대부분 친구 혹은 동료와 함께 3~4환 정도 되는 외곽지역에 아파트를 임대해 함께 생활하면서 월급의 반 이상을 주거비용을 지급하고 나머지 돈으로 식비, 교통비, 기본생활비로 충당하다 보면 근본적으로 돈을 모을 여력이 남아나질 않는다. 다행히 시골에 있는 부모님이 집을 담보로 대출을 받아 아파트 계약금이라도 내줄 수 있는 여력이 된다면 어떻게 시작은 해볼 수 있다.

그러나 이후 대출금과 다달이 부어야 할 할부금을 어떻게 어디서 구할 수 있겠는가! 현실적인 문제로 인해 인생의 꿈과 목표는 세워보지도 못하고 접어야 하는 게 이들의 현실인 것이다. 실제로 현재 중국에서는 '비싼 월세와 저임금에 희망을 잃고 무기력증에 빠져 헤어나오지 못하는 청년들'이 속출하고 있는데, 이들을 가리켜 '탕핑주(躺平族, 평평하게 드러누워 살다)'이라고 한다. '탕핑주'란 말은 현재 중국 인터넷상에서 유행하는 단어로 상대방이 어떤 행동을 하든 간에 이 상황에 대해 전혀 동요됨이 없이 어떠한 반응이나 반항도 보이지 않는다는 의미이다. 이는 중국의 높은 물가와 실업률, 부동산 가격, 그리고 소득수준의 격차로 말미암아 아무리 노력한다 해도 어차피 집도 못 사고, 취업도 못 하며, 수입도 얼마 되지 않아 집도 못 사고 결혼도 못 하니 그냥 맘 편하게 드러누워 아무 생각 없이 편하게 살자는 자조적인 상황을 반영하고 있다. 우리나라의 이른바 'N포 세대'와 비슷한 말이다.

"그냥 고향으로 돌아가 공무원시험이나 준비하면서 살까?"

수도 베이징이 역사와 정치의 중심도시라면 상하이는 경제와 소비의 도시라고 할 수 있다. 1942년 난징조약으로 인해 조계지로서 서구에 개방된 후 1920~30년대에는 '동양의 파리'라고 불릴 정도로 번화했던 상하이는 이미 오래전부터 활발한 소비가 이루어졌던 도시이다.

개혁 개방 이후 상하이는 국제금융도시로서 그 지역 출신의 고학력, 고소득을 올리는 사람들도 많고, 게다가 최근에는 자기가 태어난 해변으로 다시 돌아와 알을 낳고 죽는 '하이구이(海龜: 바다거북이)'와 같이 청운의 꿈을 품고 외국으로 유학 갔던 유학파도 그곳에 눌러 앉지 않고 다시 중국으로 돌아와 직업전선에 뛰어든 이른바 유학 리턴파인 '하이구이(海歸: 해외에서 귀국하다)'도 그 수를 헤아리기 어려울 정도로 많은 상황이다. 이러한 환경 속에서 타지 출신에 일류대학도 나오지 않는 그저 평범한 중산계층에 속한 중국의 청년들은 한낱 '나도 열심히 노력하면 성공할 수 있다'라는 막연한 기대와 희망 속에서 꿈은 이루어진다는 신념을 가지고 고군분투한다. 출발선이 다른데 어떻게 백 미터 달리기 시합에서 이길 수 있겠는가!

결국, 대도시에서의 야망과 꿈을 포기한 채 고향으로 돌아가 다른 대학 동기들과 마찬가지로 그저 소시민으로 평범하게 살 수 있기를 바란다. 그렇지만 고향의 상황도 그리 녹록지마는 아닌 상황이다. 대학 졸업 후 몇 년간 정말 쉴 틈 없이 일하면서 그나마 현재의 지위까지 오르는 데에도 상당한 시간이 걸렸는데, 다시 고향으로 돌아간다면 그간의 노력이 모두 다 수포가 되고 다시 처음부터 원점에서 시작해야 하며, 지방도시는 오히려 대도시보다 더욱 '꽌시'에 기대어 일을 처리해야 하므로 작은 규모의 사업이라도 성공하기 위해선 다시 몇 배의 노력이 필요하다.

그나마 대도시에선 성취감을 느끼기엔 그리 불가능한 건만은 아니었다. 남아있자니 희망이 보이지 않고 돌아가자니 다시 처음부터 시작해야 하니 고민과 번뇌는 나날이 커질 수밖에 없는 것이다. 진퇴양난의 어려움 속에서 이들은 결국 대도시에서 겉보기엔 화려하고 좋아 보이는 허울 좋은 행복을 추구하기 위해 시간과 정력을 낭비하느니 차라리 고향으로 돌아가 설령 평범하고 무료할지언정 진짜 자신에게 속한 행복을 추구하기 위해 노력하는 것이 낫다는 결론에 도달하게 된다.

이상과 현실 사이에는 커다란 간극이 존재한다. 아무리 열심히 해 최선의 노력을 기울여 자신의 꿈과 이상을 향해 나아간다고 하더라도 현재 중국의 젊은이들이 넘어야 할, 극복해야 할 현실의 벽은 높고 두텁다. 대도시에서의 취업과 집, 그리고 개인의 성장과 발전 모두 이루기에는 너무 힘들다. 기회마저도 균등하게 얻을 수 없게 된 젊은이들은 이렇게 현실의 문제로 말미암아 대도시에서 점점 소외되고 밀려나게 된다.

표면적으론 집값과 물가가 높아 도저히 감당이 안 되는 것 같지만 실은 이미 전환기를 맞이하는 대도시에서의 기층과 배경이 없는 젊은이들은 근본적으로 자신의 꿈을 이룰 능력도 기회도 받지 못하고 있다. 이러한 현상은 가면 갈수록 더욱 심화할 것이며, 굳어지어 도저히 극복할 수도, 해결할 수도 없는 그야말로 중국사회의 발전을 저해하는 치명상이 될지도 모르겠다.

제3강

중국문화, 어떻게 이해할 것인가?

"

문화란 무엇인가?
중국문화는 왜, 그리고 어떻게 이해해야 할까?
이 장에서는 '문화'에 대한 정의를 내려보고
이를 토대로 중국문화를 본질적으로 이해할 수 있는
방법에 대해서 알아보자.

"

중국문화를 어떻게 이해할 것인가 하는 문제는 그리 간단하지 않다. 중국은 5,000년의 유구한 역사가 있고, 게다가 장구한 시간 속에서 헤아릴 수조차 없을 정도로 많은 나라가 생겨났다가 사라지면서 다양한 지리적 특성과 기후의 차이에 따라 복합적이고 다양한 문화적 성격을 나타내고 있기 때문이다. 이런 이유로 말미암아 단지 중국에는 어떤 볼거리와 먹거리가 있고, 중국인들은 어떠한 환경 속에서 살아가고 있는지 현상에만 초점을 맞춰 중국문화를 이해하려 한다면 그건 마치 장님이 코끼리가 어떻게 생겼는지 묘사하는 것처럼 매우 피상적이어서 문화의 본질을 제대로 이해할 수가 없다.

그러므로 중국문화를 제대로 이해하기 위해서는 먼저 문화란 무엇인지 그 개념부터 정리해야 하고, 그 개념을 바탕으로 문화의 본질을 이해하기 위해 반드시 알아야 할 것이 무엇인지 차근차근 접근해야 할 것이다.

1. '문화'란 무엇인가?

1) '문화'의 개념정리

문화란 일종의 방대한 체계이다. 의식주 같은 기본적인 행위를 비롯하여 음악과 잡기, 예술 등이 모두 문화에 속한다. 이렇듯 문화는 매우 광범위한 내용을 포함하고 있기에 문화의 개념을 한마디로 정의를 내리기란 매우 어렵다. 현재에 이르기까지 국내외를 막론하고 현재까지 공인된 정의는 없는데, 대략 그 수를 헤아리더라도 100여 종이 훨씬 넘는다. 대다수 학자는 '문화'에 대해 광의적으로 이해하여 다음과 같이 정의를 내리고 있다.

첫째, '인류가 창조한 물질문명과 정신문명의 총화'

문화란 한마디로 '인류가 창조한 물질문명과 정신문명의 총화'로서, 정신문화 또는 관념 문화라고 부르기도 한다. 이 정신문화에는 관념, 사상, 가치관 등 순수 의식 영역과 철학, 종교, 윤리, 도덕, 음악, 문학, 회화 등 이론화되거나 대상화된 의식 영역이 포함된다.

둘째, '문예(文藝)'를 위주로 하는 문화'

또한, 문화란 '문예(文藝)를 위주로 하는 문화'만을 가리킴으로써 가장 협의적으로 이해하여 '모든 문자에 보이는 것과 모든 사회현상에 보이는 여러 가지 사물, 예를 들면 습속, 심리, 종교, 예술 등 모든 인류가 행한 정신 활동의 산물'이라는 견해도 있다.

셋째, '인류가 생활하면서 이루어놓은 모든 것'

문화란 '인류가 생활하면서 이루어놓은 모든 것'을 뜻하며 일반적으로 물질문화라고도 한다. 건축, 복식, 음식, 등의 물질 형태를 말하는데, 이는 정신적인 요소와 긴밀하게 결합하여 일정한 문화적 함의를 지닌다. 이러한 특징으로 인해 어떤 민족이든지 나름의 '문화'를 가질 수 있다. 종교, 학문, 예술, 도덕 등 정식적인 움직임을 뜻하기도 한다.

이 '문화'는 '문명(文明)'과는 구별되는 개념이기도 하다. 문명은 더욱 발전된 문화의 단계로 '문화'를 '문화'로 정착시키고 전승시킬 수 있는 도구의 사용(문자), 문명의 징표이기도 하다. 문명은 더욱 실용적인 생산, 공업, 기술 등 물질적 움직임이라고 볼 수 있는데, 가령, 정신문화, 기술 문명이라고 부를 수 있다.

2) 중국 고대 문헌 속 문화의 개념

중국의 고대 문헌 속에 등장하는 '문화(文化)'는 '문(文)'과 '화(化)'가 서로 결합하기 이전에 이미 독자적인 어원체계를 지니고 있었다.

먼저 '문(文)'은 그저 단순한 '무늬' 내지는 '여러 색이 한데 어우러져 아름다운 문양(紋)을 연출'한다는 의미로 사용되어오다가 시대를 거치면서 점차 '글자'나 '기호'라는 의미로서 '언어문자의 상징부호'로 인식되

'문'은 아름다운 문양 혹은 무늬를 지칭하는 글자이다.

었다. 그러다가 윤리 행위적인 측면에서 '수식'이나 '인위적 수양'의 의미를 띠게 되었으며, 이로부터 더욱 추상화되어 '미(美)', '선(善)', '덕행(德行)' 등을 지칭하는 용어로 쓰이게 되었다.

'화(化)'는 원래 '변화하다', '생성하다', '조화하다' 등의 뜻을 함축한 동사적 의미로 쓰였는데, '사물의 형태나 성질의 변화'를 의미하던 '화(化)'는 점차 억지로 혹은 강제로 바꾼다는 개념과는 상반되는 '가르침을 통한 교화(以文敎化)'나 '선한 행위를 통한 감화' 등의 의미로 발전되었다.

이 밖에도 『주역(周易)·분괘(賁卦)·상전(象傳)』에는 "인문을 관찰함으로써 천하를 바꿀 수 있다(觀乎人文, 以化成天下)'라고 하였는데, 여기에서 문화에 대한 원시적인 견해를 엿볼 수 있다. 이 구절을 공영달(孔穎達)은 『주역정의(周易正義)』에서 이 구절을 "인문을 제대로 잘 관찰하면 천하를 온전히 바꿀 수 있다는 것은 성인이 인문, 곧 시(詩), 서(書), 예(禮), 악(樂)을 잘 공부하여 마땅히 여기에서 얻은 가르침을 본받아 천하를 이롭게 하는 것이다(言聖人觀察人文, 則詩書禮樂之謂, 當法此敎而化成天下也)."라고 해석하였는데, 중국은 예로부터 관념적인 형태로 문화의 의미를 이해하고 있었음을 잘 알 수 있다.

3) 문화란 무엇인가?

(1) '문화'의 어원 : 'Culture'

오늘날 사용되는 문화에 대한 개념은 대체로 19세기 말 일본어 번역에서 비롯된 것으로 라틴어 'culture'에서 나온 말이며, 원래의 의미는 가공, 수양, 교육, 문화 정도, 예절 등의 여러 가지 함의를 가진다. 즉, **문화(culture)라는 말은 '토지의 경작'을 의미하는 라틴어 'cultus'에서 파생**되었는데, 이런 어원직 고찰에 근거할 때, 문화는 "토지라는 자연에 경작이라는 인간적인 작용이 더해져서 창조되는 산물"이라고 말할 수 있으며, "원래의 자연을 가꾸어 만든 산물 또는 그러한 행위 양식을 의미하기도 한다.

이런 이유로 문화는 인류가 오랜 유목 생활을 끝내고 정착적인 농경생활에 접어들었을 때 비로소 형성되기 시작했다고 볼 수 있다. 각종 도구를 사용해 자연을 변형하고 개량해 만들어진 인간적 세계가 문화인 것이다.

(2) '문화'에 대한 정의와 연구방법

그렇다면 문화에 대한 정의를 어떻게 내릴 수 있을까? 후대 많은 인류학자나 민속학자들도 각자 다른 각도에서 문화를 정의하고 해석해 왔다. 문화학자 타일러(E.B. Tyler)는 문화란 "하나의 복합적인 정체(整體)로, 그 안에서는 지식, 신앙, 예술, 도덕, 법률, 풍속 및 인간이 사회 구성원이 되어 얻은 일체의 능력과 습관을 포괄한다."라고 했는데, 여기에는 역사를 통해 창조된 생존 양식의 체계이며, 겉으로 드러난 양식과 감추어진 양식을 포함한다.

중국의 철학자 량수밍(梁漱溟)도 이 의견에 동의하여 "문화는 바로 우리 인간 생활이 의거하는 모든 것이다. 문화의 본래 의미로 보면 정치,

경제 및 일체의 포함하지 않는 것이 없어야 한다.[1]"라고 했다.

　　이 밖에도 임계유(任繼愈)는 문화를 광의적 문화와 협의적 문화로 구분하고, 전자는 문예 창작, 철학저작, 종교신앙, 풍속 습관, 음식기복(飮食器服)의 사용 등을 포함하고, 후자는 일개 민족의 특징을 대표할 수 있는 정식적 성과를 가리킨다고 보았다.[2]

"문화를 꽃피우자."

　　우리가 종종 "문화를 꽃피우자"라고 말하는 것은 이런 맥락과 닿아있다. 즉, 꽃이 뿌리를 내리고 자양분을 공급받는 흙이 필요하고, 정성을 들여 가꾸는 사람에 의해서 아름다운 꽃봉오리를 피우며 향기를 천지사방에 내뿜는 것과 마찬가지로, 문화도 토양이 되는 공간 위에서 그것을 만들어가는 주체로 인해 변화하고 발전한다. 그러므로 중국문화를 제대로 이해하기 위해서는 중국문화 발생의 터전이며 자양분을 공급하는 공간인 중국에 대하여 이해해야 할 뿐만 아니라, 중국문화 창조의 주체인 중국인에 대한 이해가 선행되어야 할 것이다.

　　또한, 문화는 지역적 한계를 갖고 있다. 우리가 연구하는 대상은 추상적인 중국인이 아니라 산동인과 광동인, 상해인 같은 특정 지역의 구체적인 중국인이고, 한족이나 장족 같은 특정 민족의 중국인이다. 지역이 다르면 민족과 문화도 달라진다. 그러므로 중국을 제대로 인식하기 위해서는 중국의 개요를 이해하고 전체적인 모습을 파악하는 동시에 지역별 구체적인 특징도 이해해야 한다.

1　梁漱溟, 『中國文化要義』, 臺灣 : 正中書局, 1990.
2　任繼愈, 「民族文化的形成與特點」, 『中國文化研究集刊』 제2집, 1985.

2. 중국문화를 왜 알아야 할까?

중국은 우리에게 있어서 역사적, 지리적으로 많은 것을, 그리고 많은 시간을 함께 공유한 매우 가까운 나라였다. 그러나 1949년 중국에 공산 국가가 건국된 후부터 다시 국교가 트인 1992년까지 중국은 서양인들이 느꼈던 것처럼 우리에게도 미지의 세계였기 때문에 이른바 '죽의 장막'이라고 부르기도 했다.

중국, 가깝지만 먼 나라

비록 당시 중국과 왕래가 없고 중국이란 나라가 어떤 나라인지 정확히 알 순 없었지만 그래도 한국에는 빨간색 목판에 검은색 글씨로 '북경반점(北京飯店)' 혹은 '남경루(南京樓)'라고 쓴 간판을 내건 중국음식점이 동네의 골목마다 있었고, 졸업식이나 생일이 되면 짜장면과 탕수육 등 중화요리를 시켜 한껏 기분을 내기도 했었다. 또한, 영화관에서는 정확히 어떤 말인지도 모른 채 홍콩에서 건너온 성룡과 원표, 그리고 홍금보 주연의 중국영화를 보려는 사람들로 문전성시를 이루었다. 사실 이들이 사용한 말은 지금의 보통화(普通話)라 불리는 표준 중국어가 아닌 광둥 지역에서만 사용하는 지역 방언이었음에도 우린 그게 다 중국어인 줄만 알았다. 그만큼 중국에 대해 제대로 알지 못했다.

그런데도 적어도 중국에서 기원한 한자를 우리도 사용한다는 점, 중국 한족의 이름 짓는 방법을 우리도 이용하고 있다는 점, 고대 역사에서 중국과 끊을 수 없는 관계에 있었다는 점, 타이완과는 정치적인 동맹 관계에 있었다는 점 등으로 인해서 우리는 막연히 **중국은 절대 우리에게 '낯설지는 않은 외국'**이라고 생각했다.

1992년 이루어진 한·중 수교는 이러한 중국에 대한 우리의 애정을 고대 중국 또는 타이완에서 곧바로 대륙으로 쏠리게 하는 계기가 되었다. 한국전쟁 때 적으로 규정되었던 중공[3]에 대한 인식은 국교 정상화 후 금세 아무런 문제가 되지 않는 것처럼 보였다. 여행 자유화 실시 이후 많은 사람이 천안문광장에서 모택동의 초상화를 올려다보았고, 자금성에 들어가 진짜로 자금성에는 9,999개의 방이 있는지 헤아려 볼 수도 있게 되었다. 중국어 한마디 할 줄 몰라도 한자로 필담(筆談)을 하며 물건을 팔았다고 자랑하는 이상한 '중국 전문가'도 있었다. 이런 영향으로 많은 사람은 중국에 대해서 매우 잘 안다고 자신하는 사람도 생겨났다.

그러나 중국인에 대한 우리의 이해는 아직 짧은 수준에 머물러 있으며, 오해와 편견으로 가득 차 있다. 일찍이 산둥 출신의 화교들이 문을 연 중국식당을 통해, 또한, 어느 유명 개그맨이 "라이~라이~"를 외치면서 우스꽝스러운 몸짓으로 중국인을 흉내를 내던 모습을 보면서 익숙해진 우리들의 중국인에 대한 이해는 홍콩영화를 통해 더욱 탄탄해진 듯하다.

중국인, 그들은 누구인가?

역사적, 지리적으로 우리와 가장 가까운 관계를 유지해온 중국이지만, 또 그만큼 중국을 이해하지 못하는 것이 우리의 현실이다. 이런 현실이 조성된 원인으로는 몇십 년간 우리와 중국을 가로막은 이념의 장벽이라는 정치적, 군사적 요인을 들 수 있겠지만, 그것보다 더 핵심적인 원인은 중국인을 바라보는 우리의 시각이 그동안 지나치게 편향되었다는 것이다.

지난 수천 년 동안 우리는 중국의 정치제도, 문화, 철학, 종교를 받

---

3 '중공'은 중국공산당을 줄여서 부르는 말이다. 우리가 국교 정상화 전까지 사용해온 '중공'이란 용어에는 중국의 공산당 정부를 합법적인 정부로 인정하지 않는 의미가 담겨 있었다. 즉, 타이완의 중화민국 정부만이 두 개의 중국을 대표한다는 정치적인 의미가 이 말에 그대로 남아있다. 오늘날 한국 정부나 한국 언론에서는 '중공'이란 말을 대륙 중국을 대표하는 용어로 사용하지 않는다.

아들였다. 물론 중국 것을 그대로 모방한 것이 아니라 그것을 기반으로 우리의 민족적 특성을 결합하여 한국적인 문화, 철학, 종교 등으로 꽃 피워 왔지만, 그 씨앗을 제공해 준 중국의 영향권으로부터 완전히 벗어나지 못했다는 것은 엄연한 역사적 사실이다. 바로 이러한 사실이 우리에게 중국인들의 실체를 제대로 접해볼 기회를 차단해 왔던 것처럼 보인다.

과거 수천 년 동안 우리는 중국의 소수 지배층이 중국인의 전부라고 생각했고 중국의 상층문화만이 중국문화의 총체라고 생각해 왔다. 이러한 잘못된 시각은 하루빨리 교정되어야 한다. 우리가 교과서를 통해 배운 수천 년 전의 중국인과 오늘 현실의 중국인은 엄청나게 다르기 때문이다.

중국과 중국인에 대한 올바른 인식

우리가 흔히 얘기하는 중국, 중국인, 그리고 중국문화는 어느 시대의 중국을 말하는 것인가? 지금 나타나고 있는 현상뿐만 아니라 그 현상의 바탕을 이루고 있는 전통적인 중국과 그 중국의 역사를 알아야 그네들의 문화를 제대로 이해할 수 있고, 그들의 성격과 특성을 올바로 파악할 수 있는 것이다.

역사적, 지리적, 문화적으로 오랫동안 지속적인 관계를 맺어온 한·중 양국은 겉으로 보기에는 매우 비슷한 점들이 많이 있어 보이나, 기실 많은 차이점이 있다. 그러므로 중국 사회와 문화를 이해하기 위해 무엇보다도 '중국', '중국인'에 대해 일반적인 개념부터 정리해야 한다.

3. 중국 개황

1) 중화인민공화국

중국은 우리 정부보다 1년여 늦은 1949년 10월 1일에 건국하였다. 이날 중국공산당 주석이었던 모택동은 베이징의 천안문광장에서 '중화인민공화국 중앙 인민 정부'의 수립을 선포하였다. 중국은 건국 이전인 동년 9월 27일 다음과 같은 네 가지 사항을 통과시켰다.

> 첫째, 중화인민공화국은 수도를 북평(北平)으로 하며, 북평을 북경으로 개명한다.
>
> 둘째, 중국은 서기(중국어로 西元)를 채택한다.
>
> 셋째, 중국은 국가가 제정되기 전까지 '의용군행진곡'[4]을 국가로 대신한다.

> 일어나라! 노예가 되고 싶지 않은 사람들이여!
> 起来! 不愿做奴隶的人们
>
> 우리의 피와 살로 새로운 장성을 만들자
> 把我们的血肉筑成我们新的长成
>
> 지금은 중화민족이 가장 위급한 시기이니
> 中华民族到了最危险的时候
>
> 모든 사람은 최후의 외침을 낼 때이다.
> 每个人们迫著发出最後的吼声
>
> 일어나라! 일어나라!
> 起来! 起来! 起来!
>
> 우리 모두 흩어졌던 마음을 한데 모아
> 我们万众一心

4　이 노래는 1935년에 섭이(聶耳)가 곡을 만들고 전한(田漢)이 가사를 붙였는데, 당시 일본의 중국 침략에 대항하는 중국인의 모습을 표현하고 있다.

적의 포화를 무릅쓰고 앞으로 나아가자!
冒著敵人的炮火, 前进!

넷째, 중국의 국기는 '오성홍기(五星紅旗)'로 한다.

중국의 국기는 오성홍기이다. 가로 세로의 비율이 3:2인 직사각형 모양이며, 홍색 바탕에 5개의 황색별이 그려져 있어서 붙여진 이름이다. 여기서 홍색은 혁명을, 황색은 광명을 상징한다. 전통적으로 붉은색은 불을 의미하는 것으로 '활활 타오름', '거세게 일어남' 등의 의미를 내포하고 있으며, 황색은 권위의 상징으로 예로부터 황제의 색깔이라 하여 오직 황제만이 황색 천으로 만든 옷을 지어 입을 수 있었다.

그리고 5개의 별 가운데 가장 큰 별은 중국공산당을 나타내며, 그것을 둘러싼 4개의 작은 별은 각각 노동자, 농민, 도시 소자산계급, 민족자산계급을 나타낸다. 즉, 5개의 별은 중국공산당의 영도 아래 모든 중국인이 대동단결한다는 의미를 상징적으로 나타내고 있다.

다섯째, 사회주의국가를 표방한다.

중국의 현행 헌법 제1조는 중화인민공화국의 성격에 대해 "사회주의제도는 중화인민공화국의 근본 제도이다. 어떤 조직이나 개인이 사회주의 제도를 파괴하는 것을 금지한다.[5]"라고 규정하고 있다. 중국은 건국 이래 사회주의국가를 표방하여 1970년대 말까지는 사회주의의 이념인 평등을 추구하는 정책의 시행에 주력하였다.

그러나 그 이후에는 평등추구를 보류하고 개혁 개방의 자본주의 정책을 도입하여 경제발전을 추구하고 있다. 중국은 자본주의 정책의 도입과 실행을 '중국의 특색을 수비한 사회주의' 또는 '사회주의 시장경제'라

---

5 "社会主义制度是中华人民共和国的根本制度. 禁止任何组织或者个人破坏社会主义制度."

는 구호로 합리화시키고 있다. 사회주의는 원래 계획경제로서 경쟁 원리를 주축으로 삼는 시장 경제와는 반대 입장에 있었다.

2) '중국'이란 명칭의 어원과 그 의의

'중국' 하면 떠오르는 많은 단어와 개념이 있다. 어떤 사람은 '중국' 하면 '한(漢)' 왕조를 떠올릴 것이고, 어떤 사람은 '중공(中共)'을 생각할 것이고, 또 어떤 사람은 '자유중국' 혹은 '중화민국'을 생각할 것이다. 이와 마찬가지로 '중국인' 하면 '공자'를, 혹은 '진시황'을, 그리고 '마오쩌둥'을 생각할 것이다. 정치적으로 보면 '중국'은 우리에게 여러 가지 형태로 다가온다.

현재 사용하는 '중국'의 명칭

현재 우리가 사용하는 '중국'이라는 명칭은 '황허 유역에 사는 한족의 나라'를 일컫는 말인데, 역사적으로 '중국'을 국호로 사용했던 나라는 존재하지 않았고 중국에 건립된 수많은 나라를 총칭하는 개념일 뿐이다. 1911년 10월 10일 신해혁명(辛亥革命)을 통해 등장한 중화민국(中華民國) 과 1949년 10월 1일에 등장한 '중화인민공화국(中華人民共和國)'의 약칭으로 사용되었고, 동시에 중국의 역대 왕조를 통칭하는 뜻으로 사용한다.

중화인민공화국은 1992년 우리와 수교 되기 전까지는 우리 사회에서 '중국(中國)'을 중국공산당의 약칭인 '중공(中共)'이라고 불렀다. 대신에 중화민국을 중국이라 불렀다. 중화민국은 1992년 우리와 국교를 단절한 이후에는 대만이라고 부르고 있다. 중화인민공화국은 1949년 북경을 수도로 삼아 건국했다. 중화민국은 그보다 37년 이전인 1912년에 남경을 수도로 삼아 건국했으나, 1949년에 중국공산당에 패퇴하여 대륙을 중화인민공화국에 내주고 대만으로 천도했다. 양측은 현재 대립상태에 있는데, 동시에 지칭할 때는 '양안(兩岸)'이라고 한다.

92

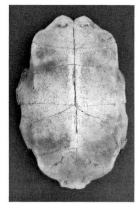

'인민공화국'은 모든 사회주의국가가 사용하는 명칭이고, 중화는 중국민족 전체를 가리킬 때 많이 사용한다. 중화(中華)의 '화(華)'는 중국인들이 화하족(華夏族)이라고 자칭한 데에서 기원한다. 우리가 우리를 단군의 자손이라고 말하는 것처럼 중국인들은 자신들을 '염제와 황제의 자손(炎黃子孫)'이라고 하며, 최근에는 '용의 자손(龍的傳人, 子孫)'이라고도 칭한다. 또한 '화(華)'는 단독으로 중국을 가리킨다. 예

거북이의 배껍질을 사용해 만든 갑골문

를 들어 중국을 대표하는 통신사는 '신화사(新華社)'인데, '신화(新華)'는 '신중국(新中國)'을 말한다. 중국인을 '화인(華人)'이라고도 불렀는데, 주로 외국에 사는 중국의 후예를 가리킨다. 그리고 이들이 사용하는 언어를 '화어(華語)'라고 한다.

'중국'이란 명칭의 어원과 이것이 내포하고 있는 의미를 살펴보면 다음과 같다.[6]

(1) 은(殷) 갑골문(甲骨文) : '가운데 있는 지역'

갑골문이란?

지금 우리에게 전해지고 있는 가장 오래된 한자는 상대(商代)의 것으로 동기(銅器) 등에 새겨진 이른바 금문(金文)도 있으나 가장 중요한 것은 갑골문(甲骨文)이다. 갑골문은 하남성(河南省) 안양현(安陽縣) 소둔촌(小屯村)의 이른바 은허(殷墟)에서 발견된 거북껍질이나 소의 어깨뼈에 새겨진 글자로서, 옛날에 점을 칠 때 사용한 것으로서 '복사(卜辭)' 또는 '정복문(貞卜文)'이라고도 불렀다. 은허는 상나라 후기의 반경 임금이 도읍을

---

6 공상철 외, 『중국 중국인 그리고 중국문화』, 다락원, 2003.

은이라 불리던 그곳으로 옮긴 뒤 제신이 주 무왕에게 멸망하기까지 (B.C.1384~B.C.1111)의 은나라 도읍지였다.

옛날에는 점을 칠 때 거북껍질이나 소뼈에 구멍을 뚫거나 불로 지져 거기에 생기는 균열을 보고 길흉을 판단했는데, 점을 친 뒤에는 점을 친 내용을 복조 곁에 쓴 다음 그것을 새겨놓았다. 이 갑골은 오래전부터 소둔촌의 밭에서 수시로 발견되었으나 처음에는 용골이라 하여 부수어 가루를 내어 약재로 썼다고 한다.

그러나 광서(光緖) 25년(1937) 갑골문은 왕의영(王懿榮)이 처음 발견한 뒤로 여러 학자의 관심을 모아 마침내 발굴하고 수집하게 되었고, 1928년에 이르러서야 정부의 관심을 끌어 중앙연구원에서 1937년에 이르기까지 15차에 걸쳐 철저한 발굴과 함께 연구를 진행하게 되었다. 그사이에 발굴된 갑골문은 국내외 수장된 것을 모두 합쳐 10만여 편이나 된다.

갑골문 속 '중국'[7]

갑골문 속 가운데 '중'이다. 마을의 가운데 지역에 깃발을 세워 놓은 모습을 형상화하였다.

갑골문에 '중국'이란 명칭이 처음 등장한다. '中'은 깃발이 휘날리는 깃대의 모양을 본뜬 것으로, 씨족사회이던 시절 사람들이 많이 모이는 중앙부에 이 깃대를 꽂았기 때문에, '中'은 '중앙'이라는 의미를 나타나게 되었다. 그리고 '國'은 창(戈)을 들고 지키는 일정한 영역(구)을 뜻한다. 아직 국가라는 개념이 생기기 전이었으므로 지역(域)이나 성(城)의 의미로 사용되었다. 따라서 초기에는 중국이 '가운데 있는 지역'을 뜻했던 셈이다.

---

7 徐中舒, 『甲骨文字典』, 成都 ; 四川辭書出版社, 1990.

(2)『시경(詩經)』: 四方(동서남북)', 그리고 '四夷(변방 오랑캐)'

시경이란?

『시경(詩經)』[8]은 중국의 가장 오래된 시가집이며, 흔히 '중국문학지조(中國文學之祖)'라 일컬어지고 있다. 시경은 서주(西周) 초인 B.C.1100년 무렵부터 춘추 중엽인 B.C.600년 무렵에 이르는 약 500년 사이에 지어진 민간가요와 사대부들의 작품 및 왕실의 연회, 의식이나 종묘에서 제사를 지낼 때 부르던 노래의 가사들을 후세 사람이 정리하여 편찬한 것이다.

시경 속 '중국'

이『시경』속에 등장하는 중국은 주로 두 가지 의미로 쓰였다. 첫째는 주(周) 왕조에 처음 출연한 '중국(中國)'이 주(周) 왕조의 수도라는 의미이고, 둘째는 한족이 거주하는 지역이나 한족이 세운 국가라는 의미인데, 곧 주나라 황제가 통치했던 지역 일대를 가리키는 용어로 쓰였다. 당시 한족의 활동 범위가 황하 중류 일대였으며, 동이(東夷), 서융(西戎), 남만(南蠻), 북적(北狄)이라는 사이(四夷)의 중간, 혹은 구주(九州)의 중앙에 위치하였기 때문에 중국이라고 부른 것이다.

(3) 춘추열국(春秋列國)의 제하세계(諸夏世界) 전체 : '중원지역'

주(周) 왕실의 권위가 쇠락하고 주 왕실에 의해 분봉 받거나 배치되었던 제후국의 세력이 강성해짐에 따라, 각 제후국은 주 왕실의 통제권에서 벗어나 독자적인 세력 확장을 꾀하게 되었다. 여러 제후국, 즉 제하열국(諸夏列國)[9]은 서로의 이권에만 눈이 멀고 약육강식의 논리로 분열을

---

8 시경은 원래 '시(詩)' 혹은 '시삼백(詩三百)'이라 불리었는데, 역(易), 서(書), 예(禮), 악(樂), 춘추(春秋)와 함께 모두 '경(經)'이라 하지 않고 '육서(六書)'라 하였다. 이것들과 함께 經이라 불리기 시작한 것은 전국 말기 때부터이다.

9 하(夏)는 여름에 나무가 자라고 잎과 꽃이 무성하다는 '화(華)'와 뜻을 같이한다.

일삼게 되었고, 결국 변방 민족(四夷)에게 '중국(中國)' 땅을 침략할 기회를 허용하게 되었다.

춘추시대에는 제하열국(諸夏列國)에 대한 변방 민족의 침략이 거의 해마다 자행되었는데, 이에 대한 제하열국(諸夏列國)의 대응 역시 매우 적극적인 형태로 이루어졌다. 춘추시대 당시의 패권자였던 제(齊)나라 환공(桓公)은 이른바 '존왕양이(尊王攘夷)'[10]를 표방하면서 제후들을 규합하여, 변방 민족의 침탈로부터 제하열국의 생존을 보호하였다. 이러한 구도 속에서 '중국'이라는 용어는 점차 춘추 열국(春秋列國)의 제하세계(諸夏世界) 전체, 즉, 중원지역 전체를 가리키는 의미로 변천되었다.

(4) 문화적 우월지역

주나라 황제의 통치 영역에서 제하열국(諸夏列國)의 거주 영역으로 확대된 중국의 의미는, 공자에 이르러 '문화적 우월지역'이라는 의미가 새롭게 첨가된다. 공자는 "오랑캐 나라에 임금이 있는 것이 열하 제국에 임금이 없는 것보다 못하다.[11]"고 한 바 있다. 즉, "오랑캐 나라에 임금이 있더라도 문명의 세계인 중국에 임금이 없는 것만 못하다"라는 뜻으로 해석할 수 있는데, 이는 중국의 문화적 우월성에 확실한 선을 그었다.

주변부와 대칭되는 '중심부'란 의미로 처음 사용된 중국은 정치, 군사적인 의미의 통치 경계를 설정하는 의미에서 점차 민족 간의 정체성을 경계 짓는 의미로 확대되었다. 즉, 한족과 변방 민족의 경계를 상징하는 중국이라는 용어는 공자를 비롯한 후대 사상가들의 윤색을 거치면서 '문화적 우월성을 지닌 중심부'라는 의미로 심화, 확대되었다.

---

10 예로부터 중국에서는 한족(漢族), 즉 중국 원주민을 제외하고 모두 오랑캐라고 불렀다. 그래서 대다수 제후는 왕을 숭상하고 외부의 오랑캐를 배척하는 것을 가장 중요한 대의명분(大義名分)으로 삼았다.

11 "子曰, 夷狄之有君, 不如諸夏之亡也.(『論語·八佾』)"

(5) 중화민국(中華民國)과 중화인민공화국(中華人民共和國)

국명을 나타내는 고유명사로 '중국(中國)'을 사용하게 된 것은 1911년 신해혁명과 더불어 탄생한 중화민국 이후이다. 중화민국을 줄여 '중국'이라 불렀기 때문이다. 대만에서는 현재까지 중화민국(中華民國)으로 부르고 있으며, 중국은 1949년 이후 중화인민공화국을 정식 국명으로 하고 있다.[12]

중화인민공화국의 성립은 1949년 9월에 베이징에서 개최된 〈중국인민정치협상회의〉 제1차 전체회의에서 선언되었으며, 이어서 10월 마오쩌둥 주석이 천안문광장에서 "중국 인민은 일어났다."고 선포함으로써, 공식적으로 중화인민공화국의 건국을 대내외에 공표하였다. 국경절은 바로 이날을 기념하기 위해서 제정되었다.

3) 중국, 그리고 중국인

사실 '중국'이란 이름은 그 자체에 여러 가지 뜻을 포함하고 있다. 중국에서 출판된 『한어 대사전』에는 '중국'을 크게 네 가지로 구분해서 설명해 볼 수 있다.

- 고대 화하족(華夏族)이 황하 유역에서 세운 나라
- '국가'나 조정을 비유할 때 사용되었다.
- '경사(京師)', 즉 수도를 가리키는 말로 쓰이기도 했다.
- 자신들의 나라를 부르는 전문적인 호칭.

이렇듯 '중국'이란 이름은 중국인 스스로에 의해서도 여러 가지의 의미를 지닌다. 1912년 근대적인 국가 체제를 갖춘 '중화민국'이 성립된

---

12 정치적 힘의 논리에 의해 중국이라 부르던 대만을 '타이완'이라 부르고, 중공이라 부르던 대륙을 '중국'이라 부르고 있다.

후 '중국'이란 호칭은 나라를 대표하는 이름으로 중국인뿐만 아니라 외국인들에 의해서도 쓰인다. 특히 한자를 사용하는 한국과 일본에서 '중국'은 지역을 가리키면서 동시에 국가를 지칭하기도 한다.

그런데 국가가 중화인민공화국과 중화민국으로 분리되면서 '중국'이라 개념은 혼란을 초래하기 시작했다. 적어도 같은 분단국이면서 동시에 공산주의와 자본주의가 대치하고 있는 한국에서 '중국'은 정치적인 성향을 담은 채 이해되었다. 한때는 타이완을 그리고 지금은 중국을 대표하는 일반명칭으로 '중국'이란 말을 사용한다.

따라서 우리는 '중국'이 내포하는 의미를 정확히 구분할 필요가 있는데, 국제정치학적으로 본다면 '중국'은 '중화인민공화국', '중화인민공화국-홍콩', '중화인민공화국-마카오', 그리고 '중화인민공화국-타이완'으로 나누어 살펴보아야 할 것이다. 즉, 중화인민공화국에서 '중국'은 자신들이며, 중화민국은 존재하지 않는 것으로 판단한다. 그래서 중화민국이란 용어 대신에 '타이완 지구'라 불러 중화인민공화국 일부분이라 여긴다. 타이완 사람이나 홍콩 사람들은 일상적으로 중화인민공화국을 '중국'이라 부르면서 대륙과 타이완을 함께 지칭할 때는 '양안(兩岸)'이라 부른다.

그렇다면 중국인은 또한 누구인가?

위에서 서술한 바와 같이 중국이 갖는 의미가 다각적으로 풀이되므로, '중국인'이란 어휘 자체 역시 복잡한 양상을 띠고 있다. 중국은 상술한 바와 같이 국제정치학적으로 '중화인민공화국', '중화인민공화국-홍콩', '중화인민공화국-마카오', '중화인민공화국-타이완'을 가리키는 국가적 개념이기 때문에, 이곳에 사는 모든 사람을 통틀어 중국인이라 해야 하고, 여기에다 세계 각지에 퍼져 독립된 개체를 형성하고 있는 약 5천 5백만 명의 화교들까지 포함해야 한다.

그러나 중국과 타이완의 중국인은 서로 다르다. 다시 말해서 이 두 지역에 사는 중국인은 비록 역사적 전통에서 많은 부분 동질성을 보이지만, 실제의 삶에서는 현격한 차이를 나타낸다. 베이징과 타이베이의 한족이 보여주는 모습은 비슷하면서도 다르다. 그러나 그것은 베이징인과 상하이인의 차이와는 완전히 다른 양상이다. 즉 그들이 처한 정치 사회적 체제로 인해 베이징인과 타이베이인 사이에는 엄연한 차이가 있다.[13]

그러므로 우리가 알아야 할 중국, 중국인, 그리고 중국문화란 총체적인 의미의 중국을 가리키는 것으로, 현재 중국에 사는, 그리고 그 지역에서 일어났던 전통문화와 현대중국의 사회현상을 대상으로 삼아야 할 것이다.

4) '중국'의 지리와 지형

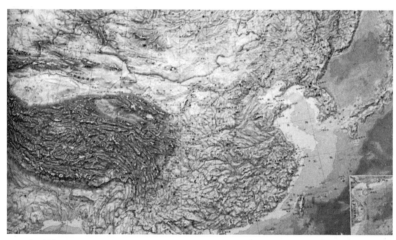

중국의 지형도 동쪽이 험산 준령으로 지대가 높고 서쪽으로 갈수록 점차 낮아지는 지형적 특색을 취하고 있다. 중국을 가로지르는 황허와 창장은 서쪽에서 발원하여 동쪽으로 흘러 서해로 흘러 들어간다. 그래서 중국의 문화는 남북의 차이가 크고 동서는 상대적으로 운하를 이용해 교류가 빈번하게 이루어져 지역마다 비슷한 문화를 가지고 있다.

---

13 대만이 현재 중화민국이 아닌 타이완으로서 독립의 움직임을 보이는 것도 이러한 정체성의 혼란에서부터 야기된 현상이라 할 수 있다. 대만인은 자신을 'Chinese'가 아닌 'Taiwanese'로서 확고한 정체성을 갖고 살기를 바란다.

중국의 육지 면적은 960만 ㎢로 지구 육지 총면적의 1/15이고, 아시아의 1/4을 차지한다. 이것은 한반도의 44배(남한 면적의 100배)이며, 유럽 전체의 면적과 비슷한데, 세계적으로는 러시아, 캐나다에 이어 세계 3위다.

중국은 북반구의 아시아 대륙 동부와 태평양의 서안에 자리 잡고 있다. 중국 영토의 북쪽 끝은 북위 53도의 헤이룽장성 막하(漠河)이고, 남쪽 끝은 북위 4도인 남사군도(南沙群島)의 증모암사(曾母暗沙)이다. 중국의 북단과 남단 사이의 위도 차이는 약 50도 정도이고, 그 거리는 약 5,000km에 이른다.

(1) 중국의 동서

중국의 동서를 말할 때 일반적으로 '서쪽은 고원, 동쪽은 바다'라고 정의하듯이, 중국의 동쪽 끝은 헤이룽강(黑龍江)과 우수리강(烏蘇里江)이 만나는 곳이고, 서쪽 끝은 신강 위구르 자치구의 파미르고원으로 동서 간 거리가 약 5,200km이다. 경도 차이는 약 62도가 된다. 경도 15도마다 1시간의 시차가 생기므로, 중국의 동쪽과 서쪽 사이의 시차는 4시간 정도 차이가 나지만, 중국은 북경시로 표준을 삼기 때문에, 수치적으로는 중국 전역이 같은 시간대를 사용하고 있다.

(2) 중국의 광활한 영토와 국경선

육지 국경선을 따라서 서북쪽으로는 러시아, 몽골, 카자흐스탄, 키르키즈스탄, 타지키스탄과 접해 있고, 서남쪽으로는 아프가니스탄, 파키스탄, 인도, 네팔, 부탄이 있으며, 남쪽으로는 미얀마, 라오스, 베트남과 국경을 접하고 있는데, 베트남과는 이미 무력 충돌을 경험했다. 내륙으로는 약 22,800km에 달하는 국경선을 보유하고 있으며, 15개 국가와 국경을 마주 대하고 있다. 그러므로 중국은 영토 문제에 있어서 매우 엄중하고 신속하게 처리하여 여지를 둬서는 안 된다는 입장을 취하고 있다. 해안선은 압록강하구에서 시작하여 베트남 통킹만까지 이어져 대략 18,000km에 달한다.

중국은 광활한 육지 외에도 넓은 영해와 섬들을 보유하고 있다. 중국의 영해는 약 470만 ㎢로 발해(渤海), 황해(黃海), 동해(東海), 남해(南海) 4개 해양을 포함하고 있다. 랴오둥반도와 산둥반도로 둘러싸여 있는 발해는 중국의 내해(內海)로 평균 수심이 18m이며, 북으로 압록강(鴨綠江)하구 랴오둥반도에서 남으로 창장(長江)하구에 이르는 서해는 평균 수심이 44m이다. 동해는 창장 입구에서 타이완 해협에 이르는 해면으로 평균 수심이 370m이며, 남해는 타이완 해협 이남의 해면으로 평균 수심이 1,212m나 되는 깊은 바다이다.

중국의 연안에는 다롄(大連), 톈진(天津), 칭다오(淸島), 상하이(上海), 선전(深圳), 광저우(廣州) 등을 비롯한 많은 항구도시가 북에서 남으로 있는데, 이들 연해안 도시들은 유리한 자연조건과 입지조건을 기반으로 해외 운수와 국제무역에 큰 역할을 하고 있으며, 중국의 대외개방이 가장 활발했던 지역이다.

지금도 일부 도서에서는 상대국들과의 분쟁이 현재까지 이어지고 있다. 즉, 동쪽으로는 일본이 실질적으로 지배하고 있는 댜오위다오(釣魚島, 일본명 센카쿠 열도)를 두고 일본과의 분쟁이 계속되고 있으며, 남쪽으로는 남사군도(南沙群島)를 두고 도서의 영유권의 차원을 넘어 해상권 확보 차원에서 미국까지 가세해 상대국 간의 갈등이 갈수록 고조되고 있다.

(3) 지형적 특징 : '서고동저삼급계(西高東低三級階)'

중국의 지형은 광활한 영토만큼이나 복잡하고 다양한 양상을 보인다. 1년 내내 눈이 녹지 않는 험한 산과 산맥이 줄지어 있는가 하면 사막과 고원, 호수와 삼림까지 온갖 유형의 지형을 갖고 있다. 이러한 중국의 지형적 특징을 한마디로 요약하자면 바로 '서고동저삼급계(西高東低三級階)', 즉 서쪽이 높고 동쪽이 낮으며, 3단계의 지형이다. 중국은 아시아-유럽대륙이 태평양을 향한 경사면에 있어서 전체적인 지형은 해발 4,500m면서 '세계의 지붕'이라 불리는 청장고원(靑藏高原)으로부터 동쪽으로 점차로 낮은 형태를 이루고 있다.

중국은 서쪽이 높고 동쪽이 낮은 지형적 특징으로 인해, 태평양의 따뜻하고 습윤한 기류의 영향을 받아들이는 데 유리하며, 하천들이 동쪽으로 흘러 연해 지방과 내륙지방의 연계를 도와준다. 계단식 지세로 인해 큰 하천들이 지형 분계점에서 커다란 낙차를 형성하여 풍부한 수력 자원을 제공한다. 또한, 중국은 동쪽으로 바다에 접해 있어 해운이 매우 유리하며, 이점은 국제 문화교류를 전개하고 개방형 경제를 발전시키는 데 중요한 장점이 된다.

서쪽에서 동쪽으로의 고도의 차이는 중국의 사회와 경제, 문화 등 여러 분야에 깊은 영향을 미친다. 예컨대 산이 높고 가파르면 통행이 어려워 정보의 흐름이 차단되고 자체적인 생활 풍습이나 전통을 유지할 수 있지만, 현대화에 뒤 쳐질 수밖에 없어서 경제적으로 낙후된 모습을 보여준다.

"

이러한 지형의 특색으로 말미암아 지역마다 다른 문화가
형성되었는데, 동서의 차이와 남북의 차이에 따라 독특한
문화양상을 띠게 된다.

"

4. 중국문화의 특징

중국문화의 특징에 대해서 크게 두 가지로 나눠 말할 수 있는데, 하나는 지형적 특색과 기후적인 차이로 말미암은 남북(南北)문화이고, 또 다른 하나는 예로부터 중국의 문화를 누가 만들고 향유하는 것과 관계된 아속(雅俗)의 문화이다.

1) 남(南)·북(北)의 문화

태양의 복사는 지구 에너지의 중요한 원천이다. 태양 복사의 고도각과 위도는 반비례한다. 위도가 높을수록 사선(射線)과 지면의 끼인 각이 작아져서 획득되는 에너지도 적어진다. 중국의 남북 위도 차이는 약 50도에 달해 북단은 북위 53도의 흑룡강성(黑龍江省) 막하(漠河)이고, 남단은 북위 4도의 남사군도(南沙群島) 증모암사(曾母暗沙)이다. 따라서 남북 복사 에너지의 흡수량도 큰 차이를 나타내고, 이는 곧 기후에 영향을 준다. 그러므로 중국의 문화는 기후에 따라 남방과 북방을 중심으로 큰 차이를 드러내고 있다.

베이징의 '경파(京派)'와 상하이의 '해파(海派)'는 각각 중국의 남북문화를 대표한다. 언어와 생활 습관, 사람들의 기질, 경제와 정치를 대하는 시각 등에서도 남북의 중국인들은 상당한 차이를 보이는 게 사실이다. 참혹한 전란과 전제왕권의 압박을 피해 한족들이 끊임없이 북에서 남으로 이동한 사실에서 그 원인을 찾아야 한다.

실제 장강(長江)을 중심으로 갈라지는 중국의 남방문화는 이민문화의 속성을 다양하게 보여준다. 특히 남으로 이주한 한족들이 원래 이 바닥에서 거주했던 백월(百越: 여러 갈래의 비에트족) 등 소수민족들과 융합하면서 언어와 혈통이 세분화하고 이는 다시 북방에서는 찾아볼 수 없는 남방만의 특징으로 발전한다.

(1) 북방문화의 특징

북방과 같이 한랭한 지역에서는 추위를 피하는 것이 가장 우선적인 요소이고 온갖 방법을 동원하여 따스함을 찾으려 하므로, 의식주를 비롯한 모든 행위가 엄동설한을 막는 데 집중된다. 베이징을 중심으로 하는 북방문화의 특성을 '경파(京派)' 또는 '경미(京味) 문화'라고 부른다. 북방은 화북평원을 끼고 있으며 특별히 높은 산맥이 없어 문화적 갈래가 비교적 단순하다. 경파 문화는 보수적이며 자기중심적(삶의 여유가 없음, 전통을 고수함, 수도의 자부심)인 삶을 추구한다.

(2) 남방문화의 특징

남방의 문화는 상하이(上海)가 대표하고 있다고 해서 '해파(海派)'라고 통칭한다. 장강 이남은 산맥이 발달해 있어 문화 개체 간의 교류가 뜸할 수밖에 없었으며, 따라서 방언의 차이가 심하고 문화적 특성도 매우 다양하게 분포할 수밖에 없었다.

해파 문화는 개방지향형이며 현실적이고 실용적이라는 특색을 지니고 있다. 남방문화는 북방문화보다 잘게 쪼개진다. 상하이를 중심으로 하는 화동(華東) 문화권, 푸젠(福建)에서 대만까지 아우르는 민난(閩南) 문화권, 홍콩을 포함한 광둥(廣東) 문화권, 춘추전국시대 중원의 한족과 대항했던 유서 깊은 초(楚: 현재의 후난. 후베이성), 삼국시대 천하삼분(天下三分) 설을 앞세우며 자존심을 드높였던 유비(劉備)의 파촉(巴蜀: 현재의 쓰촨성)이 각각 다른 문화권을 형성하고 있다.

(3) 남북의 문화 비교

중국이라는 하드웨어가 가지고 있는 지리적인 차이는, 소프트웨어에 속하는 중국인의 문화적인 요소에 영향을 준다. 중국의 실력 있는 정치 집단은 주로 북방에서 나왔다. 따라서 수도는 주로 북방에 위치하였고,

중국의 병합과 통합을 위한 전쟁도 주로 북방 지역에서 많이 이루어졌다.

반면 남방은 물산이 풍부하고 기후가 온화하여 경제가 발전할 수 있는 토대가 되었다. 남방 사람들은 말투가 비교적 완곡하나 북방 사람들은 솔직하고 직설적인 편이다. 남방은 쌀을 주식으로 하고, 북방은 밀을 주식으로 한다. 남방 사람들은 단 음식을 좋아하지만, 북방 사람은 짠 음식을 좋아한다. 남방의 건축물은 개방적인 데 비해, 북방의 건축물은 폐쇄적이다. 남방은 경제가 발달했지만, 북방은 정치 문화가 발달하였다. 이와 같은 남북 차이보다 동서의 차이가 언급되지 않는 이유는 바로 다음과 같다.

"

황하와 장강 같은 큰 강물이 서쪽에서 동쪽으로 흘러
내왕이 빈번하여 서로 융화되고 조화될 수 있었기 때문이다.

"

북방은 일조 시간이 비교적 길고 기온이 낮으며 건조하다. 충분한 일조량은 인과 칼슘의 흡수에 유리하기 때문에 골격의 성장을 촉진한다. 남방은 비 오는 날이 많고 일조 시간이 짧아서 영양분을 흡수하고 골격 및 근육의 성장에 불리하다. 또한, 서남 지역에는 산이 많아 농산물이 상대적으로 부족하고 일조 시간도 비교적 짧다.

북방은 분식을 위주로 하고 육류와 우유의 소비량도 많다. 또한, 면식은 단백질 함유량이 많고 영양이 비교적 풍부하다. 반면에 남방은 미식을 위주로 하는데, 쌀의 단백질 함유량은 밀보다 매우 적은 편이다.

지형적 특징과 관련된 남북문화

중국속담에 "때는 고금이 있고, 땅은 남북이 있다(時有古今, 地有南

北)."라는 말처럼 중국의 남과 북은 역사 속에서 전혀 다른 양상의 문화를 양육해왔다. 언어도 날씨도 산도 물도 그리고 그곳에서 형성된 사고와 문화도 다르다. 그러므로 그들의 문화와 문학은 선명한 대비 속에 발전해 왔다. 황하 남북으로 연결된 하북(河北)과 하남(河南)지역은 밀의 곡창지대이다. 이른바 북방문화의 중심지 역할을 한 지역이며, 장강 남북으로 걸쳐있는 호북(湖北)과 호남(湖南)지역은 쌀의 주산지로 남방문화의 핵심지역이다.

이렇듯 지리 환경의 차이에 따라 지역 문화의 기본적인 색깔을 결정한다. 지역의 특유한 기후, 토양, 물산, 자원 등의 자연환경이 인간의 생활 양식에 결정적인 영향을 미치기 때문이다. 남과 북의 다른 자연환경은 필연적으로 남북 간의 문화 차이를 형성했다.

북방은 대체로 춥고 건조하고 황량하며 적은 강우량 등의 요인으로 농업생산이 그다지 풍부하지 못한 지역이며, 따라서 그와 같은 거칠고 불리한 자연조건은 그곳의 문화를 자연히 강하고 거친 것으로 형성시켜 나갔다. 따라서 북방은 강인하고 담대한 인간성을 연상시킨다. 반면에 아열대기후에 속하는 남방은 온난 습윤하고 풍부한 생산물과 따스한 자연조건의 영향으로 비교적 여유가 있으며, 그리하여 넉넉하고 온화한 문화를 형성해 나갔다. 겨울철의 경우 최북방의 평균기온이 영하 30도 정도인 데 반해 남방지역은 평균 섭씨 10도 내외이다. 따라서 장강 유역이 얼마나 비옥한 토지인가는 사마천이 언급한 '지세는 먹을 것이 풍요롭고, 기근의 근심이 없구나!'[14]라는 찬탄에서도 알 수 있다.

북방인과 남방인의 기질적 특징

중국의 북방인 화북지방은 환경이 춥고 거칠며 바람도 심하여 황량

---

14 "地勢饒食, 無飢饉之患."(『史記·殖貨列傳』)

하다. 그리고 그 지역은 황토지대이고 밭이 많으며 사람들은 주로 말을 타고 다녔다. 그러나 중국의 남방인 화남지방은 환경이 따뜻하고 온화하며 강과 호수가 많다. 그리고 그 지역에서는 논농사를 주로 하고 사람들은 교통수단으로 배를 많이 이용하였다. 이런 기후의 지역적 차이로 말미암아 화북지방의 북방인과 화남지방의 남방인은 그 기질에서도 많이 차이가 난다.

북방인들은 대체로 체구가 크고 성격이 거칠며 현실적이고 대범하고 호쾌하다고 할 수 있다. 또한, 보수적이고 관념적이며 봉건적이고 남성적이라고 할 수 있다. 이에 북방인들 중에는 군인과 정치가가 많이 배출되었으며, 북방을 대표하는 철학으로는 현실적인 유가 사상을 들 수 있다.

남방인들은 대체로 체구가 작고 성격이 온화하고 환상적이며 세심하다. 또한, 민주 혁명적이고 정열적이며 개방적이고 여성적이라고 할 수 있다. 이에 남방인들 중에는 예술적인 문인 화가와 상인이 많았으며, 남방을 대표하는 철학으로는 환상적인 도가사상을 들 수 있다.

화북지방은 북방과 서방의 유목민과 끊임없는 전쟁의 영향으로 남성적이고 현실주의적이 되었다고 할 수 있지만, 화남지방은 전형적인 농경문화 지역으로 풍요한 물산과 수려한 산수의 영향으로 여성적이고 환상적 성향이 있게 되었다고 할 수 있다.

이러한 남북의 환경 차이에서 오는 남북인들의 기질 차이는 그들의 철학, 사상, 음악, 서예, 예술 등등의 모든 분야에도 영향을 주었다. 북방은 주로 타악기를 남방은 주로 현악기를, 북방은 빠른 행진곡 박자를, 남방은 느린 춤곡 박자를 주로 사용하는 것도 이와 관련이 있다. 또한, 북방을 대표하는 시경은 현실적이고 소박한 민요의 특징을 갖고 있지만, 남방을 대표하는 초서는 환상적이고 신화적인 특징을 갖는 것도 그것을 지은 북방인과 남방인의 기질 차이에서 오는 것이라 하겠다.

중국은 지역에 따라 풍속 습관이 다르고 다양하며, 사람들의 기질조차도 크게 다르다. 그 때문에 중국문화는 전체적으로 매우 복합적인 양상을 띠고 있다. 그중에서도 남북의 차이는 유럽에 있어서 남구와 북구의 정도의 차이를 보이며, 문학이나 예술 전반에 걸쳐 큰 영향을 끼쳐 왔다.

　중국에서의 북방은 '황하 유역을 중심으로 하여 그 이북 지방'을 말하며, 남방은 '장강 유역을 중심으로 하여 그 이남 지방을 말한다. 중국의 유명한 지식인이었던 임어당(林語堂)[15]은 자신의 저서 『내 나라 내 국민(吾國與吾民)』[16]에서 북방인과 남방인에 대해서 다음과 같이 묘사하고 있다.

　　북방의 중국인은 단순하고 소박한 생각을 하며, 고생스러운 생활에 익숙해 있다. 키가 크고 건장하며, 성격은 열정적이다. 유머 감각이 있으며, 대파를 먹고 우스갯소리를 잘한다. 이들은 자연의 아들이다. 여러모로 몽골인에 더 가깝고, 상하이나 저장(浙江) 일대의 사람들과 비교할 때 훨씬 보수적이다. 이들은 자기 종족의 활력을 잃지 않았다. 이들은 중국에서 대대로 지방을 할거하는 왕국을 만들어냈다. 이들은 중국의 전쟁소설과 모험소설의 주인공으로 등장하곤 한다.

　　동남 변방과 창장(長江) 이남에서는 전혀 다른 사람들을 보게 된다. 이들은 편안하고 한가한 데 익숙해 있다. 수양에 힘쓰고 처세에 능하

15　린위탕(林語堂, 임어당, 1895~1976)은 푸젠(福建)성 룽시(龍溪)에서 태어났다. 상하이 세인트존스 대학을 졸업하고, 미국 하버드 대학과 독일 라이프치히 대학에 유학, 라이프치히 대학에서 언어학 박사학위를 받았다. 중국으로 돌아와 베이징 대학, 칭화(淸華)대학, 베이징 여자사범대학, 상하이 둥우(東吳) 대학 등에서 강의했다. 1927년에는 정치에 입문하여 우한(武漢) 국민정부의 외교부장 천유런(陳友仁)의 비서를 지냈다. 우한 정부 해체 뒤에는 집필에만 몰두하여 명수필가로 이름을 날렸다. 1936년 미국으로 건너가 뉴욕에 살면서 『뉴욕 타임스』의 특별기고가로 활약하는 한편 중국에 관한 많은 영문 평론을 발표했다.

16　『내 나라 내 국민(吾國與吾民)』은 임어당의 산문집으로 영문으로 작성되어 1935년 미국에서 출판되었다. 이 산문집은 크게 두 부분으로 나뉘는데, 제1권은 중국인의 생활, 가령, 종족, 심리, 사상적 특징에 관해 얘기하고 있으며, 제2권은 중국인 생활의 여러 방면, 가령 여성과 사회, 정치, 문학, 예술 등을 얘기하고 있다. 이 책은 작가가 냉철하고 예리한 관점을 바탕으로 중국민족의 정신과 특징에 대해서 분석함으로써 서양 사람들에게 솔직하고 담백한 중국인의 면모를 드러냈다.

다. 두뇌가 발달했으나 신체는 퇴화했다. 시와 노래를 즐기고 쾌적하
게 지내고자 한다. 음악을 사랑하며 편안한 것을 좋아한다. 남자들은
성격이 원만하지만, 몸이 부실하고, 여자들은 날씬하지만, 신경쇠약
증이 있다. 이들은 제비집 수프와 연잎밥을 먹는다. 이들은 영리한
장사꾼이며 뛰어난 문학가이다. 그러나 전쟁터에서는 겁쟁이가 되어
주먹이 날아오면 머리에 닿기도 전에 땅바닥에 엎으려 울 준비가 항상
되어있다. 이들은 진대(晉代) 말년에 자기 책과 그림들을 끼고 강을
건너 남쪽으로 간 교양 있는 대가문의 후손들이다. 당시에 중국의 북방
은 야만 종족의 침범을 받고 있었다.

　다소 개인적인 관점에 치우친 점이 없진 않지만, 남북의 기후와 지형
적 특징에 따라 북방인과 남방인의 성격, 성향, 그리고 신체적 조건의
차이에 이르기까지 매우 상세하게 묘사하고 있다. 상술한 내용을 토대로
북방과 남방의 차이점에 대해서 간단하게 정리해보면 다음과 같다.

	북방	남방
기후	날씨가 춥고 초목이 잘 자라지 않으며, 사람들이 살아가는데 필요한 물자의 생산이 넉넉지 못함.	날씨가 따스하고 초목이 무성하며 여러 가지 물자의 생산이 풍부함.
기질	어려운 자연환경을 극복하며 애써 살아가야 하므로 기질이 억세고 거칠며 성격이 현실적일 수밖에 없음.	따스하고 풍성한 자연환경 속에 안락하고 여유 있는 생활을 하므로 기질이 부드럽고 고우며 성격은 낭만적인 경향을 띠게 됨.
특성	북방 사람들은 이지적이고 투쟁적이며 현실적이고 산문적임.	남방 사람들은 정서적이고 평화적이며 낭만적이고 시적임.
대표 문학	이러한 기질과 특성은 문학에도 반영되어 북방을 중심으로 하는 현실 생활에서 우러나온 감정 같은 것을 질박한 언어로 읊은 시경을 생성함.	남방을 중심으로 하는 초현실적이고 환상적인 생각을 화사한 언어로 노래한 초사를 생성함.
대표 사상	유가	도가

북방인과 남방인

중국의 춘추시대, 인구라야 채 천만 미만일 때 공자는 황하 유역의 북방인과 양쯔강 유역의 남방인의 기질을 명쾌하게 분별했다. 남방인이 너그럽고 온유하여 자기에게 무도했던 사람마저 용서하는 강점을 지녔는가 하면, 북방인은 창칼과 갑옷을 베개 삼아 잘지라도 죽음을 두려워하지 않는 용맹함을 지녔다고 했다. 남북의 차이는 갈수록 벌어졌다. 현재 북방인과 남방인의 성격을 구분해보면 다음과 같다.

북방인	남방인
북방인을 대표하는 베이징 사람들은 건조하고 한랭한 기후와 싸우면서 천 년의 정치 중심을 지키느라 정치적이고 논리적	남방인을 대표하는 상해 사람들은 축축하고 따뜻한 기후를 타고 수천 년의 비옥한 땅과 넉넉한 삶을 누리느라 세속적이고 현실적
베이징 사람이 관료적이면서 평민적	타산적, 감각적
귀족적이면서 투쟁적	시민적이면서도 이성적
남성적이고 대륙적	여성적이고 축소적

2) 아(雅)·속(俗)의 문화

문화를 이해하는데 있어서 일관된 견해가 있다. 그건 바로 귀족문화, 엘리트문화는 매우 고상하며 대중문화는 저속하다는 것인데, 이는 오해에 불과하다. 사실 문화의 영역에는 역대로 귀족문화와 대중문화가 존재해 왔었는데, 그렇게 구분하는 근거는 무엇이었으며, 그 의미는 무엇일까?

아(雅)와 속(俗)이야말로 바로 중국문화를 이해하기 위해 반드시 알아야 할 중요한 두 부류의 문화인 것이다. 다시 말해서 문화를 즐기고 유행시키는 주체에 따라 문화를 '아문화(雅文化)[17]'와 '속문화(俗文化)'로 구분할 수 있다.

(1) '아문화(雅文化)'

'아문화(雅文化)'는 귀족문화, 상층문화, 엘리트문화라고 부르는데, 주로 지식인 사회나 상층 통치 계층에 의해 만들어져 향수되고 유통된다. 그러므로 '아문화'는 일반적으로 문헌과 사적에 기록되어 역사의 발전과정에 그 참모습을 명확히 드러내고 있다.

우리가 현재 흔히 볼 수 있는 문화사는 거의 모두가 '아문화'의 역사라 할 수 있다. 이렇듯 '아문화'는 이성적 특성이 강하고 일정한 체계와 이론을 갖추고 있어서 한 민족이나 통치 집단의 근본적이고 장기적인 이익을 반영하는 동시에 민족 문화의 본질을 반영한다.

(2) '속문화(俗文化)'

'속문화(俗文化)'는 이와 상대적으로 일반 피통치자 서민들 사이에서 향수되고 유행하는 대중문화, 민간문화, 평민문화, 하층 문화를 말한다. 속문화는 감성적 색채가 비교적 강하고 일상생활에 친숙하게 접근해 있으며, 일반적으로 체계적인 이론 형태를 갖추지 못한다. 주로 민간에 의해 집단으로 창작되는 속문화는 일반적으로 구두와 행위를 통해 전파되며, 신화와 전설, 이야기, 민간가요, 속어, 수수께끼, 곡예, 민간소설, 풍속 등을 주요 내용으로 한다. 이러한 속문화를 연구하는 민속학은

---

17 중국 고대 아문화(雅文化)의 핵심은 바로 중국 전통철학이다. 이는 중국 전통철학의 특징에 의해 결정된다. 중국의 전통철학은 고대 아문화에 대해 그 영향이 매우 크고, 심지어는 직접 중국 고대인의 가치관과 사유방식, 그리고 민족의 성격 등 심리적 요소까지 지배한다. 구체적으로 말하자면, 춘추전국시대에 백가쟁명(百家爭鳴)이 일어났는데, 쟁명(토론)의 중심 주제 가운데 하나가 바로 윤리문제이다. 유가로 말하자면, 공자와 맹자는 인과 의에 대해서 말하였는데, 공자는 "극기복례(克己復禮)"와 "왕은 왕다워야 하고, 신하는 신하다워야 하며, 아버지는 아버지다워야 하고, 아들은 아들다워야 한다(君君, 臣臣, 父父, 子子)"는 정명(正名) 사상을 주장하였다. 이를 위해 많은 제도와 규칙 등이 필요하게 되어, 모든 것들이 궁극적 목표 달성을 위한 수단이 되었다. 예술 또한 예외일 수 없었다.

이미 독립적인 학문영역으로 발전해 있다.

　이 두 문화는 중국 역사상 함께 존재하며 발전을 거듭하는 가운데 상대방의 영역에 침투하기도 하고 영향을 미치기도 하고 충돌하기도 하면서 하나의 총체적인 중국문화를 이루어왔다. 이러한 이유로 엘리트 문화라고 해서 반드시 고상하고 아름답기만 한 것은 아니며, 대중문화라고 해서 반드시 거칠고 보잘것없지 않다.

　가령, 예술은 여러 문화 형태 가운데 가장 민감하고 활발한 것으로 '아(雅)'와 '속(俗)'의 충돌과 융합이 예술 속에서 특별히 잘 나타나고 있다. 그 가운데 중국 음악사는 한 마디로 '아문화(雅文化)'와 '속문화(俗文化)'의 이러한 융합과 대립의 양상을 가장 잘 나타내 주고 있다. 즉, 민간음악과 궁정 음악의 대립이 바로 속악(俗樂)과 아악(雅樂)의 대립인 것이다.

아악(雅樂)과 속악(俗樂)

　중국의 경우 전통적으로 음악의 정치적 교화기능을 중시하여 음악을 천(天), 신(神), 인(人), 그리고 윤리 도덕과 동일시하였고, 음악을 신성화하여 통치자의 아름다움을 만끽하는 하나의 전리품이 되었다. 왕과 귀족들이 홀로 즐기고 점유하는 음악을 '아악(雅樂)'이라 하는데, 그 특징은 자연히 의젓하고 온화하며 고귀하고 점잖다. 공자는 일찍이 "제나라의 아악인 '소(韶)'를 들으면, 석 달 동안 고기 맛을 모른다.[18]"라고 하였고, 그 음악을 "미와 선의 극치"라고 평가하였다.

　이와 반대로 속악을 '음란(淫)'하다고 평가하며, "이 음악을 들으면 사람의 성정(性情)이 어지러워지고 혼란해지며 마음속에 나쁜 생각이 들었다."고 하였다. 이 말은 속악을 들으면 마음에 동요가 일어나 마음속에 있던 희노애락(喜怒哀樂)의 감정들이 일어나고, 이로 인해 한 개인이

---

18 『논어(論語)·술이(述而)』, "孔子在齊聞韶, 三月不知肉味."

더 나아가 그 사회가 너무 구속을 모른 채 자유분방해지고 결국 국가는 혼란에 빠질 수 있다는 것이다.

> **❝**
> 속문화는 아문화의 뿌리이고
> 아문화는 속문화의 꽃이라 할 수 있다.
> **❞**

이것으로 볼 때, 아문화와 속문화는 서로 별개의 독립적이고 서로 다른 문화가 아니라 상호보완적인 관계를 유지하면서 서로의 발전에 도움을 준다는 것이다. 이와 관련하여 지셴린(季羡林)은 다음과 같이 말한 바 있다.

> 아와 속은 둘 다 수단이지 목적이 아니다. 그 목적은 미를 누리는 과정에서 자연스럽게 인간 정신의 경지를 높이고 영혼을 정화함으로써 인간의 심리적 소양을 건전하게 유지하는 것이다.[19]

아문화와 속문화 모두 그 문화를 만들어내고 즐기며 전승하는 주체가 다를 뿐, 두 문화의 목적 모두 생활의 윤택과 아름다움을 위한 것이며, 정신적으로, 그리고 심리적 소양을 갖추는 데 도움을 줄 수 있음을 말해 주고 있다.

중국 문학에서의 아(雅)와 속(俗)

문화 영역에 있어서 아와 속의 구분은 그대로 중국 문학에까지 직접 적용된다. 아문화는 이성적 특성이 강하고 일정한 체계와 이론을 갖추고

---

19 季羡林, 『雅俗文化书系』, 中国经济出版社, 1995年 3月.

있어서, 한 민족이나 통치 집안의 근본적이고 장기적인 이익을 반영하는 동시에 민족 문화의 본질을 반영한다. 또한, 아문화는 정부에 의해 퍼지고 문자와 서적 및 정규 교육을 통해 전파된다.

　　반면 속문화는 감성적 색채가 비교적 강하고 일상생활에 친숙하게 접근해 있으며, 일반적으로 체계적인 이론 형태를 갖추지 못한다. 주로 민간에 의해 집단으로 창작되는 속문화는 곡예, 민간소설, 풍속 등을 주요 내용으로 한다. 이러한 속문화를 연구하는 민속학은 이미 독립적인 학문영역으로 발전해 있다.

제4강

중국인은 무엇을 어떻게 생각할까?

− 중국인의 가치관과 사고방식

"
5,000년의 장구한 역사를
자랑하는 중국인은
과연 대대로 살아오면서 무엇을,
어떻게 생각했을까?
그리고 중국인의 애매모호한 기질적 특성을
어떻게 이해해야 할까?
이 장에서는 중국인의 가치관과 기질 형성에
지대한 영향을 미쳤던
몇 가지 요인에 대해서 알아보자.
"

'멍청한 척 하기란 매우 어렵다.'라는 중국의 격언.
중국인들의 성격을 그대로 드러낸 말로, 집안의 가훈으로 삼을 만큼 좋아하는 구절이다.

　　중국어에 "난더후투(難得糊塗)"라는 구절이 있다. 이 말은 누구나 한 번쯤은 바보 같은 짓을 하지만 실제로 '엄청나게 똑똑하고 영리한데 바보인 척, 멍청한 척 하기는 매우 어렵다.'라는 뜻이다. 일반적으로 없어도 있는 척, 못나도 잘난 척 하는 것이 인지상정인데, 그렇게 밖으로 드러내다간 자신에게 주어진 천명을 누리지 못할 것이라는 위기의식과 함께 매우 급한 상황에서는 자신의 속내를 드러내는 것을 좋아하지 않고 그냥 좋은 게 좋은 거라는 식의 불분명한 태도로 일관하는 중국인들이 성격을 표현한 말이다.

　　중국인들은 이 네 글자를 붓글씨로 써서 가훈 삼아 집에 걸어 놓을 정도로 좋아하는 격언인데, 바로 중국인들의 모호함이라든지 호불호가 분명하지 않은 태도 역시 여기서 나왔을 것이다. 그도 그럴 것이 중국은 반만년의 유구한 역사가 있고, 그 땅에 수도 헤아릴 수 없을 정도로 많은 나라가 세워지고 없어지는 부침을 겪었다. 이런 이유 때문인지 중국이나 중국인을 한 마디로 정의하기가 여간 쉽지 않다.

　　일상생활 속에서 만나는 중국인도 마찬가지다. 어떤 경우는 매우 친화력이 뛰어나고 그야말로 '꽌시'를 중요하게 생각하는 정이 많은 사람이라고 생각되지만, 어떤 경우엔 언제 그랬냐는 듯이 원리와 원칙을 중시하고 자신의 책임과 권한 이외의 일은 절대 하지 않는 단호함도 보여준다. 이러한 중국인, 어떻게 하면 이해할 수 있을까? 필경 원래 그런 성격일 리는 없을 텐데 말이다. 이렇듯 모호함과 불분명함을 지닌, 아니 양면성을 가지고 있는 중국인을 이해하기 위해 이들의 가치관과 사고방식, 그 이면을 들여다보자.

1. 중국 중심의 세계관, 중화(中華)사상

세계 4대 문명 발상지는 각각 황하, 인더스, 메소포타미아, 그리고 이집트 문명이다. 이들의 공통점은 모두 큰 강을 끼고 북반구에 위치하며, 대부분이 기후가 온화하고 기름진 토지를 지닌 지역들이다. 특히 황하, 티그리스-유프라테스강, 인더스강, 나일강 등 이들 지역이 4대 강을 끼고 있어 기후, 교통, 토지 등 고대 농업 발달에 유리하다.

중국은 과거 2천여 년의 장구한 역사를 가지고 극동의 대륙에서 독립적이고 고립적인 발전을 지향하는 대국으로 존재해 왔다. 중국의 과거 2천 년에 걸친 전통사회는 거의 세계의 기타 문화와 격리된 대로 평형, 고정의 불변 상태를 유지해왔다. 이러한 상황 속에서 중국인은 자신의 문화가 세계 제일이며, 천하가 바로 중국민족의 자화상이라는 관념을 부지불식간에 갖게 되었다. 이러한 관념은 바로 '한민족 종족 중심주의'에서 나온 것이다.

그러므로 자신은 '강력한 아군(我群)'으로, 기타 민족은 타군으로 간주하여 동이(東夷), 서융(西戎), 남만(南蠻), 그리고 북적(北狄)의 이름으로 주변의 다른 민족들을 차별하는 우월의식을 갖게 되었다. 이는 사실 중국아 줄곧 주변보다 우수한 문화를 가지고 늘 문화를 수출했다는 점과 밀접한 관계가 있으며, 이런 관념에 기초하여 '종족주의'가 '중국 중심의 문화주의'로 전화(轉化)하게 되었다.

1) 중화사상이 형성된 시점

중화사상이 형성된 시점은 기원전으로 올라간다. 중국 최초의 왕조인 하(夏), 은(殷)나라에 이어 주(周)나라가 성립된 기원전 1100년 경이다. 한족(漢族)의 모체가 된 화하족(華夏族)은 지역적으로 문명의 발상지인 황허를 '중원'의 무대로 삼고, 문화적으로는 문화적 우월성과 최고의 문명 수준을 유지하였는데, 특별히 청동기, 철기문화를 바탕으로 정치, 군사, 문화 등 모든 면에서 주변의 모든 다른 민족을 제압, 그들로부터 절대적 우위의 위치를 인정받게 된다.

역사가 진행되면서 중국인들은 자신들의 문화가 지구상에서 유일하고 가장 앞선 문화라는 민족적인 자긍심을 갖게 됐다. 역사를 살펴보면 당시로선 중국이 지구의 중심이었다는 점을 자랑할 만했다고 보인다. 이민족의 침입과 이민족 왕조 성립 등 우여곡절이 많았지만, 한족(漢族)의 핏속엔 지금도 바로 그 의식 체계가 남아있는 것이라고 볼 수 있다.

2) '중화'의 내용

중화사상의 기본은 유가의 천명(天命)사상과 그에 따른 왕도(王道)정치이다. 여기서 천명사상이란 주(周)나라가 은(殷)나라 침략을 합리화하고 정통성 확보를 위해 만든 지배 이념으로서, 중화사상의 내용은 하늘로부터 땅 위의 백성을 교화시키고 다스리라는 명을 받은 자, 곧 천자(황제)가 통치하는 세상. 문화적으로 우수함, 상대적으로 그렇지 못한 지역을 배척함.

'중화'는 쉽게 말해서 '중국(中國)'과 '화하(華夏)'의 합성어이다. 다시 말해서 '중화'는 '지리적 중심부'라는 의미와 더불어 '민족 정체성'과

'문화적 우월성'이라는 요소가 함께 녹아 있는 단어이다. 중국인들은 자신을 '중화민족'이라고 부르기를 좋아하는데, 이것은 문화적 자부심과 민족적 동질의식을 가장 적절하게 표현한 것이다.

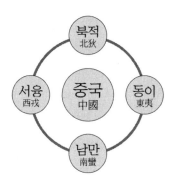

이 **중화사상의 저변에는 중화를 둘러싸고 있는 '이적(夷狄)', 즉 오랑캐 개념**이 짙게 깔려있다. 중화사상을 화이(華夷) 사상이라고 하는 이유가 바로 여기에 있다. 세상을 지배해야 하는 중원(中原)의 고귀한 민족과 오랑캐들, 지배하는 민족과 지배받아야 하는 민족들, 중국 문화가 '유일하고 보편적인 통합 질서'라는 중화사상은 유교의 천명(天命)사상과 그에 따른 왕도(王道)정치에 맥이 닿아있다.

중국 왕조의 우두머리인 황제(천자)는 천명 때문에 세상을 통치하는 이른바 하나밖에 없는 최고의 유덕자로서 군림했다. 천자가 직접 다스리는 나라는 문명국가이고 그렇지 못한 나라는 야만 국가로서 그 백성은 인간이 아닌 금수로 전락할 수밖에 없다는 점이 시대를 이어오며 강조된 것이다. 결국, 중국의 중화의식은 춘추시대 제하열국을 결집하여 소위 오랑캐라 부르는 세력들을 물리치기 위한 배타성에서 출발하여 공자의 이상을 거치면서 인문주의 정신으로 새롭게 태어났고, 수천 년 동안 지속해 왔다.

(1) '천하(天下)'의 관념적 특징과 화이관(華夷觀)

중국 땅에 들어서면 웬만한 외국 문물과 명칭, 그리고 사람 이름도 중국어로 바뀌기 일쑤다. 한자가 뜻글자여서 그런지 되도록 중국 사람에게 뜻이 통하는 단어로 바꾼다. 코가콜라와 펩시콜라의 중국식 이름은 외래 문물이 중국화 되는 과정을 극명하게 보여주는 사례다.

이렇듯 외국 문물을 자기 방식에 따라 이해하는 것은 중국인들의 특징이다. 한자가 지닌 표의적 성질, 그리고 외국어 명칭을 원음에 가깝게 표기하지 못하는 언어 구조상의 특징들 때문인지 모든 외국 것의 명칭을 무리할 정도로 중국화한다. 이러한 습성은 외부의 사물과 현상을 자기식으로 인식하는 이른바 '동일시(認同)' 심리에서 비롯한 것으로 보인다.

"모든 지역 사람이 다 형제다."

중국은 과거 '천하'의 관념을 만들었다. 혈통과 민족에 국한하는 좁은 개념의 범주를 넘어서 '문화가 같으면 모두 같다.'라는 생각을 표방한 것이다. "모든 지역 사람이 다 형제다.[20]"라는 중국의 옛말도 이 문화적 동질감의 다른 표현이다. 결국, 외래 문물에서 내부 문화와 동질적인 요소를 찾고 그것을 기준으로 외래문화를 이해하는 것은 '천하(天下)'라는 문화적 포용력을 갖춘 중국인들이 외부 세계를 인식하는 방법인 것이다.

중국이 주변 여러 나라를 통합하는 기제의 핵심에는 '천하'라는 단어가 자리 잡고 있다. 이 말은 일찍이 상서(尙書)에 처음 등장하였는데, 이 책에는 "사해를 잡으면 천하의 군주가 된다.[21]"라는 문장이 등장한

---

20 "四海之內, 皆兄弟也."(『論語·顏淵』)
21 "奄有四海, 爲天下君."(『상서(尙書)·우서(虞書)』)

다. 천하는 결국 '하늘 밑 모든 것'을 뜻한다. 즉, 지구 표면과 그 아래 지층 등에 사는 모든 생물체는 바로 '천하'라는 관념 안에 포함될 수밖에 없을 것이다.

'나'와 '남'을 구별하는 개념

'천하(天下)'의 관념이 문화적으로 '나'와 '남'을 구별하는 개념으로 널리 자리 잡은 시기는 한나라 왕실이 다른 사상을 모두 앞서는 최고의 지위에 유가 사상을 올려놓은 시기와 맞아떨어진다. 유가 사상을 받아들여 중원의 문물과 문명을 그대로 이어가는 주변 지역에는 문화적 동질감을 부여했고, 그렇지 못한 지역에는 멸시와 냉대가 따르는 차별을 둔 것이다. 자신을 가운데의 핵심으로 설정하고 남을 오랑캐라는 폄하적 대상으로 구분한 이른바 '화이관(華夷觀)'은 이렇게 만들어지고 성숙해갔다.

중국의 '천하'라는 관념이 지속하고 시대가 변천할수록 그 범위를 확대할 수 있었던 것은 한자가 지닌 고정성과 정형성에 기인하는 바가 크다. 중국의 문자인 한자는 전 세계적으로 유일무이하게 뜻글자의 특징이 나타나는 문자 체계다. 표음 문자는 각 지역의 입말에 맞춰 간편하고 효율적으로 쓰이는 장점을 갖추었지만, 고정성이 크게 떨어지는 단점이 있다. 시대가 흐르고 말이 시간에 따라 변화하면 표음 문자는 그에 맞춰 변화한다. 정형성과 고정성을 확보할 수 없다.

자신의 문화에 대한 지나친 자부심?

중국인들은 새 문물과 새로운 현상에 부닥쳤을 때 한국 김치를 자기네 '파오차이(泡菜)'로 보는 식으로, 자신의 '천하'에 놓였던 현상과 사물을 이것에 견준다. '이건 우리의 뭔가와 비슷해'라는 생각이 생기면 그것을 이해하는 데도 동일한 태도를 보인다. 자기 안에 담겨 있던 사물과 현상에 이미 익숙해진 경우라면 외국의 것도 그를 통해 쉽게 이해하고 친숙해지는 것이다.

하지만 남의 것을 있는 그대로 보지 않는다는 것은 결국 자신의 문화도 있는 그대로 보지 않는다는 말일 수 있다, 말하자면 자신의 문화에 대한 지나친 자부심, 그로 인해 막연하지만 끝 간 데 없이 펼쳐지는 정치적 자신감에 힘입어 과장되게 자신을 인식하는 습관이 생길 수 있다는 말이다. 내 것을 공정하고 객관적으로 볼 수 있어야만 힘이 쌓인다. 내 것에 파묻혀 남의 것을 자기 안으로만 끌어들이는 관념과 사고로는 균형감 있게 사고를 확대할 수 없다.

(2) 중국의 정체성을 표현하는 다양한 용어

- '중국(中國)'이나 '중원(中原)' : 지역적으로 자신을 천하의 중심으로 자부하고자 할 때 쓰이는 말이다.
- '중화(中華)' : 문화적으로 변방 민족과의 차별성을 통해서 자신들의 문화 정체성을 구축하고자 할 때 사용하는 말이다.
- '화하(華夏)' : 황하 지역에 거주하는 구성원의 결집과 민족적 정체성을 표현하는 용어이다.
- '천하(天下)' : 자신이 활동하는 무대가 곧 이 세상의 전부라는 생각일 수 있다고 선을 그을 때 사용한다.

3) 중화사상의 위기와 해체

원나라, 청나라 등 이민족에 의한 중국 통치는 중화사상의 뿌리를 송두리째 채 흔들어 놓는 계기가 됐다. 결국, 19세기 중엽 이후 중화사상은 중대한 고비를 맞게 된다. 청 왕조는 현군으로 칭송되는 강희(康熙), 옹정(雍正), 건륭(乾隆) 세 황제의 즉위 기간인 130여 년 동안 '팍스 시니카(Pax Sinica : 중국 경제 중심의 세계질서)'라 불리는 평화적인 전성기를 이룩하여 정치와 경제는 안정되고 영토는 몽골, 내몽골, 신장, 티베트 등으로 확대되어 청 제국은 기존의 한족과 만주족에 이슬람교, 티베트족, 몽골족 등이 포함된 다문화 국가로 변신해 갔으며, 인구도 영토만큼 급속히 팽창해갔다.

하지만 모든 권력이 과도하게 황제 한 사람에게로 집중되어 관료의 약화와 행정 능률의 침체 현상이 나타나게 되었고, 한정된 토지에 비해 지나친 인구의 증가[22]로 백성들의 생활은 더욱 궁핍해지자 청 왕조는 쇠퇴하기 시작하였다.

17, 18세기 유럽의 몇몇 국가들은 산업기술혁명을 통해서 자본주의 단계로 접어들었다. 산업자본주의의 성장을 위해 그들은 세계 곳곳에서 원료 공급과 해외시장을 확대하는 쟁탈전을 벌이고 있었다. 중국은 바로 국토가 넓고 자원이 풍부하며 인구 또한 많으므로 자연히 그들이 탐내는 주요 대상국이 되었다.

당시 영국은 해양을 지배하는 해양국가로서 산업자본주의의 발전에 따라 적극적으로 중국진출을 시도하여 다른 국가들을 누르고 광둥무역의 주도권을 잡았으나, 무역 확대에는 큰 성과를 거두지 못했다. 더구나 영국은 중국의 차에 대항할 만한 상품을 갖고 있지 못하여 계속 막대한 무역적자를 보고 있었다.

아편전쟁과 중화사상의 몰락

영국은 아시아 시장을 접수하기 위해 인도를 점령한 후 곧바로 중국으로 눈을 돌렸다. 영국의 무역 요구에 청 제국은 먼저 조공을 요구했고 중국과의 무역을 포기할 수 없는 영국은 어쩔 수 없이 불평등한 무역을 시작했다. 영국은 중국으로부터 유럽에서 인기가 높은 차, 약재, 도자기

---

22 세 황제 통치 기간 중 중국의 인구는 약 1억 5천만 명에서 자연 증가와 이민족의 영입 등으로 3억 명으로 두 배가 되었고, 19세기 중반에 이르러 4억 3천만 명에 달했다.

등을 수입한 대가로 막대한 양의 은을 중국에 주었다. 불공정한 무역이 계속되자 인도에서 생산된 면화를 주원료로 하는 옷감을 팔려 했으나 중국엔 이미 비단으로 옷을 만들어 입는 상황이라 이것도 실패하게 된다. 그래서 영국은 중국과의 무역에서 발생한 적자를 메우기 위해 급기야 불법적으로 아편을 밀수출하기 시작했다. 아편은 당나라 시대부터 약재로 사용된 탁월한 진통제이자 중독성이 강한 마약이다. 이 마약을 담배와 함께 섞어 피우면서 아시아 전역으로 퍼지게 되자 청 제국은 1729년 아편 수입을 금지한 바 있다.

중국으로 흘러 들어간 아편은 급속도로 유행하면서 중독자들이 늘어나 나라가 경제적, 정신적, 육체적으로 썩어들어가기 시작했다. 특히 아편은 고가에 거래되는 마약이기 때문에 돈과 권력이 있는 중, 상류층에 유행해 고위 관리, 장군, 고급 장교 등 나라를 이끄는 계층을 중독자로 만들어 심각한 상황에까지 이르게 된다. 청 정부는 임칙서(林則徐)를 흠차대신(欽差大臣)으로 임명하여 아편이 밀수입되는 거점인 광저우로 파견하여 중국 상인이 보유한 아편을 몰수하고 이와 관련된 모든 사람을 체포하였다. 그리고 몰수한 아편을 중국 차로 5대 1의 가격으로 맞교환할 것을 제안하고 영국은 이를 받아들이게 되었다.

큰 손해를 입게 된 영국은 중국과의 전쟁을 계획하게 된다. 이때까지 중화사상에 젖어 영국을 우습게 본 중국은 사실 아무런 싸움의 준비가 되어있지 않았다. 전쟁이 일어나자 막강한 대포 등 화력을 앞세운 영국군의 침략에 힘 한 번 써보지 못하고 파죽지세로 닝보(寧波)와 톈진(天津)을 공격, 폐쇄해 버리고 광둥성을 함락 직전까지 몰고 갔다. 다급해진 청 정부는 영국과 협상하여 첫째, 홍콩을 영국에 떼어 주고 둘째, 영국군이 원정에 들인 비용을 전액 보상하며 셋째, 두 나라 관리가 직접 1대 1로 교섭하기로 합의했다. 과거 오랑캐 나라와는 절대 대등하게 교섭하지 않기로 한 조공정책과 더 나아가 중화사상에 치명적인 타격을 입게 되었다.

이에 격분한 중국인들은 영국 상인을 비롯한 외국인들을 공격해 사상자가 발생하게 되고, 이를 구실로 영국은 더욱 강경해져 1만 명의 군대를 파견하여 무력으로 상하이를 점령한 뒤 내륙으로 들어가 난징을 공략하게 되었다. 궁지에 몰린 청 조정은 이전보다 더욱 불평등한 난징조약을 체결하여 홍콩을 영국에 넘겨주고 전쟁배상금과 몰수된 아편배상금까지 지급하게 된다. 이와 함께 광저우(廣州), 샤먼(廈門), 푸저우(福州), 닝보(寧波), 상하이(上海)를 개방하는 등 외국인이 중국 땅에서 합법적으로 장사할 수 있는 큰 구실을 마련해 주었다.

아편전쟁과 애로호사건으로 알려진 두 차례의 전쟁에서 패배한 중국은 불평등한 조약체제로 편입되어 중화적 세계관이 크게 동요되었다. 이뿐만 아니라 중화제국 질서에서 매우 중요한 위치를 차지하고 있었던 조선을 둘러싼 일본과의 전쟁에서 패배하여 중국은 조선의 종주권을 상실하고 대만을 일본에 할양했으며, 일본의 랴오둥반도 할양요구를 저지시킨 러시아, 프랑스, 독일 3국에 조차지를 내주었다. 이로 인해 중화제국의 질서가 붕괴하고 중국은 일개 약소국으로 전락하고 만다.

2. 중국인의 정신적 지주, 유가(儒家) 사상

1) '예(禮)'로써 세상을 구하다

유가란 공자가 세운 학파. 공자가 유가를 세운 목적은 요(堯), 순(舜), 우(禹), 탕(湯), 문(文), 무(武), 주공(周公)과 같은 옛 성현들의 경험을 어떻게 이어받아 학문을 이용해 나라를 다스리고 민중을 교육할 것인지를 연구하는 데 있었다. 옛 성현 가운데 공자는 구체적으로 주공의 사상을 바탕으로 유가를 세웠다.

　주공은 하(夏), 은(殷) 두 왕조의 흥망성쇠가 남긴 역사적 교훈을 정리한 후 군주에게 '덕으로 하늘과 짝을 이루라'는 중요한 사상을 제시한다. 또 자신의 인격을 닦는 일이 군주에게는 가장 근본적인 일이라고, 자신의 인품을 잘 닦아야만 비로소 하늘의 보우를 받을 수 있다는 점을 강조한다. 이렇게 하여 '사람을 근본으로 여기는' 중국문화의 인문정신이 세워졌다고 할 수 있다.

　유가 사상은 2천여 년 동안 중국인의 정신세계를 지배하여 중요한 가치관이 되었고, 생활 속에서도 하나의 윤리와 도덕으로 중국인의 행위에 지대한 영향을 끼쳤다. 그러므로 중국인의 사유방식과 가치관은 이런 유가 사상과 밀접한 관계를 맺어왔기에 중국을, 중국인을 이해하기 위한 하나의 필수적인 요소라 할 수 있을 것이다.

　유가가 이전부터 존재하던 여러 주장을 종합, 체계적인 학설을 수립하여 하나의 학파로 형성된 것은 춘추시대의 공자부터이다.[23] 공자가 살았던 춘추 말기에는 주나라 천자는 단지 유명무실한 존재로 전락하여 본시 주나라 왕실에 충성을 바쳐야 할 의무를 진 각 제후를 제어할 수 없었다.

　이에 주나라는 공전의 위기를 맞이하면서 주나라의 근간을 받치고 있었던 봉건제도와 종법 제도가 붕괴하여 정치적으로나 도덕적으로 질서가 파괴된 아주 문란한 상황에 부닥치게 되었다. 각 제후는 자신들의 이익과 세력을 위하여 이웃 제후국을 공략하는 등 주나라 건국 이래

---

23 공자의 이름은 구(丘), 자는 중니(仲尼)이며 공자는 존칭이다. 기원전 551년에 태어나 기원전 479년에 죽었다. 공자의 조상은 원래 송나라 귀족이었는데, 족보를 거슬러 올라가면 상탕(商湯)의 후손이다. 공씨 집안은 중간에 가세가 기울면서 더는 권세와 지위를 보장받을 수 없게 되자 노(魯)나라로 이주하였다. 공자는 노나라에서 태어나고 자랐다. 공자의 부친은 숙량흘(叔梁紇)인데 지금의 현급 관리에 해당하는 읍재(邑宰 : 마을을 다스리는 관리)를 지냈는데, 공자가 세 살 때 세상을 떠났다. 그래서 공자의 어린 시절은 매우 곤궁했으며, 일평생 절대 순조롭지 않은 삶을 살게 된다. 공자의 이러한 곤궁하고 순조롭지 못한 삶이 오히려 그를 박학하고 다재다능한 인물로 만들어 준 셈이다.

사회 질서를 유지하여 오던 예(禮)가 제 기능을 발휘할 수 없는 무질서한 혼란 상태에 빠져 버린 것이다.

당시 그런 혼란한 시대적 상황 속에서 이를 구제하고자 많은 사상과 학파들이 나타나 이른바 '백가쟁명(百家爭鳴)'의 시대가 도래하게 된다. 공자는 이러한 시대적 문제에 직면하여 사회 질서를 다시 건립하기 위한 각종 주장을 펼쳐 나갔는데, 그의 중심 사상은 도덕적 자각을 의미하는 仁義의 구현을 통한 사회 각 계층 간의 윤리 규범의 확립에 있었다.

2) 유가의 사상적 특징 : '치국(治國)' 이념

한마디로 정리하자면 유가 사상은 우선 '치국(治國)의 이념'인데, 핵심은 왕도(王道)와 인정(仁政)이다. 유가는 무조건 힘으로 눌러버려 복종시키려는 패도(覇道)와는 다른 도덕의 문화적 영향력을 강조하는 왕도(王道)를 실현하고, 세상을 긍휼히 여긴다는 인(仁)을 바탕으로 한 어진 정치를 펼치며, '예악(禮樂)을 통한 교화'를 중시한다. 사실 우리가 지금 사용하는 '문화'라는 말은 최초에는 '무화(武化)'에 상대되는 말이었다. 문화가 예악으로 사회를 교화하고 이끄는 것이라면 무화는 무력으로 이끌어 변화시키는 것이다.

이 유가 사상은 주나라 봉건(封建)제도에 기반을 둔 춘추전국시대에 공자가 창설한 사상으로 당시 어지러워진 국가와 사회의 기반을 재정립하기 위해 인의의 구현을 최고의 가치로 여겼다. 이 봉건제는 혈연적 관계를 중요하게 생각했는데 이는 서주 시대로부터 시작된 것이다. 그러다가 진나라 때에 봉건제를 무너뜨리고 군현제(郡縣制)를 시행하였다. 군현제란 혈연적인 관계를 잘라낸 것으로서, 각 지방 장관은 천자와 혈연관계가 없었습니다. 하지만 한나라 초기에 이르면 다시 같은 성을 가진 이를 분봉해 중앙을 호위하게 하는 봉건제로 되돌아간다.

(1) 유가 사상의 핵심 : 예악(禮樂)

유가의 사상적 특징은 예의(禮儀)와 음악(音樂)에 의한 사회 기풍 정립을 강조하며 충효(忠孝)와 인의(仁義)의 도덕적 신념을, 그리고 정치적으로는 덕(德)에 의한 통치와 어진 정치인 인정(仁政)을 주장한다. 그렇다면 예악(禮樂)이란 무엇일까? 『예기(禮記)·악기(樂記)』[24]에서 음악의 효용을 다음과 같이 말하고 있다.

> 악은 천지의 조화이며, 예는 질서이다.[25]

효경에서는

> 풍속을 올바로 이끌고 사회를 바꾸는 데에는 악보다 더 좋은 것이 없다.[26]

공자는 예로써 사람의 외면인 몸가짐과 인간관계를 다스리어 세상에 질서를 확립하고, 악으로써 사람의 내면인 성정을 다스리어 사람을 착하게 이끌고 세상의 조화를 이룩하려 하였다. 특히 덕으로 천하를 다스려야 한다는 왕도정치를 이상으로 삼았던 공자로서는 사람들을 교화하는 방법으로 음악보다 더 좋은 수단은 생각할 수도 없었던 것 같다.

또한, 『예기(禮記)·악기(樂記)』에서 '음악으로 마음을 다스리고(樂以治心), 예로 몸을 다스린다(禮以治躬)'라고 말한 바 있다. 즉, 음악은 안

---

24 9편(編)으로 이루어진 유가의 경전으로 오경(五經)의 하나이다. 『주례(周禮)』, 『의례(儀禮)』와 함께 삼례(三禮)라고 한다. 예경(禮經)이라 하지 않고 『예기』라고 하는 것은 예(禮)에 관한 경전을 보완(補完)하고 주석(註釋)하였다는 뜻이다. 『예기』에서는 의례의 해설뿐 아니라 음악, 정치, 학문 등 일상생활의 사소한 영역까지 예의 근본정신에 대하여 다방면으로 서술하고 있다.

25 "樂者天地之和, 禮者天地之序."

26 "移風易俗, 莫善於樂."

에서 움직이는 것이고 예는 밖에서 움직이는 것이다. 그러므로 만일 음악이 우리들의 마음을 평화롭게 하고 예가 우리들의 몸을 기를 수 있다면 안으로 조화로워지고 밖은 순조로워질 것이다. 개인적으로는 상당히 소양을 갖춘 사람이 될 것이고, 사회적으로는 상당히 조화로워 질 것입니다.

(2) 유가 사상의 목표 : 대동(大同) 사회 건설

유가 사상의 핵심은 바로 예악으로 사회를 교화하여 먹고 사는 데 아무런 걱정 없고 함께 잘 사는 '소강(小康)' 사회를 이룩하고, 궁극적으로 **'대동(大同)' 사회 건설을 추구**하는 것이다. 이른바 대동 세계는 국경도 없고, 종족의 차이도 없으며, 계급의 차이도 없고, 늙은이는 천수를 누리고, 어린아이는 양육되며, 젊은이는 쓰이고, 길에 떨어진 물건을 줍지 않으며, 밤에도 문을 닫지 않는 그런 사회이다. 이것은 비교적 이상화된, 오늘날의 '공산사회(共産社會)'인 것이다. 소강 사회는 구별이 있고 군신이나 부자와 같이 계층이 존재하여 조화롭게 하나가 된 사회를 말한다.

인(仁) : '사람을 사랑하라.'

공자는 예악의 붕괴로 말미암아 혼란해진 사회를 재건하는 데 필요한 것은 '인(仁)'이라 주장하였다. 과연 '인(仁)'은 무엇일까? 이에 대한 공자의 설명은 매우 많지만 한마디로 요약한다면 바로 '사람을 사랑하는 것'[27]이라고 했다. 즉, 사람과 사람 간의 사랑을 말한다. 그렇다면 어떻게 사람을 사랑할 수 있을까?

공자는 이에 대해, "자기가 서고 싶으면 남을 먼저 세워 주고, 자기가 통달하고 싶으면 남을 통달시켜 준다.[28]"라고 했다. 이와 함께 "자기가

---

27 "樊遲問仁, 子曰: 愛人也."(『論語·顏淵』)

원하지 않는 일을 남에게 시키지 않는다.[29]"라고 했다. 만일 사람이 이
두 가지 방법을 다 실행에 옮길 수 있다면 사람과 사람 간의 관계는
회복되어 서로를 신뢰하며 화목하게 되고, 더 나아가 사회가 안정을
이루게 될 것이라고 했다.

유가는 철저한 현실 위주의 학설 : '학이우즉사(學而優則仕)'

'학이우즉사(學而優則仕)'[30]란 '배움을 이루고서 여유가 있다면 벼슬
길에 올라도 좋다.'라는 뜻으로 학문과 벼슬의 이치는 같지만 먼저 배우
기를 힘쓰고 그래도 여력이 있다면 그 배움을 사회와 국가를 위해 사용
해야 한다는 것을 의미한다.

이 세상에 살아 있을 때 마땅히 성취한 바가 있어야 하며, 성취를
달성하기 위해 우선 일정한 자격을 갖추어야 하며, 이 자격은 꼭 각고의
학습 노력을 거쳐서 달성되어야 한다고 주장한다. 아울러 자신이 도덕적
수양을 잘해야 비로소 집안과 나라를 잘 다스릴 수 있다는 수신(修身),
제가(齊家), 치국(治國), 평천하(平天下)의 학설은 인생 및 이 사회의 궁극
적 목표이다.

(3) 차서(次序)와 구별(區別)을 강조함

인간관계라는 측면에서 유가는 존귀한 자와 비천한 자에 구별이 있
고, 윗사람과 아랫사람에게 차례가 있는 점을 강조했는데, 이로부터 윤
리의 필요성이 생겨났다. 즉, 사람과의 관계, 즉 오륜(군신, 부자, 형제,
부부, 친구) 속에 반드시 윤리가 존재하는데, "아버지는 자애롭고 자식은
효성스러우며, 형은 선량하고 동생은 공손하며, 지아비는 의롭고 아내

---

28 "夫仁者, 己欲立而立人, 己欲達而達人."(『論語 · 雍也』)
29 "己所不欲, 勿施於人."(『論語 · 顏淵』)
30 "子夏曰, 仕而優則學, 學而優則仕."(『論語 · 子張』)

는 따르며, 윗사람은 은혜를 베풀고 아랫사람은 순종하며, 임금은 인자하고 신하는 충성스러워야 한다."이다. 이는 곧 유가의 핵심사상인 정명(正名) 사상인 것이다.

'정명(正名)'이란 한마디로 '이름을 바로 하는 것'인데, 당시 임금이 임금답지 못하고, 신하가 신하답지 못하며, 아버지가 아버지답지 못하고, 아들이 아들답지 못해 세상이 혼란해졌다고 판단하고 각자 맡은 바 책무와 책임을 다한다면 세상은 더는 혼란해지지 않고 예전의 평화로운 상태로 돌아갈 것으로 생각하였다. 유가는 인간관계의 윤리에서 차례와 구별이 있음을 강조하지만, 그러한 차서(次序)와 구별(區別) 속에서 권리와 의무가 상호작용을 일으켜야 함을 또한 강조한 것인데, 맡은 본문을 지키도록 최선의 노력을 기울여야 한다는 뜻이다.

유가 사상이 추구하는 사회적 이상은 "윤리 규범에 따라 질서가 유지되는 세계를 구현"하는 것이다. 이러한 세계를 구현하기 위해 사람들은 반드시 '예(禮)'로써 자신에게 요구하여 모든 행위가 이에 합당하여야 한다. 이러한 관념이 한층 확대 발전되어 후세 유가에 이르러서는 계층 간의 엄격한 행위 규범이 확립되었다. 예를 들면, 군주는 신하에 대해 믿음을 보여주어야 하며, 신하는 군주에 충성을 다하여야 하며, 군주가 자신에게 죽을 것을 명하면 꼭 이 명령에 따라야 한다. 아버지 된 자는 자녀에 대해 자비로워야 하며, 자녀는 부모에 대해 효를 다하여야 하며 부모의 명을 거역해서는 안 된다. 남편은 부인을 사랑해야 하며 부인은 남편을 존경하고 수절해야 한다.

(4) 유가의 중요한 실천철학

유가 사상을 실천하는 방법으로 '안신입명(安身立命)'이 있다. 안신입명(安身立命)이란 사람들을 사회에서 자유롭게 생활하게 하여 자신의 가치를 참되게 실현하고, 공자가 말한 '마음이 하고자 하는 바를 따라도 법도를 넘지 않는 경지'에 이를 수 있게 함을 말한다. 그리고 '진인사대천명(盡人事待天命)'은 적극적이고 낙관적인 유가의 인생관으로 '사람이 할 수 있는 일을 다 한 후에 오직 하늘의 뜻을 기다린다.'라는 것으로 최선을 다해야 비로소 기회를 만들 수 있기에 절대 포기해서는 안 된다는 것을 말해 주고 있다.

위에서 설명한 예와 인은 공자의 이상 원칙이다. 이 원칙을 정치 현실이나 일상생활에서 실현하기 위해서는 반드시 정확한 사고의 준칙이 있어야 한다. 공자는 이를 '중용(中庸)'이라고 했다. 용(庸)은 '보통'이라는 뜻과 함께 '쓴다(用).'라는 뜻이 있는데, 그러므로 극단에 치우치지 않고 중간을 취하는 것으로, 양단간에 상호 제약하고 보충하여 서로가 만족하는 합의점에 이르는 것을 중용이라고 하였다. 만약에 오직 한쪽만을 고려하고 다른 한쪽을 고려하지 않는다면 극단으로 치닫게 된다, 그 지나침은 오히려 고려하지 않음과 같다고 하였다.

따라서 공자는 "예의 응용은 조화가 귀중하다.[31]"라고 주장한다. 이 '조화'란 바로 지극히 적당함을 뜻한다. 다시 말해서, 지나친 것은 미치지 못하는 것(過猶不及)과 같으니 적당한 한도, 중도를 파악해 '조화로움'에 이르러야 함을 강조하고 있다.

(5) 유가의 교육법

공자는 한때 '주유열국(周遊列國)' 하면서 자신의 이상과 정치 이념을 펼칠 기회를 찾아다녔다. 그러나 그의 나이 70세가 되어서도 자신을 알아봐 주는 왕을 만나지 못한 채 쓸쓸히 자신의 고향인 노나라로 돌아간다. 그는 그때부터 정치에 뜻을 두지 않고 후학 양성에 온 힘을 기울이게 된다. 후대에 공자를 직접 벼슬을 하여 나라를 다스리는 일에 관여(從

---

31 "禮之用, 和爲貴."(『論語·述而』)

政)하지는 못했지만, 정치에 많은 영향을 끼친 것(爲政)에 대해서 부인할
수는 없다.

그런데 공자는 이런 이유로 한편으론 위대한 정치가이자 사상가라고
평가받고 있지만, 한편으론 위대한 교육자라고 평가받는다. 그는 최초
로 사학(私學)을 개설하여 관학(官學)의 독점을 파괴하였다. 역사 기록에
따르면, 공자의 학생은 '3천 제자에 72현인'이라고 기록되어 있다. 당시
교육의 기회를 귀족이 독점하고 있었던 시기였기에 이 숫자는 정말 놀라
운 숫자가 아닐 수 없다. 공자는 자신이 직접 정치하지 못하는 대신
훌륭한 학생을 길러 직, 간접적으로 정치에 참여하도록 만든 것이다.

그렇다면 공자는 당시 학생을 모집할 때 어떤 조건이 있었을까? 첫
번째 조건은 바로 '가르침에 차별을 두지 않는 것'[32]으로서 등급 서열이
나 종족에 차별을 두지 않고 배움을 요청하는 자는 누구든지 교육받을
권리가 있다는 뜻이다. 그리고 또 한 가지 조건은 '자질에 따라 가르침을
베푸는 것'[33]인데, 학생의 수준, 정도나 특성에 따라 각기 다른 방법으로
가르쳐 개발성과 독립심을 심어줘야 한다는 것이다. 공자는 '말린 고기
열 묶음 이상'을 예물로 가져오면 누구라도 제자로 받아들일 만큼 제자
육성에 공을 들인 사람이었다.

교육 방법도 매우 독특하여 일방적인 주입식 교육으로 한 가지 틀만
고집하는 대신 제자의 성정을 살핀 맞춤식 강의를 적용했다. 자로(子路)
처럼 성질이 급한 제자에게는 물러서는 법을, 연유(冉儒)처럼 소극적인
제자에게는 적극적으로 나아가게 하는 법을 가르쳤다. 가르침에서도
절대 서두르지 않았는데, 제자가 '분발하지 않으면 열어주지 않고, 애태
우지 않으면 발휘하도록' 말해 주지 않았다. '한 귀퉁이를 들어 보였을

---

32 "有敎無類."(『論語・衛靈公』)
33 "因才施敎."(『論語・雍也』)

때 다른 세 귀퉁이로써 반응하지 않으면 반복해서 가르치지 않을' 정도
로 '밀당'을 잘했다고 한다.

3. 중국인의 두 얼굴, 유가와 도가

중국인의 전통적 가치관과 사유방식의 체계를 형성하는 데 있어서
가장 중요한 사상적 기초가 있었으니 그것이 바로 유가(儒家)와 도가(道家)
이다. 중국의 역사는 한 마디로 '분열과 통일'의 연속이라 할 수 있다.
분열되어 전쟁이 끊이지 않고 백성이 도탄에 빠지면 도가적 처세관이
득세하여 마치 덩샤오핑이 '도광양회(韜光養晦)'를 주장하며 가만히 납작
엎드려 힘을 기르는 것이 우선이라고 한 것과 마찬가지로 새로운 세상이
올 때까지 산수와 자연에 기거하며 좋은 때를 기다렸다. 그렇게 해서
바야흐로 태평성대(太平聖代)의 시대가 도래하면 통일제국의 면모를 유지
하며 강력한 중앙집권적 정부를 이끌어가기 위해 특별히 계층 간의 질서를
중시하는 유가 사상이 통치이념을 채택되어 무너진 사회의 기강을 바로
세우고 종묘사직(宗廟社稷)을 굳건히 하는 중요한 밑거름이 되었다.

1) 유가, 원칙과 계획을 중시하는 네모문화

중국인은 "중국문화에는 네모꼴인 방(方)과 동그라미인 원이 함께
존재한다."라는 말을 곧잘 한다. 전자는 매사를 원칙과 계획대로 추진하
는 네모 머리로 표현되며, 후자는 임기응변을 좋아하는 원활함으로 나타
난다는 것이다. 네모꼴의 문화는 질서와 위계로 상징되는 중국 관가,
쓰허위안(四合院)에 거주했던 상류층과 문인 및 지식인들의 문화가 주류
를 이룬다.

이렇듯 네모문화를 대표하는 문화적 전통은 어디서 비롯되었을까?

중국은 잘 알려진 것과 같이 매우 오래된 전통 농업 사회이다. 이를 바탕으로 발달한 제도는 종법(宗法)이다. 혈연을 중심으로 형성된 종법 질서는 그 집안의 가부장을 필두로 수직적인 위계질서가 극도로 발달한 제도이며, 장자 우선의 가계 질서가 우선적인 특징이다. 좀 더 외연이 넓은 거대 가족집단 속에서 '종(宗)'이라는 최상부 구조는 그 하부를 이루고 있는 각층과 종적으로 연결되면서 각 계통의 집안을 지배하고 이끈다. 평등한 위계에 있는 집안들은 횡적으로 연결되지만, 한편으로는 종법이 요구하는 상층의 질서를 받아들여야 한다.

위에서 명령하면 아래에서는 그대로 따라야 하는 '상명하복(上命下服)'이 종법에서 내세우는 규정, 즉 종친(宗規)이다. 이는 사람의 자유로운 행위와 사고를 철저하게 억압한다. 그러나 외부 침입자를 집단으로 막는 효율적인 체제가 되고, 농사를 지어 먹고사는 정도의 기본적인 의존 대상이기도 하다.

2) 도가, 임기응변과 융통성을 중시하는 원문화

'변화(變化)' 혹은 '변(變)'에 대한 관념은 중국인들에게서 대표적으로 관찰되는 특징 중 하나다. 정해진 원칙대로 초지일관하는 것은 아예 기대하지 않고, 상황과 현실에 맞는 방법을 찾아 목적을 달성하는 행동 양식이다. 따라서 이는 수많은 변칙과 임기응변, 융통성으로 이어진다. 중국이 때로는 엄격하게 통제된 나라라는 인상을 주면서도 한편으로는 "위에 정책이 있으면 아래에는 대책이 있다(上有政策, 下有對策)"라는 식의 원칙도 규칙도 없는 이상한 나라라는 느낌을 주는 것은 이 같은 변칙과 변통(變通) 행위들과 무관하지 않다. 이러한 특징의 뿌리는 주역(周易)에 있다.

이 책 계사(繫辭) 편에는 "궁하면 변하고 변하면 통달하며 통달하면 순조롭다(窮則變, 變則通, 通則順)."라는 말이 있다. 이는 "정해진 규칙에 맞춰서 해보다가 안 되는 상황에 부딪히면 변칙으로 상황을 바꿔 목적을 달성(通)"하는 것으로 해석할 수 있다. 이러한 변칙과 임기응변, 융통성을 특징으로 하는 이른바 '원문화'는 실질적으로 중국인들의 대표적 삶의 방식이라 할 수 있다.

3) 유가와 도가사상

　종법 질서를 골간으로 하는 네모체의 구성이 유가적 형식이라면 사물의 생성과 성숙, 그리고 소멸의 과정에서 이끌어내는 변역에 관한 주의와 집중은 도가사상의 산물이라 할 수 있다. 도가사상은 사물의 고정성보다는 유동성에 더 많은 관심을 둔다. 변화로 인해 나타나는 현상의 상대성에 주의를 집중하는 것이다. 사물의 한 면보다는 양면을 함께 관찰해 쓸데없는 일로 몸을 괴롭히지 않겠다는 일상의 몸가짐을 만들어내는 사고 체계다.

　도가사상을 발전시킨 노자와 장자는 그들이 살았던 시대, 즉 몰락한 주나라의 문물제도가 보여준 허위성과 형식성을 문제 삼았다. 따라서 당시로는 반문명적 사상을 띠면서 나타났다. 도가는 유가와는 달리 반형식적이면서 가치를 일탈하려는 탈가치 의식을 지니고 작위적으로 형성된 질서를 거부했다. 사회적인 가치체계와 제도, 형식을 비판한 데 이어 인간의 이면에 숨어 있는 도덕성에 대한 분석과 비판을 통해 해탈을 얻는 데 관심을 집중했다. 궁극적으로 도가는 자연의 상태로 나아가는 이른바 무위의 경지에 도달할 수 있을 것인가 하는 문제를 가장 핵심적인 주제로 다루었다.

　유가의 종법이 가족 질서를 바탕으로 한 위계와 질서의 형식에 관한 서술이라면, 도가는 이를 반대하고 개인의 의식 해방과 자유의 가치를 극대화한 사상이다. 이 틈에서 묵자는 겸애(兼愛, 두루 사람을 사랑함)를 주장하고 약소국을 도와 수성(守成)의 기술을 전파하면서 비전(非戰), 즉 반전(反戰)까지 사상의 폭을 넓혔다.

결론적으로 **유가는 매사를 원칙과 계획대로 추진하는 '네모문화'**로 표현되는데, 질서와 위계로 상징되는 중국 관가, 쓰허위안에 거주했던 상류층과 문인 및 지식인들의 문화가 주류를 이룬다. 이들은 특히 대의와 명분을 중시한다. **도가는 임기응변을 좋아하는 원활함을 특징으로 하며, '원문화'**로 대변될 수 있다. 이 도가사상을 가장 잘 나타내 주는 말이 앞서 설명한 "위에 정책이 있으면 아래에는 대책이 있다(上有政策, 下有對策)"는것 외에도 "네가 문을 걸어 잠그는 계략이 있다면, 나도 담을 뛰어넘는 방법이 있다.(你有你的關門計, 我有我的跳牆法)"라는 말이 있는데, 도가는 변칙과 융통성을 발휘하는 데 중요한 역할을 한다.

4. 전통적 가치관에 기반한 중국인의 특징

중국은 너무 넓고 중국 사람도 너무 많아 몇 마디 짧은 말로 중국인이나 중국인의 민족성, 문화 심리에 대해 이렇다 저렇다 말할 수 없다. 다만 중국문화는 '다양하다'라는 말로 겨우 정의할 수밖에 없다. 중국인은 다양한 민족이 유구한 역사를 무대로 상반되는듯한 가치체계 속에서 때론 원리와 원칙을 준수하는가 하면, 때론 융통성을 가지고 매우 기분 내키는 대로 자유롭게 살아가는 모습을 보여주기도 한다. 이러한 전통적 가치관을 바탕으로 중국인은 다음과 같은 상반된 특징을 가지고 있다.

- 중국인은 강직한 듯 원만하고, 솔직한 듯 속물다운 데가 있다.
- 의심이 많으면서도 쉽게 믿기도 하고, 알리면서도 융통성이 있다.

- 실리를 추구하면서도 명분도 따지고, 정의감에 불타는가 하면, 예의를 따지면서도 공중도덕은 소홀히 하고 시민의식도 결핍되어 있다.
- 중용을 주장하면서도 극단적인 면이 있고, 근검절약을 강조하면서도 겉치레를 좋아한다.
- 전통을 고수하면서도 유행을 좇는다.
- 향을 태우고 점을 보면서도 종교를 믿지 않고, 삼삼오오 뭉치기를 좋아하면서도 집안싸움은 끊일 날이 없다.
- 남의 흠을 들추기 좋아하면서도 원만하게 수습을 잘하고, 남의 일에 참견하는 것을 좋아하면서도 쓸데없는 말을 잘한다.
- 시간의 중요성을 알면서도 '세월아~네월아'하며 '만만디'를 고수한다. 남의 일이나 자기와 상관없는 일에는 만만디를, 그러나 나의 이익과 직결되는 것이라면 그 누구보다 '콰이디얼(快点儿)'를 외친다.

문화의 다양성 : 민족의 문화 성격

문화란 무엇인가? 문화는 형상이 없어서 묘사할 방법이 없고, 범위가 없어서 한계를 정하기도 어렵다. 문화는 마치 공기와 같다. 우리는 매일 그 속에서 생활하며 잠시도 자신이 속한 문화의 영역에서 벗어날 수 없다. 문화는 항상 주변에 존재한다. 우리 신변에서 일어나는 가장 일반적이고 가장 자주 보는 일, 가장 익숙한 여러 가지 문화 현상에서 문화의 비밀을 탐색할 수 있다.

또한, 문화는 오직 인류에게만 존재한다. 동물은 자연에서 자연적으로 살고, 인류는 문화 속에서 생활한다. 문화는 인간의 생존과 발전의 방식이며, 생활의 방법이다. 이 때문에 어떤 민족이든지 생존하고 발전하고 있으며 나름의 문화가 있다. 단지 어떻게 생존하고, 발전하느냐는 점에서 민족마다 차이가 있을 뿐이다. 이에 따라 문화는 서로 다른 것이다.

'땅은 넓고 사람은 많으며 물건은 풍부(地大人多物博)'하여 다양함을 지닌 중국을 이해하는 두 가지 키워드 바로 '꽌시(關係)'와 '미엔즈(面子)'이다. 체면은 중국인에게 큰 의미가 있다. 이는 중국인의 많은 것을 좌지우지한다.

인간관계는 바로 이 체면에 따라 처리되고 유지되며, 사회생활도 체면에 따라 결정되고 만들어진다. 가난해 굶어 죽을지언정 체면을 떨어뜨려서는 안 된다고 생각한다. 마누라든 뭐든 다 버릴 수 있지만, 체면만은 버릴 수 없는 것이 중국인이다.

체면을 매우 중시함 : 과연 체면이란 무엇인가?

말로 확실히 설명하기가 매우 어렵지만 대체로 '체면이 있다'와 '체면이 없다' 등으로 구분된다. 체면이 있다, 체면을 세웠다고도 하는데, 다른 사람이 당신을 무시하지 않고 제대로 대우해 주었다면 체면이 서는 것이요, 그렇지 않고 무시하고 막 대하다면 체면을 구겼다 혹은 체면이 서지 않는다고들 한다.

가령, 자식이 일류대학에 합격했다면 자식은 물론 나, 그리고 우리 집안의 체면이 서는 것이요, 그렇지 않다면 체면을 구기는 것이요, 체면이 서지 않는 일이다. 내가 남에게 무언가를 부탁했을 때 상대방은 부탁한 사람의 체면을 생각해서 안 되는 것도 되게 해주고, 되는 것도 안 되게 한다.

가장 참을 수 없는 것 : 면목이 없다(沒面子), 창피하다(丟臉)

중국 사람들은 그래서 체면을 얘기하는 것이고 체면을 중시하는 것이다. 체면을 위해서라면 나쁜 일도 서슴지 않고 저지르고 심지어는 죽기까지 한다. 체면은 곧 얼굴이다. 일찍이 중국의 위대한 인물 가운데 가장 체면을 중요하게 생각한 사람이 있었으니 그가 바로 항우 초패왕(楚

霸王)이다. 그는 줄곧 백전백승하다가 마지막 전쟁에 참패하여 체면을
구기고 절체절명의 위기의 순간에 처하게 된다. 바로 그때 그의 부하들
은 후일을 도모하기 위해 급히 몸을 피하는 것이 좋겠다고 하였지만,
그는 이렇게 말한다. "내가 강동의 자제 8천 명과 함께 강을 건너 서쪽으
로 왔다가 지금 한 사람도 돌아가지 못하니, 강동의 부형들이 불쌍히
여겨 나를 왕으로 삼더라도 내가 무슨 면목(沒面子)으로 그들을 만나겠는
가!" 하고 칼을 삼켜 자결하였다. 쪽팔리느니 차라리 죽겠다는 것(丟臉)
이다.

체면을 중시하는 이유

중국인이 체면을 중시하는 이유는 바로 중국문화의 사상 속에 담긴
단체 의식 때문이다. 중국 사람들은 예로부터 '관계' 속에서 살아왔다.
사람(人)이란 한 사람과 한 사람이 모여 이룬 집합체란 뜻으로 '나'가
아닌 '우리' 속에 살아가야만 진정한 사람인 것이다.

그런 사람들이 모인 곳이 바로 사회요, 국가인 것이다. 사람이 사람
답게 살아가기 위해 일정한 규칙이 있다. 올바른 사회를 이끌어가기
위해 이에 속한 사람들은 반드시 그 법도와 규칙을 지켜야 한다. 그렇지
못하면 사람들로부터 왕따 당하고 심지어 격리되기까지 한다.

중국 사람들은 모든 사회관계는 군신, 부자, 부부, 형제, 친구에서
비롯된다고 믿어 이를 잘 지키기 위해 노력했다. 그 관계는 모두 관계를
구성하는 두 사람이 모두 각자의 역할에 충실해야 한다. 그렇지 못하면
그 관계는 소원해지고 결국 깨어지고 만다. 그래서 이 두 사람은 서로
얼굴을 마주 대하지 못하는 상황에 이르게 되는 것이다. 그게 바로 '不對(맞
지 않는다)'요 '對不起(미안하다, 잘못했다)'이다. 설령 잘못했더라도 상대방
의 얼굴을 쳐다볼 수 있으면 그건 잘못한 것이 아니다. 반대로 잘못하지
않았더라도 상대방의 얼굴을 쳐다볼 수 없으면 그건 분명 잘못된 것이다.

이렇게 체면을 중시하는 까닭에 생기는 또 하나의 현상은 바로 '죽어도 잘못을 인정하지 않는다(死不認錯)'이다. 내가 아무리 잘못을 했더라도 체면 때문에 인정하지 않는다. 대신 이런저런 구실과 이유를 대면서 잘못은 나에게 있다고 하지 않는다.

> **"**
>
> 체면이란
> 관계 속에서 형성되고 그 관계를 유지하는 명분이다.
>
> **"**

중국인은 원칙이 없는 것이 아니라 원칙 혹은 법칙이 상황에 따라 각기 제각각이고 다르게 적용되기 때문에 마치 아무 원칙이나 법칙이 없는 듯 보이는 것이다. 그 원칙과 법칙은 기본적으로 유가와 도가사상이 혼합된 형태로 정해진다고 볼 수 있다.

공중도덕 준수, 시민의식은 어떤 형식이나 제도, 규칙이라기보다는 생활의 일부다. 길거리에 가래침을 뱉거나 휴지를 버린다 해도 벌금을 물거나 감옥에 가지 않는다. 설령 벌금을 부과한다고 하더라도 걸리지만 않으면 된다. 줄서기나 아무 데서나 시끄럽게 떠드는 것 등은 범법행위가 아니다. 나도 방해받고 싶지 않기 때문에 남을 방해해서는 안 된다는 의식이 결핍되어 있다. 이것이 중국 사람이다.

5. 중국인에게 종교에 대한 소망이 있을까?

앞에서 전통적으로 중국인의 사유방식과 가치관 형성에 지대한 영향을 미치는 두 가지 사상적 기원에 대해서 알아보았다. 사람이 살아가는 데 있어서 가치관 혹은 사유방식은 매우 중요한데, 삶의 방향을 설정하고 궁극적으로 어떻게 살아가야 할지를 정하는 매우 중요한 기준이 되기 때문이다. 종교 또한 마찬가지다. 종교는 자신의 가치관을 결정하는 매우 중요한 요소일 뿐만 아니라 현실 세계에서 경험할 수 없고 증명할 수 없는 상황이 발생하고, 인간은 종국에는 죽음으로 생을 마감할 수밖에 없어서 종교를 통해 무한하고 절대적인 존재를 인정하고 사후세계를 제시받고 죽음이 끝이 아니라는 위안을 얻을 수 있다.

과연 그렇다면 중국인은 종교에 대한 소망이 있을까? 한마디로 결론부터 내려보자면 중국인은 종교에 대한 소망이 없다. 그 이유는 무엇일까? 종교에 대한 소망 내지는 필요성이 없는 것은 이들의 전통적 가치관과 사유방식에 기인하는데, 바로 유가의 철학과 윤리 체계를 지니고 있기 때문이라 할 수 있다. 즉, 인류 사회와 문명의 종합체인 유학이 종교를 대신하였기 때문이다. 유학이 어떻게 종교를 대치하였는가를 알아보기 전에 먼저 '종교가 왜 인류에게 필요한 것인가'를 이해해야 한다.

1) 종교의 필요성

"

대자연과 우주에 대한 신비함을 이해하고
더 나아가 이로부터 안전감, 영원성을 모색하기 위함이다.

"

인류에게 종교가 필요한 이유는 과학과 철학이 있어야 하는 것과 마찬가지다. 더 나아가 근본적으로 사람들이 영혼을 지니고 있기 때문이다. 인류는 동물처럼 눈앞에만 주목하지 않고 역사를 기억하고 미래를 예측할 필요가 있었다. 여기서 대자연의 신비를 이해하려는 필요성을 느끼게 된다. 그러므로 철학자들은 철학을 통해 우주의 법칙과 질서를 이해하여 신비가 주는 중압감과 완화했다. 따라서 철학자들은 이러한 궁극적인 물음에 나름의 해답을 찾고자 하므로 종교의 필요성을 느끼지 못한다.

과학자들도 역시 과학을 통해 우주의 오묘함과 질서를 인식하여, 신비한 자연의 중압감을 덜 수 있었다. 이와 마찬가지로 대자연과 우주에 대한 신비하고 예측하기 힘든 그것한테서 오는 중압감을 덜도록 돕는 것이 바로 종교이다. 이것 그뿐만 아니라 현실의 항구적인 변화와 인생의 변고, 즉 출생에서 유년, 청년, 노년을 거쳐 사망에 이르는 신비하고 불명확한 현상에서 인간들은 피신할 항구가 필요하다. 중국인은 바로 유가 사상을 통해 이러한 문제들을 해결하려고 한다.

2) 유가의 종교화 : 사서오경(四書五經)

공자는 중국 춘추시대, 즉 봉건시대가 말기로 진입할 때에 살았다. 당시 춘추시대는 불안전한 종법의 사회 질서와 통치방식의 확산과 재건해야 했다. 거대한 변화는 무질서를 가져왔을 뿐 아니라 사상적 혼란도 일으켰다. 공자가 살던 시대의 중국인들은 조상으로부터 내려온 방대한 제도적 시스템을 가지고 있었다. 기정사실과 공인된 교리, 풍속, 법률 등 사회제도와 문명은 그들의 조상으로부터 계승된 것이었지만, 실제 생활에서 이러한 것들을 적용할 수가 없었다. 공자는 집이 불타 무너져 가는 것을 보고 더 건물을 지켜낼 방법이 없음을 깨달은 건축가와도 같이 건물의 설계도를 구하여 먼 훗날 건물을 다시 지을 수 있을지도 모른다는 희망을 품고 유가 사상의 체계를 확립하게 된다.

이 사상은 바로 사서오경 속에 잘 보존되어 있다. 이로부터 중국인은 유가 사상 연구에 몰두하고 스스로 행동의 규범으로 삼았을 뿐만 아니라 민족 전체가 가치관의 척도로서 유학을 신봉하고 받아들여 종교 혹은 종교화되었다. 사실 넓은 의미의 종교란 행위 규범을 지닌 교육시스템을 가리키는데, 그것은 대부분 사람이 받아들이고 준수하는 준칙이며, 적어도 민족 구성원 대부분이 받아들이고 준수하는 법칙이라 할 수 있다. 그래서 유학은 중국에서 전국적인 믿음을 얻었고, 지금도 중국민족은 유학의 규범에 따라 움직인다고 할 수 있다.

첫째, 황제에 대한 절대성을 통한 안정감

일반적으로 많은 사람이 종교적 필요를 느끼는 까닭이 그들에게 피난처를 제공할 수 있기 때문이다. 그들은 전지전능한 신을 믿음으로써 스스로 안전감과 영원성을 찾게 된다. 그러나 공자의 철학 체계와 도덕 학설인 유교는 종교를 대신할 수 있을 뿐만 아니라 대중에게 종교가 필요하지 않도록 만들 수 있다. 즉, 공자는 유학을 통해 중국인에게 충성의 도, 황제에 대한 절대적인 충성을 가르쳐 주었다.

유학의 충성의 도는 중화제국의 모든 남녀와 어린아이들이 '황제는 절대적이고 초자연적이며 전지전능한 권력'이라고 인식하게끔 했다. 그래서 황제를 천자라고 하는 것도 같은 이유라고 볼 수 있다. 또한, 절대적이고 초자연적이며 전지전능한 황권 신앙은 중국 민족에게 안전감을 가져다주었다. 이러한 신앙은 중국 국민에게 국가란 확고하고 절대적이며 영원하다는 생각을 갖게 했다.

둘째, 조상숭배를 통한 가족(나)의 불멸성

공자가 전수한 충성의 도가 국가적인 측면에서 민족의 영생을 느끼게 했듯이, 조상숭배는 가정에서 가족의 불멸성을 느끼게 했다. 죽음에 직면한 중국인은 결코 내세가 있다는 믿음 때문에 안심하는 것이 아니라, 나는 비록 죽음을 맞이해 이 생을 끝내지만, 그의 자손이 영원토록 그를 추억하고 사랑하리라는 믿음이 있기 때문에 안심한다. 이로 인해 중국인들은 이른바 '전종접대(傳宗接代, 대를 이어 집안과 혈통을 보존하다)'

를 매우 중시한다. 맹자는 "불효에는 세 가지가 있다. 그중 대를 잇지 못하는 것이 가장 큰 불효이다."라고 했다. 그러므로 공자의 교육 체계는 두 가지 내용만 포함하고 있다. 하나는 황제에게 충성을 다하는 것이요, 다른 하나는 부모에게 효도를 다 하는 것으로 바로 중국인의 '충효' 사상이다.

3) 종교와 유학의 차이점

기원적인 측면에서 종교는 초자연적인 요소를 가지고 있지만, 유학은 그렇지 않다. 종교는 인간을 가르쳐 좋은 '사람'으로 만드는 것이고, 유학은 더 나아가 인간을 가르쳐 좋은 '시민'이 되도록 만든다. 그러므로 유학은 사적인 생활을 중시하지 않고 개인인 그의 생활은 타인, 국가와 밀접하게 관련되어 있다. 또한, 종교는 개인적인 종교 혹은 교회 종교라 말할 수 있고, 유학은 사회적 종교 혹은 국교라 할 수 있다.

공자는 진정한 국가 관념을 백성들에게 부여하기 위해 유학을 세우고 군권신수설(君權神授說)을 주장하였다. 이는 강력한 중앙집권적 통치국가의 건립을 위해 계층 간의 질서를 중시하고 통치자에게 신성을 부여하였기 때문에 백성들은 국가에 이바지하고 군주에게 충성해야 한다는 것이다.

이것만은 꼭 알아두자!

유가 사상이 종교가 되지 못하는 이유는 무엇일까?

첫째, 믿음의 대상이 명확하지 않다.

유가는 근본적으로 인간과 인간과의 관계를 규정짓는 윤리 규범으로서 무엇을 믿어야 하며, 그 대상이 무엇인지 명확하게 제시하고 있지 않다.

둘째, '종교성'의 부족이나 결여를 들 수 있다.

예를 들어 종교라 하면 기도나 예배와 같은 의례가 갖추어져 있어야 이를 통하여 그 종교가 믿는 궁극적인 대상과 소통할 수 있는데, 유가의 경우 상술한 바와 같이 대상이 불분명하니 당연히 그런 의식이 부족하거나 아예 없다고 생각한다.

셋째, 삶과 죽음, 질병과 고통의 문제를 전혀 해결할 방법이 없다.

나약하고 불쌍한 인간들에게 쉴 곳(피난처)을 제공하지도 못할 뿐 아니라 초현실적인 문제, 가령 죽음과 고통 등으로부터 자유로움을 줄 수 없다.

중국의 어제와 오늘, 그리고 미래는 어떠할까?

- 중국의 과거, 현재, 그리고 중국의 꿈

"
이 장에서는
중화인민공화국 건국 이후
시진핑 정부에 이르기까지 중국은
어떠한 과정을 거쳐 변화, 발전하였는지
시기별로 나누어 그 특징을 살펴보자.
"

베이징올림픽 개막식 화면 캡처 모습 중국의 4대 발명품 중의 하나인 활자와 인쇄술을 가지고 조화로울 '화(和)'를 구현함으로써 이번 올림픽이 평화와 조화의 상징이라는 그것과 앞으로 중국도 조화로움을 으뜸으로 삼는 나라가 될 것이라는 메시지를 전달하고 있다.

올림픽의 꽃이라 할 수 있는 개막식은 일반적으로 주최국의 과거와 현재, 그리고 미래를 보여주는 춤, 음악, 그리고 다양한 공연이 있고, 그 뒤를 이어 선수단 입장, 개회사와 환영사, 내빈소개, 성화 점화 순으로 진행된다. 이 가운데 전 세계 수십억 명이 텔레비전으로 이 개막식을 시청하기에 올림픽 개최국의 입장에선 이보다 더 좋은 쇼케이스는 없을 것이다. 즉, 개막식을 통해 만방에 자국의 역사와 전통, 현재의 발전하는 모습, 그리고 앞으로 어떠한 비전을 가지고 무엇을 지향하는지를 제대로 알릴 수 있다.

1949년 중화인민공화국이 건국된 지 대략 60년이 흐른, 그래서 새로운 시작을 알리는 첫해인 2008년의 베이징올림픽은 중국에 있어서 많은 사람이 가졌던 이전의 중국에 대한 많은 오해와 편견, 그리고 부정적 이미지를 쇄신하고 중국의 위대함을 보여줄 수 있는 절호의 기회인 셈이다. 2008년 베이징올림픽의 개막식을 본 사람 대부분은 개막식 공연에 참여한 사람의 숫자나 규모는 역대 올림픽과는 비교도 되지 않을 정도로 장관이었다.

특히, 공자의 삼천 제자가 죽간을 들고 등장하고 중국의 4대 발명품 중의 하나인 활자와 인쇄술이 조화로울 '화(和)'를 구현해내는 장면은 실로 전통적 가치와 현대적 IT기술이 접목된 그야말로 '신중국(新中國)'의 미래를 보여줌으로써 엄청난 반향을 불러일으켰다. 중국은 올림픽을 통해 중국 특색의 사회주의 이념을 바탕으로 세계에 중국의 부흥을 알리는 신호탄을 쏘아 올린 것이다. 중국은 앞으로 어떠한 나라로 변모할까? 이 문제에 대한 해답을 찾기 위해 중국의 과거, 현재, 그리고 미래를 알아보자.

1. 신중국 건설을 위한 대약진(大躍進) 시기

중국은 1958년부터 1961년까지 3년간 대약진과 인민공사로 대표되는 대규모의 경제 모험 운동을 전개하였다. 이 운동의 정책 노선은 중국공산당이 제창한 '사회주의 건설 총 노선'이었다. 중국공산당의 건국 초기 반혁명분자를 색출하고 '삼반오반(三反五反)[1]', 반우파투쟁 등 일련의 정치적, 경제적 정책을 진행하면서 적지 않은 문제도 발생하였지만, 중국 내전 시기보다는 그래도 국민의 경제적 상황이 나아지게 되는 결과를 가져왔다.

1) 등장 배경 : "신중국 건설을 위한 비약적 발전"

1953년부터 1957년까지 시행된 제1차 경제개발 5개년 계획을 소련의 도움으로 애초의 목표를 초과 달성하게 되었다. 즉, 농, 공업부문

---

1 1951년부터 1952년까지 중화인민공화국 정부가 전개한 정치 개혁 운동으로, 마오쩌둥이 중화인민공화국 정권 초기 공산주의 혁명의 터전을 마련하기 위하여 전개한 운동이다.

연평균 성장률이 11.9%로 그 중 공업은 18%, 농업 4.5%, 경공업 12.9%, 중공업 25.4% 등 비약적인 발전을 이루게 되었는데, 중국은 이에 자신감에 부풀어 국가 경제를 단기간에 끌어올리는 국민경제의 '전면대약진(全面大躍進)'을 추진하기로 하였다. 1958년 중국의 당면한 과제는 경기 침체를 타개하고 중국에 부합하는 새로운 사회주의 경제모델을 개발하여 급속한 경제발전을 이루는 것이었다. 마오쩌둥은 농, 공업 분야의 침체 일소와 비약적인 발전을 목표로 한 2차 5개년 계획을 수립하고 이를 추진하기 위하여 '대약진운동(大躍進運動)'을 전개하였다.

　　대약진운동(大躍進運動)은 일종의 군중 운동으로 풍부한 인력자원을 바탕으로 단기간 내에 **중국의 공업과 농업 발전을 모색하는 전략**이었다. 아울러 공(工, 공장노동자), 종(農, 농민), 병(兵, 군인), 학(學, 학생), 상(商, 상인)을 결합한 '인민공사(人民公社)'를 설립해 사회주의 건설을 한층 가속하고자 했다. 마오쩌둥은 농촌의 인적, 물적 자원을 총동원하여 생산력의 비약적 발전을 이룩하고 이를 바탕으로 공산주의 사회를 건설하는 것을 목표로 하였으며, 이는 대약진운동을 통해 구체화 되었다. 대약진운동은 중국이 소련모델을 폐기하고 소련의 지원이 없는 상태에서 중국의 인력과 지원을 총동원한 자력갱생운동(自力更生運動)의 성격을 지녔으며, 중국의 방대한 인력을 총동원하여 단기간 내에 영국과 미국의 공업을 따라잡는다는 목표를 세웠다.

2) 기본목표와 결과

(1) 전략의 기본목표

　　전략의 기본목표는 생산 대약진과 생산 관계에서의 '일대이공(一大二公: 대규모와 공유화)'을 추구하였다. 이에 따라 방대한 노동력이 조직화하여 농촌 지역에서는 '농촌 인민공사'가 조직되었고, 농촌의 집체화를 통한 이른바 '정사합일(政社合一)' 체제가 확립되었다. 농민의 재산은 모두 인민공사에 헌납하여 공동소유로 하였고, 생활은 남녀 공동 합숙소(인민공사)에서 생활하였다.

인민공사의 가장 큰 특징은 바로 모든 방면에서 집단화를 추구했다는 것이다. 각 인민공사에서는 조직원을 위한 공동식당, 탁아소, 유치원, 재봉소 등을 설치하여 가사노동을 일원화했으며, 나아가 집단생활을 위한 공동주택을 건설함으로써 생활의 집단화를 시도하였다. 이를 계기로 하여 생산력 증대라는 목표를 위해 남녀노소 할 것 없이 생산력 증대에 투입되었기에 중국의 여성 또한 남성과 동등하게 노동에 종사하게 되었고 그 결과 현재 중국 여성의 지위를 결정짓는 데 중요한 역할도 하게 된다.

(2) 결과

농촌주민의 집단거주와 공동소유는 중앙정부와 지방정부가 농촌 지역을 관리하고 통솔하기 쉬운 이점이 있었지만, 과도한 경제계획은 생산 의욕을 저하하거나 인민의 불만을 가중하는 역효과를 가져왔다. 마오쩌둥은 농촌의 노동력을 집단화해 규합하고 배치하면 잉여 노동력이 창출될 것으로 보았고, 이렇게 창출한 잉여 노동력을 사회간접자본의 시설 확충에 이용하려 하였다. 그러나 이는 농촌사회의 기본단위인 전통적 가족제도를 해체하게 되어 농민들의 생산 의욕과 개인의 경쟁의식을 감소시키는 원인이 되었다.

이와 함께 1959년부터 3년간의 홍수, 가뭄, 해충 등의 자연재해로 인하여 농업생산량이 격감하는 등 실패를 맞게 되어 약 4,000만 명의 아사자가 발생하면서 마오쩌둥의 이상주의적 발상은 농촌 경제와 개인 생활을 철저히 파괴함으로써 마오쩌둥에 대한 비판과 함께 쇠퇴하였다.

2. 문화정풍운동 시기

마오쩌둥이 무모하게 시도했던 대약진운동이 파국으로 치달으면서 농민들과 노동자들의 반발이 거세게 몰아치기 시작했다. 결국, 1959년 중국공산당과 마오쩌둥은 대약진운동의 실패를 인정하고 운동을 종결했다. 이로 인해 중국지도부는 대약진운동의 실패에 대해 장 지도층 내부적으로도 책임소재를 추궁하기 시작했는데, 같은 해 8월에 개최된 중국공산당 8중 전회 루산회의(廬山會議)[2]에서는 펑더화이(彭德懷)가 대약진운동과 인민공사의 실패를 비판하였다. 펑더화이는 마오쩌둥과 당이 사태를 인정하지 않는 주관주의를 버리라고 요구하였다. 무엇보다도 대약진운동의 여파로 국민경제가 악화되자 마오쩌둥의 잘못을 더욱 추궁하였고, 마오쩌둥도 모든 잘못을 인정하지 않을 수 없는 상황 속에서 할 수 없이 국가주석직을 사임하고 권력의 2선에서 물러나 대외적인 외교정책에만 참여할 수밖에 없었다.

문화대혁명은 대약진운동이 실패로 끝난 이후 권력의 핵심에서 소외되어 2선에 머물러 있던 마오쩌둥과 그의 추총자들이 당시의 실세 권력자인 류샤오치(劉少奇)와 덩샤오핑(鄧小平) 등 소위 실무파를 견제하기 위하여 일으킨 문화적 정풍운동으로 시작되었다. 마오쩌둥은 새로운 중국을 건설하기 위해 새로운 이념과 가치가 필요하였고, 새로운 이념의 수립은 이전의 전통적 사고방식을 뜯어고치는 것에서부터 시작해야 한다고 주장한 것이다. 여전히 구태의연한 사고방식에 얽매여 있음으로

2　1958년 5월 생산량의 비약적인 증대를 위해 대약진운동과 농촌 인민 공사화 운동을 시작한 마오쩌둥은 1957년 7월 루산회의를 소집하여 평소 자신이 느끼고 조사했던 착오를 바로잡으려 하였다. 그러나 이 회의가 끝난 후 당시 국방부장이었던 펑더화이가 마오쩌둥을 비판하였으며, 다른 당 간부들도 펑더화이를 지지하는 처지를 표명하였다. 그렇지만 이러한 비판을 자신의 권력에 대한 위협이라고 파악한 마오는 펑의 견해를 당에 대한 공격이자 우경 기회주의 강령이라고 격렬하게 비판하였다.

인한 사회의 침체로 문화의 정풍 필요성이 대두되면서 이제까지 중국인들의 가치관 형성에 큰 영향을 주었던 유가 사상에 대한 전면적인 비판으로 이어지면서 이른바 "공자를 비판(批孔)"한 것이다.

문화대혁명으로 류샤오치(劉少奇), 덩샤오핑(鄧小平) 등 실무파가 제거되고 모택동(毛澤東)과 그 추종자들이 당 지도부를 결성한 후 여러 가지 정치적 사건 및 권력투쟁으로 인하여 경제는 정체 상태였다고 할 수 있다. 이미 실패한 대약진 시기의 정책들을 추진함에 따라 중국 경제는 더욱 큰 피해를 보게 되었다. 결국, 문화대혁명의 실패는 덩샤오핑 집권 후 중국이 개혁 개방의 노선으로 가게 되는 직접적인 원인이 되었다.

3. 경제 성장을 위한 개혁 개방의 시기

중국은 1978년 제11기 3중 전회를 통해 경제조정과 개혁을 시행하기로 함으로써 지속적인 경제성장을 위한 일련의 경제개혁조치들을 취하였다. 중국의 경제개혁은 '대내적인 경제개혁'과 '대외적인 문호개방'을 동시에 추구하는 것인데, 대내적으로는 자본주의적 시장 경제 체제를 적극적으로 도입함으로써 계획경제가 지니는 한계성과 경직성을 극복하고, 대외적으로는 대외개방을 통해 외자도입 및 무역제도의 개선 등 경제를 활성화하는 방식을 택하고 있다.

1) 대내적 개혁

(1) 농업부문의 개혁

마오쩌둥 시대의 중국농업은 '공유제의 시대'로 모두가 공동으로 생산해서 공동소유를 하는 것을 기본원칙으로 하였다. 그러나 앞서 설명한 바와 같이 공유제도에는 한 가지 심각한 문제가 있었으니, 바로 공동소유로 인한 생산력 저하이다. 공동으로 생산해서 똑같이 나누다 보니 생산이 많거나 적거나, 그리고 열심히 일하든 아니든 상관없이 배급량이 모두 같았다. 그러다 보니 열심히 일할 생각 하지 않아 능률이 저하되기 시작했고, 능률이 저하되면서 생산량도 줄어들게 되어 공유제를 개혁하는 것이 가장 급선무가 되었다.

그래서 농업부문에서는 집단농장 대신 '농업생산 책임제'가 도입됐다. 농업생산책임제가 도입됨으로써 인민공사에 속해있던 토지는 농민에게 골고루 분배되었고, 농민은 그 토지에서 할당된 생산량을 정부에 판매하고 초과분을 자신이 조율할 수 있게 한 것이다. 또한, 농민은 이를 자유시장에 거래하면서 사유화할 수 있었다. 이 제도로 인해 농민들의 생산 의욕이 고취돼 농업생산량이 비약적으로 증가하게 되었다.

농업생산책임제가 시행된 이후 농민들의 생산활동은 좀 더 자유로워졌고 소득도 급증하였다. 즉, 이 제도가 시행되기 이전이 1978년 농민 1인당 연평균 소득은 134위안이었으나, 1984년에는 354위안으로 불과 6년 사이에 2.6배나 증가하였다. 농업생산액도 1978년 1,117억 위안에서 1985년에는 2,506억 위안, 1994년에는 9,169억 위안으로 16년 사이에 물어 8배 이상 증가해 중국 정부가 추진하려던 소위 '원바오(溫飽, 따뜻하게 자고 배부르게 먹다)'문제가 어느 정도 해결되기 시작했다.

(2) 기업부문의 개혁

덩샤오핑은 농촌 경제에 대한 개혁과 더불어 도시경제의 개혁에도 착수하였다. 국무원은 1979년 7월에 〈국영기업의 경영 관리 주주권 확대〉에 관한 규정을 발표해 일부 기업에 대해 자주권을 확대해 주었다. 이 제도로 기업이 이윤을 얻을 수 있도록 신상품 개발 장려와 우수기술자를 고용하도록 독려하는 한편 1981년에는 '경제 책임제'를 실시하여 본격적인 기업 경제개혁에 착수했다.

이 제도가 시행되면서 기업과 노동자의 생산 의욕이 고취돼 생산량이 늘어났으며, 기업의 이윤도 급속히 증가하였다. 이 제도를 성공적으로 실시하기 위해 기업의 자주권도 확대해 주었다. 기업의 자주권은 정부와 기업의 기능을 분리하여 국가가 경영에 간섭하지 않고 통제하는 대상의 범위를 축소하여 기업을 이 자율성을 최대한 보장해 주고 유도하는 것을 말한다. 이 제도를 시행한 이후 공업부문의 국민소득이 1978년 1,408억 위안에서 1984년에는 2,286억 위안으로 급증하게 되었다.

2) 대외적 개방

대외적 개방은 말 그대로 외국자본의 중국 내 유입과 외국기업의 활동을 허용하는 것이다. 중국은 덩샤오핑이 주도하는 실용주의 노선에 따라 20세기 말까지 국민총생산량을 4배로 끌어올린다는 계획을 선언하였다. 이 목표를 달성하기 위해 상술한 바와 같이 대내적으로 체제와 제도를 개혁하고 대외적으로는 외국의 선진기술과 자본, 설비, 경영관리지식을 들여오는 것이 무엇보다도 중요하다.

하지만 무분별하고 성급하게 대외개방을 했다가는 국내의 우려와 반발을 살 수 있었기 때문에 이른바 먼저 부자가 되어 가난한 사람을 도와주라는 '선부론(先富論)'에 입각하여 몇 개의 지역을 경제특구로 정하고 점진적으로 내륙까지 확산시키는 방법을 구상하게 된 것이다.

경제특구 조성은 1980년 8월에 개최된 전국인민대표대회 상무위원회 15차 회의에서 결정되었다. 이 회의를 통해 광둥성(庵東省)의 선전(深圳), 주하이(珠海), 산터우(汕頭)와 푸젠성(福建省)의 샤먼(厦門)에 경제특구를 설립하였고, 1984년에는 하이난(海南)을 추가로 지정하였다.

이 지역들은 특별히 중국과 자본주의의 창구 기능을 할 수 있는 홍콩과 지리적으로 가장 인접해 있어서 서방과의 연계성이 비교적 쉽고,

무엇보다도 홍콩과 마카오를 통한 화교 자본과 서방의 기술, 경영시스템을 도입하는데 매우 편리하기 때문이다.

3) 개혁 개방을 위한 두 가지 이론

(1) 흑묘백묘론(黑猫白猫論)

'흑묘백묘론(黑猫白猫論)'은 한마디로 '검은 고양이든 흰 고양이든 쥐만 잘 잡으면 된다'라는 뜻으로, 1962년 덩샤오핑이 중국공산당 중앙서기처 회의에서 처음 언급했다. 마오쩌둥의 주도로 1958년 시작한 대약진운동이 대실패로 끝나자 국무원 부총리 덩샤오핑은 실용주의 노선의 채택을 강력히 주장했다. 하지만 문화대혁명이 시작되자 흑묘백묘론은 덩샤오핑 실각의 빌미로 작용했으나, 1976년 마오쩌둥이 사망하고 문화대혁명이 종식되자 덩샤오핑은 다시 중국 최고 실력자의 자리에 오르게 되고 흑묘백묘론도 다시 주목받기 시작했다.

'실사구시(實事求是)'의 정신과 일맥상통하는 흑묘백묘론은 가장 중요한 것이 이념의 논쟁이나 대립이 아닌 '실천만이 진리를 검증하는 유일한 표준이다', '과학기술은 제일의 생산력이다' 등의 나라와 인민을 부강하게 만드는 실질적인 전략으로서 바로 실행에 옮겨야 한다는 것이다. 그리하여 덩샤오핑은 1980년 동남 연해 지역인 선전(深圳), 주하이(珠海), 산터우(汕頭), 샤먼(廈門) 등 4개 도시를 경제특구로 지정하고 '일부가 먼저 부자가 되자'라는 선부론(先富論)도 실행에 옮기게 된다.

(2) 선부론(先富論) : '중국식 사회주의'의 시작

사회 여러 구성 부분의 동시적이고 균형적인 발전을 고려한 것이 아니다. 한정된 자원과 기술을 특정 부문과 지역에 집중하는 성장 방식에 그 기초를 두고 있다. 또 기존의 사회주의 체제의 취약점 가운데 하나인 '생산력 해방'을 위해 자본주의적 시장 경제의 도입을 긍정하는 방식이다. 덩샤오핑은 이 두 가지 전략을 내세우면서 개혁, 개방 정책을 실행에 옮겼고, 아주 이해하기 쉬운 말로 중국 인민을 설득했다. 즉, **'자본주의냐 사회주의냐 논쟁을 흰 고양이든 검은 고양이든 쥐만 잘 잡으면 된다.'라는 말로 잠재웠고, '성장이냐 분배냐는 논쟁은 먼저 돈을 벌어야 한다.'라는 선부론으로 돌파했다.**

선부론은 우선 부자가 나와야 나눠 줄 것이 생기기 때문에 일단 돈을 벌어야 한다는 이론이다. 지역적으로 동남 연해를 먼저 개발하면 자연스럽게 내륙 지방도 발전한다는 이론이다. 이에 따라 모든 정부 관리와 공산당 간부는 누구든지 외국자본을 끌어들이기 위해 뛰었다. 어차피 아랫목이 따뜻해지면 윗목도 따뜻해질 것 아니냐며 '먼저 부자가 되라(先富裕起來)'고 부추겼다. 사회주의국가에서 받아들여질 수 없었던 불평등, 불균형 발전도 함께 용인됐다.

소득증대에 따른 양극화 현상

이로 인해 중국의 소득 양극화 현상이 발생한다. 중국은 개혁 개방 초기였던 1984년 소득의 불평등 정도를 수치로 나타내는 '지니계수'가 0.224였다. 2019년에는 위험 경계선 0.4를 훨씬 뛰어넘는 0.495로 35년만에 2배 이상으로 치솟았다. 중국의 부유층은 개혁 개방 이후 새롭게 등장한 계층이다. 국가 주도의 개혁과 급속한 경제성장의 최대 수혜자들로, 이른바 불균등 발전론인 선부론의 과실을 독점한 이들이다. 중국 상하이, 선전 등 대도시를 중심으로 2005년 이후 이른바 자신의 한 달 월급을 몽땅 소비해버린다는 '월광족(月光族)'이라는 신조어가 빠르게 유행하였다.

시장 경제의 도입으로 자본주의적 경쟁이 인정되자 양극화 현상이 발생하기 시작하였다. 지역적 측면에서 동남 연해 지역이 괄목한 만한 경제발전을 보인 반면, 중서부 지역 등 내륙은 발전 속도가 현저히 낮았다. 홍콩에 인접한 지정학적 우위로 인해 1980년대 중앙정부의 경제특구 건설이라는 특혜를 입은 광둥성(廣東省), 푸젠성(福建省)을 비롯한 동남 연해 지역과 장강(長江) 하류 상하이 중심의 장쑤성(江蘇省), 저장성(浙江省) 지역 및 인접국인 한국의 투자가 많았던 산둥성(山東省) 등 동부 연해 지역이 경제발전의 수혜를 입은 대표적인 곳이다.

　급속한 경제성장의 부산물로 산업 발전에 따른 환경오염이 심각한 상황에 이르렀다. 인간의 생존에 필수적인 식수와 공기는 특히 치명적인 위험에 노출된 경우가 비일비재하다. 급속한 공업 발전에 따른 수자원 오염에 더해 식수 기능의 지하수를 무차별적으로 개발한 결과 지반이 가라앉는 사태가 발생하고 있다.

4) 용어설명

(1) 개체호(個體戶)

　정식명칭이 '개체공상후(個體工商戶: 개인사업자)'인 개체호는 중국의 개혁 개방 조치 이후 10년 사이에 새로운 사회계층으로 출현해 개인의 자본과 노동력을 토대로 벌어들인 소득을 본인이 직접 지배하는 경제 형식을 말한다. 구체적으로 말해 보자면, 종업원 7명 미만의 자영업자를 말하는데, 주로 제조업이나 판매업, 서비스업 등이 이에 해당한다.

　중국은 공산당선언의 바탕 아래 '사유제'를 소멸하고 '국유제'를 국가 경제의 기본 틀로 정하였으나, 개혁 개방을 통해 자영업자의 활동을 허용하게 된 것이다. 중국 정부는 이러한 새로운 사회계층이 중국 특색의 사회주의 건설과 조화사회, 전면적인 소강(小康)사회의 실현을 위해 매우 중요한 역할을 담당할 것으로 내다보고 있다.

(2) '삼하(三下)'의 시대

마오쩌둥 시대 : '하방(下放)'

'하방(下放)은 문화대혁명 시절 지식인 등을 농촌으로 내려보내 직접 노동을 체험하게 만든 일을 일컫는다. 하방의 시대로 풍자되는 마오쩌둥 시절, 중국은 농촌의 농민과 도시의 시민 등 개인의 모든 공적인 생활이 계획되고 통제됐던 철저한 계획경제의 사회였다. 농민은 인민공사에서, 도시의 시민은 회사나 학교 등 개인이 소속된 일터에서 학교 졸업 후 취직과 실업 걱정 없이 국가와 공산당이 배정해 주는 대로 투철한 계급적 공헌만 하면 됐다. 인민공사. 계획경제 등은 마오쩌둥의 시대의 사회 경제 시스템을 압축하고 있는 유행어로 '철밥통'을 의미했다.

덩샤오핑 시대 : '하해(下海)'

'하해(下海)'는 개혁 개방 이후 장사나 개인 사업 등 중국인들 사이에 유행한 돈벌이 현상을 비유하는 말이다. 이 하해는 '철밥통을 버리고 돈의 바다로 뛰어든 중국 사회'를 압축해 놓은 말이다. 덩샤오핑이 선부론을 발표한 후 중국 사회의 화해(下海) 현상은 급류를 타듯 거센 물결을 형성했다. 하해의 물결 속에 사장을 뜻하는 '라오반(老板)', 회사 대표를 뜻하는 '쭝징리(總經理)', 졸부를 뜻하는 '빠오파후(暴發戶)', 큰 부자라는 뜻의 '따콴(大款)'이 등장했다.

장쩌민 시대 : '하강(下崗)'

'하강(下崗)'은 국유기업 개혁으로 발생한 대량 정리 해고와 실업을 지칭하는 표현이다. 과거 철밥통으로 불리던 국유기업은 시장 경제의 효율이라는 잣대로 대규모 수술이 단행돼 수많은 노동자가 길거리로 내몰렸다. 이 도시 저 도시로 돈벌이 유랑 생활을 떠도는 농민공(農民工)[3]

은 이른바 농촌의 하강 농민이었다.

4. 조화로운 사회 건설을 위한 화해사회(和諧社會) 시기

1) '화해사회론(和諧社會論)'의 대두 배경

중국 정부가 유교에 관심을 끌게 된 것은 1978년 덩샤오핑(鄧小平)의 개혁 개방 정책 채택 이후다. 80년대 중국 정부는 근대화에 성공한 '아시아의 네 마리 용(한국, 홍콩, 대만, 싱가포르)' 모두가 유가 문화권 국가라는 점에 주목했다. 90년대엔 유가를 근대화뿐 아니라 마르크스주의를 대신할 국가 통합 이데올로기로 내세울 수 있다고 생각했다. 2000년대 들어서는 경제발전의 토대 위에서 화해사회론(和諧社會論, 조화사회론)을 제시했다. 2008년 베이징올림픽 때부터는 공자 띄우기에 나섰다. 올림픽의 찬란한 개, 폐회식은 중국이 이제 경제 대국을 이뤘으니 앞으론 공자를 근간으로 하는 소프트파워를 구상할 단계가 됐음을 세계만방에 알리는 계기가 됐다.

'모든 사람이 조화롭게 사는 사회'라는 뜻의 화해(和諧)사회 건설은 후진타오 총서기 등 중국의 제4세대 지도부가 전면적으로 제기한 뒤 사회적 이슈로 부각했다. 본래 『예기(禮記)·예운(禮運)』편은 소강(小康)을 대동(大同)개념과 대비되는 일종의 사회형태로 설명하고 있다. 즉,

---

3　농민공(農民工)은 개혁, 개방 이후 발생한 중국 사회의 새로운 계층으로 농민도 아니고 노동자도 아닌 어정쩡한 위치의 존재들이다. 정확히 말하면 호적상 농민의 신분이지만 실제로 도시에서 노동자 역할을 하는 존재이다. 중국에는 농민공이 출현하기 이전까지 '민공(民工)'이라는 개념이 존재했었다. 농민공은 우선 정부가 동원해 도로나 제방 또는 군수물자 수송 등의 작업에 참여한 사람을 일컬었다. 또 도시로 이동해 노동에 종사하는 농민을 지칭했다. 그러나 농민공은 농민공보다 그 수가 훨씬 많고 아무런 조직이나 기관의 보호를 받지 못한다는 점에서 농민공과 구분된다. 이러한 농민공을 대신할 새로운 개념이 필요했고 결국 농민공이라는 단어가 등장한 것이다.

모든 사람이 근심 걱정거리가 없는 이상적인 사회의 대동 사회와 달리 소강 사회는 정치가 비교적 밝고 생활이 비교적 안락한 사회를 의미한다.

소강(小康) 사회가 사회형태를 지칭하는 다소 포괄적인 개념이라면 화해(和諧)사회는 조화로운 사회의 질서를 지칭하는 좀 더 협소하고 구체적인 개념이다. 소강 사회 실현의 한 형태가 바로 화해사회라고 볼 수 있다. 최근 인민일보 사설은 "우리가 확립하려는 조화로운 사회는 어느 일부 영역, 일부 방면, 일부 사람들의 조화로운 사회가 아니라 인간과 인간, 인간과 사회, 인간과 자연, 즉 전체 사회가 조화롭게 발전하는 사회다."라고 지적하고 있다.

한편 후진타오 등 중국의 제4세대 지도부는 2020년의 중국 국민 1인당 생산총액이 2000년의 네 배 수준인 4천 달러로 도약한다는 원대한 포부를 내외에 천명하고 있다. 이는 곧 고도성장을 추구하면서도 동시에 '샤오캉(小康) 사회', '조화(和諧)로운 사회'도 함께 건설한다는 방침을 밝히고 있는 셈이다. 두 마리 토끼를 동시에 쫓겠다는 지도부 발상의 이면에는 역설적이게도 과거 20여 년 동안 중국의 지도부가 달성했던 고도성장은 '조화롭지 못한 사회'를 만든 절름발이식의 고도성장이었다는 자기성찰이 깔려있음을 짐작해 볼 수 있다.

2) 화해사회론의 대두 원인

중국사회의 불평등 지수가 높고 또 확대되고 있는 데는 여러 이유가 있지만, 구조적인 이유를 들면 다음과 같다.

첫째, 다수 노동자 소득의 절대적 감소

이는 1990년대 중반기 이후 비효율적인 국유기업의 구조를 조정하는 과정에서 노동자들이 실업자 또는 반 실업자로 전락한 데서 비롯되었다. 국유기업의 수와 노동자의 수는 각각 현저하게 급감하였고, 재취업

률 또한 매우 낮아 대다수 실업자, 반 실업자는 도시 빈민으로 전락하고
있다.

둘째, 다수 농민소득의 절대적 감소

이는 중국 당국의 농, 수산물 가격 통제와 일부 농촌 관료들의 과도
한 세금 부과 때문에 발생한 현상이다. 1995년 표본조사에 따르면, 1인
당 농민소득은 도시 주민의 40%밖에 되지 않지만, 농민의 세금 부담은
도시 주민의 9배, 잡다한 세금까지 포함하면 30배까지 달했다.

셋째, 일부 계층의 부 축적 방식의 부당성

중국사회과학원의 조사에 따르면 중국의 도시 주민들은 개혁 개방
이후 최대의 수익자로 당정 간부를 손꼽고 있다. 도시 주민들은 정보와
권력을 독점하고 있는 일부 당, 정 간부들이 부정적인 방법으로 부를
축적하고 있다고 판단하고 있는 것으로 해석된다.

이러한 사회의 양극화로 인한 사회적 불평등 현상은 날이 갈수록
더욱 심해지고 그 격차는 더욱 벌어지고 있다. 중국 정부 또한 문제의
심각성을 인지하고 '사람을 근본으로 하는 방침을 견지하고, 발전의 관
념을 전화하며, 발전 모델을 혁신하고, 발전의 질을 높여야 한다.'라고
밝혀 향후 중국의 발전 패러다임이 기존의 성장 위주의 발전 패러다임과
는 다를 것임을 예고했다. 이와 함께 조화로운 사회의 건설을 위해 무엇
보다 중요한 것은 중국 사회의 최대 갈등 요소인 관료들의 부패 문제
해결을 위한 제도적인 대안이 무엇인지를 살펴볼 필요가 있다.

후진타오의 과학적 발전관

개혁 개방 이후 새롭게 발생한 사회 경제적 문제점(사회의 양극화)에
대응하기 위해 중국공산당은 2003년 16기 3중 전회에서 과학적 발전관

을 제기했다. 이는 장쩌민의 뒤를 이은 후진타오 체제가 중국이 당면한 사회·경제적 문제점에 대처하기 위해 제시한 정책적 대응물로서, 비약적인 경제 발전과정에서 양산된 사회 경제적 문제점과 약세군체(弱勢群體: 아동, 노인, 장애인, 농민, 농민공)에 대해 장쩌민의 성장 최우선 정책과 다른 태도를 보인다는 게 가장 큰 특징이다. 이 과학적 발전관의 내용은 5가지로 요약할 수 있다.

- 도시와 농촌 사이의 균형발전
- 지역 사이의 균형발전
- 경제와 사회의 균형발전
- 인간과 자연의 조화와 발전
- 국내 발전과 대외개방 사이의 조화로운 관계 구축

2003년부터 시작된 후진타오를 위시한 중국공산당 제4세대 지도부는 현재 5대 불균형이라는 문제에 직면하고 있다. 도시와 농촌, 부자와 빈자, 동부 연해와 내륙 지역, 환경 파괴, 외국 기술 의존도의 심화 등이다. 개혁 개방에 따른 자본주의의 급격한 유입으로 배금주의가 만연하고 사회주의 전통의 문화적 구심점도 점차 사라지고 있다. 게다가 13억 인구에 56개 민족을 하나의 통일체로 이끌어야 하는 절대 쉽지 않은 과제도 중국 전반에 드리워진 상태다. 이에 후진타오는 집권 직후부터 '화해사회론(和諧社會論)'을 구성해 중국이 직면한 정치, 경제, 사회적 문제를 진단하는 한편 '화해사회론(和諧社會論)'을 적용해 문제 해결을 시도하고 있다.

이 '화해사회(和諧社會)'는 '공유제(共有制)'를 근간으로 삼은 사회로서 공동 부유는 사회주의 조화로운 사회의 사회 생산 관계를 이루는 본질적으로 중요한 내용이다. 후진타오를 위시한 현 중국 지도층은 기존 개혁 개방의 결과로 발생한 지역 및 계층 사이의 소득 격차가 만들어

낸 사회적 불평등 구조가 중국의 장기적이고 안정적인 발전에 심각한 장애 요인으로 작용한다는 점을 인식하여 이른바 화해사회를 건설하기 위한 공동부유론을 제창하기에 이르렀다.

이 공동부유론을 위시한 조화로운 사회에는 개혁 개방 정책으로 인해 비약적인 경제성장을 이루어 전체적인 부의 규모는 커졌지만, 불평등은 심화하고 환경은 오염된 현실이 존재하고 누구나 골고루 잘 살 기회가 주어진 것이 아니라 소수의 선택받은 계층과 지역이 혜택을 입은 개혁 개방 시기의 선부론에 대한 반성의 의미가 담겨 있는 것이다.

3) 화해사회론의 구성요소

첫째, 공평

공평은 화해사회론을 구성하는 기본 전제다. 사회가 모든 인민에게 권리와 기회의 평등을 제공해야 하고, 사회적 활동에 참여할 때 규칙과 분배의 평등을 보장하고, 또 사회 보장 부문에서 평등을 강조하는 요소이다.

또한, 공평은 급격한 경제성장 과정에서 소외됐던 대다수 인민이 사회적 기회에 평등하게 참여할 기회를 넓힘과 동시에 사회의 절대적 약자로 부상한 약소군체 세력을 포용하려는 의미가 있다.

둘째, 효율

효율은 화해사회론을 구성하는 물질적 전제다. 제한된 자원과 거대한 인구를 가진 중국은 어차피 자원과 기술을 효율적으로 배치해야 경제 부문의 고성장을 유지할 수 있다. 효율적 경제성장만이 화해사회를 건설하는 물질적 기초를 제공할 수 있다는 의미이다.

중국 대학의 캠퍼스 내 가로등에 현수막을 걸어 중국 정부가 법치와 공정을 핵심 가치로 삼고 있음을 강조하고 있다.

셋째, 정의

정의는 화해사회론의 도덕적 기초이다. 인민에게 공정하고 평등한 기회를 제공하고 그것을 실현하기 위해 다양한 경제 주체가 합리적으로 선택할 수 있는 이성의 기초를 지녀야 한다는 점을 강조한다. 현 중국의 경우 시장에서 이윤을 추구하는 욕망을 허용했지만, 중국의 현실은 건전한 자본주의적 규범이 정착되지 않은 상황이다. 정의는 바로 이윤을 추구하는 과정에서 발생하는 부패와 뇌물, 불공정 거래 등 사회문제에 대응하기 위한 요소다.

넷째, 법치

법치는 화해사회론의 제도적 기준이다. 개혁 개방 이후 중국은 이전과 달리 정치보다 행정이 중요해졌고 공공의 이익을 보호하기 위한 행정 법제의 수립이 관건으로 떠올랐다. 법치는 입법을 질적으로 높임과 동시에 법규의 비준과 심사, 정비, 해석을 대중화하는 것을 일컫는다.

> **"**
> 공부론(共富論)은
> 효율만을 중시하던 선부론(先富論)과는 달리,
> 효율과 공평을 동시에 고려하거나 공평 위주의 발전을 추구한다.
> 공부론의 공평은
> 평균주의로 복귀를 의미하는 것이 아니라
> 경제발전에 참여할 기회의 공평을 의미한다.
> **"**

5. 대국을 향한 중국의 꿈, 그리고 일대일로(一帶一路)

1) 중국의 꿈(中國夢)과 공동부유론(共同富裕論)

시진핑 국가주석은 중국의 새로운 지도자가 된 후 '중국의 꿈'을 새 시대의 통치이념으로 내놓았다. 그는 13억 중국인을 향해 '중국은 어떤 꿈을 향해 나아갈 것인가'라는 질문을 던졌고, 당 선전기구는 이 꿈을 선전하는 데 공을 들이고 있다.

2012년 11월 15일 중국공산당 총서기 겸 중앙군사위 주석으로 이미 실질적인 최고지도자 자리에 오른 시진핑은 첫 연설에서 '중화민족의 위대한 부흥을 실현하는 것이 바로 근대 이래로 중화민족의 가장 위대한 꿈'이라고 언급하면서 이른바 '중국몽(中國夢)'을 제시하였다. 그는 1842년 아편전쟁의 패배로 서구 제국주의에 무릎을 꿇은 이후 100년 넘게 굴욕의 시기를 견뎌야 했던 중국이 이제 공산당의 영도하에 중화민족의 위대한 부흥에 어느 때보다도 가까이 다가서고 있다는 자신감을 보여주었다.

아울러 "인민은 더 나은 교육, 일자리, 만족스러운 수입, 사회 보장, 의료 및 위생 서비스, 주택문제, 좋은 환경을 기대하고 있으며, 인민들의 아름다운 생활에 바람은 우리가 분투해 이뤄야 할 목표"라고 하면서 민생 개선을 통해 민심을 얻겠다는 청사진도 제시하였다.

(1) 중화 부흥의 목표 : '중국의 꿈(中國夢)'

그렇다면 중국 정부가 18차 당대회에서 공식적으로 제시한 당의 분투목표이자 **위대한 중화민족 부흥의 구체적 목표**는 무엇일까? 그것은 바로 **이른바 '두 개의 백 년(兩個一百年)'**이란 말로 집약될 수 있다. 즉, 중국공산당이 창당된 지 100년이 되는 **2021년에 중국이 전면적인**

'샤오캉(小康)' 사회에 진입할 뿐만 아니라 중화인민공화국이 건국된 지 100년이 되는 해인 **2049년에는 부강한 사회주의 현대화국가를 달성**하는 이른바 '중국의 꿈(中國夢)'을 실현하는 것이다.

샤오캉 사회는 전 사회적 차원에서 기본적인 의식주 문제가 해결되고 대부분이 비교적 잘살게 되는, 즉 중산층 중심 사회를 말하는 것이다. 또한, 사회주의 현대화국가란 전 사회적 차원에서 대부분 인민이 선진국 수준의 삶을 누리는 선진국의 진입을 가리키는 것이다. 하지만 이것은 중국의 꿈을 중국 인민들의 삶의 수준을 향상한다는 경제, 사회적 차원에 국한해서 설명하는 것이기 때문에 다른 영역으로 가면 상황은 많이 달라질 수 있다. 특히 외교 분야에서 중화민족의 부흥이라는 중국의 꿈은 주변국들로부터 큰 우려를 낳게 하는데, 왜냐하면 중화민족의 부흥을 이루려는 것은 바로 동아시아에서 중국이 강력한 힘을 가지고 패권주의를 누렸던 19세기 이전을 가리키기 때문인 것이다.

(2) '중국의 꿈(中國夢)'과 '공동부유론(共同富裕論)'

시진핑 주석은 2021년 중국 정부가 애초에 계획한 대로 중국 사회는 이미 먹고사는 생존의 문제를 완벽하게 해결하고 모든 인민이 풍족하고 편안한 환경 속에서 각자의 행복을 추구하며 번영을 이룬다는 이른바 '전면적 샤오캉 사회'에 진입하였다고 선포하였다. 이후 시진핑 주석은 2021년 8월 17일 공산당 지도부와 제10차 중앙재경위원회(中央財經委員會)[4]를 열어 **"공동부유는 사회주의의 본질적 요구이며 중국식 현대화의 중요한 특징이기 때문에 질 높은 발전 속에서 공동부유(共同富裕)를**

---

[4] 중국의 중앙재경위원회는 2018년 3월 중국공산당중앙위원회가 '당과 국가기관의 개혁방안을 심화한다(深化黨和國家机构改革方案)'는 것을 근거로 원래 중국공산당 산하 최고 경제 정책 결정 기구인 중앙재경영도소조(中央財經領導小組)를 중공 중앙직속 의사결정 기관으로 바꾼 것이다.

촉진해야 한다."라고 강조하면서 그 옛날 공자가 꿈꾸었던 이른바 '서로 배려하여 다 함께 잘사는 대동(大同)사회'와 일맥상통하는 '공동 부유 사회 구축'이라는 새로운 목표를 제시하였다.

1949년 중화인민공화국 건국 이래 새로운 중국을 건설하기 위해 마오 쩌둥은 '공부론(共富論)'을 내세워 남녀노소 불문하고 함께 생산하고 함께 분배한다는 원칙에 따라 농촌 인민공사를 조직하여 실제로 모든 사람이 다 합숙하면서 그야말로 다 함께 생산하고 분배하려고 시도한 바 있다. 그러나 결국 효율적 측면을 고려하지 않은 이론으로 철저하게 실패한다.

개혁 개방 정책의 명암

이후 덩샤오핑은 '선부론(先富論)'을 내세워 자본주의냐 사회주의냐 라는 이념의 대립을 종식시켰는데, 이는 '생산력 해방과 증대를 위해 계급투쟁을 유예한다.'라는 뜻이다. 그 결과 2001년 중국은 세계무역기 구에 가입하면서 개혁 개방 정책을 급속도로 진행하여 GDP가 급성장했 고, 국제무대에서 미국을 위협하는 초강대국이 되었다. 그러나 얻는 것 이 있음 잃는 것도 있는 법, 정책의 혜택을 받지 못한 대다수 인민은 빈부 격차의 심화로 여전히 빈곤에서 탈출하지 못하고 있다. 2020년 5월 리커창 총리가 '14억 인구 가운데 6억 명이 월수입 천 위안(약 18만 원) 수준의 극빈 상태'라고 공개하면서 빈부 격차 문제가 다시 주목받기 시작한 것이다.

이와 같은 상황 속에서 중국 정부는 모든 인민이 공평과 공정이라는 환경 속에서 기회와 가능성을 모색할 수 있도록 희망을 줌과 동시에 인민들의 삶을 고단하게 하여 내수 진작에 방해가 될 만한 것들을 규제 하기 시작했다. 지금의 상황으론 이미 양극화가 심화하여 어느 한쪽으로 편중된 부를 재분배할 방법을 찾을 수가 없어서 기업구조와 분배방식을 개혁하는 것이 유일한 방법이라고 생각했기 때문이다.

첫째, 빅테크 기업에 대한 중국 정부의 규제

첫 번째 타겟이 된 기업은 현재 중국의 IT산업을 주도하고 있고 중국 경제를 선도하는 빅테크 플랫폼 기업인 텐센트와 알리바바인데, 이들이 플랫폼 사업을 토대로 문어발식 기업확장으로 인한 독과점을 방지하고 너무 과도하게 한 기업에 집중된 부를 재분배하자는 뜻이 있다. 무엇보다도 이런 빅테크 기업에 중국 정부가 손을 대는 이유는 바로 빅테크 기업 뒤에 미국 자본이 있기 때문이다. 대체로 이런 기업들은 미국 증시에 상장하는데, 그렇게 되면 돈을 버는 쪽은 중국이 아니라 미국이 되고, 더 중요한 것은 바로 미국 정부가 자국에 상장한 중국기업에 어떠한 이유로 자료를 요청하면 중국의 빅데이터가 미국으로 넘어가 심각한 현상을 유발할 수 있다고 판단했기 때문이다.

이와 함께 중국 정부는 IT를 기반으로 한 인터넷 기업이 필요 이상으로 커지는 것을 바라지 않는다. 사람들이 노동력을 중심으로 한 제조업과 생산성 향상에 관심을 두지 않고 단시간에 투자하고 단시간에 돈을 회수하려는 마음이 있어 사행심을 조장하고 이로 인해 중국 사회 전반에 악영향을 끼친다고 생각한다. 즉, 빅테크 기업으로 인해 중국이 값싼 노동력을 기반으로 한 제조업이 무너지게 되면 도미노 현상처럼 관련 산업이 부진을 면치 못하게 되어 중국의 국가 경쟁력 자체를 잃어버릴 수 있다는 우려가 있다.

제조업의 위기를 맞이한 중국

일반적으로 공장에서 일하면 평균 4천 위안(65만 원) 정도를 번다고 한다. 여기에다 지인을 추천하면 보너스로 2천 위안을 받는다. 잘만하면 한 달에 6천 위안 이상 만 위안까지 벌 수 있다. 그런데도 공장에서 일하는 많은 노동자가 이전보다 많은 월급을 받지만 자기 시간이 없고 삶을 즐길 수 없다는 이유로 공장을 그만두고 빅테크 기업의 빅데이터를 기반으로 하는 음식배달, 택배사, 콜택시 기사 업으로 대거 이동하고 있다. 2021년 한해에만 벌써 60만 명 이상이 이직했다고 한다. 임금 수준은 비슷하지만 자기가 원하는 시간만 일하고 대부분 시간은 자신이 하고 싶은 일을 할 수 있기 때문인 것이다. 게다가 매년 900만 명 이상의 대졸자들이 취업 시장에 뛰어들어 근본적으로 취업이 불가능한 이유도 한몫한다. 현재 중국의 노동자가 9억 명에 이르는데, 현 제조업 공장에서는 1,900만 명의 일손이 부족하다는 웃을 수도 울 수도 없는 상황이 계속되고 있다.

둘째, 내수 진작을 위한 사교육 규제

또한, 중국 정부는 공동 부유를 위한 내수 진작 방법의 하나로 '사교육 규제'라는 칼을 빼 들었다. 사교육 규제의 원인은 한마디로 빈부 격차가 교육 양극화 현상을 부추기고, 이는 다시 빈부 격차를 심화하는 악순환이 발생하기 때문이다. 그러므로 중국의 12년 의무교육과 관련된 모든 사교육을 비영리화하여 모든 학생이 소득과 상관없이 동일하게 교육을 받게 함으로써 교육의 불균형, 불평등 현상을 없애자는 것이다. 이와 함께 중국의 경우 하나밖에 없는 자녀의 미래를 위해 수입의 많은 부분을 사교육비로 지출함으로써 가계의 부담이 가중되고 이는 소비 위축으로 이어지고 있는데, 사교육을 규제하여 사교육비 지출을 줄이면 경제적으로 여유가 생겨 내수가 진작되며, 이를 바탕으로 중국 경제가 더욱 발전할 수 있을 거라는 생각이다.

2) 서진화(西進化) 프로젝트 : 일대일로(一帶一路)

시진핑 정부는 한나라와 당나라 때 실크로드의 영광을 재현하고 '중화민족의 위대한 부흥'이라는 중국몽을 구체적으로 실현하기 위해 이른바 '일대일로(一帶一路)' 전략을 추진하게 된다. '일대일로(一帶一路)'는 중국공산당 창당 100주년인 2021년까지 이른바 '의식주 걱정 없는 물질적으로 풍요로운 사회'인 샤오캉(小康) 사회를 건설하고, 중화인민공화국 100주년인 2049년까지 현대화된 사회주의 강국을 건설하겠다는 '두 개의 100년(兩個一百年)' 분투 목표를 이루기 위한 새로운 동력인 셈이다.

구체적으로 말하자면, '일대일로(一帶一路)'는 '실크로드 경제벨트(絲綢之路經濟帶)'와 '21세기 해상 실크로드(21世紀海上絲綢之路)'의 맨 끝 글자를 따서 만든 신조어로 중국에서 시작하여 중앙아시아, 동남아시아, 중동 등 지역을 거쳐 유럽대륙에 이르는 지역을 **연결하여 관련국과 경제협력을 강화함으로써** 전 세계의 경제를 균형 있게 발전시키자는데 그 목적을 두고 있다.

일대일로의 주요 참여국과 지역은 대체로 개발도상국이거나 경제 규모가 그리 크지 않아 전 세계적으로 GDP가 차지하는 비중이 비교적 낮아서 일대일로를 촉진함으로써 중국과 참여국의 경제를 발전시키고 경제적 차이를 축소하자는 것이다. 이 거대한 사업을 추진하기 위해 중국은 아시아인프라투자은행(AIIB)을 설립하였으며, 일대일로 선상에 있는 국가들과 인프라 건설을 가속하는 그것뿐만 아니라 정치, 경제, 문화 등을 포함한 이익공동체, 운명공동체, 책임공동체를 실현해 단일 경제권 형성을 추진하려는 것이다.

이는 **중국 경제의 서진화(西進化) 촉진 프로젝트**의 하나로 중국에서 유럽에 이르는 광범위한 협력체계 구축을 목표로 제시하고 있다. 중국이 일대일로 프로젝트를 추진하는 이유는 다음과 같다.

첫째, 지역 불균형 해소와 내수시장 확대

지역 불균형 해소와 내수시장 확대를 위해 대내적으로 추진해온 서부 대개발, 중부 굴기, 동북 3성 진흥 등의 국가급 프로젝트와 대외적으로 중앙아시아, 동남아시아, 아프리카 등 주변 신흥시장 진출을 위한 경제성장 동력을 확보하기 위함이다.

둘째, 안정적인 에너지 확보와 수송

지속적인 경제성장을 실현하기 위해 안정적으로 에너지를 확보하기 위함이다. 중국은 세계 최대의 에너지 소비국으로 에너지 인프라의 상호 연계를 위해 참여국 간의 협력을 강화하고, 송유관과 가스관 등 파이프라인의 안전을 공동으로 수호하고, 국가 간 전력 및 송전 라인을 건설하며, 역내 전력망의 개량, 개선 작업에 적극적으로 협력한다는 것이다.

셋째, 경제 영토 확대와 지역 경제 통합의 주도권 확보

일대일로를 통해 자국의 경제 영토를 중앙아시아와 동남아시아로 확대하고, 나아가 지역경제 통합의 주도권을 확보하기 위함이다. 일대일로 프로젝트는 중국의 지속 가능한 질적 경제성장의 동력을 확보하고, 중국의 공급자 측 개혁을 위한 과잉생산 및 과잉산업 문제를 모두 해결할 수 있는 열쇠가 되기 때문이다.

• 주제어로 살펴보는 시대별 중국 위상의 변화

첫째, 1950년대 마오쩌둥 시대

"심알동(深挖洞), 광적량(廣積糧), 불칭해(不稱霸)。"

이 말은 마오쩌둥이 제시한 이른바 반 침략전쟁을 준비하고 외교활동을 진행하는 것과 관련한 기본 방침이다. 마오쩌둥은 1972년 중국이 당면한 국, 내외 정세와 국가의 사회주의 이념을 근거로 "굴을 깊게 파고 식량을 비축하며 절대 패권자임을 말하지 마라."는 구호를 제창했다.

여기서 '굴을 깊게 파라(深挖洞)'는 것은 견고한 지하 방공 시설을 구축하라는 것으로, 모든 역량을 총동원하고 시기적절하게 반침략 전쟁

준비를 잘하라는 의미가 내포되어 있다.

또한, '식량을 많이 준비하라(庵積糧)'라는 것은 식량 비축을 증대시켜 일어날 수 있는 전쟁이나 자연재해에 대처하자는 뜻인데, 중공업과 농업생산량을 증대하여 국민경제를 발전시키고 국력을 한데 모아 전략물자를 제대로 준비하자는 뜻이 내포되어 있다.

마지막으로 '패권자임을 말하지 마라(不稱覇)'는 중국이 계획을 세우고 국력을 키우는 것은 오로지 자신의 안전과 발전을 위한 것이지 패권주의 노선과 정책을 반대하자는 의미를 지닌다. 이러한 마오쩌둥의 교시는 당시 미국과 소련, 두 강대국 사이에서 적당한 거리를 유지하면서 살아남기 위해 제시된 중국의 외교 생존전략이라고 할 수 있다.

둘째, 덩샤오핑의 개혁 개방시대 "도광양회(韜光養晦)"

'도광양회(韜光養晦)'는 '빛을 감춰 밖으로 새나가지 않도록 하면서 은밀하게 힘을 기른다.'라는 의미의 고사성어로 '자신의 재능을 밖으로 드러내지 말고 실력을 쌓으면서 적당한 시기를 기다리라'는 뜻이다. 도광(韜光)의 사전적 의미는 빛을 감추라는 뜻이며, 이로부터 자신의 본모습을 드러내지 않는다는 의미로 사용되고 있다. 양회(養晦)는 형체와 흔적을 감추고 몸을 닦고 정신을 기른다는 뜻으로, 물러나 때를 기다린다는 의미이다. 이 고사성어는 삼국지에서 조조가 자신의 야심을 시험해 보는 것을 알아챈 유비가 그가 경계심을 풀도록 영웅적 기개와 면모를 숨김으로써 위기를 넘겼고, 도광양회하며 자신의 힘을 길러 후에 적벽대전에서 조조를 크게 물리쳤다는 고사에서 유래하였다.

1980년대 이후 덩샤오핑이 개혁 개방 정책을 펼치면서 이미 앞서간 선진국을 따라잡기 위해 경제부흥을 이루어야 하는 과정 중에 다른 나라와의 불필요한 마찰을 줄여야 비로소 성공할 수 있다는 현실적이고 실용적인 생각에서 비롯되었다. 덩샤오핑은 "100년간 이 기조를 유지하라"

라는 특별한 당부를 내리기까지 했을 정도로 이후 중국의 대외정책의
기조가 되었다.

셋째, 장쩌민 시대 "유소작위(有所作爲)"

'유소작위(有所作爲)'는 일을 함에 있어 비교적 큰 업적을 이루 수
있음을 뜻하는 말로, 『맹자(孟子)·이루(离婁)』편에 나오는 "인유불위야,
이후가이유위(人有不爲也, 而後可以有爲)"에서 비롯되었다. 이는 "어떤 일
을 지금 하지 않아야 나중에 비로소 큰일을 성취할 수 있다'라는 의미로
풀이된다.

이 말은 일반적으로 덩샤오핑 시대의 도광양회와 함께 쓰여, 1980년
대 말에서 1990년대 중국의 외교방침을 가리키는 말로 사용되었다.
1997년 장쩌민 국가주석은 '대국으로서 책임지는 자세를 보이겠다'라고
선언하고 오랜 시기 두각을 나타내기를 꺼렸던 기존의 방침에서 벗어나
'필요한 역할은 하고, 할 말은 한다.'라는 유소작위를 제창한 것이다.

이에 걸맞게 중국은 이전의 소극적인 태도에서 벗어나 국제기구와
주변국과의 대외관계에 있어서 보다 적극적이고 능동적인 개입을 통해
자국의 입지를 강화하고 안보와 이익을 도모하려는, 이른바 '책임 대국
론'을 제시한 것이다.

넷째, 후진타오시대 "평화굴기, 돌돌핍인(和平崛起, 咄咄逼人)"

'화평굴기(和平崛起)'란 '평화롭게, 조화롭게 일어난다.'라는 뜻이다.
중국은 개혁 개방 정책을 지속해서 진행해나감으로써 국력이 신장하고
경제 규모가 이전과 비교하여 월등히 커지게 되었다. 이러한 중국의
부상과 강대국이 되려는 의지 속에는 강대국이 된 후에 헤게모니를 추구
했던 과거와는 달리 누구에게도 해를 끼치지 않을 것이며 누구도 위협하
지 않고 조화롭게 주변국과 함께 더불어 평화롭게 성장하며 발전하겠다

는 의지의 표명이다.

이와 함께 후진타오 주석 시기에는 한동안 화평굴기와 함께 '기세등등하게 힘으로 몰아친다.'라는 이른바 돌돌핍인(咄咄逼人)을 제시하기도 했다. 돌돌핍인(咄咄逼人)은 '기세가 등등하여 그 기세가 사람을 압도한다.'라는 뜻이다. '돌(咄)'은 원래 '남을 윽박지르는 소리'라는 뜻을 가진 글자로 '돌돌(咄咄)'이라 하면 지금도 '남을 꾸짖는다'라는 의미로 쓰이고 있다.

결국, 급부상하는 중국의 국력과 경제력을 바탕으로 외교정책에 있어서 기존의 실력을 감추고 힘을 기른다는 도광양회 같은 온건한 전략에서 벗어나 힘으로 다른 나라를 압도한다는 이른바 '힘의 외교' 시대로 접어들고 있다는 지적도 나온다. 중국이 힘의 외교 노선을 채택하게 되는 결정적인 계기는 최근 벌어진 중, 일 간의 센카쿠 열도(중국명 댜오위다오) 분쟁이다. 센카쿠 열도 부근 해상에서 중국 어선이 일본 순시선을 연이어 충돌한 뒤 일본이 선장을 석방한다는 소식을 발표하면서 '백기투항' 했다는 평가가 나오기도 했다.

이것만은 꼭 알아두자!

시진핑의 신시대 중국 특색의 사회주의

중국적 특색을 지닌 사회주의라는 정확한 개념은 존재하지 않으며 단지 정확한 이론체계의 지도하에 계속되는 실천을 통하여 지식을 습득하는 과정이 중국적 특색을 지닌 사회주의의 달성이라는 것이다. 1982년 9월 1일에 개최된 중국공산당 제12차 전국대표대회에서 덩샤오핑은 개막사를 통하여 '중국적 특색을 지닌 사회주의의 건설'을 구체적으로 선언하였다. 개념은 중국적 사회주의를 '중국의 오랜 역사적 경험을 총괄해서 얻어진 결론'을 총괄하고, 방식은 '마르크스주의의 보편적 진리와 중국의 구체적 현실을 결합함으로써 실현될 수 있다.'라고 규정하였다.

신시대 중국 특색의 사회주의란?

시진핑(習近平) 중국 국가주석이 2011년 10월 18일 개막한 중국공산당 제19차 전국대표대회(당 대회)에서 주창한 통치 철학(治國理政·치국이정)을 말한다. 덩샤오핑(鄧小平)이 제기한 '중국 특색의 사회주의'에 '신시대'라는 수식어를 달았는데, 이는 시 주석이 집권 2기(2018~2022)에는 과거 지도자들과의 차별화를 통해 1인 지배 체제를 더욱 공고화할 것임을 예고한 것이라는 분석이다.

'신시대 중국 특색 사회주의'의 핵심은 전면적 샤오캉(小康, 모든 국민이 풍족하고 편안한 생활을 누리는) 사회 실현과 중화민족 부흥이란 '중국몽(中國夢)'으로 요약될 수 있는데, 2021년부터 2050년까지 두 단계로 나눠 국가 발전의 청사진을 제시했다.

신시대 중국 특색의 사회주의 목표

우선 공산당 창당 100주년이 되는 2021년까지 샤오캉 사회를 건설하고 중산층 비율을 대폭 끌어올려 도, 농 간의 소득 격차를 줄이겠다고 밝혔다. 1970년대 말 덩샤오핑이 '선부(先富)론'을 제시하며 전면적인 개혁 개방에 나선 뒤 중국 경제는 40년간 고속 성장을 했지만 빈부 격차가 크게 확대됐다. 중국의 지니계수(소득 불평등 지수)는 유엔이 제시한 '사회 불안을 초래할 수 있는 수준'인 0.4를 넘어선 상태다. 이에 대한 처방전으로 시 주석이 제시한 게 샤오캉 사회다. 시 주석은 "지금부터 2020년까지가 샤오캉 사회의 전면적인 실현을 위한 결정적인 시기"라며 "2035년엔 모든 국민이 평등하게 발전하는 권리를 보장하고 도시와 농촌 간 격차를 현저하게 줄이겠다"라고 약속했다. 이어 "문화 등 소프트파워를 곁들여 2035년부터 21세기 중반까지 부강하면서도 아름다운 사회주의 강국을 건설하겠다"라면서 "그렇게 되면 중국은 종합적 국력과 영향력이 앞자리를 차지하는 국가로 부상할 것"이라고 말했다.

중국 제19차 공산당 전국대표회의

10월 18일 중국공산당 제19차 전국대표대회가 베이징에서 개막되었는데, 이 대회를 통해 시진핑 주석은 다시 한번 전국 대표들에 의해 주석으로 신임을 얻어 시진핑 정부 2기 출범을 알렸다. '인민의 아름다운 생활에 대한 열망이 곧 우리의 분투 목표'라고 대외적으로 천명한 시진핑 주석은 이번 대회를 잘 개최해야 하는 이유에 대해서 다음과 같이 강조하고 있다. 첫째는 당과 국가사업의 과거를 계승해 미래를 여는 분수령이 되기 때문이다. 둘째는 중국 특색 사회주의의 앞날과 운명을 확실히 결정하는 중요한 시기이다. 셋째는 많은 인민의 근본적인 이익과 관련된 이른바 '전면적 샤오캉 사회 건설'을 이루는데 중요한 시기라는 것이다.

이것을 통해 중국은 새로운 시대에 걸맞는 중국 특색의 사회주의 이념과 체제를 확고히 하여 중화민족의 위대한 부흥을 모색하는 '중국의 꿈' 실현에 한층 더 접근할 수 있기를 희망하고 있다.

제6강

중국에는 어떤 사람들이 살까?

– 중국의 민족과 중국 밖의 중국인, 화교

“

이 장에서는
중국인을 구성하는 한족과
주요 소수민족,
그리고 중국 밖의 중국인,
화교에 대해서 알아보자.

”

　　중국은 한족(한족)과 55개의 소수민족으로 이루어진 다민족국가이
다. 중국이라는 나라는 수천 년 동안 이어져 내려온 역사 속에서 많은
민족이 우여곡절을 거치면서 한족과 동화되거나 소멸하는 운명을 겪어
왔다. 현재는 55개의 민족이 살아남아 중국이라는 거대한 중앙집권적
통일국가의 테두리 안에서 각기 서로 다른 역사와 문화를 가진 채 삶을
영위하고 있다.

　　한족은 중국 인구의 91.59%로 절대다수를 차지하며 정치, 경제, 사
회, 문화 각 방면에서 주도적인 역할을 해왔다. 그렇지만 이들이 점하고
있는 면적은 중국의 45~50% 정도이며, 동북 지역이나 서북과 서남 지구
에는 여러 소수민족이 모여 살고 있다. 중국인들은 우리나라의 주민등록
증과 같은 거민신분증(居民身分證)을 갖고 있는데, 이 신분증에는 자신들
이 어느 민족 출신인지 표기가 되어있다. 가령, 우리 동포인 조선족의
경우에는 '선(鮮)', 한족의 경우에는 '한(漢)', 티베트족은 '장(藏)'이라고
쓰여 있다.

　　전체적으로 볼 때, 한족 중심의 국가라고 할 수 있는 중국은 '단 하나
의 중국'(一個中國)을 기조 정책으로 삼고 최우선으로 이를 시행하고 있
다. 이번 장에서는 중국의 민족을 이루는 한족과 주요 소수민족, 그리고
중국 밖의 중국인이라 일컬어지는 화교에 대해서 알아보자.

1. 한족과 소수민족

　　중국에서 민족을 결정하는 요인은 어느 특정한 민족이 공동의 언어,
공동의 주거지역, 공동의 경제생활, 공동의 문화라는 민족 형성의 네
가지 조건을 충족하고 있는가이고, 또한 개개인의 민족들이 독자적인
민족 단위로 존재할 의사를 가졌는지다. 중국은 이러한 조건을 충족하고

있는 민족을 55개로 확정하여 소수민족으로 인정하고 있다. 중국의 소수민족은 그 수가 적고 분포지역도 광활하며 거주지가 상대적으로 집중되어 있다. 광서(廣西), 내몽고(內蒙古), 신강(新疆), 티베트(西藏), 영하(寧夏)의 5개 민족자치구는 장족, 몽골족, 위구르족, 티베트족, 후이족 등 비교적 그 수가 많은 소수민족이 모여 사는 거주지역이다.

운남(雲南), 청해(靑海), 귀주(貴州), 감숙(甘肅). 사천(四川) 등의 지역에도 대단히 많은 소수민족이 모여 산다. 운남 안에는 20여 개의 소수민족이 사는데 중국 소수민족 거주지 가운데 소수민족의 수가 가장 많은 곳이다. 길림(吉林)에는 조선족이 모여 살고, 호남(湖南) 상서(湘西)에는 토가족(土家族)과 묘족(苗族)이 모여 산다. 또한, 해남(海南)에는 여족(黎族)과 묘족이 모여 있고, 대만(臺灣)에는 고산족(高山族)이 집중되어 있다. 매우 많은 소수민족이 중국의 변방에 사는데 그 대부분이 산악지역이나 고원지대, 초원지대로 자연자원이 풍부한 곳이다.

중화민족은 이른바 '염황자손(炎黃子孫)'이라고도 한다. '염황(炎黃)'은 바로 전설적인 인물인 염제(炎帝)[1]와 황제(黃帝)[2]를 가리키는데, 중국인들은 역대로 그들 두 사람을 한족의 조상으로 여겨 왔다.

1) 한족

한족의 인구는 대략 전체 중국 인구의 91.59%이다. 한족은 중국에서

---

1 염제(炎帝)는 중국의 전설상의 제왕인 신농씨(神農氏)를 가리킨다. 삼황(三皇 : 복희씨, 신농씨, 황제)의 한 사람으로 형상은 인신우수(人身牛首)이다. 농업, 의료, 약사(藥師) 등의 신이며, 교역하는 방법을 가르쳐 상업의 신으로도 되어있다.

2 황제(黃帝)는 삼황의 한 사람인 헌원씨(軒轅氏)를 가리킨다. 황제는 나면서부터 신령스럽고 총명하여 태어난 지 70일이 채 못 되어 말을 할 줄 알았고, 모르는 것이 없었다. 황제는 처음으로 창과 방패를 만들어 침략을 일삼는 제후들을 정벌하여 백성을 구제하였다. 그 후 염제와 치우(蚩尤)를 차례로 정복하고 천자에 올랐다. 황제는 천자가 된 후 배와 수레를 발명하고 집을 짓는 법과 옷 짜는 일을 발명했으며, 약초를 보사 분석하여 의료기술을 폈다고 한다.

인구가 가장 많은 민족일 뿐만 아니라, 세계적으로도 인구가 가장 많은 민족이다. 한족은 중국 고대 화하족(華夏族)과 그 밖의 수많은 민족이 서로 동화되고 융합되어 형성되었다. 한(漢) 왕조(王朝) 시기에 그 역사가 시작되었기에 한족(漢族)이라는 명칭이 생겼다.

한족은 거의 4,000년에 가까운 문자 기록의 역사를 지녔으며, 인구는 중국 각지에 널리 퍼져있고 공용어는 한어(漢語)이다. 한족은 부지런하고 소박하며 진취적 정신이 강해 세계적인 주목을 받는 고대 문명을 창조하였다. 일찍이 춘추(春秋) 시기, 한족은 농업을 위한 대규모 수리시설을 건설하기 시작했다. 전국(戰國) 시기 초에 사천(四川) 도강(都江)의 방죽에 만든 수리시설은 지금까지도 상용하고 있다.

한족은 양잠, 비단 직조, 도예 등의 기술로 일찍이 해외에 이름을 떨쳤다. 또한, 제지술과 인쇄술, 나침반과 화약의 발명은 세계의 문화와 과학기술 발전에 지대한 공헌을 하였다. 시경(詩經)과 초사(楚辭), 한악부(漢樂府), 당시(唐詩), 송사(宋詞), 원잡극(元雜劇), 명청소설(明淸小說) 등은 한족의 문학이 각각의 시기마다 이루어놓은 대단한 성과이다.

이 밖에도 한족은 종교적 관념이 비교적 깊어서 조상에게 제사를 지내고, 대를 잇는 일을 훌륭한 일로 여겼으며, 부모에게 효도하였다. 한족이 제일 중시하는 명절은 바로 춘절(春節)이다. 춘절 외에도 원소절(元宵節), 단오절(端午節), 중추절(仲秋節) 등이 있다.

2) 소수민족

중국의 소수민족은 모두 55개 민족인데, 운남성(雲南省), 티베트(西藏) 지역에는 아직 식별이 안 되는 민족도 있다고 한다. 중국의 소수민족 중 인구가 가장 많은 것은 장족(壯族)으로 약 1,200만 명으로 추산되고 있으며, 두 번째는 회족(回族)이다. 숫자가 가장 적은 것은 허저족(赫哲

族)으로 모두 천여 명밖에 안 된다. 동북 지방의 송화강, 헤이룽강과 우수리강이 이루고 있는 삼강평원(三江平原)과 완달산 일대에 모여 살고 있다.

(1) 만주족(滿洲族)

2,000여 년 전, 중국의 동북 장백산 북쪽, 헤이룽강 중하류 지역 일대를 '백산흑수(白山黑水)' 지역이라고 불렀는데, 이곳에는 만주족의 조상인 여진족(女眞族)이 살았다. 명 왕조 말년에 누르하치(1559~1626)는 30년의 노력을 기울여 중국 동부의 여진족 마을을 통일하였고, 1635년 황태극(皇太極)은 여진족을 '만주족(滿洲族)'으로 고쳐 부르게 하였다. 그 후 이들은 간단하게 '만족'이라고 불렀다. 1644년 만족의 군대는 동북에서 북경으로 진군하여 대청제국을 건설하였다. 이로부터 만주 귀족은 중국을 거의 300년간이나 다스리게 되었다.

만주족의 복식은 매우 특색이 있다. 과거에 만주족 남성은 모두 변발을 하고 말굽 모양의 소매가 긴 두루마기 위에 짧은 마고자를 입었다. 여성의 머리카락 또한 매우 특이하다. 일반적으로 머리를 빗어 정수리에 올리고 넓적하게 상투를 만든다. 그런 뒤 아름다운 머리 장식을 꽂는다. 여성의 옷은 직선으로 된 소매가 넓은 이른바 '치파오(旗袍)'이다. 나중에 이것은 각양각색의 모양으로 바뀌어 한족 여성의 사랑을 받았다. 아울러 점차 중국의 민족적인 특색을 지닌 복장이 되었다.

(2) 몽고족(蒙古族)

몽고족은 주로 중국 북쪽 국경 지역인 내몽고자치구에 거주한다. 광활한 그곳은 물자도 풍부하다. 그래서 광활한 대초원은 중국의 천연적인 목장 역할을 한다. 하투평원(河套平原)과 동북 농업지역에서는 보리,

옥수수, 수수, 사탕수수, 콩 등의 농산물을 생산한다. 북부의 대흥안령 (大興安領) 삼림 지역에는 희귀 짐승, 목재, 모피, 약재가 매우 많이 난다.

몽골족의 유목 생활방식은 매우 특이하다. 유목민들은 소와 양고기, 유제품 먹는 것을 좋아하고, 홍차나 전차를 즐겨 마신다. 그들은 대부분 원형의 몽골의 전통가옥 파오(包)에서 산다. 파오의 윗부분은 창문을 뚫어서 통풍과 채광이 되도록 만든다.

몽골족은 말을 타고 활을 쏘는 일을 잘하며,[3] 가무에 능하다. 그들의 민가는 대부분 높은 소리이고, 춤의 리듬은 신나고 빠르다. 몽골족이 가장 좋아하는 악기는 마두금(馬頭琴)인데, 이 악기의 소리는 듣기 좋고 감동적이라고 한다. 그들은 부지런함과 지혜로 풍부한 가무와 시가 작품 을 만들었기에 '음악의 민족', '시가의 민족'이라고 불리기도 한다.

(3) 회족(回族)

회족은 중국의 소수민족 중 비교적 많은 수를 차지하는 민족으로 중국 각지에 분산되어 있지만, 대부분은 영하(寧夏) 회족 자치구에 모여 산다. 회족은 대부분 이슬람교를 믿고, 모여 사는 곳에 이슬람교의 사원 인 청진사(淸眞寺)를 짓는다. 주요 명절로는 개재절(開齋節), 성기절(聖紀 節) 등이 있다.

이슬람교는 회족의 생활 습관에 매우 깊은 영향을 끼친다. 예를 들면, 회족은 아이가 태어나면 이슬람교의 사제인 '아헌'[4]에게 아이의 이름을 지어달라고 부탁한다. 결혼할 때 역시 아헌에게 혼인의 증명을 칭해야만 한다. 죽은 뒤에도 이 아헌이 장례를 주관한다. 회족은 돼지고기를 먹지 않으며, 모든 동물의 피와 자살한 동물은 먹지 않는다. 회족의 복식은

3　기마민족으로 처음 이민족으로서 중원대륙을 차지했다.
4　이슬람교에서 교의를 주관하고 경전을 강해하는 일종의 사제이다.

기본적으로 한족과 동일하고 남성들은 흰색 모자나 검은색 모자를 쓴다.

회족은 처음에 아랍어, 페르시아어, 한어를 썼으나 한족과 오랫동안 섞여 살면서 점차 한어를 공용어로 사용하게 되었다. 아울러 한족의 문화를 흡수하여 지금은 복장, 음식, 이름, 습관 등에 있어서 기본적으로 한족과 같아졌다.

(4) 장족(壯族)

장족은 중국 소수민족 가운데 인구가 가장 많은 민족으로 주로 광서 장족 자치구에 모여 산다. 운남(雲南), 광동(廣東), 호남(湖南), 구이저우 (貴州) 등지에도 소수가 살고 있다. 장족의 거주지역은 풀이 항상 푸르고, 꽃이 만발하며 풍경이 그림처럼 아름답다. 그중 천하에 이름난 계림의 산수는 그 산봉우리가 수려하고 강물이 매우 맑다. 바로 이러한 매력적인 풍경으로 세계 각국의 관광객들을 끌어모으고 있다.

장족은 커다란 돌, 오래된 나무, 높은 산, 토지, 뱀, 조상을 숭배한다. 중원절(中元節), 우혼절(牛魂節) 역시 장족 고유의 명절이라 할 수 있다. 구절(鬼節)이라고도 일컬어지는 중원절은 매년 음력 7월 14일에 조상들과 들 귀신에게 제사를 지내는 명절이고, 우혼절은 봄에 밭갈이를 한 뒤에 지내는 명절로 사람들은 소에게 오색의 찹쌀밥과 신선한 풀을 먹이고 밭을 갈 소를 위해 혼을 불러들이고 있다.

(5) 티베트족(藏族)

티베트족은 오래된 민족이다. 티베트족의 고대 정권은 '투루판(吐蕃)'이라고 불렀다. 일찍이 641년 투루판의 왕 송찬간포(松贊干布)는 당 (唐)나라의 수도인 장안(長安)에 사자를 보내 구혼을 하여 총명하고도 아름다운 문성공주(文成公主)를 아내로 맞이하였다. 그때부터 한족과 티베트족은 정치, 경제, 문화 등의 교류에서 매우 큰 발전을 이루었다.

티베트족은 주로 중국의 티베트 자치구의 칭하이(靑海), 깐수(甘肅), 쓰촨(四川), 윈난(雲南) 지역에 분포되어 있고 대부분 고원지대에 산다. 청장고원(靑藏高原)의 평균 해발은 대략 4,000m로 세계 최고봉인 에베레스트산 봉우리가 바로 이 고원의 여러 산 가운데 우뚝 서 있다. 티베트인들은 라마교를 신봉하며, 다양한 종교 행사를 거행한다.

티베트족의 복장은 매우 민족적이다. 그들은 일반적으로 위에 비단이나 면으로 짠 긴 소매의 짧은 마고자를 입고, 바깥에는 넓고 긴 두루마기를 입는다. 다리에는 소가죽으로 된 장화를 신는다. 활동을 편하게 하려고 항상 오른쪽 어깨나 양쪽 팔은 외부로 노출한다. 티베트족은 그들만의 변발을 유지하고 있다. 남성은 변발을 정수리로 올리며, 여성은 머리를 양 갈래로 땋거나 혹은 수많은 모양으로 땋아 어깨에 걸친다. 아울러 머리끝에는 예쁜 장식품을 단다. 여성들은 허리에 도안이 그려진 아름다운 앞치마를 입는다. 티베트족은 버터차와 우유차 마시기를 좋아하고, 참파와 쇠고기, 양고기를 즐겨 먹는다.

(6) 위구르족(維吾爾族)과 신장(新疆)위구르 자치구

신장웨이우얼자치구는 고대에는 서역(西域, 서쪽 변방 지역 혹은 나라)이라 불리던 곳으로, 간쑤성과 함께 실크로드의 주요 통로 역할을 했던 곳이다. 위구르(維吾爾)족은 터키어 계통의 튀르크어를 사용하는 중앙아시아 민족이다. 중국 신장과 후난성 일부에 1119만 명, 카자흐스탄에 23만 명 등이 살고 있으며, 중국의 4대 소수민족 중의 하나로 이슬람 수니파에 속한다. 위구르족은 신장웨이우얼자치구에 살고 있는데, '위구르(維吾爾)'는 위구르족이 자신들을 스스로 부르는 말로 '연합', '단결'이라는 의미이다.

위구르 민족은 본래 투르키스탄이라는 국가를 형성하고 있었지만 1759년 건륭제가 터키계 무슬림들의 거주지역이던 이곳을 강제 편입하면서 '새로(新) 얻은 영토(疆)'라는 뜻으로 '신장(新疆)'이라고 명명하였다. 1932년과 1944년 두 차례 '동투르키스탄공화국' 수립 운동이 전개되었으나 1949년 중화인민공화국으로 편입되어 1955년 지금의 '신장웨이우얼자치구'가 되었다.

1949년 신(新)중국 건국 당시 위구르족과 한족의 비율이 각각 73.9%와 6.2%였지만 지금은 신장위구르자치구의 한족 비율이 2010년 40%로 증가했다. 자치구 수도인 우루무치에선 한족이 절대다수인 75%를 차지한다. 또한, 한족은 엄격하게 한 자녀만을 갖는 것으로 제한되지만 소수민족인 위구르족은 예외를 적용받는다는 점을 고려하면 한족 이주 정책이 얼마나 강력하게 시행됐는지를 알 수 있다.

위구르족은 대부분 농업에 종사하는 하층민

2000년대부터 본격화된 서부 대개발 덕분에 최근 10년간 신장 경제는 매년 두 자릿수 성장을 이어갔다. 하지만 성장의 과실은 대부분 한족의 수중으로 들어갔다. 지역 개발이 본격화되자 중국기업들이 대규모로 이 지역에 진출했다. 늘어난 일자리는 대부분 한족의 몫이었다. 한족 경영자들은 위구르족을 채용하는 대신 다른 지역의 한족을 데려와 썼다. 홍콩의 일간지인 명보(明報)는 현지 르포를 통해 "위구르인은 대학을 나와도 직장을 구하기 힘들고 설령 취직해도 임금이 낮다"라고 전했다. 한족은 공공기관의 간부직을 차지하고 위구르족 엘리트는 하급직에 만족해야 했다. 직업 분포상으로도 한족은 공업, 상업, 위구르족은 농업에 종사하는 계층구조가 굳어졌다.

이에 따라 '이곳의 진짜 주인을 모르겠다'라는 푸념처럼 한족에 대한 위화감과 중국 정부에 대한 불만은 지역 위구르인의 심리 저변에 깔려있다. 위구르인의 박탈감은 각종 우대정책에도 불구하고 뿌리가 깊다. 신장 지역을 오가는 국내선 항공기의 기내 안내 방송은 중국어와 영어뿐이라고 한다. 3시간에 달하는 시차에도 불구하고 정부 방침에 따라 베이징 표준시에 맞춰 생활해야 한다. 대다수 위구르인이 극단적 분리 운동에 직접 행동으로 가담하지는 않고 있지만 언제든 작은 불씨가 큰 소요사태로 번질 수 있을 정도의 잠재적 불만이 위구르인의 가슴 한쪽에서 자라고 있다.

신장위구르자치구의 지정학적 가치

중국 정부의 입장에서 볼 때 신장은 단순한 소수민족 자치구 이상의 중요성이 있는 지역이다. 신장웨이우얼자치구는 중국 국토의 6분의 1을 차지한다. 중국 최대의 석유와 천연가스 매장지이고, 석탄과 철광석 매장량도 중국에서 둘째다. 신장의 중요성을 더욱 부각하는 건 지정학적 위치다. 중국 국경선 전체의 4분의 1이 신장위구르자치구에 걸려 있다. 신장은 몽골, 러시아, 인도, 네팔, 파키스탄, 우즈베키스탄, 키르키스스탄, 카자흐스탄 등 8개국과 국경을 마주 대하고 있다. 이 때문에 신장의 분리독립을 막고 안정적으로 통치해야 한다는 전략적 절박함이 있다. 티베트 등 다른 소수민족의 분리독립 운동에 미칠 도미노 효과도 중국이 우려하는 대목이다. 중국 정부가 작은 소요에도 초강경 진압으로 대응하는 이유다.[5]

3) 중국의 소수민족 정책[6]

중국은 상술한 바와 같이 다민족국가이기 때문에 각 민족 간의 단결

5　신경진, 「한족 몰려와 경제 장악 … 위구르족 박탈감이 폭동 불씨」, 『중앙일보』, 2013.7.4.

6　다양한 민족들로 구성된 국가의 안정된 통일을 유지하기 위해서 중국은 모든 민족의 평등이라는 이념을 기반으로 하여 잘 짜인 소수 민족정책을 시행하고 있다. 이 정책은 무엇보다 소수민족의 지역자치를 시행토록 하며 민족 고유의 문화를 존중하고 그들의 언어와 문자를 사용하는 것을 권장한다. 또한, 소수민족의 종교적 자유를 보장해 주고 그들의 사회적 환경과 삶의 질의 개선과 발전을 도모함으로써 수많은 소수민족의 지지를 얻고 있다.

을 유지하는 것은 국가의 통일과 안정에 매우 중요한 의미가 있다. 각 민족 간의 우호 관계를 잘 유지하기 위해서는 역사적으로 각 민족의 형성과 밀접한 관계를 맺고 있는 지리, 정치, 경제, 문화적 관계 외에도 정확한 민족정책을 시행하는 것이 관건이다.

전통적인 중국의 소수민족에 대한 정책은 '이이제이(以夷制夷: 직접 통치보다는 변방 민족에 의한 견제와 통치)'와 같은 유화적 통치방법, 원대(元代)의 '토사제도(土司制度: 전통적인 토착 지배계급에 하위서열의 신분을 보장해주어 그들에게 담당 지역을 관리하게 하는 일종의 간접통치)'와 청대의 '유관제도(流官制度: 지방관리를 중앙에 파견하는 중앙집권 정치)' 등을 선호했다. 그러다가 사회주의혁명 과정에서 마르크스, 레닌주의적인 방식인 민족 자결, 연방제, 민족 자치와 중국 사회주의 방식인 민족구역 자치의 원칙을 이이제이의 방식과 결합하면서 중국적 소수민족정책을 수립하게 된다. 그것은 강력한 한족 단일성에 기반한 인구 상황과 시간이 지날수록 소수민족의 문제는 희석될 것이라는 인식의 소산이었다.

특히 덩샤오핑 정권은 문화적 관습, 혈연과 종교에 기반한 상부구조는 하루아침에 바뀌지 않는다는 점, 그리고 강압적인 민족정책이야말로 분리주의 운동을 더욱 확대해갈 것이며 이것은 결국 중국의 정치적 안정을 위협할 것이라는 점에 주목했다. 이런 맥락에서 소수민족에 대한 유화정책이 더욱 강화되었고, '하나의 중국'을 목표로 삼아 그것을 위협하는 요소인 타이완의 독립과 티베트의 독립 등을 억제하기 위하여 많은 정책적 배려를 마련하고 있다.

중국 헌법에는 전국의 여러 민족은 모두 평등하며 정치, 경제, 문화 생활에서 한족과 동등한 대우와 권리를 누릴 수 있다고 규정하고 있다. 이 같은 헌법의 보장과 정책적 배려 하에 운용되고 있는 중국의 소수민족 정책을 요약하면 대체로 다음과 같다.

첫째, 소수민족에 대한 평등정책을 시행한다.

소수민족에 대한 평등정책은 중국이 다민족국가를 형성하고 유지하기 위한 핵심적인 제도이다. 중국 〈헌법 4조〉에는 '중화인민공화국 각 민족은 모두 평등하다. 국가는 소수민족의 합법적 권리와 이익을 보장하며 각 민족의 평등, 단결, 상호 협력 관계를 유지하고 발전시켜야 한다. 특정 민족에 대한 핍박과 멸시를 금지한다.'라고 민족의 평등권을 헌법으로 보장하고 있다.

이에 따르면, 각 민족은 선거권 및 피선거권, 공무담임권, 민족 고유의 언어와 문자를 사용할 수 있는 권리, 민족 고유의 풍속 습관을 보호, 개혁할 수 있는 권리, 인신의 자유, 종교의 자유 등을 평등하게 누리 수 있게 되어있다.

둘째, 소수민족 지역의 자치를 시행한다.

소수민족 자치제도는 복잡한 중국의 실제 민족 상황을 고려하여 만들어진 것으로, 민족 평등을 구현하는 데 있어 가장 중요한 핵심제도라 할 수 있다. '민족 지역 자치제도'란 국가의 통일된 지도로 각 소수민족의 집거(集居) 지역에 지방 자치정부를 설립해 해당 민족이 직접 지방 사무를 보도록 하는 것이다.

중국의 민족 자치지역은 자치구(自治區), 자치주(自治州), 자치현(自治縣)의 세 등급으로 구분되어 있으며, 현재 5개의 자치구, 30개의 자치주, 120개의 자치 현으로 되어있다.

셋째, 소수민족 간부를 적극적으로 양성한다.

소수민족 간부 양성은 민족 지역자치 시행의 핵심 부분이다. 중국 정부는 일찍부터 소수민족 간부 육성에 힘을 기울였다. 국공(國共) 내전 시기에 옌안(延安)에 창설된 민족학원은 중국의 소수민족 간부를 양성하기 위한 최초의 학교였다. 중화인민공화국 건국 이후인 1950년에는 소수민족 간부를 양성하기 위하여 〈소수민족 간부 양성 시행 방안〉을 공포하였으며, 일반 대학 외에 중앙 민족대학, 윈난 민족대학, 칭하이 민족대학, 네이멍구 민족대학 등과 같은 민족대학 12개를 전국 각지에 별도로 설립하였다. 현재는 약 270여만 명의 소수민족 간부들이 중앙과 지방의 권력기관, 행정기관, 심판기관 등에서 국정과 지방업무 관리에 참여하고 있다.

통계에 의하면, 1978년에 이르러 전국 소수민족 간부의 총수는 80여만 명으로 1949년에 비해 80배나 증가하였다. 그중에는 각급 정부에서 영도적인 직무를 맡은 사람도 있고, 경제, 문화, 과학, 교육, 신문, 출판, 의료, 위생 등 각 부문에서 전문직에 종사하고 있는 사람도 있다. 수년 동안 소수민족 간부는 매년 만 명 이상씩 늘어나고 있으며, 티베트 자치구의 경우 간부의 70%가 티베트인이다.

넷째, 소수민족의 언어와 문자 사용을 허용한다.

중국의 헌법은 모든 소수민족은 그들의 언어와 문자를 사용할 자유가 있다고 규정하고 있다. 따라서 각 민족자치구의 자치기관은 모두 그 민족의 언어와 문자를 주요한 의사소통 수단으로 삼고 있다. 민족자치구 인민대표대회 대표를 선거할 때 그 지역에 거주하는 각 민족의 통용문자를 사용하는 동시에 그 민족의 문자를 사용할 수도 있다. 모든 소수민족의 일반인들은 그 민족의 언어와 문자를 사용하여 소송과 변호를 할 수 있는 권리를 가진다.

중국 정부는 1950년대에 소수민족의 언어와 문자사용에 관한 전반적인 조사를 시행했다. 최근 연구 결과 중국에서 사용되던 소수민족의 언어는 130여 종에 이르렀던 것으로 밝혀졌으나, 상당수가 이미 소멸했거나 소멸이 진행 중인 것으로 나타났다. 한족어(漢語)를 사용하는 후이족과 만주족을 제외한 기타 53개 민족은 모두 자신들만의 언어를 가지고 있으며, 그 언어와 문자를 사용하는 것을 법률로 보호하고 있다.

다섯째, 소수민족의 전통문화를 존중하고 문화유산을 보호한다.

중국 정부는 각 소수민족이 명절에 맞춰 휴가 제도를 제정하거나 종교적 전통에 맞는 행사를 진행하도록 구체적으로 조치하고 있다. 가령, 돼지를 먹거나 취급하는 것을 금지하는 이슬람 신앙의 소수 민족에게는 돼지 사육을 권장하지 않고 있으며, 열차 등의 교통시설이나 식당과 숙박 시설 등 공공장소에서 이슬람식으로 제조된 음식을 섭취할 수 있도록 생산과 유통에 관련된 규정을 두어 세심히 배려하고 있다.

그러나 이와 같은 제도적인 보장에도 불구하고 중국 내 소수민족이 거주하는 지역들은 단지 명목상의 자치지역일 뿐이다. 자신들의 이름을 딴 자치지역에서 사는 소수민족들은 지방정부와 당 조직에 많은 대표를 두고 있지만, 한족이 일반적으로 최종적인 통제를 하고 있으며 다양한 통제전략을 수립하여 소수민족들을 규제하는 등 한족 중심주의를 여실히 드러내고 있다.

또한, 소수 민족에게는 계획출산의 완화, 명문대학 진학의 배분, 취직 상의 혜택 등의 우대조치를 취하기도 하지만 소수민족이 중앙정계에 진출할 수 있는 확률은 대단히 희박한 실정이다. 결론적으로 중국 정부의 소수민족정책이 외형적으로 그들이 표방하는 것과 같이 소수민족의 결집이나 민족의 정체성 확립에 긍정적으로 작용하기보다는 '하나의 중국'을 겨냥한 한족의 제한적인 배려로 이해해야 할 것이다.

여섯째, 종교의 자유를 보장한다.

종교는 소수민족 사이에서 오랜 역사를 가지며, 각 소수민족의 경제, 문화 및 풍속에 매우 깊은 영향을 미치고 있다. 종교에 대한 중국 정부의

196

기본 정책은 신앙의 자유 보장이다. 다시 말해서, 종교의 자유는 국민의 민주권리로 모든 국민은 종교를 믿을 자유를 가지고 있는 동시에 믿지 않을 자유도 가지고 있고, 어떠한 종교든지 선택할 자유를 가지고 있으며, 종교를 믿는 국민과 믿지 않는 국민은 정치적으로 모두 평등하다는 것이다.

소수민족의 종교의 자유를 보장하기 위해서 중국 정부에서는 그들의 정당한 종교 활동을 간섭하지 않고, 그들이 필요로 하는 사원이나 교회 등의 건축을 허락하는 동시에 일부 유명한 사원과 교회를 복원하여 보호하고 있다. 그리고 종교를 믿는 사람과 믿지 않는 사람 간의 화목을 도모하고 사회의 정상적인 질서를 유지하기 위해서 종교 활동의 주장은 사원이나 교회 안에서만 하게 하고, 무신론자가 사원이나 교회에 가서 무신론을 선전하지 못하도록 법으로 정하고 있다.

이상과 같이 중국은 나름대로 소수민족에 대해 그들의 언어와 풍속 습관을 존중하여 어느 정도의 우대 정책을 펴고 있다. 그들은 자신들의 언어와 풍속을 그대로 유지할 수 있는 권리가 있고, 이전에 한족한테 적용되는 한 가정 한 자녀 정책에 대해 예외적으로 소수민족들은 두 명의 자녀까지 가질 수 있다. 그러나 총체적으로 볼 때, 소수민족들이 집단으로 모여 사는 지역은 통상 경제적으로 낙후된 지역이 많아서 이들에 대한 불평등을 없애고 잘 살 수 있는 계기를 만들어주는 것이 무엇보다도 중요할 것을 보인다.

이것만은 꼭 알아두자!

중국 정부의 조선족 정책

중국 내 소수민족 중에서 가장 껄끄럽고 다루기 힘든 소수민족이 조선족과 신강 자치주이다. 이들은 독립을 외치고 타 소수민족에 비해

똑똑한 편에 속하는 민족이기 때문이다. 그중에서 조선족들은 더욱더 힘든 소수민족으로 분류되고 있다. 이에 대한 대비책으로 외형상으로는 조선족 우대정책을 펴면서 내면으로는 철저하게 말살 정책을 펴고 있는데, 그 내용을 보면 다음과 같다.

첫째, 조선족 분산정책

한반도 통일을 대비하여 자치주 조선족을 분산하는 분산정책을 펴고 있다. 그 예로 동북 특히 조선족이 밀집해있는 곳에 외자 기업과 생산 기반시설을 거의 없애 버리는 결과로 이어지고 그 결과 한국을 비롯한 외자 기업들은 천진이나 산동, 청도 등 동북 지역과 멀리 떨어진 곳으로 유치함으로써 조선족의 대이동이 이루어졌다. 조선족이 자기 고향이 아닌 외지로 이사를 하여 그곳에 집을 산다면 그 지역 호구(한국으로 말하면 본적 거주주소)가 나오는데, 이 또한 분산정책의 일환이라 할 수 있다.

둘째, 조선족의 구심점 제거

조선족에 대해 그 구심점을 제거한다. 그 결과 4분 5열 되는 결과를 낳게 되고, 그렇게 되면 후손교육과 단합을 하지 못하게 되면서 서서히 한족으로 동화되는데 촉진제가 된다. 중국이 조선족에 대하여 이같이 교묘하고 철저하게 하는 이유는 만약에 한국과 북한 그리고 조선족이 단합되어 힘을 과시한다면 핵폭탄 같은 큰 파괴력을 가질 수 있고 그 영향으로 다른 소수민족들도 반란을 일으킬 소지가 있어서 철저하게 말살 정책을 펴고 있다.

이 밖에도 동북 지역에는 주로 소비성, 향락성 업종을 장려하여 부의 축적을 억제함으로써 다시금 외지로 나가게끔 유도한다.

2. 중국 밖의 중국인, 화교

화교는 일반적으로 중국 본토 이외의 국가나 지역에서 거주하고 있는 중국계의 사람들을 가리킨다. 21세기에 들어서 세계 각지에 흩어져 있는 해외 중국인, 즉, 화교는 화교경제권을 형성하면서 세계 경제의 중요한 한 축으로 등장하였다. '화교(華僑)'는 중국인 또는 한족을 의미하는 '화(華)'와 타국에서의 거주 내지는 임시로 거주한다는 뜻의 '교(僑)'가 합쳐진 말로 중국 본토 이외의 국가나 지역에서 거주하고 있으면서 아직 중국 국적을 보유하고 있는 이민 1세대를 가리키는 말이다.

화교(華僑)와 화인(華人)

국적을 가진 사람 중 다수가 거주국 국적을 취득하는 2, 3세가 늘어남에 따라 지금은 현지 국적을 가진 사람이 대다수를 차지하게 되었다. 이들을 화교와 구별하여 '화인(華人)'이라 부르기도 하는데, 중국계 미국인, 중국계 말레이시아인 등이다. 화인이란 혈통으로는 중국인이지만 중국에 대한 정치적 충성심을 가진 중국인이 아니다. 이들은 현지 국적을 취득해 현지 국가에서 경제활동을 한다는 의미에서 '화인(華人)'으로 지칭하는데, 영어로는 'Overseas Chinese' 혹은 'Ethnic Chinese'라고 한다. 그러나 현실적으로 이들의 국적 확인이 어렵기도 하고 이중 국적자도 많아 해외에 거주하는 중국계 민족을 화교라고 통칭한다.

사실상 개인이 아닌 하나의 집단으로서 화교 사회는 현지 토착 사회와 구별되는 여러 가지 특성을 보이기 때문에, 그들을 무엇으로 부르든 어떤 조건들에 의해 규정하든 간에 그들은 여전히 중국인의 후손이고 다양한 정도의 중국적인 것, 가령 조상숭배 사상 등 중국의 전통적 문화와 습관을 전승해 나가고 있는 등 감정적으로 중국에 연결되어 있다는 공통적인 속성이 있는 반면에, '중국인'이란 감정이 날로 희박해져 가고 있다.

　　최근 들어 이러한 이민 2, 3세가 그들의 거주지역에서 많은 경제활동을 하게 되면서 그 지역의 경제 중심으로 떠오르게 되어 '화상(華商)'이라는 말도 널리 통용되고 있다. 화상이란 좁은 의미에서 화인계 특징을 가지고 있는 경제활동 종사자를 가리키는 말이며, 더욱 넓은 의미에서는 화인 경제계나 비경제계, 그리고 각종 기관과 단체 인사들을 포괄적으로 지칭하는 용어로 쓰이고 있다.

1) 화교의 이주 역사

　　화교란 위에서 언급한 바와 같이 해외로 이주하여 거주하고 있는 중국인을 가리키는 말이다. 중국 역사에 보면 중화민족은 크게 두 번의 대규모 해외 이주가 있었는데, 남송(南宋)이 망할 때(1279)와 명조(明朝)가 망할 때(1662)였다. 이때 해외로 이주한 중국인들은 대부분 남양군도(南洋群島) 일대에 분산 정착하게 되었고, 동시에 그들은 해가 갈수록 점점 더 번성하여 하나의 중국인 사회를 형성하게 되었다. 따라서 현재 동남아 일대에 거주하고 있는 중국인은 대부분 그때 이주한 화교들의 후예인 것이다. 화교의 이주 역사를 살펴보면 아래 몇 개의 시기로 나누어 설명해 볼 수 있다.

제1기 : 12세기 남송 16세기 명대 후반

　　화교의 이주 과정과 역사는 대략 12세기 남송 해안 상품경제의 급격한 발전에서 시작하여 16세기 후반 명대의 개방까지의 약 4~5백 년간이다. 이 시기 화교들은 오늘날의 싱가폴, 베트남, 태국, 필리핀 등 교통 무역의 중심지로 이동하였으며, 그 수는 약 10만 명이 넘었다. 이 지역에서 해외 무역을 하는 중국 상인들의 일부가 정착하여 제1기 화교 사회를 이루었다.

제2기 : 16세기 후반~청나라(1840) 아편전쟁까지

명나라 때 시행되던 해금(海禁) 정책이 완화되면서 중국의 해외 무역은 크게 번성한다. 또한, 동남아시아 지역이 서군의 식민지나 무역 중계 지역으로 변화하면서 중국의 값싼 노동력과 수공예품에 대한 수요가 증가해 중국의 상인, 농민, 어민과 수공예 장인들을 끌어들였다. 이로써 중국인의 해외 진출이 많이 증가하고 해외 각지의 화교들은 점차 사회, 경제적 토대를 갖추기 시작한다.

당시 화교들은 동쪽으로는 일본과 조선, 서쪽으로는 인도 동부 해안, 남쪽으로는 인도네시아, 북쪽으로는 러시아에 이르는 광범위한 지역에 거주하였는데 인구는 약 100만 명 정도에 달하였다고 한다.

제3기 : 1840년 아편전쟁 이후~1949년 중화인민공화국 성립까지

해외로 이주한 중국인의 규모가 가장 크고 분포도 다양하며 많은 고통을 겪은 시기이다. 이때는 중국 내부의 정치적 혼란과 경제 파탄, 그리고 제국주의 국가들의 식민지 약탈과 개발에 따른 값싼 노동력에 대한 수요가 증가했다. 그 결과 수많은 계약노동자가 해외로 팔려나가면서 중국인 이민이 대규모로 이루어졌다.

100여 년 동안 중국인 700만 명이 세계 각지로 퍼져나가면서 오늘날 화교가 세계 각국에 분포하는 기초가 되었는데, 이 시기 화교의 수는 약 1,200만 명에 달했다. 이 시기에 화교들은 민족의식을 점차 인식하고 자각함과 동시에 현지 거주 민족으로서의 자리매김을 시작하게 된다.

제4기 : 1949년 중화인민공화국 출범 이후~현재

중화인민공화국 성립 이후 중국으로부터의 대규모 이민은 중단되었다. 당시 중국인들은 사회주의 체제 속에서 합법적으로 이민을 추진하기 힘들었기 때문에 현지에 정착하여 살아갈 수밖에 없었다. 그런데도 경제

발전의 차이와 미국, 캐나다, 호주 등의 이민정책 확대로 인해 많은 중국인이 본토를 빠져나갔고, 친척 방문 또는 유학 등의 방법으로 계속해서 해외로 이주하게 된다.

이들 화교의 대부분은 광동성, 푸젠성 출신이 주류를 이루는데, 이는 동남아와 인접한 지리적 조건과 함께 인구 과잉, 경작지 협소 등으로 인한 궁핍한 생활, 정치, 사회 불안 및 그들의 개척 정신 등이 복합적으로 작용하였기 때문이다.

최근 20여 년 동안 중국 본토에서 이주한 신세대 화교도 약 200만 명에 달한다. 화교 화인의 경제적 발전과 인구의 자연 증가로 21세기에 국외에서 거주하는 화교와 화인의 수는 약 4,000만 명으로 급격히 증가했다. 그중 90%는 이미 현지 국적을 취득했으며, 160여 개 국가에 분포되어 있다.

2) 화교의 경쟁력 : '만만디'의 위력

화교들의 특성을 간단히 정리해보면 다음 몇 가지를 들 수 있다. 첫째는 무엇보다도 근면과 인내를 들 수 있다. 이는 그들의 이주 지역에서의 높은 적응력과 성공에서 잘 드러난다. 둘째로는 단결성을 들 수 있다. 혈연과 지연에 의한 단결력, 철저한 자치력, 상호 부조의 정신, 직업에 의한 연대 등이 있다. 이는 자국과 다른 기후에 대한 극복, 원주민들과 관계개선에 큰 도움이 된 성공의 원동력이었다. 셋째는 정착성이다. 이는 그들이 현세에서 꼭 행복을 이루겠다는 의지의 표현으로, 내세보다는 현세 중심의 자세에서 비롯된 것이다. 넷째는 낙천성이다. 화교가 가진 낙천적 성격은 그들의 '천명관(天命觀)'에서 비롯된 것이다. 행복하든 불행하든 하늘의 뜻에 모든 것을 맡기고 있으므로, 어떻게 보면 개방성으로 확장되기도 한다. 다섯째로는 화교들은 전통을 상당히 중요시한다. 그들은 오래전부터 유교의 효도, 도교의 조상숭배 사상에 의해 길러졌고, 이런 연유에서 보수주의적인 성격을 갖는다.

만만디라는 말처럼 느긋하면서도 조금도 손해 보지 않는 치밀한 계산, 누구와도 원수 삼지 않는 대인관계, 자신이 품고 있는 욕심보다 꼭 한 걸음씩 물러설 줄 아는 자제력 등에서 화교의 잠재력을 엿볼 수 있다.

(1) 화교의 성공 요인

첫째, 이주지에서의 적응력 강화

화교는 현지인들과 심각한 마찰을 초래할 수도 있는 그들의 문화를 강조하지 않을 뿐만 아니라, 현지인들의 우수한 문화를 수용하는 등 융통성 있게 적응해 왔다. 이러한 융통성을 기반으로 현지인들과 마찰을 피하면서 다른 한편으로는 자신들의 문화를 간직하고 계승하는 데 익숙하다.

둘째, 민간 사회 조직의 공적 기능 활성화

화교들은 자신들의 사회적, 지역적 조직구조를 새로운 사회에 이식, 적용함으로써 새로운 환경에 대처할 수 있는 능력을 지니고 있다. 화교들은 새로운 이민자들에게 의식주를 제공하기 위한 상조회, 사업 활동을 지원하기 위한 상공회의소, 특정 직업을 가진 사람들 간의 직업조합, 자선사업 및 학교와 병원을 운영하기 위한 복지위원회, 화교들 간의 소규모 자금지원을 위한 지역 모임, 문중 모임 등을 결성하고 추진하는 데 적극적으로 참여하고 있다.

셋째, 신용제도

화교 구성원으로서의 공동체 인식은 구성원들 간의 신뢰감을 높여준다. 이러한 신뢰감이 구체화한 것이 화교 사회의 집행제도인데, 화교들

간에는 개인의 말 한마디가 곧 신용이어서 자신의 약속을 지키지 못할 경우, 그 사실이 순식간에 화교 사회에 퍼져 앞으로 그는 공동 사업자에서 제외된다. 이러한 강력한 집행제도를 통해 화교 사회의 신용은 유지된다.

화교 네트워크의 최대 강점은 바로 혈연과 지연으로 묶인 인간관계가 바탕이 된 단결, 즉 네트워크의 활용이다. 중국 정부에서 해외 거주 중국인들에게 제대로 신경을 써주지 않았기 때문에, 화교들은 자신들 스스로 단체와 모임 등을 결성할 수밖에 없었다. 게다가 바다 건너 낯선 땅에서 이들이 의지할 것이라고는 혈연, 즉 핏줄뿐이었다.

(2) 화교의 생존전략

첫째, 전문직과 창업을 선호

타향살이에 따르는 불안정성과 불확실성을 보완하기 위한 화교들의 위험 관리는 유별나다. 화교들은 '교활한 토끼는 3개의 굴을 갖고 있다(狡兎有三窟)' '닭의 머리가 될지언정 용의 꼬리가 되지 않는다(寧爲鷄首, 而不爲龍尾)' 등과 같은 삶의 지혜를 어려서부터 몸소 익혀 평생을 두고 실천한다. 따라서 화교들은 불확실한 직장생활보다는 전문직에 종사하거나 창업하는 길을 선택한다.

둘째, 동업을 선호

창업 시 동업을 선호하는데 그 이유는 창업 자금의 부담이 적고, 기본 고객(동업자들의 친구와 친척들이 잠재 고객)의 확보가 쉬우며, 사업실패에 따른 위험도 줄일 수 있기 때문이다. 화교 상인들이 유능한 상인 집단으로 자리 잡은 것은 그들만의 독특한 금전관과 상술에 기인한다.

화교들은 돈에 대한 집착이 엄청나다. 비즈니스의 궁극적인 목표는 돈을 버는 것이다. 손해 보는 장사라는 것은 상상도 할 수 없다. 이는 화교들 특유의 치밀한 계산능력에서 비롯된다. 화교가 부를 축적하는 것은 돈을 모으는 데만 훌륭한 것이 아니라 절약과 소비에 있어 씀씀이가 탁월하기 때문이다. 초기의 화교는 경제적 배경이 없는 노동자나 농민으로 그들은 예외 없이 육체노동으로 생계를 유지하였고, 임금을 저축, 절약하여 지위를 상승시킨다.

셋째, 뛰어난 협상력

화교들이 가진 또 하나의 장점은 협상에 뛰어난 자질을 가졌다는 점이다. 포커페이스로 알려진 화교들은 이해득실을 철저히 따진 후에 자신의 마지노선을 정하고 협상에 응하는 경우가 대부분이다. 여기에 빠른 현지 적응력과 상대방을 파악하는 장점마저 더해져 협상에 있어 항상 유리한 고지를 점한다.

3) 주목받는 화교 네트워크

화교 네트워크는 한 마디로 '보이지 않는 제국'이라고 할 수 있다. 중국 본토를 위시하여 대만, 홍콩, 마카오, 말레이시아, 인도네시아 등 아시아는 물론이거니와 전 세계에 흩어져 있는 중국 이민자들은 국경의 붕괴와 더불어 통신망의 발달로 인해 하나의 네트워크를 형성하여 중화 경제가 거대하고 무서운 힘을 발휘하고 있다.

특히 2001년 중국이 WTO에 가입한 이후 중국 중심의 중화경제권에 대한 논의가 구체화하고 있는데, 여기서 말하는 중화경제권이란 중국, 홍콩, 마카오, 대만을 연결하는 중국경제권에다가 중국계 민족이 대다수인 싱가포르 및 중국계 화교들의 경제력이 국가 경제력의 상당 부분 이상을 좌우하는 동남아시아 국가의 화교 자본을 연결하는 민족적 경제 협력 관계를 의미한다.

세계화의 추세 속에서 개별 화상은 세계적인 조직체나 인터넷 구축 등을 통해 그 어느 조직보다도 강력한 네트워크화를 추진하고 있다. 해외에 이주한 화교들은 그들이 거주하는 현지 사회에 적응하여 그 사회의 구성원으로서 사회적 임무를 수행하는 과정에서 여러 가지 성격의 조직체를 설립하게 되었다.

(1) 화상(華商)의 독특한 네트워크

그것이 화상의 독특한 네트워크이며, 그 본질은 중국인의 독특한 혈연 및 지연 결합 방식과 연관되어 있다. 화교가 해외로 강력하게 팽창할 수 있는 것은 강한 결합력과 단결심 그리고 그것을 축으로 하여 세력을 확대하고 있는 소위 네트워크의 힘이라 볼 수 있다. 화교 네트워크는 상호 원조를 목적으로 하고 있으며, 동족, 동향 및 동업 결합체에 의해 이루어진다.

19세기 말 중국인들이 중국을 떠나 해외로 진출하기 시작한 이래 중국인들은 세계 각지에 흩어졌는데, 이들 대부분은 교민 거주지에서 소규모 비즈니스에 종사하였다. 이 가운데 어떤 화상 기업은 사업 규모를 점차 확대하거나 다변화하여 다국적 기업으로 성장, 발전하였다. 비록 중국인 기업가의 사업수단과 성취는 세계적으로 명성을 얻고 있지만, 여전히 많은 성공한 중국인 기업가의 장점과 인프라를 한데 모을 플랫폼이 구축되어있지 않아 효과적으로 경제협력을 강화할 방법이 없었다. 이에 싱가폴 중화총상회(中華總商會)가 처음으로 세계 화상 대회를 개최하여, 전 세계에서 활약하고 있는 화상을 연결하여 거대한 화교 네트워크를 형성하고 전 세계 상공업계와의 경제협력을 모색하게 되었다.

이러한 화교의 네트워크 형성은 세계화상회의라는 조직을 통해 더욱 전문화되어 중화경제권 확산에 크게 이바지하고 있다. 이 세계화상회의는 1991년 8월 10일 싱가포르 이광요(李光耀) 전 수상이 주창하였고, 싱가폴을 비롯하여 태국과 말레이시아 중화총상회(中華總商會)를 중심으로 격년제로 동남아 각국에서 개최되고 있다. '화상편사해, 오주창번영(華商遍四海, 五洲創繁榮: 전 세계에 흩어져 있는 화교 기업과 상인이 모여 오대륙의 번영을 이뤄내자)'라는 구호 아래 화교 기업 간의 협력 및 교류 강화 방안과 이들 기업의 세계 경제 무대에서의 역할 정립 및 중화경제권의 구체적인 구상을 주제로 토론한다.

(2) 중국과의 연계성, 그리고 전통적 가치관의 영향

전 세계에 분포된 화상은 상술한 바와 같이 정서적으로, 감정적으로 여전히 중국과의 연계성이 매우 긴밀해서 회사를 운영하고 네트워크를 강화하는데 중국의 전통적 가치관의 영향을 많이 받는다. 즉, 화상들은 기업 간 안정적이고 높은 효용성을 발휘하는 네트워크(관계)를 중요시한다. 이를 위해서 화상들은 서로 간에 도덕적 의무를 중요시함으로써 좋은 유대감을 형성해 나간다.

또한, 그들은 '꽌시(關係)'를 기반으로 구축된 화상 간 네트워크에 따라 움직이며 장기적이고 보다 안정된 기업 간 상호의존관계를 돈독히 하여 경쟁우위를 확보하고 있다. 그러나 이러한 꽌시의 형성은 상호 신뢰를 기반으로 형성된다. 신뢰도가 떨어지는 개인은 자연히 네트워크 조직 내에서 배제된다. 따라서 행위 주체로서의 화상들은 네트워크 내에서 신용을 잃을 수 있는 행동이나 언행을 삼가게 되고, 자기 기업의 '브랜드' 이미지에 손상이 가지 않도록 노력해야만 된다. 신뢰로 유지되는 화상들만의 경제 질서는 네트워크운영에 있어 중요한 기능으로 작용하고 있다.

4) 한국 화교의 성립역사

중국인이 우리나라에 대거 이주해 이른바 화교라는 특수한 집단을 형성하기 시작한 때는 1882년 임오군란 후로 알려진다. 임오군란은 구한말 부패한 정치 권력 때문에 일어났다. 1882년 6월 초에 쌀이 전라도로부터 서울에 도착하자 당시 훈련도감의 군인들에게 급료를 지급했는데 쌀 속에는 겨와 모래가 섞여 있었을 뿐만 아니라, 그 양도 반이나 모자랐다. 이 사건은 결국 그해 6월 9일 대규모의 군란을 발생시켰고, 고종은 대원군에게 이 사건을 수습하게 했다. 이런 와중에 대원군의 재집권을 막고자 했던 청나라와 일본은 자국의 군대를 서울과 인천에 상륙시켰고, 이때 청나라 군인 4천여 명과 함께 40여 명의 군역상인이 서울에 진출했다. 1885년 톈진조약 체결로 군인들은 철수했으나 상인들은 계속 남았다.

그 후 그들은 청나라의 비호 아래 그 수가 날로 증가해 인천과 부산 그리고 원산을 물론이고 내륙까지 진출해 상업활동을 펼쳤다. 급기야 1940년에는 한국에 거주하는 화교의 숫자가 무려 6만여 명에까지 이르렀다. 대부분 산동에서 이주해온 한국의 화교들은 해방된 후 대거 고향으로 돌아갔지만, 중국이 공산화되자 그 일부가 돌아왔다. 그 후 한국전쟁이 발발하자 많은 화교가 중공군에 붙들려 대륙으로 다시 갔고, 남은 이들은 겨우 만 7천여 명에 지나지 않았다.

한국 화교에 대한 인식과 정책

'되놈', '짱꼴라', '짱궤'라는 말은 중국인이나 화교를 가리키는 비속어로 80년도 전후에 종종 쓰였던 말이다. 1950~1990년까지 우리 정부는 화교들의 경제활동을 제약하는 정책을 펴왔다. 이 기간에 정부는 화교들의 귀화를 억제하였으며, 화교학교를 임의단체로 분류해 화교들이 취업과 진학에 상당한 고초를 겪었다.

중국 내 공산혁명으로 무역 루트를 잃고 한국전쟁으로 국내 경제기반을 상실한 화교들은 1950년대 이후 소규모 자본으로 시작할 수 있는 음식업에 60~70%가량아 종사하였다. 1961년에는 외국인토지 소유 금지 조치가 취해져 적지 않은 분쟁이 야기되었고, 1962년에 시행된 통화개혁은 현금 보유량이 많았던 화교에게 큰 타격을 주었다. 1970년대 초반 화교들의 음식점 운영이 어려워졌는데, 이는 정부가 경제 국방건설에 필요한 자금을 마련하고자 세수를 확대하는 과정에서 음식업에 대해 중과세를 부여했기 때문이다.

이처럼 국내 화교는 한국 사회에 뿌리를 내리지 못하고 점점 몰락해갔다. 결국, 이러한 압박을 피해 오히려 제3국으로 이민을 떠나는 화교들이 늘어만 갔다. 돌아보면 국내 화교 사회의 쇠퇴는 한국 정부의 억압으로 점철된 역사다. 우리의 의식 속에 남아있는 떼놈(大國人), 짱꼴라(張果老: 중국 고대신화에 나오는 신선 중 가장 으뜸으로 추앙받는 신선의 이름), 짱궤(掌櫃: 주인장)는 한국 정부가 화교들을 배척했던 것과 궤를 같이한다.

화교들이 한국 사회를 등지고 떠난 것은 한국 정부의 규제 때문이기도 하지만 한국인들의 깊이를 알 수 없는 배타성이기도 했다. 그러므로 중국인과 화교들에 대한 왜곡된 인식은 자연스럽게 형성되어 왔다기보다 의도적인 성격이 짙다. 그러나 화교에 대한 오해의 장막을 걷어내기 위한 노력이 서서히 고개를 들기 시작했다. 즉 한국 정부는 IMF 이후 외국인 투자를 촉진하기 위해 1998년부터 외국인토지 취득을 전면적으로 허용하였고, 토지 취득 절차도 간소화하였다. 또한, 1999년부터 화교학교가 외국인학교로 인가받을 수 있게 된 데 이어 2002년에는 영주자격제도가 도입되었다.

**이것만은
알아두자!**

중국의 동북공정, 그 실체와 문제점

오랜 역사를 가진 나라일수록 TV나 영화의 소재로 역사적 사실을
즐겨 사용한다. 역사는 일단 사실이기 때문에 진실성을 갖고 있고,
많은 사람이 정도에 따라 조금씩 다르지만, 그 내용을 잘 알고 있다는
보편성 또한 갖고 있으므로 대하 역사 드라마나 영화가 많이 제작되
고 많은 사람이 좋아하고 있다. 이런 면에서 중국과 일본, 그리고
한국은 모두 엇비슷한 역사와 전통을 가지고 있으면서 때론 반목과
질시 속에서 전쟁하기도 하고 때론 평화적 분위기 속에서 활발한
교류와 내왕을 하면서 자국의 문화를 발전시켜 왔다.

요즘 들어 구성이나 내용 면에서 시청자의 관심을 그다지 끌지 못하
는 청춘 드라마나 시대적 흐름이나 관심사를 반영하는 영화 대신
역사극에 관한 관심이 고조되고 있다. '허준', '대장금', '불멸의 이순
신' 등등 얼핏 생각해보아도 그 수를 헤아리기가 어려울 정도로 많은
대하 역사 드라마가 제작되고 시청자들의 많은 사랑을 받아왔다.
언제부터인가 이러한 역사물의 주 배경이 어느 한 시점으로 모이고
있는 것을 발견할 수 있는데, 바로 '고구려'이다. 방송 3사들은 앞을
다투어 고구려 역사를 재조명하는 다큐멘터리와 이를 소재로 한 드라
마를 제작하고 남녀노소 할 것 없이, 특히나 중, 고등학생들은 입시와
관련하여 논술과 역사의 이해 차원에서 이 드라마를 애청하고 있단다.
이렇듯 고구려의 역사가 세간의 관심과 이목을 끌게 된 것은 바로
중국의 이른바 '동북공정(東北工程)'에 기인한 때문일 것이다.

1. 동북공정이란?

'동북공정'이란 '동북 변경지역의 역사와 현상에 관한 체계적인 연구공
정(東北邊疆史與現狀系列研究工程)'이라는 학술연구프로젝트의 줄임
말로서, 중국은 2001년부터 동북공정에 관한 연구를 본격적으로 추진
하기로 하였고, 그 이듬해에 중국사회과학원 산하 '변강사지연구

중심(邊疆史地研究中心)'이라는 연구소를 설립하고 정부의 승인과 재정 지원 속에서 중국 국경 안에서 전개된 모든 역사를 중국 역사로 편입시키기 위한 이른바 '동북공정'을 수행하였다. 이에 직접적인 동기가 된 것은 아마도 북한이 고구려의 고분군을 유네스코에 세계문화유산으로 등록을 신청하고 지정을 받게 되면 중국이 고구려 역사를 중국의 역사로 주장하는 명분이 사라질 것을 우려하고, 국가적 연구과제인 '동북공정'을 기획하고 추진하게 된 것으로 보인다.

중국이 '동북공정'을 국책사업의 목적으로 추진하기 시작한 것은 얼마 되지 않았지만, 기실 '고구려사의 중국 역사로의 편입'계획은 이미 오래 전부터 진행되었다. 즉, 중국은 80년대 초반부터 동북변방에 관한 연구를 지속해서 수행하여 『동북역대강역사(東北歷代疆域史)』, 『동북지방사연구(東北地方史研究)』, 『동북민족원류(東北民族源流)』 등의 연구 성과를 내면서 동북공정의 초석을 다졌고, 이러한 준비과정을 토대로 90년대에 이르러 중국은 고조선, 고구려, 발해사를 포함하여 동북 지방의 역사와 지리에 대한 본격적인 연구가 진행되었다.

이러한 연구의 중점은 바로 '고구려는 지리적으로 중국의 동북쪽에 위치하는 한 소수민족 정권으로서 중국의 조선족이 세운 정권'이라는 것이다. 이것으로 볼 때, 중국이 추진하고 있는 '동북공정'의 실질적인 목적은 중국의 전략 지역인 동북 지역, 특히 고구려, 발해 등 한반도와 관련된 역사를 중국의 역사로 만들어 한반도가 통일되었을 때 일어날 가능성이 있는 영토분쟁을 미리 방지하자는 데 있다고 볼 수 있다.

2. 고구려는 고대 중국 변방 민족의 정권?

2004년 6월 28일부터 7월 7일까지 열흘 동안 중국 소주에서 제28차 세계유산위원회가 개최되었다. 이번 회의의 가장 중요한 안건으로는 중국과 북한이 신청한 고구려 문화유산을 비롯한 53개 세계문화유산 후보의 등재 여부를 결정하는 것인데, 이 가운데 가장 사람들의 관심을 불러일으킨 것은 중국 측이 신청한 고구려수도와 왕릉, 그리고 귀족묘에 관한 것이다.

회의 결과 고구려유적이 세계 문화유산으로의 등재가 확정되었으며 이로써 고구려 문화의 우수성을 세계가 인정하였다는 것과 북한과 중국의 고구려유적의 체계적인 관리 및 개방을 기대할 수 있다는 데에 그 의의가 있다고 볼 수 있다. 하지만 북한의 고구려 문화유적 중 고분군만이 등재된 것과는 달리 중국의 경우 환인(桓仁) 지역의 오녀산성, 집안(集安) 지역의 환도산성과 국내성 및 광개토왕릉비 등 폭넓은 유적이 등재됨으로써 고구려의 중심이 한반도가 아닌 중국이라고 비칠 가능성이 커지게 되었으며, 자국 내에 있는 고구려 문화유산을 홍보하면서 고구려사를 중국사 일부라고 주장하는 근거로 이를 적극적으로 활용하지 않을까 하는 우려를 낳게 되었다.

이 일이 있고 난 후에 한국과 중국의 학자들 간에 격렬한 논쟁이 일어나게 되었는데, 논쟁의 도화선이 된 것은 바로 〈고구려 역사연구에 대한 몇 가지 문제(試論高句麗歷史研究的幾個問題)〉라는 논문이다. 이 논문은 중국사회과학원 변강사지 연구중심의 세 명의 학자들에 의해서 작성된 것으로 역사학의 관점에서 고구려 정권의 성격은 중원왕조의 제약과 지방 정권의 관할을 받은 고대 변방 민족의 정권이라고 주장하였다.

사실 학술적인 관점에서 볼 때, 학술논문은 어느 정도의 가능성과 신빙성을 갖춘 이론을 토대로 작성되기 때문에 어떤 문제라도 충분히 논의될 수 있다고 본다. 하지만 〈고구려 역사연구에 대한 몇 가지 문제〉는 중국공산당의 당보이자 당의 논리를 정확히 대변하는 〈광명일보(光明日報)〉에 게재된 후 이 문제는 단순히 학설이나 가설의 단계를 넘어 많은 사람의 주의를 끌면서 영유권분쟁을 둘러싼 심각한 문제로 확대되었다.

이때부터 한국은 주로 한국고대사학회를 중심으로 연합성명을 발표하여 '중국은 즉각 고구려 역사를 중국 역사에 편입하려는 역사왜곡행위를 중지하라'라고 요구하며 격렬하게 항의하였다. 하지만 중국 측은 이것에 대해 정부의 지원을 받아 추진되는 학술프로젝트라 하더라도 이것은 어디까지나 학술적인 입장일 뿐이지 중국 정부의 태도가 아니라는 것을 거듭 천명하면서 한국과는 상대적으로 냉정하게 대처하였다.

3. 동북공정, 과연 무엇이 문제인가?

요즘 들어서 중국은 백두산(중국은 장백산이라고 함)에 관한 관심이 고조되고 있다. 백두산 천지에서 제6회 동계아시안게임을 위한 성화 채화식을 거행하면서 "백두산은 두만강과 압록강, 쑹화강 등 3개 강의 발원지이며 관동 문화의 발양지이기 때문"이라며, "아름답고 진심 어린 축복을 아시안게임에 바치고, 평화와 진보를 사랑하는 모든 이들에게 봉헌하겠다는 의미"라고 밝혔다. 또한, 바로 엊그저께 중국은 백두산을 유네스코 지정 세계자연유산으로 신청하기 위한 사전 작업으로 호텔 등 관광객 편의시설에 대한 철거 명령을 내렸다. 이 또한 동북공정의 목적으로 다방면에 걸친 준비 작업을 하는 듯 보인다. 우리는 중국의 동북 지역과 역사에 대한 일련의 행동을 통해 뭔가 심상치 않은 기운을 느낄 수 있다. 중국은 왜 이렇게 긴장하고 있는가?

중국은 한족을 포함한 56개의 민족으로 구성된 다민족국가로서 전통적으로 이이제이(以夷制夷, 직접 통치보다는 변방 민족에 의한 견제와 통치)와 같은 유화적 통치방법을 사용하여 소수민족을 다스려왔다. 특히 덩샤오핑 정권 이후 강압적인 소수민족정책은 오히려 중국의 분열을 초래할 것이라 보고 헌법상에 모든 소수민족은 평등하며 정치, 경제, 문화생활에서 한족과 동등한 대우와 권리를 누릴 수 있다고 규정짓고 있을 뿐만 아니라 소수 민족에게는 계획출산의 완화, 명문대학 진학의 배분, 취직 상의 혜택 등의 우대조치를 취하고 있다.

그러나 이런 정책들은 명목상으로는 소수민족을 위한다지만 실질적으로는 자치구에 살지만, 자치권이 없는 다만 '하나의 중국' 정책을 견지하기 위한 제한적인 배려가 아닐까? 이러한 상황 속에서 만약 남한과 북한이 통일된다면 한반도와 인접해 있으면서 우리의 동포라고 여기는 조선족 자치구가 동요할 가능성이 있으며 그 외의 자치구와 대만, 홍콩, 마카오 지역도 적지 않은 영향을 받게 되어 중국이 지향하는 '대동(大同) 사회'의 붕괴를 초래할 수도 있을 거라 우려하고 있다. 중국은 또다시 분열을 원하지 않는다. 또한, 제2의 소련이 되는 것을 두려워하고 있는지도 모른다. 그래서 동북공정은 중국에 있어서 많은 의미를 내포하고 있다.

중국인은 왜 무엇을, 그리고 어떻게 먹을까?

- 중국의 음식문화

"
중국 음식문화는 풍부하고 다채로우며
중국의 지리 환경, 역사조건, 여러 민족 등의
각종 요소와 불가분의 관계가 있다.
이 장에서는
중국인은 왜 무엇을,
그리고 어떻게 먹는지
중국인의 음식에 대한 관념적 특징과
그 문화에 대해서 알아보자
"

중국은 예로부터 식욕을 성욕과 더불어 인간의 커다란 욕구로 분류하고 있다. 『예기(禮記)·예운(禮運)』편에선 "음식과 남녀에 사람의 커다란 욕망이 있다(飮食男女, 人之大欲在焉。)"라고 전제하고 있고, 사기(史記)엔 "임금이란 백성을 하늘로 삼고, 백성은 먹는 것을 하늘을 삼는다(王者以民人爲天, 而民人以食爲天。)"라고 하여 음식이 한 사람을 하나의 자연인이나 하나의 국민으로 만드는 바로 그 제일보임을 강조하면서 한 나라의 훌륭한 지도자라면 백성들의 먹을거리와 생존을 위해 노력하는 것이 가장 중요한 것임을 말해 주고 있다.

집안의 일곱 가지 보물

경제 소득이 전반적으로 상승하고 있는 오늘날에도 중국인은 아직도 "식사 배불리 하셨어요(吃飽了嗎)?"라는 말로 인사를 대신에 하고 있는데, 이는 사람들 사이의 관심과 애정의 표현이다. 왜냐하면, 과거 중국에서는 빈번한 자연재해와 가혹한 정치라는 두 가지 위협 아래서 밥을 먹고 살 수 있느냐 하는 것이 일반 백성들의 가장 큰 관심사였다. 그래서 중국인들이 집안의 일곱 가지 보물로 여기는 장작(柴), 쌀(米), 기름(油), 소금(鹽), 장(醬), 식초(醋), 차(茶) 등은 전부 음식물이다.

또한, 중국 음식문화의 특징을 한마디로 말하라면 "요리 속에 그림이 있고, 그림 속에 말이 있고, 말 속에 마음이 있고, 마음 속에 정이 있다(菜中有畫, 畫中有話, 話中有心, 心中有情。)"이다. 즉, 중국의 음식은 단지 배고픔을 해결하기 위한 수단을 넘어 사람의 마음을 전달하고 사람의 관계를 연결하는 중요한 매개물인 것이다. 그래서 중국의 음식문화는 풍부하고 다채로우며 중국의 역사와 지리 환경, 그리고 여러 민족 등의 각종 요소와 불가분의 관계가 있다.

중국 음식문화의 특징

중국은 역사가 유구하고 땅이 넓고 재료가 풍부하고 기후가 다양하여 각종 다른 생태환경 속 동, 식물의 성장이 가능하며 품종 또한 다양하다. 이는 다른 국가와 비교 할 수 없는 큰 장점이다. 중국의 음식은 단순히 배고픔을 해결하기 위한 수단이 아닐뿐더러 중국요리가 추구하는 맛은 단순한 그 맛 자체의 향유가 아닌 한층 더 깊은 의미를 내포하고 있다. 이것이 바로 '양생(養生)'이다. 인체 건강의 영향을 주는 요소는 많으나 가장 기본적인 것은 음식이다. 자신의 몸에 맞는 음식을 먹고 그 평형을 조절하는 것이 건강의 기본이다. 이러한 특성은 이른바 '의식동원(醫食同源)'이라는 용어로 설명할 수 있는데 즉, '약과 음식은 본래 그 뿌리가 하나'라는 의미로 중국에서는 음식으로 몸을 보신하고 병을 예방하여 치료하고 장수한다는 인식이 보편화하였다.

이처럼 중국요리는 문화, 과학, 예술이라는 의미가 결합하여 만들어진 것이라 하겠다. 중국의 음식문화는 5천 년의 역사 속에서 하나의 국가가 설립되고 왕조가 구축되면서 새로운 풍습과 음식문화를 형성하였다. 이렇게 수 천 년의 전통을 이어오면서 중화민족 문화의 한 부분으로 형성되어온 중국의 음식문화 안에는 중국인의 사상, 도덕 관념, 민족 심리, 생활방식, 신앙과 예절이 어우러져 있다.

1. 중국인에게 음식이란?

1) 인간의 가장 중요하고 기본적인 욕구

『예기(禮記)·예운(禮運)』에 다음과 같은 말이 나온다.

이른바 음식과 남녀는 인간의 가장 큰 욕망이다. 죽음과 가난, 그리
고 고통은 사람들이 가장 혐오한다. 그렇지만 이러한 욕망과 싫어함은
일반적으로 사람의 마음속 깊은 곳에 감춰져 있어서 겉으론 잘 보이지
않아 추측해낼 방법이 없다. 진정 욕망과 혐오함을 이해하기 위해서는
예로써 그것을 억제하는 것 외에 달리 방법이 있을까?[1]

음식남녀(飮食男女)란 단어는 우리에게 매우 익숙하다. 중국과 대만
을 포함한 중화권 문화를 좋아하는 사람이라면 1995년도 아카데미 외국
어영화상 후보에 올랐던 이 영화를 기억할 것이다. 이 영화는 오성급
호텔 수석 요리사였던 아버지가 은퇴 후 이미 장성한 세 딸과의 결혼관,
가족관 등 세대 간의 갈등과 모순을 그려낸 수작으로 대만 출신의 이안
(李安) 감독이 만들었다.

오랜 세월이 지난 지금에도 그 영화의 줄거리는 정확히 기억나지
않지만, 영화 속에 등장하는 갖가지 중국요리는 여전히 군침을 돌게
하기에 충분하다. 영화 제목이 바로 〈음식남녀〉인데, 한동안 세간을
떠들썩하게 하며 음식남녀 신드롬을 일으킨 바 있다.

여기서 '음식남녀'란 말 그대로 '식욕과 성욕은 인간이 태어나면서부
터 가지는 가장 기본적인 욕구'인데, 사람들이 '음식과 남녀의 즐거움'을
마음껏 즐기면서 하고 싶은 대로 하면서 살라는 것이 아니라 욕망이란
모든 고난의 근본이며, 인간의 가장 큰 욕망은 바로 음식과 색욕으로
감춘다고 해서 감춰질 수 있는 것이 아니기 때문에 예로써 적절하게
자신의 욕망을 절제할 줄 알아야 한다는 의미로 해석하는 것이 바람직하
다. 이것으로 볼 때, 중국에서는 예로부터 음식은 색욕과 함께 가장 기본
적이고 중요한 욕망이라고 정의하면서 먹는 것을 매우 중시했음을 알

---

1 "飮食男女, 人之大欲存焉. 死亡貧苦, 人之大惡存焉. 故欲惡者, 心之大端也. 人藏其心,
   不可測度也. 美惡皆在其心, 不見其色也. 欲一以窮之, 舍禮何以哉?"

수 있다.

2) "사불염정(食不厭精), 회불염세(膾不厭細)"

『논어(論語)·학이(學而)』에 "군자는 밥을 먹을 때 배부름을 구하지 않는다(君子食無求飽)"라고 했던 공자도 음식에 조예가 깊었던 미식가로 알려져 있다. 공자의 용모와 의식주에 관련된 일상생활을 기록한『논어(論語)·향당(鄕黨)』[2]에 다음과 같은 기록이 있다.

밥은 도정이 잘 된 흰쌀밥을 싫어하지 않았고, 회는 가늘게 썬 것을 싫어하지 않았다. 밥이 쉬어 맛이 변한 것과 생선이 상하고 고기가 썩은 것은 먹지 않았다. 색깔이 좋지 않은 것은 먹지 않았고, 냄새가 좋지 않은 것도 먹지 않았다. 잘 익히지 않은 것을 먹지 않았고, 오래되었거나 제철이 아닌 것도 먹지 않았다. 가지런하게 썰지 않은 것은 먹지 않았고, 간이 잘 맞지 않은 것도 먹지 않았다. 먹을 것이 많아도 배고픈 기운을 넘지 않게 하였다(과식하지 않았다). 오로지 술은 양을 정하지 않았으나 어지럽도록 마시지 않았다. 시장에서 파는 술과 고기는 먹지 않았고, 생강 먹는 것을 끊지 않았고, 밥은 많이 먹지 않았다.[3]

중국의 위대한 사상가였고 성인으로 추앙받던 공자도 이처럼 음식의 중요성을 깨닫고 음식을 어떻게 먹여야 하는지 상세하게 전하고 있다. 즉, 이는 음식의 조리와 위생에 대한 공자의 엄격한 요구를 반영하는 것이라 볼 수 있는데, 공자는 이렇게 함으로써 '양생의 도를 실천할 수

---

2 논어(論語) 향당(鄕黨)편에는 공자의 생활에 관한 이야기들을 제자들의 말로 풀어 쓴 것을 주요 내용으로 하고 있다.

3 "食不厭精, 膾不厭細. 食而餲, 魚餒而肉敗, 不食. 色惡不食, 臭惡不食, 失飪不食, 不時不食. 割不正, 不食. 不得其醬, 不食. 肉雖多, 不使勝食氣, 唯酒無量, 不及亂. 沽酒市脯, 不食, 不撤薑食, 不多食."

있다'라고 보았다. 하지만 이런 공자의 음식에 대한 까다로운 요구를 통해 예로부터 음식을 섭취할 때 아무거나 먹지 않고, 다식하지 않으며, 음식 먹는 것을 꽤 즐겼음을 알 수 있는 대목이기도 하다.

2. 중국 음식을 왜, 그리고 어떻게 먹을까?

1) '꽌시의 촉매제' : "합이위일(合二爲一)"

합위이일(合二爲一)이라 함은 '둘을 더해 하나로 만든다.'라는 뜻으로, 중국 음식을 만들 때 맛을 한쪽으로 치우치지 않게 골고루 섞는다. 가령 단맛과 신맛, 쓴맛과 매운맛, 비린 맛과 산뜻한 맛을 음양의 원리에 따라 조화를 이룰 수 있게 한다. 음양의 조화는 태음 속에 소양이 있고, 태양 속에 소음이 있다는 원리이다. 따라서 중국 음식은 서로 스며드는 데 있지, 서로를 갈라서 나누는 데 있지 않다.

(1) "너와 나를 구분하지 않는 음식"

이러한 관념 속에 식탁에서는 주인과 손님이 하나가 되어 나와 너, 주인과 손님을 구분하지 않고 음식을 통해 서로 하나가 된다. 그래서 자연히 음식을 청한 사람은 자신의 젓가락으로 요리를 집어 상대방의 접시에 놓아주는 것이다.

일반적으로 중국의 음식 제조과정을 '팽조(烹調)'라 하는데, '팽'이란 음식물을 익히는 것을 의미하고, '조'는 여러 가지 맛의 조화를 의미한다. 황제내경(黃帝內經)에는 "다섯 가지 맛의 아름다움은 절대 지나쳐서는 안 된다."라고 했는데, 이 말에 담긴 핵심이 바로 중국의 전통문화에 담긴 이른바 '조화로움을 가장 귀하게 여긴다(和爲貴)'라는 사상이다.

(2) 주인과 손님 사이의 '합이위일(合二爲一)'

주인(主)과 손님(客) 사이의 이른바 '합이위일(合二爲一)' 정신은 다시 국가와 사회 사이에도 적용할 수 있는데, "백성들은 먹는 것을 하늘(으뜸)로 여긴다(民以食爲天)."라는 정신이 그것이다. 사람이 살아가는 데 있어 가장 중요한 것이 먹는 것이고, 따라서 백성들이 배불리 먹을 수 있도록 하는 것이 통치의 관건이며 황제가 이행해야 할 가장 중요한 임무라는 뜻이다. 춘추시대 정치사상가 관중(管仲)은 일찍이 "왕은 백성을 으뜸으로 여겨야 하며, 백성은 먹는 것을 으뜸으로 여기니, 으뜸 중의 으뜸이 무엇인지를 아는 사람은 왕이 될 수 있다."라는 말을 남겼다. 이 말은 중국 역사에서 음식의 생산과 소비가 다른 어떤 것보다 중요한 것이며, 실제로 백성들이 굶주리면 반란이 일어났고, 그 결과는 왕조의 교체로 이어졌다. 이는 먹는 것이 바로 정치 권력과도 관련이 있다는 사실을 증명해주고 있다.[4]

마오쩌둥이 1949년 10월 1일 베이징의 천안문에서 인민의 나라가 성립되었다고 선포할 수 있었던 것도 백성을 중시했던 전통적인 관념에서 비롯된 것으로, 사회주의국가가 표방하는 것은 '모든 인민이 똑같이 배불리 먹는 평등사회'라 할 수 있다. 그래서 중국 현대사에서 암흑기라 일컬어지는 문화대혁명 기간에도 굶어 죽는 중국인은 하나도 없었다는 사실은 이러한 정신이 사회주의 체제에서도 가장 중요한 덕목이 되었고, 최근 중국 지도층이 먹고사는 생존의 문제가 해결된 이른바 '소강(小康)' 사회를 추구하는 이유가 백성들이 굶주리지 않도록 하는 데 있다고 해도 과언이 아니다.

---

4 주영하, 『중국, 중국인, 중국음식』, 책세상, 2000.

(3) '합이위일(合二爲一)'의 대표적 음식, '훠꿔어(火鍋)'

'훠꿔어'는 중국 음식을 대표하는 요리로서, 중국요리 가운데 유일하게 음식을 조리하고 먹는 과정이 하나로 통합된 '조화'와 '통일'이라는 상징성을 가지고 있다. 자신이 좋아하는 재료를 가져와 조리해서 먹기 때문에 자율성 또한 보장된 요리라고 할 수 있다.

'훠꿔어(火鍋)'는 중국 음식 가운데 '합이위일(合二爲一)'을 대표하는 음식으로 끓는 물에 갖은 식자재를 집어넣어 건져 먹는 것인데, 일본의 '샤부샤부', 한국의 찌개 혹은 전골 요리와 비슷하다. '훠꿔어(火鍋)'는 일반적으로 냄비를 요리 도구로 삼아 뜨거운 물로 끓이고, 물이나 국물로 각종 재료를 끓여 먹는 조리 방식을 말하며, 이와 동시에 이러한 조리 방식에 쓰이는 솥을 가리킨다. 끓이면서 먹거나 솥 자체의 보온 효과가 있어 먹을 때 더운 김이 모락모락 나고 국물과 재료가 합쳐져 맛을 내는 특징을 가지고 있다.

'훠꿔어(火鍋)'의 불은 '따뜻함'을 나타내고, 둥근 그릇은 '가족이 한 자리에 둥그렇게 모인 것'을 나타낸다. '훠꿔어(火鍋)'는 뜨거운 국물로 원재료를 다루는데, 이는 부드러움이 강함을 이기는 것이다. '훠꿔어(火鍋)'는 고기, 생선, 채소를 가리지 않을뿐더러 남북의 재료도 구분하지 않고, 동서의 맛도 가리지 않는다. 또한, 산에서 나는 것, 바다에서 나는 것, 제철 음식, 민물고기, 두부, 국수 등 모든 것을 재료로 쓸 수 있다. 이는 '천하를 두루 구제함(兼濟天下)'을 나타낸다. 또한, '훠궈어(火鍋)'는 고기와 채소를 한꺼번에 섞어 여러 가지 맛이 모두 나고, 주재료와 양념이 잘 스며들면 맛이 나는데, 일종의 중화된 맛이다.

'한솥밥을 먹는다'

더 중요한 것은 '훠궈어(火鍋)'가 한솥밥이라는 심오한 의미를 가장 잘 형상화하고 직관적으로 나타낸다는 것이다. 따라서 이는 분명 함께 먹는 것이라고 할 수 있다. 게다가 이렇게 함께 먹으면서도 절대로 강제성을 띠지 않는다. 각자 모두 임의로 자기가 좋아하는 재료를 선택해서 끓여 먹을 수 있다. 이른바 일치된 의지도 있고, 개인의 편안한 기분도 고려하는 생동적이고 활발한 모습이라고 할 수 있다.

또한, 중국요리는 일반적으로 부치고, 튀기고, 찌고, 볶는 것을 막론하고 보통 주방에서 가공을 다 거친 후에 상위에 올라온다. 그러나 '훠궈어(火鍋)'만이 조리과정과 먹는 과정이 하나로 결합하여 있다. 이렇게 갖가지 재료를 함께 냄비 속에 넣고 조리하는 시간 동안 함께 이야기를 나누고 교류하면서 음식을 먹는 동안 '낯선 사람(生人)'도 '잘 아는 사람(熟人)'으로, 그래서 결국은 '형제(兄弟)'로 관계가 발전한다고 말할 수 있다.

2) '음식, 균형을 말하다' : '냉열조화주의(冷熱調和主義)'

중국 사람들은 '자기의 신체를 하나의 작은 우주'로 비유하는데, 이 작은 우주는 거대한 우주와 마찬가지로 음양의 조화를 유지해야만 비로소 건강할 수 있다고 믿었다. 그렇다면 신체라는 작은 우주의 음양 조화를 유지하기 위해 가장 중요한 것이 바로 차고(冷) 뜨거운(熱) 음식을 골고루 흡수하는 것이다. 전통적인 관념에 따르면, 음양과 찬 것(冷)과 뜨거운 것(熱)은 서로 대응하는 상대적인 관념으로서, 음식물의 냉, 열의 균형을 유지하는 것은 곧 음양의 조화를 유지하는 것과 같다고 생각하였다.

　그래서 중국인들은 전통적으로 모든 음식물을 찬 것 아니면 뜨거운 것, 혹은 미지근한 것(平)으로 분류하여 음식물을 섭취할 때 가능하면 냉, 열의 조화를 유지하려고 노력하였다. 이를 바탕으로 중국인들은 대체로 자신들이 어떤 체질이라는 것을 미리 알아 몸에 열이 많으면 차가운 음식을 먹고 반대의 경우 뜨거운 것을 먹을 줄 알았다. 또한, 과도하게 뜨거운 것으로 인해 병이 나면 찬 약을 먹었고, 반대의 경우에도 마찬가지였다. 이러한 관념은 전통적인 중국인들의 생활 가운데 상당히 중요한 위치를 차지하고 있었으며, 오늘날에 와서도 여전히 보존되고 지켜지고 있다.

　예를 들면, 대부분의 녹색 채소는 모두 찬 성질에 속하는데, 오직 쑥 만큼은 열성이다. 콩 종류의 경우 대부분 냉성(冷性)인데, 팥은 오히려 열성(熱性)이다. 모든 견과류는 모두 열성에 속하고, 가금류 중에 닭은 열성이고 오리는 냉성(冷性)이며, 거위는 중성(中性)이다. 대부분 고기류는 모두 열성인데, 야생 동물의 고기는 가금류보다 열성에 속한다.

3) '음식은 곧 약선(藥膳)' : 보신주의(補身主義)

　중국요리가 추구하는 것은 비단 맛을 중요하게 여기고 단순한 그 맛 자체를 향유하는 것에만 국한되는 것이 아니라 한층 더 깊은 의미를 내포하고 있다. 이것이 바로 보신(補身) 혹은 양생(養生)이다. 인체 건강의 영향을 주는 요소는 많으나 가장 기본적인 것은 음식이기 때문에 자신의 몸에 맞는 음식을 먹고 몸속 영양과 균형을 조절하는 것이 건강의 가장 기본이라고 생각한다.

그러므로 중국인들은 음식물을 냉열(冷熱)로 나누고 몸의 차가운 것과 뜨거운 것에 따라 음식물을 적절히 섭취하여 조화를 이루었을 뿐만 아니라 춘하추동 사계절에 따라 음식물을 흡수해야만 비로소 냉열(冷熱)과 음양(陰陽) 사이에 실질적인 작용이 일어나고 신체의 차고 기움에 도움을 줄 수 있다고 생각하는데, 이것이 바로 보신(補身)에 대한 일반적인 생각이다.

그래서 중국인들은 환절기가 되면 특별한 음식을 먹어 신체의 균형을 유지하였는데, 겨울에는 바깥 기온이 매우 차기 때문에 신체 역시 제일 허약해질 때라 여겨 보신하는 것이 음식물을 선택하는 중요한 원칙이 되기도 하였다. 보신을 위해 몸에 유익한 음식을 먹는 것도 한 방법이지만 각종 보약을 통해 보신하는 것도 중요한 방법이기도 하다. 그래서 **중국인들은 음식물과 약을 구분하지 않아 일반적으로 '약선(藥膳)'이란** 관념 또한 여기서 나왔다.

또한, 중국인의 보신 개념은 이처럼 몸의 균형을 유지하는 것뿐만 아니라 자녀를 생육하는 데에까지 미친다. 일반적으로 특별한 음식을 먹어 양기를 보충하고 신장을 보호하는 것, 그리고 술을 먹는 것까지 성 기능 향상 여부와 관련지어 생각한다.

그래서 중국인들이 술을 마시는 습관에 대해서 말하자면, 서양 사람들처럼 술을 식전 혹은 식후용으로 구분하지 않고 몸에 유익 여부를 따져 술의 가치를 판단한다. 즉, 중국인들은 그냥 술을 마시기 위해 술을 마시는 것이 아니라 반드시 술의 효능까지 따져서 마심으로써 보신할 수 있는지를 고려한다.

이것이 바로 중국인의 술 문화, 나아가 음식문화의 특성이라 할 수 있다. 중국인들이 음식을 먹는 것은 단지 배부르기 위함이 아니라 균형과 조화를 중시하고 몸을 보양하기 때문에 한 마디로 "조화로움을 마시고 덕을 먹는다(飮和食德)"라고 한다. 즉, 음식은 비단 허기짐을 해결하는 것뿐만 아니라 사실 더 중요한 것은 치료의 효과가 있다는 것이며, 이로 인해 대를 잇는 일에 더없이 유익하다. 그래서 전통적으로 '음식과 성적인 욕구를 가장 중요한 욕구(飮食男女)'로 보는 이유가 여기에 있다고 할 수 있다.

4) '함께 식사합시다' : 회찬제(會餐制)

중국은 고대부터 바닥에 자리를 깔고 그 위에 무릎을 꿇고 앉아서 한 사람씩 따로 식사하는 이른바 '분찬제(分餐制)'를 이용했다. 그러다가 가구가 점차 큰 탁자와 높은 의자로 바뀌면서 '회찬제(會餐制)' 혹은 '공찬제(共餐制)'의 보급에 이바지하게 되었다.

'회찬제(會餐制)'는 음식의 맛과 향, 그리고 맛을 모두 갖추어 음식의 전체적인 형상을 드러내 보이고 분위기를 부각할 수 있어서 음식의 배열은 반드시 사방 한자가 되어야 한다는 원칙에도 부합한다. 회찬제는 식탁에 여러 사람이 모여 앉기 때문에 친밀한 분위기를 유지할 수 있고, 주인이 손님에게 음식을 권해 친절을 나타내기에도 편리하다. 중국 사람은 이렇게 지위고하의 구분이 없는 원형의 식탁에 둘러앉아 음식을 함께 나눠 먹으며 친분을 쌓고, 자신이 아끼고 좋아하는 사람에게 직접 음식을 집어다 밥그릇에 놓아주며 '많이 드세요'라고 말하며 강한 유대감을 표시한다.

(1) 회찬제(會餐制)의 결점

회찬제(會餐制)에는 두 가지 결점이 있다. 첫째, 음식물과 시간을 낭비한다는 것이다. 탁자 위의 음식이 다 먹고 나서 20~30% 정도만 남아도 주인을 예를 다하지 못했다는 자책감을 느끼게 된다. 둘째, 위생 원칙에 부합하지 않는다는 것이다. 회찬제(會餐制)를 '타액의 교류'라고 규정한 사람도 있다.

과거 전 세계적으로 중국인이 모여 사는 지역에서는 폐병 같은 전염병의 발병률이 높았고, 오늘날 중국인의 간염 발생률이 비교적 높은 근본적인 원인 가운데 하나가 바로 회찬제이다. 그러므로 중국민족의 건강 수준을 향상하기 위해서는 반드시 분식제를 확대해야 하고, 중국의 음식 문화를 세계로 보급하기 위해서도 반드시 분식제가 확립되어야 한다. 실제로 2020년 코로나 19의 대대적인 확산으로 천 년 동안 이어져 내려오던 중국의 회찬제 문화가 철저히 위생을 준수하는 분찬제로 바꾸어가고 있고, 급기야 중국 최대 연례정치행사인 양회(전국인민대표대회와 전국인민정치협상회의)가 2020년 5월 21일 개막한 가운데 정식으로 분찬제와 더불어 '공용 젓가락 운동'을 입법화하기 위한 논의가 이루어졌다.

회찬제(會餐制)를 '타액의 교류'라 규정하며 많은 병폐가 있음을 인정하지만 왜 중국 사람들은 '함께 먹기'를 좋아하는 것일까? 왜냐하면 '밥을 먹는다' 함은 단지 배가 고파 생리적인 욕구를 해결하는 데 그 목적을 두기보다는 그 이상의 의미를 '식사', 더 나아가 '함께 먹는 것'에 찾기 때문이라 할 수 있다.

중국인은 혈연관계를 아주 중요하게 생각한다. 중국인이 볼 때, 혈연관계만이 가장 친밀하고, 안정적이며, 신뢰할 수 있다. 그래서 중국인은 다른 사람과 교제할 때 항상 온갖 방법을 동원하여 비혈연 관계를 혈연관계로 바꾸려고 한다. 의형제를 맺거나 의리로 친척 관계를 맺듯이 분명 혈연관계가 아닌 것을 혈연관계라고 간주한다.

(2) '함께 먹는다'라는 의미

여기서 혈연관계가 '함께 먹는 것'의 관계이고, '같은 음식을 먹은 사람'이라면 비혈연 관계도 혈연관계로 바뀌게 되고, 다른 사람과 형제가 되는 데 가장 간편한 방법은 바로 다른 사람과 한솥밥을 먹는 것이다. 그래서 나와 그 사람이 동족이냐 아니냐와 상관없이, 또한 나와 그 사람이 아는 사이냐 아니냐와는 전혀 상관없이 같이 밥을 먹으면 동일한 생명의 근원이 생기는 것이고, 형제가 되는 것이다. 형제가 아니라고 해도, 적어도 '아는 사람(熟人)'은 될 수 있다. 이른바 아는 사람이란 바로 요리와 조리를 통해 함께 먹을 수 있는 사람이다. 만약 '낯선 사람(生人)'이라면 입을 열 수 없다.

이렇듯 **중국인은 식사의 목적을 정을 나누고 마음을 소통하고 혈연임을 인정하는 것**에 두고 있으므로 회찬제에서 비롯된 그런 '불결함', '비위생'을 따질 수도, 건강을 돌볼 필요도 없다고 생각한다. 모두가 형제고, 한 식구이며, 친구라는 것을 드러내기 위해서는 반드시 모든 젓가락이 같은 요리를 향하도록 해야 한다. 이렇게 해야만 비로소 너와 나를 나누지 않고 진정 함께 먹는 것이며, 진정 같은 혈연을 의미하는 생명의 요소를 얻을 수 있다.

5) '호떡집에 불났다' : 러나오(熱鬧)

중국어로 '러나오(熱鬧)'란 '왁자지껄하다' 혹은 '활기차다'라는 뜻의 형용사로 '매우 유쾌하고 즐거운 장면이나 상황을 묘사할 때 사용'한다. 우리에게 익숙한 '호떡집에 불났다'라는 말과도 어쩜 일맥상통하는 말이다. 중국 사람은 이처럼 시끄럽고 호탕하며, 목소리도 매우 커서 중국 사람이 함께 모여 있으면 십중팔구 이런 '러나오'한 분위기가 연출된다. 혹자는 왁자지껄한 것을 좋아하는 것이 중국 사람만이 가지는 특성이 아니라 모든 사람이 다 좋아하는데 중국 사람이 지구상에 가장 많기 때문이라고도 한다.

중국 어딜 가도 사람이 많아서 조용히 지낼 기회조차 얻기 힘들다.

조용히 산책하며 생각을 하려고 공원에 가도 확성기를 틀어놓고 광장춤을 추는 아줌마들, 줄넘기하는 사람들, 채찍을 휘두르며 무공을 단련하는 사람들 때문에 도저히 조용할 수가 없다. 그나마 넓은 공원이 이런 상황이라면 버스나 지하철, 그리고 실내공간이라면 그 소리는 더욱 커질 수밖에 없고, 자연 이런 분위기 속에서 한마디로 '러나오'한 상황을 받아들이며 즐길 수밖에 없겠다.

(1) 중국 사람은 왜 이렇게 왁자지껄한 것을 좋아할까?

중국의 전통문화는 바로 태생적으로 왁자지껄한 걸 좋아하고 조용한 것에 대해 공포심을 가져왔다. 가령, 집안이 너무 조용하면 중국 사람들은 매우 부자연스럽다고 느낄 뿐만 아니라 생기가 없어 집 같지 않다고 여길 것인데, 좋게 말하면 활기가 없고 냉담한 것이고, 심각하게 말하면 죽음의 기운이 짙게 드리워져 있다고 할 수 있다. 이는 아마도 생활 속에서 그렇게 큰 변화나 사건 없이 조용하게 지나갔던 농업 중심의 산업구조에서 비롯된 것이리라.

도시화가 일어나기 전의 사회는 그야말로 정숙하고 고요함 그 자체였다. 시끄럽게 소리 칠 일도 없고, 그렇다고 해서 동네 사람들의 이목을 끌 만큼의 사건도 없는 분위기인 것이다. 그러다가도 마을에 경사는 말할 것도 없고 불상사가 일어나기라도 하면 모두 자기 일인 것처럼 관심을 가지고 함께 기쁨과 슬픔을 나눈다.

다시 말해서, 중국 사람들이 '러나오'라는 말을 듣게 되면, 자연스럽게 생기발랄하며, 흥청거리고, 나날이 발전하며, 늘 활기가 넘쳐 발전하는 느낌을 받게 된다. 반대로 조용하고 고요함이라 하면 곧 즐겁지 않고, 의기소침하며, 불경기, 불행, 낙심 등을 연상한다. 이러한 관념상의 이유로 중국 사람들은 어떻게 해서든지 좋은 일이건 나쁜 일이건 상관없이 큰 소리로 분위기를 띄우고 연출한다.

큰 소리를 내기 위해 북을 치고, 북소리가 모자라면 폭죽을 터뜨린다. 결혼식에도, 개업식에도 폭죽을 터뜨리고 장례식에서는 북이나 꽹과리를 치기도 한다. 아마도 그 옛날 중국 사람의 조상인 장자(莊子)가 자신의 아내가 죽자 마당에 나와 다리를 쭉 뻗고 항아리를 두드리며 노래를 부르며 슬픔을 이겼던 모습에서 비롯되었으리라[5]!

(2) 중국의 전통명절 '춘절(春節)'

이 밖에도 중국의 전통풍습과 매우 밀접한 관계가 있다. 바로 중국의 최대 명절인 춘절(우리의 설) 때문인데, 춘절 바로 전날인 섣달그믐부터 한 해가 가는 것을 아쉬워하고 한 해가 오는 것을 기뻐하며 축하하기 위해 폭죽을 터뜨리며 분위기를 한껏 띄운다. 천지를 울리는 굉음과 자욱한 폭죽 연기에 설날의 기분은 최고조에 이르고 서로 새해 인사를 하며 함께 음식을 나누며 술도 한 잔 마시면서 가족의 정을 나눈다. 아마도 중국에서 살아본 사람이라면 춘절에 이러한 갑작스럽고 한동안 이어지는 폭죽 소리에 가슴을 쓸어내렸던 기억이 있었을 것이다.

중국 사람의 '러나오'는 특히 식사할 때 더욱 잘 드러난다. 식사 분위기를 볼 때, 중국은 매우 시끄럽고 소란스럽다. 음식 꽤나 잘 한다고 소문난 중국음식점에 가보자. 음식점에 들어서자마자 빨간색 치파오를 입은 종업원이 큰 소리로 "환잉꽝린(歡迎光臨: 어서오세요)"를 외쳐대며 손님을 반긴다. 넓디 넓은 음식점 중앙에는 거대하고 화려한 샹들리에 조명이 홀 전체를 환히 비추고, 벽은 온통 빨간색 벽지로 도배되어 있다. 그리고 따뜻한 색상의 장식과 용과 봉황을 묘사한 그림에 홍등이 높이 내걸린 장식을 즐겨 사용하는데, 이렇게 해야만 재신이 들어오고 금과 옥이 넘쳐나게 된다고 믿기 때문이다,

---

5   『장자(莊子)·열어구(列禦寇)』.

식사할 때 몸을 움직이는 범위가 매우 넓어, 서로 작은 접시에 음식을 덜어주면서 권하기도 하고 큰 소리로 와자지껄 떠들면서 술을 권하거나 벌주 놀이를 하기도 한다. 국물을 마실 때는 후루룩 소리를 내고 음식을 씹을 때도 쩝쩝 소리를 낸다. 수저와 그릇은 서로 부딪쳐 떠들썩한 분위기를 연출한다. 그래서 전통이 오래된 중국음식점을 가보면 찻잔이며 접시에 금이 가 있거나 이가 빠진 것이 많은 것도 알고 보면 다 이유가 있는 듯하다. 특히 술을 마실 때 잔을 들어 잔이 부서져라 부딪히며 "깐~베이(乾杯)"를 외친다. 음식을 먹을 때 눈으로는 각양각색의 음식을 보며, 코로는 음식의 향기를 맡는데 유독 귀가하는 역할이 없으니 잔이라도 부딪히며 귀를 만족시켜줄 때 비로소 오감을 모두 만족시켜 음식의 맛을 극대화할 수 있다고 생각하는 것이다.

이렇게 함께 온 사람들과 와자지껄하게 한 끼 식사를 끝내고 나면 식탁 위가 몹시 지저분하고 어지러우며 식탁 밑은 쓰레기투성이가 된다. 더럽고 지저분할수록 함께 식사한 사람들끼리의 관계가 더욱 돈독해지고 그야말로 '꽌시'는 이전보다 더욱 굳건해질 수 있는 것이다.

6) '철밥통(鐵飯碗)' : 평균주의

'철밥통'은 말 그대로 '철로 만든 밥그릇'이라는 뜻으로, 매우 단단하여 쉽게 깨지지 않는 특징을 가지고 있다. 중국인들은 밥을 먹을 때 주로 이 '철밥통'을 사용하는데, 1990년대까지 중국은 각 단위(직장)식당에서 식사 배급 시 모든 직원이 철밥통을 사용했다. 중국에서 사람들이 흔히 얘기하는 '철밥통'이란 당과 국가기관에서 근무하는 사람, 군인, 국유기업에 종사하는 직공들을 말한다. 다시 말해서 '철밥통'이라는 말은 주위의 환경과 여건이 어려워도 **사회주의국가에서 이것만 붙잡고 있으면 굶어 죽지 않는다는 관념과 함께 평균주의를 실현하는 음식 분배**

의 정신을 내포하고 있다. 이 말은 요즘에 들어와 정년까지 일할 수 있고, 경기를 타지 않으며, 보수가 높고 안정된 직업을 지칭한다.

'철밥통'이란 말은 개혁 개방 초기에 나왔다. 당시의 기업은 대부분 국유기업이었다. 이 국유기업의 관리제도는 이른바 '한솥밥을 먹는다' 였다. 즉, 일을 하나 안 하나, 많이 하나 적게 하나, 잘하든지 혹은 못하든지 모두 똑같았다. 월급은 매년 올랐고, 복리후생도 모든 사람이 똑같이 혜택을 받았다. 그래서 모든 국유기업에는 하는 일 없이 빈둥거리는 사람, 게으른 사람 등이 넘쳐났다.

이들은 결국 기업의 큰 부담이 되었고, 생산자와 관리자의 적극성에도 심각한 영향을 주게 된다. 이렇게 되자 많은 사람은 이 철밥통을 깨뜨리지 않으면 안 된다고 주장하였다. 철밥통을 깨뜨리지 않으면 기업에는 미래가 없고, 더 나아가 중국의 미래도 보장할 수 없다는 것이다. 이 '철밥통'은 크게 다음 두 가지를 의미한다.

첫째, 일종의 신분을 의미한다.

'전민 소유제 단위 직원'이나 '국가 간부'가 그것이다. 이런 신분을 얻으면 일정한 사회적 지위를 얻게 되며 '잡상인'과 구분된다. 또한, 직업이 있음을 의미하기 때문에 '실업자'와 구분된다. 더 중요한 것은 이런 신분을 일단 획득하게 되면 쉽게 상실하지 않는다는 점이다. 이런 신분을 갖는 것은 영원히 '밥을 먹을 수 있는' 것이다. 그래서 철밥통이다.

둘째, 죽을 때까지 많은 수당을 받을 수 있다.

이런 신분으로 단위에서 실수만 하지 않으면 더 정확하게 말해서 큰 실수만 하지 않으면, 직무, 직함, 등급, 대우가 일반적으로 올라갈 뿐 떨어지지 않는다. 죽을 때까지 물가 상승에 따라 계속 높아지는 수당을 받을 수 있다. 그래서 철밥통인 것이다.

3. 중국 음식의 특성

중국 음식문화의 특징을 한마디로 말하면 "요리 속에 그림이 있고, 그림 속에 말이 있고, 말 속에 마음이 있고, 마음속에 정이 있다(菜中有畵, 畵中有話, 話中有心, 心中有情)"이다. 즉, 중국 음식 문화는 풍부하고 다채로우며 중국의 지리 환경, 역사조건 여러 민족 등의 각종 요소와 불가분의 관계에 있다는 것이다. 이와 함께 중국 음식의 특성을 나타내는 말로 '색향미구전(色香味俱全)'이 있는데, 이는 **"음식은 마땅히 색깔과 향, 그리고 맛이 모두 갖춰져야 한다."**라는 뜻이다. 그래서 중국인들이 식사할 때 보면 술잔을 들어 건배하고 그릇끼리 부딪히면서 시끄럽게 먹는 것도 어떻게 보면 귀를 즐겁게 하기 위한 것이 아니었을까 하는 생각이 든다.

1) 중국 음식의 일반적 특징

첫째, 재료의 선택이 광범위하고 자유롭다.

중국요리는 다양한 식물과 동물이 재료로 이용되고 있다. 닭을 예로 들어보면 살코기뿐만 아니라 닭 껍질, 날개 끝, 벼슬, 발까지 요리 재료로 사용한다. 돼지의 신장, 집오리의 혓바닥도 맛있는 요리 재료의 하나이고, 오리를 재료로 한 요리도 50가지가 넘는다.

둘째, 지역에 따라 맛과 색이 풍부하고 다양하다.

중국요리의 맛을 구분하는 기준을 한마디로 표현하면 '남쪽은 달고(南甛), 북쪽은 짜며(北鹹), 동쪽은 맵고(東辣), 서쪽은 시다(西酸)'이다.

색으로 구분하자면 남쪽은 흰색이나 푸른색 등 재료의 원색을 그대로 살리는 편이며, 북쪽은 대체로 검다. 서쪽의 음식은 고추를 많이 사용하여 붉은색을 띠고, 동쪽의 음식은 남쪽과 비슷하면서 약간은 진한 색을 띤다.

중국인들은 단맛, 짠맛, 신맛, 매운맛, 쓴맛의 다섯 가지 외에 향과 냄새를 복잡 미묘하게 배합한 요리를 만들어냈는데, 이러한 중국요리의 다양한 맛은 전 세계의 어떤 요리에서도 맛볼 수 없는 것이다.

셋째, 기름을 많이 사용하지만 합리적이다.

중국요리에는 기름을 사용하지 않는 것이 거의 없다고 할 정도로 기름에 튀기거나 볶거나 지진 요리가 대부분이다. 또한, 적은 재료를 가지고 독특한 방법으로 재료의 맛을 살리면서 영양분이 파괴되지 않도록 요리하는 것이 특징이다. 즉, 고온에 짧은 시간에 가열하고 기름에 파, 마늘, 생강 등의 향신료를 넣어 독특한 향을 낸다.

중국인은 '식사하고 남은 음식을 전부 포장해 가지고 가는 습관(打包)'이 있다. 주인은 식사 때 손님들이 충분히 먹고 남을 만큼 음식을 넉넉히 준비하고 남으면 음식을 정성스럽게 싸서 손님들에게 나눠준다. 손님은 또한 그런 주인의 성의에 보답하듯 음식을 맛있게 먹으면 되는데, 그렇다고 해서 하나도 남김없이 음식을 다 먹으면 안 된다. 왜냐하면, 주인이 음식을 충분히 준비하지 않았다고 생각할 수도 있기 때문이다. 그래서 음식은 늘 남을 만큼 준비하고, 남으면 음식을 포장해가면 되는 것이다.

남은 음식을 포장해가는 것 역시 중국 음식에 기름을 많이 사용하는 것과 관계가 있다. 즉, 다른 나라의 음식은 남은 음식을 집에 가져가 먹기엔 음식 맛이 너무 달라 도저히 다시 먹을 수가 없다. 이에 비해 중국 음식은 남은 음식을 프라이팬에 기름을 넣어 다시 볶으면 새로

만든 것과 같은 맛을 낼 수 있다.

넷째, 조미료와 향신료가 다양하다.

중국요리에 쓰이는 조미료와 향신료는 그 종류가 다양하며 많은 요리에 사용되어 냄새도 제거하고 맛을 더욱 풍부하게 한다. 일반 식당에서 쓰는 양념의 종류만 해도 50여 가지가 되고, 조미료의 종류도 500여 종에 이른다. 중국요리의 맛이 독특하고 풍부한 것도 이처럼 많은 종류의 조미료와 산초, 계피, 파, 마늘 등의 향신료를 적절히 이용하기 때문이다.

다섯째, 조리법이 다양하다.

중국 음식은 대체로 볶고 졸이고 튀기고 찌고 굽는 조리법으로 만들어진다. 각각의 조리과정에서 기름은 반드시 있어야 하는 재료이다. 그런데 모든 요리에 기름을 두루 사용하게 된 데에는 건조한 기후가 주류를 이루는 북방 중원이 중국 역대 왕조의 중심지였다는 배경이 작용한다. 중국의 역사는 전쟁 속에 면면히 이어져 내려왔고 태평성대를 누린 왕조는 극히 적었다.

이렇듯 불안한 생활환경 속에서 신선한 음식 재료를 얻을 수 없게 되고 신선하지 않은 식품 재료를 조리할 때 불순물을 제거하고 재료의 맛을 살리기 위해 기름을 많이 사용하게 되었다. 기름을 많이 사용하게 되면 또한 음식의 보존 기간을 늘릴 수 있다는 장점이 있다. 그러나 기름을 많이 사용하면서 발생하는 음식과 신체의 산성화 경향을 억제하기 위해 중국인은 늘 차를 마신다.

여섯째, 중국요리의 이름은 재료와 조리법을 조합시킨다.

중국요리의 명명은 주로 재료와 조리법, 모양을 조합시켜 만든다.

그러므로 중국 음식의 이름을 보면 어떤 재료로, 어떤 조리법으로, 그리고 모양이 어떤가도 알 수 있다. 가령, 재료로 명명하는 방법이 있는데, '미펀로우(米粉肉: 돼지고기에 쌀가루를 묻혀 쪄낸 요리)'가 있다. 그리고 사람 이름을 따서 요리명으로 하는 것이 있는데, '똥퍼로우(東坡肉)', '마포또우푸(麻婆豆腐)' 등이 대표적이다.

동파육의 경우 돼지고기를 크게 썰어 연하게 익힌 요리로서 송나라 시인 소동파가 좋아한 요리라고 한다. 소동파(蘇東坡)는 송나라의 대문호인 소식(蘇軾)의 호로 이 요리는 소식이 자기 집의 요리사와 함께 연구해서 만들어 낸 것이라고 한다.

마파두부는 쓰촨성 성도에 살고 있던 얼굴에 곰보가 있던 여자가 서민과 나무꾼들이 밥을 싸고 맛있게 먹을 방법을 고안하던 끝에 만들어 낸 것이라고 한다. 중국어로 곰보는 '마쯔(麻子)'이며 곰보가 있는 성년 여성은 '마포(麻婆)'라 불렀다. 이 밖에도 지역 이름을 가지고 명명하는 방법이 있는데, '베이징카오야(北京烤鴨)' 등이 있다.

2) 중국 4대 음식계열과 그 특징

중국은 면적이 넓고 기후 차이가 뚜렷하여 지역마다 생산물이 풍부할 것이고, 풍부한 생산물은 음식의 다양화에 크게 이바지하였을 것이다. 현재 공인된 4대 음식계열은 노채(魯菜: 산동 음식)와 천채(川菜: 사천 음식), 소채(蘇菜: 소주 음식), 월채(粵菜: 광동 음식) 등이다.[6] 중국의 8대 음식계열은 이 네 가지 외에 민채(閩菜: 복건 음식)와 절채(浙菜: 절강 음식), 상채(湘菜: 호남 음식), 환채(晥菜: 안휘 음식) 등을 추가한 것이다. 4대 음식

6　노채는 파와 마늘, 육류를 많이 사용하며 궁중 음식의 색채를 띤다. 천채는 짜릿한 맛, 매운맛, 얼얼한 맛, 풋풋한 맛, 부드러운 맛 등 다양한 미각을 제공한다. 소채는 민물 생선을 많이 사용하고 깔끔하면서도 담담하고 상쾌한 맛이 특징이다. 월채는 바다 생선을 많이 사용하고 시령(時令)을 중시하며 죽 종류가 많다.

계열 가운데 세 가지가 남방 음식이고, 8대 음식계열 가운데 일곱 가지가 남방 음식이라는 사실이 남방의 음식 문화가 얼마나 풍부한지를 여실히 보여준다.

(1) 노채(魯菜)

노채는 북방 음식의 대표로서, 허베이(河北)과 동베이(東北), 베이징(北京) 및 톈진(天津) 일대에 분포하여 영향력이 비교적 크다. 한랭한 기후로 인해 추위에 견디기 위한 고열량의 음식이 발달해 있다. 강한 화력을 이용한 튀김과 볶음 요리가 일품이다. 이 지역 음식은 중국에서 가장 단조롭고 소박한 음식이다. 중국 남방의 주식이 쌀인 데 반하여 북방의 주식은 밀가루이다. 그러니까 밀가루로 만든 국수, 만두(饅頭) 등이 주류를 이룬다.

거기다 요리에 쓰이는 고기나 양념 또한 남방의 그것처럼 다양하지 않다. 주로 파와 마늘을 쓰는데 냄새가 있어 흠이다. 튀김이나 볶음, 국 등 거의 모든 음식에 파가 들어가 구수한 파 향기를 풍기며, 파를 그냥 날로 썰어 반찬으로 먹기도 한다. 파는 인체의 신진대사와 기의 흐름을 원활하게 해주고 기름기를 제거해주며 위를 건강하게 하는 데다 항균효과까지 지니고 있어 식욕을 증진해 준다. 오직 오리구이, 곧 카오야(烤鴨)와 우리나라에서 '샤부샤부'로 불리는 신선로 요리인 양고기 데쳐 먹기의 슈안양러우(涮洋肉)가 이 지역 최고의 요리로 치는데, 결코 섬세하거나 정교하지 못하다.

(2) 천채(川菜)

역사와 전통을 자랑하는 천채는 주로 쓰촨(四川), 후난(湖南), 후베이(湖北) 등지에서 즐겨 먹는데, 그 지세가 분지로서 외계와 격절되어 있을 뿐 아니라 비와 안개와 늘 습한 날씨 때문에 고추와 후추를 첨가해야

소화액 분비가 원활해져 식욕을 증진할 수 있으며 인체의 혈액 순환을 촉진해 풍습(風濕)을 제거할 수 있다.

특히, 고추와 후추 등 매운 채소를 이용한 휘궈(火鍋), 곧 숯불 냄비 요리가 대표적이다. 대체로 맵고 짜서 우리 한국 사람의 입맛에 맞는 편이지만, 사천 현지의 요리는 상상외로 풍부하고 맵다. 그래서 이런 종류의 매운맛을 흔히 '마라(麻辣)'라고 하는데, 곧 너무 매워서 혀의 신경이 다 마비가 될 정도의 매운맛을 일컫는다.

대표적인 요리로는 궈바산시엔(鍋巴三鮮: 쌀밥 누룽지에 여러 가지 재료를 넣어 걸쭉하게 만든 소스를 식탁에서 끼얹어 먹는 요리), 훼이궈로우(回鍋肉: 삶은 돼지고기를 사천풍으로 다시 볶아낸 요리), 마포또우프(麻婆豆腐: 두부와 같은 고기를 두반장에 볶은 요리), 위샹로우스(魚香肉絲: 돼지고기 로스로 만든 요리로 죽순, 목이버섯 등을 곁들인 요리)가 있는데, "맛 하면 사천(味在四川)"이라는 영예를 얻고 있다.

(3) 소채(蘇菜)

소채(蘇采)는 난징(南京), 상하이(上海), 양저우(揚州), 쑤저우(蘇州) 지역 요리의 총칭이다. 양저우는 지우저우(九州)의 하나로 수당(隋唐) 이후부터 관리되기 시작하였다. 이곳은 장강과 운하 교통의 요충지로 역대 조운(漕運)의 중심이 되었다. 명청(明淸) 시기 소금운송은 양저우에서 하고 조운(漕運)은 회음(淮陰)에서 하여 배가 지나는 길에 반드시 정박하여야 했으므로 이곳에 상인이 운집하여 경제가 번영하였다. 요리사업도 발달하여 먼 곳까지 전파되었으며 요리사가 많았고, 노서(魯西), 장강 중하류와 동남 근해 일대까지 그 명성이 다다랐다.

이 지역 음식의 공통된 특징은 탕 끓이기를 중시하여 맛은 진하나 느끼하지 않고 담백하나 연하지 않다. 대표적인 요리로는 양저우차오판(揚州炒飯), 숭수구이위(松鼠鱖魚: 민물고기를 다람쥐 모양으로 튀겨 탕수 소스를 얹은 요리), 스즈터우(獅子頭: 고기 간 것을 살짝 튀겨 찐 요리) 등이 있다.

(4) 월채(粤菜: 광동지방)

중국 남부의 요리를 대표하는 광둥요리는 광저우(廣州) 요리를 중심으로 푸젠(福建) 요리, 차오저우(潮州) 요리, 둥장(東江) 요리 등의 지방요리 전체를 일컫는다. 광둥요리는 흔히 난차이(南菜)라고 하는데, 광저우(廣州)는 외국과의 교류가 빈번하여 이미 16세기에는 에스파냐, 포르투갈의 선교사와 상인들이 많이 왕래하였기 때문에 전통적인 요리와 국제적인 요리관(料理觀)이 정착되어 독특한 특성을 이룩하였다.

사람들은 일찍부터 이 매력 있는 식생활의 고장을 일러 '식재광주(食在廣州)'라고 칭찬했다. 남쪽의 더운 지방인 광저우의 요리는 재료가 가지고 있는 자연의 맛을 잘 살려 내는 담백한 것이 특징인데, 서유럽 요리의 영향을 받아 쇠고기, 서양 채소, 토마토케첩, 굴 소스 등 서양요리의 재료와 조미료를 받아들인 요리도 있다.

'생맹(生猛)'을 주요 특징으로 하는 광동 음식은 말 그대로 신선한 해산물을 주로 한다. 여기서 '생(生)'은 완전히 익히지 않는 조리기술을 말하고, '맹(猛)'이란 진귀한 짐승과 맹금류를 음식 재료로 사용하는 것을 말한다. 지리적으로 광동성은 앞이 바다에 닿아있고 뒤는 산으로 둘러싸여 있는 데다 경내에 삼각주와 하곡을 두루 갖추고 있어 '생맹'을 만족시키는 음식 재료가 풍부한 데다가 그 조리가 섬세하고, 부드러운 특색 외에도 아침이면 중국 차에 만두나 단자 등의 點心을 곁들인 광동 특유의 '딤썸(飮茶)'이 이색적이다. 그러나 뱀, 쥐, 고양이 등 혐오식품을 가리지 않는 식도락이 문제로 남는다.

3) 음식문화의 남북 차이

중국인의 밥은 밀과 벼농사의 생태 환경적 조건에 의해 지역적으로 구분된다. 즉, 장강을 기준으로 북쪽은 대체로 밀 농사 지역에 속한다. 그 때문에 이곳의 중국인은 주식으로 국수나 찐빵, 만두를 주로 먹는다. 아침으로는 찐빵이 주류를 이룬다. 점심과 저녁에는 국수나 만두를 먹는 것이 보통이다. 장강 이남의 남방에서는 주로 벼농사를 짓기 때문에 남방인은 쌀밥을 주로 먹는다. 쌀밥은 그 자체로 먹기가 어렵다.

그러므로 남방인은 쌀밥과 함께 두세 가지의 채소볶음 요리와 탕으로 구성된 식단을 갖추어 식사한다. 식단 차림의 번거로움을 덜기 위해 남방인은 주로 '또우쟝(豆漿)'이나 '요우탸오(油條)'를 먹는다. 그리고 쌀죽을 먹으면서 이른바 장차이(醬菜: 절인 야채)를 함께 먹는다.

첫째, 음식습관의 지역 차가 대단히 크다.

중국의 지형은 크게 남과 북의 두 지역으로 나뉘는데, 앞서 설명한 바와 같이 남과 북의 위도 차이에 따라 기후가 완연하게 차이가 나기 때문에 이와 같은 남북의 지형과 기후의 차이에 따라 음식습관에도 많은 영향을 주었다. 그러므로 북방에서는 주로 보리나 잡곡류를 주식으로 한다(면식). 하지만 남방에서는 북방에 비해 면보다는 쌀을 많이 먹는 편이다.

둘째, 지역에 따라 맛의 차이가 있다.

남쪽은 달고 북쪽은 짜고 동쪽은 맵고 서쪽은 시다고 말한다. 남방은 습도가 높으므로 인체의 수분 증발량이 상대적으로 적어서 많은 염분을 보충할 필요가 없고 사탕수수가 많이 나기 때문에 단 음식을 좋아한다. 반면 북방은 기후가 건조하여 인체의 수분 증발량이 많으므로 염분을 보충하다 보니 자연스럽게 짠 음식을 좋아하게 된 것이다.

셋째, 북방에서는 교자를 먹고 남방에서는 생선을 먹는다.

이 말은 섣달 그믐날 '트완위엔판(團圓飯: 함께 먹는 밥)'의 남북 차이를 단적으로 설명해주는 말이다. 남방에서는 설을 보낼 때 반드시 '니엔까오(年糕: 설떡)'와 생선을 먹음으로써 '해마다 삶의 질이 높아지고(高=糕)', '해마다 풍족해지기(魚=餘)'를 기원하는 길상의 의미를 찾는다.

넷째, 음식과 사회 환경적 차이에서 비롯된 특징

남방지역에서는 쌀로 만든 음식을 주식으로 한다. 하지만 쌀밥은 그 자체가 완전한 영양소를 갖춘 것이 아니어서 채소나 탕 같은 반찬과 함께 먹어야 한다. 북방요리와 가장 큰 차이는 남쪽의 바다와 강에서 많이 나는 해산물과 민물고기를 이용한 음식이 다양하다는 것이다. 이에 비해 북방 지역의 주된 농작물은 밀이다. 이들의 주식은 '만터우(饅頭)', '라오빙(烙餠)', '빠오즈(包子)', '화쥐엔(花卷)', '미앤티아오(面條)' 등을 즐겨 먹는다.

가. 남방의 음식은 비교적 세밀하고 북방의 음식은 비교적 거칠다.

"북방 사람들은 비교적 푸짐한 것을 좋아하여 음식이 많은 것을 아름답게 여기고, 남방 사람들은 비교적 정갈한 것을 좋아하여 음식이 신선하고 깨끗한 것을 아름답게 여긴다. 푸짐한 것을 좋아하다 보면 위장에 무리가 가는 것을 피할 수 없고, 담담하고 깨끗한 것을 좋아하다 보면 스스로 음식의 참맛을 알게 된다." 이것으로 북방 음식은 거칠고 양을 중시하며 남방 음식은 세밀하고 질을 중시한다는 것을 알 수 있다.

나. 기온에 따라 생물종이 증가하고 감소한다.

북방에서는 기온이 떨어질수록 생물종이 감소하고, 남방에선 기온이 상승할수록 생물종이 증가한다. 생물종이 풍부한 지역에는 음식의 종류도 비교적 풍부하다. 중국의 북방은 겨울이 기므로 상당 지역에서 배추와 무에 의존하여 겨울을 난다. 동북 지방은 크고 작은 항아리에 산채를 담가 겨울 동안 먹는다. 반면 남방은 사계절이 푸르고 추운 겨울이 없어 풍부한 음식 재료가 정교하고 세밀한 음식의 기초가 된다.

다. 북방 음식의 특징은 또한 그들의 기질과도 관계가 깊다.

동북 사람들은 성격이 불같고 호방하여 하나하나 정교한 음식이 만들어져 나올 때까지 기다릴 인내심이 없다 목소리도 크게 말하고 일도 시원스럽게 하며 먹는 것도 대충대충 하는 것이 동북 사람의 민풍이다.

4. 중국 음식의 조리법과 재료

모두가 알다시피 중국은 56개의 민족으로 이루어진 다민족국가이자 지리적으로도 매우 광활한 영토를 가졌고, 이곳에서 그 수를 헤아릴 수 없을 정도로 많은 음식의 재료가 생산되었다. 그러다 보니 중국 음식을 만드는 조리법과 재료의 종류가 다양할 수밖에 없다. 중국 음식의 조리법과 재료에 관련된 사항을 자세히 알아보도록 하자.

1) 중국 음식의 조리법

중국 음식은 재료가 다양하기에 재료 본연의 맛을 제대로 살리기 위해 여러 가지 다채로운 조리법이 있다. 그중에서 가장 기본적인 조리법으로는 '팽(烹)'이 있다. 이는 끓는 기름에 넣어 약간 볶은 다음 간장 따위의 조미료를 넣고 빨리 휘저어 만드는 조리 방식이다. 이와 함께 '고루 섞는다', '배합하다', '적절하게 혼합하다'라는 뜻을 가진 '조(調)'가 있다. 이는 조리하기 전에 식자재를 준비하는 방법과 각종 재료를 혼합 하여 서로 다른 요리가 되도록 하는 방법이다.

중국어로 '음식을 만들다'라는 말이 바로 이 두 가지 조리방법을 합한 '팽조(烹調)'인데, '팽조'에서 '팽(烹)'이 중국 음식문화의 중국적인 표현방 법이라면 '조(調)'는 자칫 단조로울 수 있는 재료를 섞어 전혀 다른 맛을 가진 요리를 탄생시키기 때문에 중국 음식문화의 발전된 모습이라고 할 수 있다. 중국 음식을 만드는 데 사용하는 조리법에는 아래와 같다.

- 쨔(炸) : 다량의 기름으로 튀기는 것.
- 빠오(爆) : 뜨거운 기름으로 살짝 튀기거나 뜨거운 물로 데치는 방법.
- 젠(煎) : 약간의 기름을 두르고 부치거나 지지는 것.
- 차오(炒) : 중간 불로 기름에 볶는 것.
- 먼(燜) : 뚜껑을 닫고 약한 불에서 오래 끓여서 달여 내는 것.
- 뚠(炖) : 주재료에 국물을 붓고 푹 고는 것.
- 쩡(蒸) : 찌는 것.
- 쉰(熏) : 재료를 연기로 찌는 일종의 훈증식.
- 카오(烤) : 불에 직접 굽는 것.
- 리우(溜) : 달콤한 녹말 소스를 끼얹는 것.

2) 음식의 재료

(1) 특이한 음식 재료

- 룽(龍) : 뱀고기
- 로우(肉) : 돼지고기
- 후(虎) : 너구리고기
- 톈지(田鷄) : 개구리

- 펑(鳳) : 닭고기
- 투또우(土豆) : 감자
- 바이차이(白菜) : 배추
- 칭차이(靑菜) : 푸성귀
- 샤(蝦) : 새우 종류
- 모위(墨魚) : 오징어

(2) 요리 재료의 모양

- 피엔(片) : 얇게 썰어 만든 모양.
- 딩(丁) : 눈 목(目)자 모양으로 자른 것.
- 모(末) : 아주 잘게 썬 것.
- 쓰(絲) : 결을 따라 가늘게 찢어 놓은 모양.
- 콰이(塊) : 크고 두꺼운 덩어리로 썬 것.
- 두안(段) : 깍두기 모양으로 작게 썬 것.
- 완(丸) : 완자 모양으로 동그랗게 만든 것.
- 쮀엔(卷) : 두루마리처럼 감은 것.
- 빠오(包) : 얇은 껍질로 소를 싼 것.
- 니(泥) : 강판에 갈아 즙을 낸 것.
- 냥(釀) : 재료의 속을 비우고 그곳에 다른 재료를 넣은 것.

(3) 조미료

- 또우장(豆醬) : 된장
- 추(醋) : 식초
- 쟝요우(醬油) : 간장
- 탕(糖) : 설탕
- 또우푸구(豆腐鼓) : 청국장
- 또우푸루(豆腐乳) : 발효두부
- 또우반쟝(豆瓣醬) : 콩짜개
- 즈마쟝(芝麻醬) : 참깨와 기름을 넣어 섞은 된장
- 위쟝(魚醬) : 어류로 만든 젓갈 국물
- 라쟈오(辣椒) : 고추

(4) 재료의 배합형태

- 싼셴(三鮮) : 새우, 해삼, 오징어 등 세 가지 재료를 넣어 만든 요리
- 빠바오(八寶) : 여덟 가지 진귀한 재료를 넣어서 만든 요리
- 우샹(五香) : 다섯 가지 향료를 쓴 요리
- 스징(十景) : 열 가지 재료를 사용하여 만든 요리
- 빠이징(白景) : 우리나라의 신선로와 같은 모양의 훠꿔즈(火鍋子)라는 그릇을 이용하여 여러 가지 귀한 재료를 넣어 만든 요리
- 싼딩(三丁) : 세 가지 요리를 정육면체 모양으로 썰어서 만든 요리

이것만은 꼭 알아두자!

'만한전석(滿漢全席)' : '퓨전(Fusion)' 요리의 시초

만한전석(滿漢全席)은 청나라 건륭제 시대부터 시작된 만주족 요리와 한족 요리 중 산둥요리에서 엄선한 메뉴를 갖추어 연회석에 내는 연회 양식이다. 이후 광둥요리 등 한족의 다른 지방 요리도 추가되었고, 서태후의 시대가 되면서 더욱 정교하게 발전했다.

청나라 궁중에서는 만주족의 음식으로 식사가 마련되었다. 그런데 강희(康熙) 22년 새해 첫날 만주족의 음식을 차리던 것을 한족식으로 바꿨다. 이때부터 궁중에서는 만주족과 한족의 음식을 함께 황제의 식탁에 올리는 관습이 생겼다. 황실의 이러한 경향은 다시 중국 각지로 유행해 지방마다 다른 '만한석'의 식단이 만들어졌다. 결국, 만주족이 자신의 전통을 한족에게 맞추었고, 중국에는 만주족의 특색은 사라지고 한족화의 길을 걸었던 청나라의 문화적 특징이 이 '만한전석'에도 그대로 반영되었다.

중국을 대표하는
공연예술은 무엇일까?

- 중국의 자존심, 경극(京劇)

"
경극은
중국에서 가장 널리 유행하고
영향력이 가장 큰 무대 예술로서
200여 년이 넘는 역사를 자랑한다.
이번 장에서는
중국을 대표하는,
중국의 자존심이라 일컬어지는
경극에 대해서 알아보자.
"

청대에 새롭게 등장한 중국의 자존심, 그리고 중국 하면 누구나 떠올리는 대표적인 문화 코드 경극(京劇)은 '북경을 중심으로 발전한 무대연극'을 말하는데, 이 경극은 '중의(中醫)'와 '중국화(中國畵)'와 함께 중국의 3대 국수(國粹)로 평가받고 있다.

경극은 형성되는 과정 중에 수많은 지방희(地方戲)의 장점을 흡수하였고, 또한 북경의 방언과 풍속의 영향을 받았는데, 200년 전에 오늘날의 안휘성(安徽省) 지역에서 유행하던 지방희(地方戲)인 '안휘희반(安徽戲班)'이 변하여 된 것이라고 한다. '안휘희반'을 줄여 '휘희(徽戲)'라고 부르는데, 이 '휘희'는 안휘 지역의 민간 곡조를 기초로 하고 곤곡(崑曲) 등의 영향을 받아 형성되었다.

1790년 당시 4대 '휘희(徽戲)' 가무단인 삼경(三慶), 사희(四戲), 춘대(春臺)와 화춘(和春)이 각각 북경에 진출하여 공연하였다. 당시 '휘희'를 공연하던 가무단들은 다른 지방극의 창법과 연기 기법을 도입하였고, 특히 북경 사투리의 영향을 받아 새로운 창법과 대사 방식을 가진 최초의 경극을 탄생시켰다.

경극은 두 세기의 발전을 거치면서 수많은 예술가의 노력에 힘입어 오늘날 중국을 대표하는 국극(國劇)의 자리를 차지하게 되었다. 이번 장에서는 중국을 대표하는 공연예술로서 중국의 자존심이라 불리는 경극에 대하여 알아보자.

1. 중국 희곡의 기원과 발전

중국 희곡은 춤, 노래, 대화 등을 모두 갖춘 종합예술이고 당시 무대 위에서 실제로 활발하게 상연되었던 공연예술이다.

1) 기원 : 주술사의 종교적 행위

중국 희곡의 기원은 민간에 비롯되었는데, 시작하자마자 춤과 음악, 그리고 노래가 어우러진 종합예술로서 주술사의 종교적 행위를 위해 사용되었다. 그러므로 시경(詩經)의 주송(周頌) 작품은 시가 초기의 재료로 볼 수도 있고 희곡의 원형이라고도 할 수 있다. 이 주송에는 대량의 춤과 음악적 성분이 포함되어 있고 이런 춤의 역할을 담당하는 사람은 바로 당시의 주술사였다. 이들은 노래와 춤에 능하여 신께 아부하고 귀신을 즐겁게 하는 것을 주된 일로 삼았다.

이런 상황은 초사(楚辭)의 구가(九歌)에서 더욱 명확해진다. 초사는 전국(戰國) 시기에 생겨난 굴원(屈原)을 대표로 창작된 시가의 형식으로, 초나라의 농후한 지방적 색채를 가지고 있으며 시경 이후 출현한 새로운 형식의 시가이다. 이 '초사'라는 명칭은 한대(漢代) 때 생겼는데, 유향(劉向)이 고대 문헌을 정리하다가 굴원, 송옥(宋玉), 그리고 그들의 시를 모방하여 창작된 한대(漢代) 문인들의 작품을 묶어 초사라고 하였다. 이 가운데 구가는 굴원이 신화 및 당시 세간에 전해져 내려오던 무속과 제사를 위한 노래를 근거로 하여 쓴 서정시이다.

구가(九歌)의 문자는 비록 아름다운 시구이지만 오히려 완전한 희곡이라 보아야 한다. 초나라는 본래부터 주술이 매우 성행한 지역인데,[1] 이것으로써 귀신을 기쁘게 하는 춤곡이 발생하는 좋은 환경임을 알 수 있다. 이러한 상황을 노래한 구가에는 춤과 음악, 그리고 동작 등의 성분이 포함된 이전보다 발전된 완전한 희곡대본이라 할 수 있다.

---

1 "昔楚國南郢之邑, 沅湘之間, 其俗信鬼而好祀, 其祀必作歌樂鼓舞, 以樂諸神.(왕일(王逸), 『초사장구(楚辭章句)』)"

2) 한대(漢代) : 잡희(雜戲), 백희(百戲), 참군희(參軍戲)

사회가 발전하고 인권사상이 일어남에 따라 예술은 귀신을 제사하는 것에서부터 점차 사람을 위한 오락으로 바뀌게 되었고 주술사의 역할을 대신하여 배우라고 하는 우스꽝스러운 역할이 생겨났다.

한나라에 들어서는 '배우(俳優)'라는 것은 일종의 전문적인 인재가 되어 생계를 위한 직업이 되었다. 이때의 배우들은 가면을 쓰거나 물고기나 새우, 사자 등의 모습을 하고 노래를 부르거나 춤을 추고 혹은 우스꽝스러운 몸짓으로 왕과 귀족을 웃기는 '잡희(雜戲)'와 칼 삼키기, 장대 오르기, 입에서 불 내뿜기, 무거운 것 들기, 높은 줄타기 등이 포함된 소위 '백희(百戲)'가 성행하였다.

이러다가 당대에 들어와 현악기, 관악기, 타악기로 반주하고 두 명의 연기자가 희극적인 대사를 주고받는 '참군희(參軍戲)'가 민간에 널리 유행하기도 했다.

3) 송대(宋代) : 잡극(雜劇), 희문(戲文)

(1) 송대(宋代) 희곡(戲曲)의 발전원인

송대(宋代)에 들어와 상업경제의 번영과 상인계층의 융성으로 도시문화가 급속도로 발달하고 아울러 노래의 가사가 될 만한 소설의 흥기에 따라 민중 오락으로서의 희곡은 아래와 같이 시대별로 중요한 발전을 거두게 된다.

위진남북조(魏晉南北朝) 시대 화북(華北) 농민이 강남으로 대이동 하면서 강남지방이 개발되었고, 송대(宋代)에 이르러 절정에 이르렀다. 비옥한 논농사 지대가 크게 확장된 데다가 벼의 이모작이 가능해지고 베트남으로부터 다수확 품종인 점성도(占城稻)가 수입되면서 강남의 농업생산량이 급증하였다.

농업생산력의 비약적 성장은 곧바로 상업의 발달로 연결되었다. 곡물 생산이 자급자족의 수준을 넘자 상품생산과 지역적 특산물이 개발되기 시작했고, 이들 상품을 판매하는 전국적인 시장 유통망이 형성되었다.

민간의 무역거래가 대량화, 원격화 되자 중국 시장은 통일된 화폐 경제권으로 바뀌어 나갔으며, 이를 위해 중국 정부는 엄청난 양의 동전을 주조하게 됨. 상인들 스스로 신용조합과 어음을 만들어 사용하기 시작했으며, 세계 최초의 지폐가 이미 송나라 때 등장하게 되었다.

상업이 발달하면서 교통의 요지에 상업 도시들이 무수히 탄생하였으며, 기존의 정치적, 군사적인 도시들 역시 대규모 상업 도시로 변모하게 되었다. 이전 거주지와 상업 구역을 엄격하게 구분하여 상업행위의 자유를 규제했었지만, 송대(宋代) 이후가 되면 상인들은 시간과 장소에 구애받지 않고 자유롭게 어디에서나 상행위할 수가 있게 되었다.

이것만은 꼭 알아두자!

북송 장택단(張擇端)의 〈청명상하도(淸明上河圖)〉

〈청명상하도〉 청명절 많은 시민이 볼거리와 즐길 거리를 찾아 거리로 나온 모습을 생동감 있게 묘사하고 있다.

중국 풍속화의 한 화제(畫題)였던 일명 〈청명상하도(淸明上河圖)〉를 보면 당시 얼마나 상업행위가 자유롭고, 번성하였는지를 잘 알 수 있다. 춘분(春分)을 지나 15일 후인 4월 5, 6일경 되는 날 교외에서 노닐고 성묘를 하는 명절인 청명절(淸明節)에 흥청거리는 도성의 인파를 화권형식(畫卷形式)으로 그렸는데, 이는 북송(北宋)의 장택단이 〈청명상하도〉를 그린 것에서 비롯된 화제(畫題)이다. 장택단의 〈청명상하도〉는 수도 변경(汴京)을 흐르는 변하(汴河)를 사이에 두고 교외 시내(川), 배, 다리, 성문, 시가 등이 순서대로 보이고, 술집 상점 노점 상인 우마차와 군중 등이 배치되는 형식으로 이루어졌다. 원근법을 이용하여 사진처럼 정확하고 사실적인 풍경을 재현해냈다.

도시가 발달하고 서민의 생활 수준이 점차 향상되면서 서민문화가 크게 발달하게 되고, 이들도 오락거리를 즐길만한 생활 여유를 갖게 되면서 송대에 이르러 희곡은 급속하게 발전하였다.

(2) 희곡의 종류

'골계희(滑稽戲, 어릿광대극)'나 '가무극(歌舞劇, 춤과 노래가 어우러지는 극)', 그리고 강창희(講唱戲, 대사와 노래로 진행하는 극) 등을 막론하고 역할과 이야기 방면에서 있어서 당대보다 많은 발전을 하게 되는데, 송나라의 희곡은 잡극(雜劇)과 희문(戲文)이 주축을 이룬다.

잡극은 대체로 염단(艷段), 정잡극(正雜劇), 잡반(雜扮)의 세 부분으로 구성된다. 염단은 간단한 이야기를 곁들인 가무이고 정잡극은 극의 가장 중요한 부분이며 잡분은 공연이 끝나기 전에 우스갯소리로 마무리하는 부분이다. 특히 송대에는 인형극인 괴뢰희(傀儡戲)와 그림자극인 '영희(影戲)' 등도 성행하였다.

이러한 잡극은 남송에 들어서면서 아주 완전한 형식의 희문으로 발전한다. 원대에는 북곡을 위주로 한 잡극이 형성되지만, 남방의 민간에는 여전히 남희가 유행하다가 명대에 들어서면서 전기(傳奇)로 발전한다.

4) 원대(元代) 잡극(雜劇)

원대(1271~1368)의 몽골제국 아래에서 중국 희곡은 크고 화려하게 개화한다. 원의 잡극은 중국 연극의 주류를 이루며 이 잡극으로 인하여 원은 중국 연극의 황금시대로 불리게 되었다. 원대 잡극은 음악, 춤, 연기, 대화와 독백이 하나로 된 비교적 성숙한 희곡의 형식을 취하고 있다. 또한, 음악과 노래가 중심이고 대사는 경우에 따라서 배우가 마음 대로 고치거나 덧붙일 정도로 중요시되지 않았다. 이때부터 경극에 등장 하는 모든 인물의 모습들이 갖추어지기 시작했다.

잡극의 흥성으로 원대는 중국 희곡 사상 황금시대가 된다. 그 당시 자신의 이름을 기재한 잡극 작가가 200여 명이 넘었고, 기록된 잡극의 극본이 700여 종이나 되었다고 한다. 원대 잡극은 매우 다양한 방면에서 그 당시의 사회적 현실을 반영하였고, 백성들이 압박에 반항하고자 하는 정신과 아름다운 생활을 추구하고자 하는 바람을 표현하였다. 이 시대를 대표하는 작가로는 관한경(關漢卿), 왕실보(王實甫), 마치원(馬致遠), 백박(白樸) 등이 있다.

원대의 잡극은 중국 문학사상 매우 높은 위치를 차지하고 당대(唐代) 의 시(詩), 송대(宋代)의 사(詞) 등과 함께 논해진다. 이 시기에 창작된 잡극의 수많은 작품은 지금까지도 무대에서 상연되고 있다. 18세기에는 원대의 잡극 〈조씨고아(趙氏孤兒)〉가 유럽으로 전해져서 〈중국고아(中國孤兒)〉로 개편되어 세계인의 주목을 받았다.

2. 중국 희곡의 종류와 그 특색

1) 곤극(昆劇)

곤극(昆劇)은 16세기 명대(明代) 르네상스를 주도한 예술 장르다. 발원지는 강소성(江蘇省)의 곤산(昆山)과 소주(蘇州)이다. 지금도 중국인들이 가장 자부심을 느끼고 대하고 있으며 "곤극 배우가 진짜 배우"란 얘기도 심심치 않게 들린다. 그만큼 정통과 기본기를 중시했기 때문이다. 곤극은 사대부 등 귀족들이 즐겨 보고 들었다. 자연 자극적이고 말초적이기보단 우아하고 점잖으며 세련될 수밖에 없다. 느리지만 부드럽고, 어렵지만 정제된 게 곤극이었다. 그러나 청대에 이르러 '경극'이 유행하면서 대중적인 지지에서 멀어졌고, 궁중 극단의 자리마저 위협을 받으며 침체의 길로 접어들었다.

20세기 초 청말(靑末) 민초(民初) 때는 타파되어야 할 대상으로 전락하고 말았다. 54운동 등 급속한 서구화 유입은 전통에 대한 강한 부정으로 나타났으며 '무병신음(無病呻吟: 병도 없으면서 앓는 소리를 내듯 앵앵거리는 소리로 노래한다는 뜻)'이란 꼬리표가 곤극에 붙어 다녔다.

멸종될 위기에서 곤극을 구해 낸 건 1950년대 저우언라이(周恩來) 총리였다. 위정자 중 누구보다 문화적 소양이 높았던 그는 '전국 희곡대회'를 열었고, 여기서 곤극 '십오관'이 주목을 받으면서 곤극은 화려하게 부활했다. 저우언라이는 "하나의 작품이 죽어가는 장르를 되살렸다."라고 말했다. 최근에 2001년 유네스코가 지정한 세계무형유산으로 곤극이 뽑히면서 더욱 탄력을 받는 실정이다.

2) 경극(京劇)

1790년 화동 북서부에 있는 안후이 성극단이 베이징에 입성했다.

건륭황제 80세 생일잔치를 축하하러 전국에서 모인 전통 극단 중에서도 이 극단은 가장 빛난다. 황실의 관심을 등에 업게 된 이들은 아예 베이징에 근거를 틀고 자신의 공연을 서민 앞에서도 무대에 올렸다. 경극은 이렇게 탄생했다.

궁중에서 간택됐지만, 경극을 지원해온 세력은 대중이었다. 당시 귀족들 사이에서만 유행하던 곤극과는 달리 경극은 쉽게 노래를 불렀고, 경쾌하면서도 속도가 있었다. 자칫 지루할 수 있는 곤극의 약한 고리를 경극은 유효적절하게 타격해 들어가면서 급기야 중국 전역으로 퍼져나갔다.

곤극이 멸종돼 가던 20세기 초반엔 메이란팡(梅蘭芳)이란 당대 최고의 스타가 등장하면서 경극은 더욱 위용을 자랑하게 됐다. "여자보다 더 요염하다"라는 평가를 듣던 그는 과거에 얽매인 경극 연기에 일대 변혁을 가하면서 동시대인의 감성을 파고들었다. 또 일본에 이어 미국 무대에 오르며 '경극의 세계화'의 일등공신으로 지금까지도 전설도 남아 있다. 최근엔 '햄릿', '맥베스' 등 해외 명작을 경극화로 재해석하는 작업이 활발히 진행되고 있다.

3) 천극(川劇)

중국 남서부 양쯔강 사류에 있는 쓰촨성은 삼국지에서 유비 촉나라의 도읍이 된 천연요새이자 다분히 폐쇄적인 지역이었다. 중국 중앙과의 교류가 활발하기보다는 자신만의 문화 양식을 개발해 발전시켜 나갔다. 무엇보다 서역의 문화를 흡수하기에 좋은 지리적 여건을 갖추어 중국 본토와는 다른 전통 양식을 키워나갔다.

천극은 이런 지역적 특색 속에서 똬리를 틀었다. 똑같은 이야기라도 천극의 탈을 쓰면 훨씬 역동적이고 공간 활용도가 높았다. 이는 단순히 노래와 연기에만 머물지 않고 기예와 묘기 등 볼거리를 강조한 장르적 특성 때문이다. '변검(變臉)'은 이런 천극의 가장 대표적인 표현 방식이었다.

　지방의 독특한 장르로만 한계 짓던 천극이 전국화의 길로 접어든 건 1952년 중국희곡예술제에 출품된 천극 '백사전(白蛇傳)'이 공전의 히트를 기록하면서부터다. 뱀과 인간의 사랑을 신분과 계급의 대결, 구습과 근대의 충돌이란 철학으로 승화시킨 이 작품은 고유한 기예가 총망라돼 천극을 새롭게 조명받게 했다. 이후 천극은 "기예도 단순히 쇼가 아닌 예술이 될 수 있다"란 평가를 받으며 승승장구하고 있다.

4) 월극(越劇)

　중국 전통극엔 남성 배우들만 출연해야 한다는 게 하나의 불문율이었다. 예전엔 여성들도 흔히 무대에 올랐지만 음습한 매춘이 횡행하면서 여성 배우의 등장은 금기시됐다. 경제력이 풍부했던 중국 동부 동중국해 연안에 있는 절강성의 예인들도 처음엔 당연히 남성 배우들로만 만든 작품을 갖고 20세기 초반 세계적인 도시로 성장하고 있는 상하이 공략에 나섰다. 결과는 참패였다. 무언가 패러다임 자체를 바꾸지 않고서는 안 되었다. 그래서 그들은 금기를 깼다. 아예 여성 배우들로만 무대를 꾸며 1920년경 상하이에 다시 입성했다. 월극은 이렇게 탄생했다.

　역사가 가장 짧은 전통극인 월극은 그만큼 시대 변화에 빠르게 대처해 나갔다. 서구 연극과 영화 등의 장르적 특성을 수입해 월극화시켰고, 여성 배우만의 섬세한 감정 처리에서도 두각을 보였다. 특히 1950년대 선보인 중국판 '로비로 와 줄리엣'인 '양산박(梁山泊)'과 축영대(祝英臺)'가 월극의 명성을 더욱 높였다.

3. 중국의 자존심, 경극

경극은 노래, 대사, 동작, 무술, 화장, 의상, 소품 등 다채로운 요소들이 모여 이루는 종합 예술적 성격의 연극으로서 중국의 공연예술을 대표한다. 즉, 경극은 중국의 다양한 지방연극 가운데 하나로서 800년 고도 베이징을 중심으로 형성되었다고 해서 '경극'이라고 불렸다. 애초부터 경극이라는 호칭을 사용했던 것은 아니고, 처음에는 극 중에서 주로 피황(皮黃)이라는 음악을 썼기 때문에 피황희(皮黃戲)라고 불렸다.

청나라 말기인 광서(光緖), 선통(宣統) 연간에는 북경의 극단들이 상해에 진출하게 되었는데, 무대에서 사용하던 피황 음악이 이미 변질하여 북경화 되었다고 해서 경조(京調)라 부르기도 했다. 당시 상해는 서양인들의 조차지가 설치되고 교역이 급증하면서 점차 번영을 구가하게 되었는데 각지의 가난한 예술가들이 하나둘 모여들고 있었다. 이미 상해에 진출한 북경의 극단들은 마침내 상해의 연극계를 평정했는데, 피황희 이름 대신 북경의 희극이라는 의미로 '경희(京戲)'으로 불리기 시작했다.

중화민국 초기에는 잠시 북경(北京)을 북평(北平)이라 불렀기 때문에 평극(平劇)이라고 일컫기도 했고, 대만에서는 중국을 대표하는 연극이라는 의미로 국극(國劇)이라는 용어를 사용하기도 하지만 중국에서는 여전히 수도 북경의 연극이라는 의미로 경극(京劇)이라 불렸다.

1) 경극의 탄생배경과 성공 요인

경극은 전통중화제국의 끝에 해당하는 청나라 시대 건륭(1736~1795) 연간부터 본격적으로 모습을 드러내기 시작했다. 현군으로 칭송되는 강희(康熙), 옹정(雍正), 그리고 건륭(乾隆) 세 황제의 즉위 기간은 무려 130여 년에 이르는데, 청 왕조는 '팍스 시니카'라 불리는 평화적인 전성기를 이룩하였다.

　이 같은 태평성대의 시기 속에서 청대의 통치자들은 대부분 연극 관람을 즐겼는데, 특히 자희태후(慈禧太后)와 같은 인물은 극의 이해에도 조예가 깊었다고 한다. 경극의 탄생배경과 성공 요인에 대해 다음 몇 가지로 나누어 설명해 볼 수 있다.

첫째, 농업생산량 증대

　장기적인 정치안정과 정부의 효율적인 토지정책, 세금감면정책은 새로운 작물의 유입과 더불어 농업생산량을 증대시켰다. 농업생산량의 증대로 자신들이 먹고 남은 잉여생산물을 필요한 사람과 서로 교환하면서 자연스럽게 시장이 형성되었다. 이러한 상행위를 통해 점차 부를 축적하는 사람들이 생겨나 먹고 사는 문제 외에 즐길 거리를 찾는 일반 백성들이 늘어나게 되었다.

둘째, 상공업 발달과 통속문화의 활성화

　명나라 말기 이래 양쯔강 델타유역과 대운하 연변지역을 중심으로 발전하기 시작한 상공업도 한층 더 확대되었고, 각지의 시장을 연결하는 전국적인 유통망이 조성되었다. 이러한 경제적인 성과는 점차 사회 저변으로 확산하여 서민들의 문화적 욕구를 자극하였고, 통속문화가 활성화되는 계기가 되었다.

셋째, 상인들의 왕성한 활동

　이에 지방마다 고유의 음악과 방언을 통해 지역민들의 정서를 생생하게 표현하는 지방 극들이 출현한 것도 바로 이러한 변화의 연장 선상에 위치한다. 통속문화의 확산에 있어서 특히 주목되는 것은 상인의 활동이다. 산서(山西), 휘주(徽州), 섬서(陝西), 복건(福建), 광동(廣東), 영파(寧波) 상인 등 강력한 결속력을 지닌 지역 상단들이 전국을 무대로 활발한 상업활동을 펼치게 된다.

이에 따라 각지의 지방연극도 자기 고장의 상인들을 따라 다른 지방으로 전파되었다. 상인들은 현지의 무역거점이자 숙소로 만든 회관에서 그들을 따라온 고향 연극 패들의 공연을 감상하며 향수를 달랬고, 이러한 공연은 자연스럽게 현지인 관중들을 불러 모았다.

넷째, 안휘희반(安徽戲班)의 화부희(花部戲)

이 가운데 장강 중하류 지역에서 성행하던 안휘희반(安徽戲班)이 연출한 화부희(花部戲)는 그 내용이 통속성과 깊은 연관이 있어 대부분 일반 대중들이 좋아하고 익히 알려진 역사 고사나 민간전설이 주를 이룬다. 곡조 또한 평온하고 서정적이어서 슬픔, 감탄, 비분 등의 정서 표현에 적합한 이황(二黃)과 기쁨, 의연함, 분노 등의 정서 표현에 적합하여 주로 비극에 사용되는 서피(西皮) 곡조의 특징이 서로 융합되어 있고 방언, 속어 등의 사용으로 질박함을 가지고 있다. 특히 원시적인 생명력을 담고 있는 징과 북 등의 타악기를 이용하여 향촌 민중들이 쉽게 이해할 수 있어 전아한 문학성과 엄정한 문학 형식을 가진 곤곡(崑曲)에 비해 많은 사람의 사랑을 받을 수 있었다.

1790년 희반(戲班)은 건륭제의 팔순연회 경축 공연을 위해 북경에 들어왔다가 행사가 끝난 뒤에도 귀향하지 않고 북경에 남아서 민간 공연을 진행하였다. 당시는 청 왕조의 흥성기로 북경은 정치, 경제, 문화의 중심지였다. 사회의 안정과 번영은 문화의 발전에 적합한 토양을 제공하여 희곡의 경우 대부분의 지방희(地方戲)가 베이징에서 공연되었다.

이러한 희곡예술의 번영은 경극의 발전에도 깊은 영향을 끼쳐 경극은 남북 민간예술의 집대성을 이룬다. 이후 정치, 경제, 문화의 중심지라는 지역적 특징과 당시 사회의 안정과 번영 속에서 휘반(徽班)이

가지고 있었던 풍부하고 특색 있는 곡조와 주제, 통속적인 대본과 독특한 무술 기예, 여기에 배우들의 명연기와 노력으로 인해 마침내 경극이 탄생하였다.

다섯째, 도구의 사용과 여성 배역의 완성

지방극은 곤곡과의 치열한 경쟁 속에서 극단의 안정적인 후원과 관중들을 불러모으기 위해 끊임없이 연기력을 연마하고 도구를 개발하게 되었다. 특히 이들은 '교(蹺)'라고 하는 전족 모양의 굽 높은 나무 신을 연극에 도입했는데, 오랫동안 작은 발과 뒤뚱대는 여성의 동작에서 관능미를 느끼던 중국인의 성적 취향을 만족시켜 주었다. 이로 인해 여자보다 더 아름다운 여성 배역의 형상이 완성되었다. 이런 배역의 출현으로 종전에 듣는 것을 중시하던 중국 연극이 볼 거리 위주의 연극으로 전환될 수 있게 되었다.

2) 곤곡(崑曲)과의 차별화

청나라 초기까지만 해도 수도 북경에서는 상해 인근의 쿤산지방에서 기원한 곤극이라는 연극이 유행하고 있었다. 곤곡은 피리, 생황, 퉁소, 비파 등 관현악기를 주로 사용하여 음악이 부드러울 뿐 아니라 감미롭기 그지없으며, 표현양식 또한 섬세하고 아름다웠다. 그러나 귀족예술로 갈수록 전아함을 추구하다 보니 공연예술로서의 생명력을 잃어버리게 되었다. 연극으로 상연하기 어렵게 되었을 뿐만 아니라 상연되어도 일반 대중들이 이해할 수 없는 동떨어진 고급예술로 변질하였다.

바로 이 시기에 구수한 지방의 방언과 통속적인 음악을 사용하여 서민들의 정서에 부합하는 지방의 연극들이 북경으로 쏟아져 들어왔다. 즐길 수 있는 오락물로서의 연극을 갈망했던 대중들은 구미에 딱 맞는 흥미진진한 지방의 통속연극에 빠져들게 되었다. 당시 북경에 들어온 지방극은 곤곡보다 요란하고 난잡하다 하여 '화부(花部)' 또는 '난탄(亂彈)'이라는 비칭으로 불렸다. 품위 그 자체라 할 수 있는 곤곡은 상대적으로 바르고 우아하다는 의미로 여전히 '아부(雅部)'라 칭송되었다.

하지만 그런데도 지방 극들은 왕실과 대중의 인정을 받기 시작하고 그때까지 우아함에 싫증을 내던 고관대작들은 화부의 생명력이 넘치는 꿈틀대는 서민들의 새로운 공연예술에 갈채를 보내며 흠뻑 취하게 되었다. 화부의 내용은 본래 통속성과 깊은 연관이 있어 대부분 일반 대중들이 좋아하고 익히 알려진 역사 고사나 민간전설이 주를 이룬다. 이처럼 당시 일반인들의 최고의 오락거리인 화부는 훗날 경극 탄생에 단서를 제공하게 되었다.

4. 경극의 특징

1) 경극은 한마디로 종합예술

경극은 쉽게 표현한다면 대사(念)와 노래(唱)와 춤(做는 동작이면서 춤추듯이 표현됨), 즉 연극과 오페라와 발레에다 중국 특유의 무술 연기(打는 무술 동작과 격투 장면)가 합쳐진 것과 같은 종합예술이다. 또 경극에는 특수한 화장법, 무대설계, 조명, 의상, 도구 등이 노래, 동작, 연기, 무술, 잡기 등과 유기적으로 결합하여 있다. 또 중국 문학의 소설, 전설, 신화 속의 다양한 내용이 경극이라는 연출 형식을 통해 표현되고 있기도 하다.

경극에 있어서 꽃은 배우들의 연기라 할 수 있다. 배우들의 연기를 경극에서는 노래, 대화, 동작, 무예로 구분하는데 이에 대한 자세한 설명은 다음과 같다.

첫째, 창(唱)

옛날 중국에서 극을 감상한다는 것은 주로 '본다는 개념(看戲)'보다는 '듣는다는 개념(聽戲)'이었다. 배우들도 이에 동작과 연기보다는 창을 위주로 하였으니, 경극에 있어서 창은 여전히 중요한 위치를 점하고 있다.

둘째, 염백(念白)

경극을 할 때 단지 말만 하고 노래하지 않는 것을 '염(念)'이라고 하는데, '염'은 '염백(念白)' 혹은 '백(白)'이라고도 부른다. 일반적으로 "창의 무게는 네 냥이고, 염의 무게는 천근"이라고 하기도 한다. 염백은 음운에 따라 구분하며, 대사를 그냥 읽는 '운백(云白)'과 경극의 북경어 대사인 '경백(京白)' 두 가지로 나눌 수 있다. 주로 등장인물이 자기 생각을 독백의 형식으로 드러낼 때 사용하는 표현기법이기도 하다.

셋째, 주(做)

주는 동작과 표현법을 이르는 말로 배우들은 역할에 맞는 연기를 통해 내용을 더욱 풍부하게 표현할 수 있다.

넷째, 타(打)

무대 공연에 있어서 고난도의 기술이 요구되는 가장 위험한 연기이다. 무술 동작이 많고 오랜 기간의 수련이 필요하며 배우들 간의 긴밀한 호흡이 요구되는데, 격렬하고 화려한 무술 장면은 화려한 복장과 신발을 갖추고 맨손 또는 각종 무기를 사용한다. 이처럼 경극의 노래, 대사, 동작, 무예는 극 중 상황에 알맞게 적절히 배치함으로써 시각적, 청각적 효과를 극대화하여 관객의 흥미를 끌어낸다.

2) 풍부한 상징성과 과장된 수법을 사용

첫째, 무대장치나 소품 없이 모든 것을 '동작'으로 표현한다.

팔을 괴고 기대면 잠자는 것, 발을 슬쩍 들면 문지방을 넘어가는 것, 말을 타고 천천히 가거나, 질풍처럼 달리거나, 말을 타고 싸우거나, 놀라거나 떨어지는 동작을 손에 든 채찍 하나로 다 표현한다. 어두운 장소를 나타낼 때도 무대 위는 오히려 조명이 대낮같이 밝히고 있다.

그러나 연기자는 진짜 암흑 속에서 움직이는 양 모든 동작을 취해야 한다. 손으로 문을 여닫는 동작을 하면 바로 앞에 문이 있다는 의미이다. 이런 동작의 상징성을 읽어 내지 못하면 경극은 그저 시끄럽고 엽기적인 오페라이거나 한편의 무술극일 뿐이다.

둘째, 경극 속에서는 사물을 극도로 포괄적으로 사용한다.

줄거리 전개에 있어서 모든 연극이나 창극이 그러하듯 희곡도 시간과 공간의 제한을 받지 않을 수 없다. 봄, 여름, 가을, 겨울의 사계절과 험준한 산간, 드넓은 초원, 음주와 가무가 벌어지는 누각 등등, 이러한 것들을 제한된 무대에서, 그리고 한정된 표현수단으로 재현해내기란 결코 쉬운 일이 아니다. 따라서 실제 생활과 무대 위에서의 예술 사이에 일정한 간격이 존재할 수밖에 없는데, 이 간격을 보완해 주는 것이 바로 '허구성'이다.

다시 말해서 중국 희곡은 이러한 시, 공간적 제약을 '허구성'으로 아주 간단하게 해결한다. 예를 들면, 무대 한 바퀴를 도는 것으로 10여만 리를 이동하였음을 표현하고, 몇 번의 북소리로 밤이 지나고 날이 밝았음을 보여준다.

또한, 단지 탁자 하나와 의자 두 개가 무대에 놓이면 그것은 침대, 담장, 다리, 심지어는 성루나 산꼭대기를 의미한다. 따라서 중국 희곡이

상연될 때 극 중의 내용이나 대사를 잘 이해하지 못하면 극에서 표현하고
자 하는 구체적인 장소와 시간을 제대로 이해하지 못하는 경우가 있다.

셋째, 과장은 중요한 표현수법이다.

많은 예술의 장르에는 과장성이 없지 않아 있지만, 중국의 희곡처럼
동작이나 이미지 창출에 있어서 과장성이 그렇게 많은 분야도 드물 것이
다. 이러한 과장적 특징을 가장 잘 나타내고 있는 것이 바로 연기자들이
분장하는 가면과 같은 얼굴이다. 이를 중국어로 '리엔푸(臉譜)'라고 한다.

과장된 얼굴분장 덕분에 관객들은 쉽게 등장인물이 누구이며, 어떤
성격을 가졌는지 대략 알 수 있다. 이같이 과장하지 않으면 경극은 표현
의 효과와 의미의 전달을 원활히 하기 어려울 정도로 과장은 경극의
중요한 표현수법이다.

3) 리엔푸(臉譜)를 사용

경극의 배우들을 살펴보면 하나같이 화려하게 얼굴에 분장하는 것이
인상 깊게 보이는데, 이러한 분장을 '리엔푸'라고 한다. 리엔푸의 기원은
원시 민족들이 얼굴에 각종 문양을 그리는 것에서 기원하였다고 한다.
리엔푸란 단어는 원대(元代)에 출현하였지만, 당시의 화장술은 지극히
간단하였으며, 명대(明代)에 이르러 변화가 되고, 청대(淸代)에 이르러
집대성되었으며, 오늘날 이르러 더욱 완전한 형태로 발전되었다.

이 리엔푸는 경극에서만 볼 수 있는 독특한 화장술로서, 배우들은
각종 물감을 사용하여 서로 다른 도안, 선을 그려 극 중 인물의 개성,
신분, 나이, 경력 등을 나타내는데, 이러한 화장술은 일정한 규칙이 있다.

각각의 색깔이 상징하는 의미를 보면, 붉은색은 충성과 용기, 검은색
은 단순함과 용맹함, 노란색은 흉폭함과 잔악함, 은색은 신선이나 요괴,

흰색은 악독함과 교만함이다. 예를 들자면 충성스럽고 의리가 있는 관우는 붉은색, 성격이 독하고 간계에 능한 조조는 흰색, 정의로운 판관 포청천은 검은색이다.

첫째, 포폄(褒貶)을 나타낸다.

일반적으로 얼굴에 문양을 그린 사람들은 그리지 않은 사람들에 비하여 거칠고 교활합니다. 예를 들면 문인(文人)은 얼굴에 문양을 그리지 않고, 무인(武人)들은 문양을 그려 넣는다. 여기에서 문(文)을 중시하고 무(武)를 경시하는 의의가 있음을 알 수 있다. 얼굴에 화장하는 경우는 대부분이 폄하(貶下)하는 것으로, 포양(褒揚)하는 경우는 매우 적음을 알 수 있다.

둘째, 충신과 간신을 구별한다.

리엔푸를 통하여 충신, 간신, 선악을 구별할 수 있다. 검은색의 얼굴은 강직함을 나타내고, 붉은색의 얼굴은 충성과 용감을 나타낸다. 누런 얼굴은 성격이 잔인하고 포악함을 나타내고, 푸른색 얼굴과 녹색 얼굴 역시 중성으로 민간영웅을 나타낸다. 흰색의 얼굴은 매우 간사스러움을 나타낸다. 눈 주위가 깊이 들어간 경우는 간특한 간신을 나타내며, 얼굴을 삐뚤게 그린 경우는 마음이 바르지 못함을 나타냅니다.

셋째, 나이, 신분, 그리고 혈연관계를 나타낸다.

늙은이의 얼굴을 그리고 눈조차도 노안을 그린다면 나이가 많은 사람을 나타내는 것이다. 눈썹이 아래로 삐친 사람도 노인을 나타내는 것이다. 아버지와 아들 관계도 인물을 표현하는 화법에 영향을 주었다. 아버지와 아들 관계는 얼굴의 기본적인 색상이 서로 같다. 아버지가 검은색의 얼굴이면, 그 아들도 검은색의 얼굴을 한다. 그리고 기본적으로 얼굴에 문양이 적을수록 지위가 높은 사람을 뜻하고, 반대인 경우는 지위가 더 아래임을 나타낸다. 신과 괴이한 사람은 금과 은의 색으로 문양을 그린다.

얼굴색 이외에도 얼굴분장 묘사형식 역시 유사한 상징적 의미를 지니고 있다. 콧대, 눈언저리만 분을 칠한 것도 있고, 면적의 크고 작음과 부위의 차이에 따라 음흉하고 교활한 정도가 다름을 나타낸다. 일반적으로 분을 칠한 면적이 크면 클수록 흉악하고 난폭하다.

4) 다양한 경극배우가 등장

경극의 역할은 성별, 나이, 성격 등에 의해, 남성 역할의 연기자인 '생(生)', 여성 역할의 연기자인 '단(旦)', 성격이 강렬하거나 거친 남자 배역인 '정(淨)', 외모가 추하며 어릿광대 짓을 하여 관객에게 웃음을 선사하는 역할인 '축(丑)'의 네 가지로 크게 나눌 수 있다. 이 네 가지 배역을 일컬어 '4대 행당(行當)[2]'이라고 한다. 중국의 경극 배우는 전통적으로 한 사람이 여러 가지 배역을 맡지 않고 일생 단 하나의 역할만을 연기한다.

(1) 생항(生行)

남성 역할의 연기자. 경극 속의 생항은 남자 배우를 나타내며, 이는 다시 노생(老生), 소생(小生), 무생(武生)으로 나뉜다.

가. 노생(老生)과 소생(小生)

노생은 최고의 가창력을 요구하는 중년 이상의 강직하고 긍정적인

---

2 행당이란 전통 희곡에서 배우가 고정적으로 연출하는 배역의 유형을 일컫는 말이다.

남성 배역으로, 주로 제왕, 학자, 관리, 서생, 장군 등을 표현한다. 노생은 일반적으로 창을 위주로 하자면, 동작을 위주로 하는 경우도 있다. 이외에도 병기를 사용하여 무술 동작을 하는 노생(老生)을 문무노생(文武老生)이라고 부릅니다.

소생(小生)은 청년 남성의 배역이지만 무생과 달리 수염을 기르지 않고 갑옷을 입지 않으며 단정하고 빼어난 용모를 자랑하기 때문에 대부분 풍류와 고상함을 표현하는 문인을 연기한다. 또한, 소생은 젊은 배우로 날카롭고 높은 가성을 섞어 사용하여 젊음을 표현한다.

나. 무생(武生)

무생(武生)은 곡예와 무예에 뛰어난 청년 남성으로 무공극(武功劇)을 주로 연기한다. 장군의 풍모를 가지고 길고 큰 무기를 사용하는 장배(長輩) 무생과 짧고 작은 무기로 민첩한 무술 동작을 선보이는 단타(短打) 무생으로 나뉜다. 또한, 나이가 많은 무노생(武老生)과 젊은 무소생(武小生)으로 나뉘기도 한다.

이 밖에도 어린아이 역할을 하는 '왜왜생(娃娃生)'과 삼국지의 관우 같은 문무를 겸비한 배역인 '홍생(紅生)' 등이 있다.

(2) 단항(旦行)

단항은 여자 배우를 나타내며, 나이에 따라서 '노단(老旦)'과 '소단(小旦)'으로 나뉘고, 성격에 따라서 '청의(靑衣)'와 '화단(花旦)'으로 나뉘며, 무공에 따라서 '무단(武旦)'과 '도마단(刀馬旦)'으로 나뉜다.

가. 노단(老旦)과 소단(小旦)

노단은 나이 많은 부녀자를 가리키며, 진짜 목소리로 창과 독백하며,

노생(老生)과 비슷하지만, 동작에 있어서 남자 배우보다 여성스러운 면을 더 가지고 있다. 소단은 젊은 여배우를 말한다.

나. 정단(正旦)

정단은 우아하고 아름다운 목소리로 노래하는 배역으로, 양가의 규수나 정숙한 부인, 정조가 곧은 중년, 좋은 부인과 정숙한 아내, 효성스러운 딸들의 배역이다. '청의(靑衣)'라고도 하며, 항상 검정색 옷을 입고 있는 것이 특징이다.

다. 화단(花旦)

화단의 대표적인 성격은 활발하며 천진하고 발랄한 젊은 여자로서 복장은 오포를 주로 입고 북경 어투와 각종 동작을 표현한다. 주로 명문가 규수의 몸종이나 가난한 집안의 처녀, 또는 요염한 젊은 부인을 연기한다.

라. 무단(武旦)과 도마단(刀馬旦)

무단은 무예를 할 줄 아는 여자 배우로서 용감하게 싸움을 잘하며 요염한 자태를 표현하며 청의(靑衣)와 화단(花旦)의 경계를 초월하여 두 가지의 특징을 모두 가지고 있는 배역이다. 도마단은 대사가 거의 없고 곡예에 가까운 무대를 행하는 무예 실력이 뛰어난 여자 역할이다.

(3) 정항(淨行) : 성격이 강렬하거나 거친 남자 배역

경극에서 얼굴을 여러 가지 물감으로 화려하게 분장한 인물을 '화리엔(畵臉)'이라고 하는데 이러한 배역이 '정(淨)'이다. 이들은 모두 남성으로 성격이 거칠고 호방하며 큰 소리로 말하기를 좋아하고, 급하면 무공을 쓰기도 한다. 외형적으로는 상징적이며 다채롭고 복잡하게 보이는, 전혀 현실적이지 않은 분장이 특징이다. 이들 대부분 독백이 많고 과장된 연기를 주로 하며, 특히 얼굴의 짙은 화장과 각종 도안과 꽃무늬를 그려서 각종 인물에 각각 다른 도안을 그려 특성을 표현한다.

'정(淨)'도 '문정(文淨)'과 '무정(武淨)'으로 나누기도 하고 '왕후장상(王侯將相)'의 역할인 '정정(正淨)'과 '간웅(奸雄)'이나 대도의 역할을 하는 '부정(不淨)'으로 나뉜다. 정은 분장하는 색이 지닌 고유의 의미로 인물의 성격을 나타낸다.

(4) 축항(丑行) : 외모가 추하게 생긴 남자 배역

'축(丑)'은 외모가 못생긴 인물을 뜻한다. 일반적으로 코가 들어간 곳에 흰색을 칠하여 '소화검(笑畵臉)'이라고 하며 극 중의 감초 역할을 하는데, 대부분 의인과 같이 기민하고 익살스러운 사회 밑바닥에서 생활하는 사람을 가리킨다. 축은 주로 '무축(武丑)', '문축(文丑)', 그리고 '일반축(一般丑)' 세 종류로 나뉜다.

이들 '축(丑)'이란 글자가 들어가는 모든 배우는 못생기거나 우스운 짓을 하는 배우를 뜻한다. 풍자적인 소인물로, 극 중에 우스운 행동이나 대사를 넣어 관객을 웃기는, 이른바 익살스러운 역할을 하며, 가끔 극 중에서 빠져나와, 객관적인 입장에서 비평하기도 한다. 축 배우들은 보통 즉흥 연기를 통해 날카롭게 매서운 풍자를 하며 익살스럽고 어리석은 역할이나 악한 역할을 맡기도 하는 경극의 독특한 배역이다.

가. 무축(武丑)과 문축(文丑)

무축은 무예를 할 줄 아는 배우이며 입으로 독백과 뛰는 동작을 잘하여 '개구도(開口跳)'라고도 한다. 문축은 무예를 할 줄 모르는 배우로,

자주 익살 섞인 우스운 짓을 하는 인물입니다. 나이가 많고 웃기는 배우를 '노축(老丑)'이라고 한다.

나. 채단(彩旦)

채단은 일반적으로 나이가 비교적 젊으며 화장이 비교적 과장된 여자 배우를 말하는데, 주로 익살스러운 연기를 한다. 실제 공연에서는 언제나 축 배역을 맡은 배우와 함께 연기하기 때문에 대부분 여자 배우에게 이 역할이 맡겨진다. 따라서 단 역에 속해 있긴 하지만 연기의 성격은 축 역과 별반 차이가 없다.

5. 경극의 발전과 현재, 그리고 미래

1) 경극의 발전 : 여성에 대한 인식의 변화

청대 말기인 동치(同治), 광서(光緒) 연간에 이르러 피황희(皮黃戲)는 전성기를 맞이하지만 19세기 말에서 20세기 초 중국의 내우외환으로 말미암아 경극은 격동의 세월을 맞게 된다. 즉, 1854년 태평천국의 난을 시작으로 1898년 무술개혁 운동, 1911년 신해혁명, 1919년 5·4운동으로 이어지는 일련의 대사건들은 구질서를 부정하고 민주사상과 남녀평등의 기치 아래 폭넓게 전개되어 중국 사회를 전면적으로 개혁하려 하였다. 이러한 사회적, 문화적 환경 속에서 처음으로 여성 배우가 무대에 등장하였다. 그동안 출입을 금지했던 공공극장에도 여성이 관객의 일원으로 자유롭게 드나들게 되었다.

여성에 대한 인식의 변화는 무대 위에서 표현되는 여성상에도 커다란 변화를 가져왔다. 더 요염하고 성을 자극하는 그런 도발적인 모습이 아니라 용감하고 총명하며 주체적이고 능력 있는 여성의 단아한 모습을 우아하게 그려내기 시작했다. 그리하여 1920, 30년대에 매란방(梅蘭芳), 정연추(程硯秋), 순혜생(荀慧生), 상소운(尙小雲) 등의 '4대 여성 배역'을 배출하여 이들을 중심으로 경극의 참모습을 해외에도 널리 알림으로써 세계 연극계에 큰 반향을 불러일으켰다. 이로써 중국의 경극은 스타니슬랍스키와 브레히트의 연극론과 함께 어깨들 나란히 하며 세계 3대 공연 체제로 손꼽히게 되었고, 국극이라는 호칭까지 얻게 되었다.

2) 경극의 현주소, 그리고 미래

1949년 중화인민공화국의 성립 이후 소련의 사실주의적 문예 정책의 영향과 봉건주의적 잔재를 제거한다는 프롤레타리아 혁명의 구호 속에서 마오쩌둥이 연안에서 발표한 '문예강화(文藝講話)[3]'를 기준으로 전통극(京劇)과 현대극(話劇)에 대한 재정비와 활성화 작업에 착수하게 된다. 경극도 이러한 문예 정책의 영향을 받아 경극 특유의 분장이 검보(臉譜), 소도구, 전통적인 연기술과 무예 표현 등이 폐지되었고, 그 대신에 사실적인 연기와 분장, 무대장치가 새로이 등장했다.

특히 문화대혁명 시기에는 모택동의 처인 강청(江靑) 등에 의해 경극의 현대화가 강력하게 추진되면서 계급투쟁을 고취하기 위한 경극의 모델이 제시되는데, 이를 '본보기극' 혹은 '모범극(樣板戲)'이라 한다. 모범극에서는 전투적인 인민의 영웅상을 그려내기 위해 전통적인 무예와

---

3 '문예강화'의 정식명칭은 '연안 문예 좌담회에서의 강화'이다. 항일전을 벌이던 옌안에서 정풍운동의 일환으로서, 1942년 5월 3회에 걸쳐 개최된 문예 좌담회에서 마오쩌둥이 발언한 서론과 본론을 문장화한 것이며, 1943년 10월 19일 자 『해방일보(解放日報)』를 통하여 발표되었다. 이것은 문예활동 전반을 규정하는 최고의 규범으로, 예술과 정치는 불가분의 관계이며, 무산계급의 예술을 표방하자는 것인데, 이에 불만을 제기하면 숙청을 당하거나 사상개조를 당하게 되었다. 이로 인해 중국공산당의 혁명노선을 전제로 한 중국 특유의 사회주의 현실주의라는 문예활동의 틀이 만들어졌다.

함께 서구의 발레 동작이 도입되었고, 더욱 극적인 음향효과를 낸다는 목적으로 바이올린 등 서양의 악기가 사용되기 시작했다.

이후 개혁 개방을 주창한 덩샤오핑 정권의 성립과 함께 전통 경극 예술의 파경은 진정되기 시작했다. 기존의 강압적인 예술정책이 완화되었고 문화대혁명 시기에 공연 금지당했던 레퍼토리가 다시 상연되기 시작했다. 그 일환으로 관객의 흥미를 유발하기 위해 남성 배우가 다시 여성 배역을 연기하는 것을 허용하였고, 무대공연예술의 구습으로 치부되었던 전족을 모방한 '교(蹺)'의 사용도 허용하였다.

경극의 지위는 중국의 개혁 개방 물결이 일어난 1980년대에 들어서면서부터 퇴색하기 시작한다. 각종 무도실(武道室), 영화관, 텔레비전, 스포츠 경기 등에 자리를 내주었고, 젊은 층의 관심을 끌지 못한 것이 주원인이 되었다. 또한, 방송 기술이 발달함에 따라 경극 공연은 더욱 빛을 잃게 되었다.

그러나 중국 정부와 문예계는 전통예술의 특성과 지방문화의 독립성을 인정하면서 경극을 비롯한 각종 지방희(地方戲)가 활성화되도록 애쓰고 있다. 이뿐만 아니라 중앙정부와 각 성 정부가 협력하여 전통문화에 대한 재조명을 시도하고 있으며, 각급 학교를 설립하여 인재 양성에도 힘쓰고 있다. 아울러 경극은 영화를 비롯한 현대적 예술 장르의 소재로 쓰이면서 200여 년 동안 지켜온 중국 전통예술의 생명력을 면면히 이어가고 있다.

이런 노력에도 불구하고 현재 중국 사회에는 즐길 수 있는 문화 활동의 종류가 과거보다 월등히 많아졌고, 전문 배우들을 양성해 내기도 어려울 뿐만 아니라 예술의 가장 중요한 덕목인 시대상을 경극이 제대로 반영하지 못하게 된 것도 요즘 젊은 세대에게 인기가 시들해진 이유로 꼽힌다.

중국을 상징하는 건축물에는
어떤 것이 있을까?

- 중국의 건축예술

1. 중국 건축의 특징과 의의

만리장성, 산해관, 자금성, 피서 산장, 아방궁, 명 13릉, 운강 석굴, 불궁사 석가탑, 포달랍궁, 불광사 대전, 평요 고성, 졸정원, 예원 등 이러한 크고 작은 유적들은 중국 하면 쉽게 머릿속에 떠오르는 고대 건축물들이다. 우리와 일의대수(一衣帶水)[1]의 관계를 맺고 있는 중국의 고대 건축은 동아시아 건축의 근간으로서 20세기 초반에 이르기까지 단 한순간의 단절도 없이 그 모습을 굳건히 유지해왔다. 멀리는 북경원인의 원시 주거지인 주구점 유구나 장강 유역의 하모도 고대 유적에서부터 시작하여 가깝게는 명, 청 시대 황제의 거처였던 금빛 찬란한 자금성에 이르기까지 세계 건축역사에 커다란 발자국을 남겼다.

이번 장에서는 먼저 중국 건축의 특징과 의의에 대해서 알아보고, 이와 함께 중국을 상징하는 건축물에는 어떤 것이 있는지 살펴봄으로써 중국인이 주거양식에 대해서 살펴보기로 하자.

1) 중국 건축의 특징

첫째, 중국 건물은 목조로 지어졌다.

중국 건축은 다양성 속에서도 몇 가지 일관된 전통을 지켜왔다. 그 가운데 하나는 다른 재료가 아닌 나무로 줄곧 건물을 지었다는 점이다. 나무는 오행(五行) 가운데 유일하게 생명체를 가지고 있다. 그래서 고대의 중국인들은 산자의 집을 나무로, 죽은 자의 집인 무덤은 벽돌이나 석재로 지었다. 실용적인 측면에서도 나무는 손쉽게 구할 수 있는 재료이고 가공이 쉬우며 부재를 미리 만들어 조립이 가능한 장점이 있었다.

그러므로 조숙한 문화적 성향을 보이며 나무로 지어진 중국 건축은

---

1 한줄기의 띠처럼 좁은 냇물이나 강물이라는 뜻으로, 매우 가까운 거리에 있음을 형용한다.

일찍부터 부재의 표준화를 추구했고 조립식의 건축기법이 발달하였기 때문에 시공에 편리하고 공사시간을 단축할 수 있었으며 해체와 수리, 이동이 쉬웠다. 오늘날까지 천여 년의 세월을 견뎌온 산서 오대산 불광사 대전은 바로 목조건축이 가진 장점을 단적으로 드러내는 대표적인 사례이다.

둘째, '칸'이라는 기본적인 단위 공간

둘째로는 나무 기둥 네 개가 만드는 하나의 공간, 즉 칸이라고 하는 기본적인 단위 공간의 구성요소가 확립되었다. 이 하나의 칸은 전후, 좌우로 필요에 따라 확장이 되어 한 동의 건물이 되고, 건물들은 다시 크고 작은 마당 공간을 중심으로 서로 어우러져 궁궐을 이루고 사대부의 주거를 형성했으며 사찰을 만들어냈다. 특히, 중국인들이 마당 즉, 중정(中庭)을 핵심으로 하는 쓰허위안식의 건물의 배치개념을 선호하고 남북의 중축선과 좌우대칭을 강조했던 것은 그것이 전통적인 종법 제도와 예제질서를 표현해내는 가장 좋은 방법이었기 때문이다.

그러므로 이러한 배치방식은 시대를 초월하여 시종일관 각종 건축형식에 빠짐없이 적용되었다. 천여 칸으로 이루어진 거대한 규모의 자금성도 사실은 칸이라는 단위 공간과 중정이라고 하는 쓰허위안의 단순한 공간개념이 서로 복잡하게 얽혀 만들어진 것일 뿐이며 그 속을 관통하는 7,200m의 강력한 남북의 축선은 황제의 권력과 기백을 유감없이 발휘하는 데 큰 역할을 하고 있다.

셋째, 중국의 건축물은 이상향을 추구한다.

중국인은 이상향의 공간을 구축했다. 중국인들은 엄격한 질서체계 아래에 규정된 일상의 생활공간만을 선호하여 창조한 것은 아니었다. 그들은 이와 상반된 초 탈속 적인 차원에 이르는 이상향의 세계도 만들

어냈다. 그것은 철저한 비대칭 구도와 자유분방함, 현실의 속박에서 벗
어나 상상력이 총동원된 세계로서, 바로 원림 건축이다. 원림 건축은
시대를 거듭할수록 정제되어 시정화의(詩情畵意: 시적인 정취나 그림 같은
경치. 풍경이 시나 그림처럼 아름답다)에 입각한 천인합일(天人合一: 하늘과
사람이 하나다)의 공간을 구축할 수 있었다.

　구조적인 측면에서 중국의 건축은 서양의 건축과 달리 벽체가 지붕
의 무게를 받는 것이 아니라 공포라고 하는 발달한 목조 부재를 통하여
기둥이 받아주기 때문에 벽이 무너져도 건물이 무너지지 않으며 창과
문의 크기와 위치를 마음대로 조절할 수 있어 입면의 다양성을 구가할
수 있었다. 공포는 중국 건축을 비롯한 동아시아 건축에서 공통으로
발견되는 부재로서 육중한 지붕의 무게를 적절히 분산시켜 주었고 지붕
의 처마 선을 길게 돌출시킬 수 있는 장점이 있다.

　그 결과 빛의 유입을 통한 실내의 채광을 적절히 조절하고 빗물의
들이침을 막아 건물의 벽면을 보호하였다. 지붕이 만드는 곡선과 사각형
으로 구획된 건물의 평면은 천원지방(天圓地方: 하늘은 둥글고 땅은 모남)의
개념을 그대로 투영한 것으로 인간은 그 사이에서 삶의 존재가치를 부여
받았다. 그러므로 중국인에게 있어서 하나의 건축물이라고 하는 것은
단순한 3차원적 조형물에 머물렀던 것이 아니라 천지인(天地人)이 서로
완벽하게 조화를 이루며 결합한 관념적 실체였다.

2) 중국 건축의 의의

　일반적으로 건축은 인간의 삶을 담는 그릇이라고 한다. 그래서 건축
에는 그 시대의 사회, 문화, 정치적 상황이 종합적으로 반영되어 나타나
기 마련이다. 중국의 경우, 고대사회는 철저한 씨족 혈연의 종법 관계와
긴밀하게 하나로 연결되어 있었다. 이러한 개념은 시대를 초월하여 계승

되었으며 사회의 각 계층은 씨족 혈연과 분리될 수 없었고 삼강오륜을 핵심으로 삼는 군신, 부자, 부부 등의 종속관계가 보편적으로 존재했다.

첫째, 사람은 인의(仁義)의 동물

중국의 철학자들은 사람을 인의(仁義)의 동물이라고 여겼고 이러한 관념들은 건축에 그대로 적용되어 궁궐에서 민가에 이르기까지 모두 예제와 밀접한 관계를 맺었다. 비록 건축이 하나의 독립된 학문으로서 존재하지는 않았지만 각 시대의 의례나 전례 속에 일정한 규정이 존재했고 그것은 사회적인 기능을 먼저 고려하였다. 그 결과 도읍, 궁궐, 불사, 도관, 능묘 등 건축의 내용, 배치, 형식, 색채, 장식 등은 모두 예제(禮制)로 전환되었다.

이와 더불어 주어진 자연환경과 그것을 바라보는 관념이 일정한 영향을 미치게 되었다. 원시시대부터 자연에 대한 주도면밀한 관찰은 집을 어떻게 지어야 효율적인지를 깨닫게 했다. 그리고 나아가 자연의 법칙을 사회의 질서체계와 연결해 상징화하는 작업이 이루어졌다. 변화무쌍한 우주 만물의 상호관계와 조화는 바로 주역이라고 하는 철학적 사유체계로 나타났으며 건축행위의 저변에서 튼튼한 이론적 배경을 만들어주었다. 마치 오늘날 우리가 궁금한 것이 있으면 인터넷의 웹서핑을 통하여 해답을 얻듯이 고대의 중국인들은 주역을 들춰보며 여기서 건축행위의 지침을 찾아냈다.

둘째, 중국의 건축은 생태환경을 중시함

그뿐만 아니라 서양과 달리 중국은 시간과 공간 사이에 존재하는 생태환경을 중요시하였다. 서양의 건축이 내적 구성과 폐쇄적 조직을 강조한 객체의 형태를 추구했지만, 중국의 건축은 객체의 형태와 그것이 놓이는 상황 및 자연환경과의 어울림을 통해 아름다움을 추구했다.

이러한 시공이 일체화된 개념은 중국의 건축이 '법천상지(法天象地: 하늘을 본받고 땅에 순응한다)'라고 하는 설계원리를 적용하게 했고 이것을 하나의 고정된 표준양식이자 패턴으로 삼도록 하였다. 이처럼 예제(禮制)의 도구이고 음양(陰陽)의 중추이며 실용적인 효과를 갖춘 예술환경의 조직체로부터 출발한 중국의 건축문화는 다양성과 다양함 속의 일관성이라는 특징으로 전개되어 나왔다. 그것은 56개의 소수민족과 거대한 국토를 자양분으로 삼아 한족을 중심으로 한 강력한 문화의 포용력과 융합력이 보여준 결과이다.

셋째, 중국 문화의 다양성과 건축

전국 각지에 분포하는 소수민족의 주거건축은 물론이거니와 화려하게 채색된 단청의 문양과 원림 건축에 담겨 있는 갖가지 진귀한 조형물들은 이러한 다양성의 특징을 단적으로 잘 드러내고 있다.

중국의 건축에서 쉽게 발견되는 다양한 건축문화의 시작은 적어도 춘추전국(春秋戰國)시대의 혼란기를 거쳐 통일 대제국이 출현하는 진한(秦漢) 시기로까지 소급된다. 통일 대제국의 출현은 남방과 북방의 지역적 건축특성이 융합되고 주변 국가와의 활발한 교류를 촉진하면서 향후 발전의 기틀을 형성하였다.

2. 지역 교통의 중추(中樞) : '후통(胡同)'

'후통(胡同: 골목길)'은 '리농(里弄)'이라고도 하며 도시와 마을의 주요 도로 사이에 있는 비교적 작은 거리로 주거지역 내부로 통하는 골목길이다. '후통(胡同)'은 지역 교통을 연결하는 데 없어서는 안 될 중요한 부분이기도 하다. 도로 소통 상황에 따라 골목길은 '막다른 골목(死胡同)'과

'살아있는 골목(活胡同)'으로 나뉜다.

전자는 입구만 있을 뿐 그 끝은 주거지역 깊숙이 들어가고 그 안에서 중단된다. 후자는 둘 또는 그 이상의 중심도로와 연결된다. 골목은 베이징, 쑤저우의 큰 특징의 하나인데, 쑤저우에서는 '샹농(巷弄)'이라고 부른다.

1) '골목 문화' 또는 '쓰허위안 문화'

베이징의 고도(古都)문화를 '골목 문화' 또는 '쓰허위안 문화'라고 부른다. 베이징을 찾는 관광객들이 자주 물어보는 질문 중 하나가 "베이징의 골목은 어디에 있습니까?"라는 것이다. 베이징의 골목길은 수천 개가 넘는데, 원나라, 명나라, 청나라의 3개 왕조에 형성되었다. 그중 대다수는 13세기 원나라에 형성되었는데, 당시에 골목길이 6,000여 개에 달했다. 역사적으로 가장 일찍 조성된 것은 '차오양먼 내재(朝陽門內街)'와 '똥쓰제(東四街)' 사이의 골목으로 정리가 매우 잘 되어있고, 골목과 골목 사이의 거리도 거의 같다.

남북으로 향해 뻗어있는 길은 일반적으로 '거리(街)'라고 하는데, 상대적으로 그 폭이 넓다. 가령, 베이징역에서 '차오양먼 내제(朝陽門內街)'로 이어지는 남쪽 작은 거리와 북쪽 작은 거리에는 과거에 주로 마차(馬車)가 주를 이뤘기 때문에 '도로(馬路)'라고 한다. 동서로 향하는 것은 일반적으로 골목인데, 상대적으로 좁아서 사람이 주로 다닌다.

이 골목 양쪽은 일반적으로 모두 '쓰허위안(四合院)'이다. '쓰허위안'은 동서남북 4채의 가옥이 네모반듯한 대칭 형태로 둘러싸여 있는 건물이다. 크고 작은 '쓰허위안'이 하나둘씩 늘어서 있고, 그 사이의 통로는 바로 골목길이다.

2) '후통(胡同)'의 유래와 형성

후통(胡同)은 '작은 골목'이라는 뜻으로 상하이에서는 '농(弄)'이라고
도 한다. 원래 후통은 원나라 때 '통(通)'이라 쓰였는데 명대 이후 일률적
으로 후통(胡同)으로 통일되었다. 또한, 후통은 과거 일반적으로 '수정(水
井, 우물)'에서 비롯된 단어로 여겨졌었는데 당시 주민들은 대부분 우물
이 있는 곳을 중심으로 거주지역이 형성되었기 때문이다.

베이징은 과거 수없이 많은 크고 작은 쓰허위안들이 가로로 혹은
세로로 질서정연하게 연결되어 이루어진 도시이다. 밀집된 쓰허위안
간의 출입을 위하여 반드시 통로를 남겨두어야 하는데 그것이 바로 '후
통(胡同)'이다. 원나라 때 북경은 주로 '싼진따스허위안(三進大四合院)'의
거리 간격으로 조성되었기 때문에 '후통(胡同)' 간은 매우 넓었다.

그래서 후대에 가운데 생겨난 공터에 쓰허위안을 건립하고 작은 길
을 내어 통로로 삼았다. 이리하여 많은 넓고 큰 '후통(胡同)'가운데 대량
의 작은 '후통(胡同)'들이 생겨났다. 1949년 북경에 유명한 거리가 약
6천여 개에 이르렀는데, 그 중 '후통(胡同)'이 약 1300여 개나 되었다.

특별한 '후통(胡同)'

북경의 가장 좁은 후통은 치엔먼따산란(前門外大柵欄)지역에 있는 일
명 치엔스후통(錢市胡同)인데, 가장 좁은 곳이 약 40㎝이고, 길이는 총
55m에 이른다. 그리고 가장 굴곡이 심한 후통은 20여 번이나 꺾여지는
데 나중에 5개의 후통으로 나뉘었다.

가장 긴 후통 : 가장 긴 후통으로 그 길이만도 3km에 달한다.
가장 짧은 후통 : 가장 짧은 것은 겨우 25.23m다.
가장 넓은 후통 : 가장 넓은 곳이 32.18m나 된다.
가장 좁은 후통 : 폭이 가장 좁은 곳은 겨우 0.6m이다.

가장 구불구불한 후통 : 9번의 구불구불한 골목길로 이루어져 있다.

가장 오래된 후통 : 원나라 시대에 조성된 전탑후통(磚塔胡同)이다.

3. 베이징의 전형적인 주거 양식 : 쓰허위안(四合院)

쓰허위안(四合院)은 베이징의 크고 작은 골목에서 자주 볼 수 있는 오래된 주거 양식으로서, '쓰허팡(四合房)'이라고도 부른다. 이 쓰허위안 은 기본적으로 남북 중심축 선상에 건물들이 대칭으로 배치되어 있으며, 동서남북 사면의 가옥이 가운데 정원을 둘러싼 형태로 이루어진 내원식 (內院式) 주택이다.

쓰허위안 내 각 건물의 배치 양식은 대가족이 조화를 이루며 살아가 기에 적합하게 되어있다. 집 안의 가장 중심이 되는 주 건물은 풍수 사상에 의해 갇힌 방향이라 하는 정남향에 위치하는데, 주로 웃어른과 주인이 거주하며 조상들의 위패를 모셔놓은 곳으로 아랫사람이나 하인 이 함부로 들어갈 수 없다. 이뿐만 아니라 주 건물과 측면의 방을 분리하 여 대가족 생활 내에서도 각 세대의 독립성을 보장했다.

쓰허위안의 규모는 각기 다르고 그 크기 또한 상당한 차이가 있다. 하지만 그 크기의 대소를 막론하고 모두 기본적인 구조로 되어있다. 즉 네 개의 방이 합쳐져 하나의 정원을 이루어 쓰허위안의 기본구조 가 되며 이것을 '일진사합원(一進四合院)'이라 한다. 만약 이러한 쓰허 위안 두 개가 이루어진 것은 '양진사합원(兩進四合院)'이라 하며 이런 식으로 계속 나아갈 수 있다. 베이징의 대형 쓰허위안인 광부의 경우 7진, 혹은 9진으로 이루어져 있으며 양편에는 과원(跨院)이라 하는 창 고가 있다.

앞서 설명한 바와 같이 일조량 영향으로 사면의 방 가운데 북쪽에 위치하여 남쪽을 바라보는 곳이 가장 좋다. 그래서 쓰허위안은 모두 북쪽 방을 정방(正房)이라 하고 주인이 거주한다. 동, 서 양측에 있는 것은 그다음으로 쳤는데 보통 '상방(廂房)'이라 하며 형제와 자녀가 거주한다. 정방의 맞은편에는 대문에 딸린 행랑채인 '도좌방(倒座房)'이 있는데, 주로 하인들이 거주한다. 양진사합원 이상의 경우 일반적으로 내택(內宅)과 외택(外宅)으로 나누는데, 분리방법은 상방 남측을 따라 벽을 만들고 마당을 내외 두 부분으로 나뉜다.

　베이징의 주택은 모두 쓰허위안이었다. 쓰허위안 건축물은 유가 사상에 기초한 중용과 조화를 상징하는 실학 관념과 장유유서에 기초한 계급의식을 구현하는 구조로서 오랜 시간 걸쳐 완성된 대표적인 민가 건축구조이다. 건물은 남북을 중심선으로 구축하여 상호 대칭적으로 가옥을 짓고 중간 부분, 즉 건물과 건물 사이에는 정원(中庭)이 있다. 거실은 남향이 되도록 북쪽에 위치하고 대문은 대부분이 대지의 동남쪽 구석에 있다.

　정문을 들어가면 정면에 벽이 있는데 이 벽을 '영벽(影壁)'이라 부른다. 영벽은 쓰허위안 대문 안과 밖의 중요한 장식벽으로 외부로부터 내부를 가리는 역할을 하면서 대문을 돋보이게 하며, 보통은 대문에서 약간 뒤쪽에 자리하지만 부유한 집은 대문 밖 맞은편에 설치하는 때도 있다. 영벽은 쓰허위안을 방문하는 사람들이 이 집을 방문하면서 첫 번째로 시선이 머무르는 곳이라 복(福), 수(壽), 행운을 의미하는 조각과 장식으로 설계하는 것이 일반적이다.

　'영벽(影壁)'의 안쪽은 '샤오위엔즈(小院子)'라고 불리는 작은 정원이고, 정원의 남쪽에 있는 몇 칸의 방들은 보통 헛간이나 일하는 사람들이 사용한다. 소원자의 북쪽에 두 번째 문이 있고, 그곳을 통과하면 본채 앞 정원이 나온다. 정원의 정면은 정방(正房)으로 건물에서 가장 넓고 커서 쓰허위안 주택의 중심이다. 이곳에는 보통 연장자가 산다. 정방의 좌우에 '이방(二房)'과 '소과원(小跨院)'이 있는데, 부엌이나 헛간 또는 화장실로 이용한다. 정원의 동서쪽 양측에는 상방이 있어 연소자가 거주한다.

1949년 중화인민공화국의 수도가 된 후 인구가 급증한 북경은 주택이 부족하였다. 원래 쓰허위안은 한 가구가 사는 구조였는데 서너 가구, 심지어 더 많은 가구가 한꺼번에 쓰허위안에 동거하게 되어 쓰허위안은 한마디로 '잡거원(雜居院)'이 되어 버렸다.

4. '전조후침(前朝後寢)'의 궁궐건축

궁궐은 절대 권력자인 제왕이 사는 곳으로, 궁실(宮室)이라는 단어의 궁과 궐(闕)이라는 두 가지 어휘가 결합한 것이다. 본래 궁실은 상고시대에 일반적인 거처를 뜻하는 말이었으나 점차 지위가 높고 권력을 소유한 제왕의 집을 가리키는 말로 전이되었고 궐은 궁문이나 성문, 귀족 주택의 문과 무덤, 신묘의 앞 양쪽에 세웠던 높은 기단을 가진 누각 형태의 건물로서 이 역시 궁정, 또는 제왕의 처소를 뜻하게 되었다. 또한, 궁궐은 높고 크며 화려한 집을 가리키는 궁전이라는 말로도 많이 쓰이고 있다.

여기서 하나 흥미로운 사실은 중국의 역대 왕조는 전대의 궁궐을 그대로 사용한 예가 거의 없다는 점이다. 그것은 왕조가 바뀌면 제일 먼저 전대의 궁궐을 불질러 없애 버리고 새로운 도성과 궁궐을 지음으로써 새로운 왕조의 권위를 바로 세우는 방식을 취했기 때문이다. 다만 예외라고 한다면 만주족이 정권을 잡아 청 왕조를 세울 때만 이러한 일이 없어 자금성이 온전히 후대에까지 이어졌을 뿐이다.

역대의 궁궐건축은 일반적인 주거건축과 마찬가지로 공식적인 활동과 정무를 수행하는 외조의 공간과 실질적인 거주 생활이 이루어지는 내조의 공간으로 구분되는데 이것을 우리는 '전조후침(前朝後寢)의 배치'라고 한다. 그리고 여기에 일상의 생활에서 벗어나 휴식과 오락을 위한 원림(園林)의 공간이 부가되면 하나의 완벽한 궁궐건축 군을 형성하게 된다.

현재 중국에는 비교적 잘 보존된 궁궐건축이 두 곳에 있다. 하나는 명, 청 양대의 도성이자 궁궐로 사용되었던 베이징(北京)의 자금성(紫禁城)이고 다른 하나는 만주족이 중원에 진출하기 이전 랴오닝성 심양에 지은 선양(瀋陽) 고궁(故宮)이라고 불리는 황궁이다. 그러나 이 두 개의 궁궐건축 군은 여러 가지 측면에서 서로 다른 모습을 보여주고 있다.

사람들은 여러 건축유형에 대하여 각기 다른 요구하고 있다. 주택의 경우 사람들의 먹을 것, 마실 것, 그리고 잠자는 것 등에 관한 생활적 요구를 해결해야 하며, 사당은 신도와 승려들이 종교 활동에 종사할 수 있도록 그 요구를 충족시켜주어야 하며, 궁전은 전면적으로 제왕이 정치와 종교, 생활, 여가생활 등에 적합한 환경과 장소를 제공해 주어야 한다. 그래서 주택은 편안하고 안정적이어야 하며 사당은 신비스럽고 조용하며 궁전은 웅대한 기백이 있어야 한다. 이 가운데 규모가 가장 크고 그 형태가 가장 복잡한 쓰허위안 군체가 바로 명, 청 양대의 궁궐인 자금성이다.

1) 베이징의 자금성(紫禁城)

(1) 자금성의 유래와 명칭

자금성은 베이징시 중심에 있는 명, 청대의 궁전으로 1407년 명나라의 영락제(永樂帝)가 남경에서 북경으로 천도하기 시작할 때부터 원대(元代)의 고궁 유적을 바탕으로 전국의 유명한 장인 30여만 명과 군인, 백성

베이징에 있는 자금성. 붉은색 지붕이 매우 인상적인데, 붉은색은 황제의 절대적인 권위를 상징한다. 겹겹이 둘러싸인 자금성의 안채는 황제의 거주지로 매우 은밀하고 신비스러운 분위기마저 자아낸다.

들을 동원하여 시작한 지 14년 만인 1420년에 완성되었다.

자금성은 남북 약 1,000m, 동서 약 760m의 성벽으로 둘러싸여 있으며, 총면적은 약 72만 평에 달한다. 성벽 밖에는 적으로부터의 공격에 대비하여 깊이가 약 6m이고 넓이가 약 50m인 해자(垓子)를 파놓았다. 전체 건축 군은 크게 내조와 외조 두 부분으로 나뉘며, 바깥쪽은 궁성으로 둘려 있다. 명, 청 고궁은 구체적으로 황제의 권위를 실현하기 위하여 설계되었는데, 주요 건축물은 엄격하게 대칭 구도를 이루고 있다. 고궁 전체는 앞에 있는 3개의 전을 중심으로 하고 있는데, 조회를 거행하는 태화전을 주요 건축으로 삼고 있다.

자금성이란 명칭은 점성학(占星學)에 그 기원을 두고 있다. 중국 고대의 점성학에 의하면, 많은 별자리 가운데 옥황상제가 사는 곳이 있는데, 그곳을 '자미원(紫薇垣)'이라고 한다. 이곳은 천자가 거처하는 곳이라 절대 일반 백성들이 들어올 수 없는 곳으로 중국 고대의 봉건왕조의 황제는 자신을 하늘의 아들이라 칭하였고, 그 하늘의 아들이 사는 곳을 이른 바 '자금성(紫禁城)'이라고 하였다. 그래서 자금성을 영어로 'Forbidden City(금지된 장소)'라고 한다.

자금성 내 태화전 황제의 등극, 결혼, 생신 축하연회 등 중요한 행사와 의식을 거행하는 곳으로, 전조가운데 가장 중요한 곳이기도 하다.

(2) 자금성의 구조 : '전조후침(前朝後寢)'

자금성은 봉건왕조의 통일 천하와 지고무상(至高無上)한 황권의 신성한 지위를 구현하기 위하여 북경성 전체의 강력한 중축선 위에 크고 작은 쓰허위안의 공간이 엄격한 좌우대칭의 구도로 배치되어 있다. 전체적으로는 음양오행의 완벽한 합일체를 만드는 데 주력하면서 내부의 공간은 앞서 언급한 바대로 '전조후침(前朝後寢)'의 배치를 충실하게 따르고 있다.

자금성은 봉건 제왕이 정무를 보고 생활하는 곳이기 때문에 많은 기능이 있어야 한다. 첫째는 정무를 보는 곳으로 각종 회의를 거행하고 평상시 정무를 처리하는 전당과 관공서와 관청이 있어야 한다. 둘째로 생활하고 기거하는 곳으로 황제(皇帝)와 황후(皇后), 그리고 많은 황비(皇妃)와 황자(皇子)와 태조(太祖), 태후(太后)들이 생활하고 휴식하는 공간으로 침궁(寢宮)과 원림(園林), 극장 등이 필요하다. 셋째는 황제와 가족들에게 종교 활동과 제사 등을 거행하고 공부할 수 있는 공간을 제공해야 하는데, 가령 불당이나 서재, 그리고 사격장 등이다.

이처럼 황궁 건축의 구획에서 볼 수 있듯이 황제가 정무를 처리하는 전당(前堂)은 항상 궁궐의 앞쪽에 위치하며, '전조(前朝)'라고 한다. 생활하는 장소로써 주로 뒤에 배치하는데 이를 후침(後寢) 혹은 후궁(後宮)이라 한다. 이러한 실제적인 기능에 부합되는 전조(前朝)와 후침(後寢)의 배치는 역대 황궁의 기본 구성이다. 명대의 자금성 또한 이러했는데, 전조 부분에 속하는 곳으로 태화(太和), 중화(中和), 보화(保和) 등 3개의 대전(大殿)이 가운데를 기준으로 하여 앞쪽에 배치되어 있다.

이들은 주로 황제가 중대한 절기에 조정의 문무백관들을 만나고 성대한 전례(典禮)를 거행하기에 방대한 전당과 넓은 정원을 가지고 있을 뿐 아니라 이러한 의식들을 거행하기 위해 준비를 하거나 물건들을 놓아두는 일종의 창고나 준비실의 역할도 한다. 즉, 이 세 개의 대전은 각기 다른 용도로 쓰이고 있는데 태화전은 황제의 등극, 결혼, 생신 축하연회 등 중요한 행사와 의식을 거행하는 곳이고, 중화전은 황제가 태화전에 가기 전 휴식을 취하며 대신들의 예방을 받고 황태후의 시호를 내리거나 제사 전날 제문을 읽기도 했던 곳이다. 그리고 보화전은 태화전에서 군신들의 조회를 받기 전 의복을 갈아입고 면류관을 쓰던 공간이자 섣달 그믐과 정월 대보름날이 되면 문무 대신에게 연회를 베풀던 장소이다. 따라서 건물의 외관도 서로 다른 형식을 취하여 위계와 변화감을 주고 있다.

후침 부분은 가운데 중추선 상에 건청(乾淸), 교태(交泰), 곤녕(坤寧) 등 세 궁이 위치하는데, 이들은 황제, 황후가 생활하고 일상적인 일을 처리하며 내조의 각종 작은 활동 등을 거행하는 곳이다. 후침의 부분 역시 삼대전(三大殿)의 구성을 취하고 있는데 건물의 규모가 전조 부분보다 아주 작아진 것이 특징이다. 이는 생활공간에 사용되었기 때문으로 권위보다는 실용적인 측면에 치중한 탓이다.

후침의 건물은 우선 전각의 명칭에서 천지인(天地人)의 삼재(三才)를 상징하고 있는데 건청궁(乾淸宮)의 건(乾), 곤녕궁(坤寧宮)의 곤(坤), 교태전(交泰殿)의 교(交)는 바로 천(天), 지(地), 인(人)을 각각 의미하고 건물의 배치는 천과 지 사이에 인을 둠으로써 건청궁, 교태전, 곤녕궁의 순으로 놓여 있다. 건물의 용도를 살펴보면, 건청궁은 황제의 침궁이자 일상생활의 장소였고, 교태전은 황후의 봉책 및 황세자의 탄생을 축하하는 전례를 거행하던 장소였으며, 곤녕궁은 원래 황후의 침전이었으나 이후에 황제가 혼례를 올리고 첫날밤을 자는 곳으로 바뀌었다.

청대에는 강희(康熙), 동치(同治), 광서(光緒)제가 모두 이곳에서 혼례를 거행하였다. 그 밖에 후침의 뒤편 좌우에는 비빈들의 거처였던 동서 6궁이 있으며 이는 12진(辰)을 상징한다. 즉, 태후와 태비가 거주하는 서 6궁이 있고, 황비가 거주하는 동 6궁과 황태자가 거주하는 동서 6수가 있다. 그리고 동서 6궁의 사이에는 어화원(御花園)이라고 하는 황제 가족의 전용 원림이 자리를 잡고 있다.

이곳에는 기묘한 석물을 비롯하여 가산(假山)이 조성되어 있고 다양한 형식의 정자가 세워져 일상의 엄격한 틀에 얽매인 고통스러운 생활에서 벗어날 수 있도록 배려하였다. 특히 어화원의 바닥표면에는 각양각색의 조약돌로 만든 그림들이 이러한 분위기를 더해주고 있다.

자금성의 기획과 건축 배치의 원칙

자금성의 기획과 건축 배치는 오행학설의 관념을 운용하였다. 음양오행은 중국 고대의 세계관과 우주관을 대표하는데, 고대 사람들은 세상의 모든 만물은 음양으로 나뉘고 남성은 양이고 여성은 음이며, 방위 가운데 앞은 양, 뒤는 음, 숫자의 경우 홀수는 양, 짝수는 음이라고 생각했다.

자금성의 경우 양성에 속하는 황제가 집정하는 조정은 앞에 위치하고 황제와 황후가 생활하는 침궁은 뒤쪽에 위치하는데, 이는 기능을 고려해서 그렇게 배치하기도 했지만, 음양설(陰陽說)에 부합되기도 한다. 전조에는 3개의 대전(大殿)을 배치하고 후궁 쪽에는 단지 두 개의 궁(건청과 곤녕, 교태전은 나중에 증축)만 있는 것도 홀수는 양, 짝수는 음이라 하는 음양설에 맞춘 것이다.

가. 오문(午門)

오문(午門)은 모든 궁성의 대문으로서 자금성의 최남단에 위치한다. 오문은 자금성의 대문으로 황제가 조서를 내리거나 명령을 내려 출정하는 전사와 전쟁 후 개선하여 황제에게 포로를 데려오는 곳이다. 매번 황제의 성지(聖旨)를 읽거나 여러 가지 증서를 수여할 때 문무백관들은 모두 오문 앞 광장에 모여 이를 진행하였다.

또한, 관원이 죽을죄를 범하였을 때 오문(午門) 앞에서 목을 벤다는 말이 전해지는데, 사실 명, 청 왕조 때에는 목을 쳐서 사형을 집행하여 백성들에게 보여주는 곳은 오문에서 멀리 떨어져 있는 시장 입구이고, 오문 광장은 단지 관원에 대하여 장형(곤장)을 집행하던 곳이다.

오문(午門) 성문 아래에는 3개의 문이 있는데, 정면에 있는 중앙문은 황제 전용의 문이고 황제를 제외하고 황후는 결혼이 끝나고 난 후 이 문으로 성안으로 들어갈 수 있으며, 각 성에서 올라온 장원급제자들이 이 문을 통해 성으로 들어갈 수 있다.

나. 태화문(太和門)

오문(午門)의 북쪽은 자금성 전조 부분의 대문인 태화문(太和門)이다. 태화문은 자금성 안에 있는 가장 큰 궁문이며, 외조궁전의 정문이기도 하다. 이 태화문은 명 영락 18년에 세워졌는데, 당시에는 봉천문(奉天門)이라고 불렸다. 태화문 앞에는 두 마리의 동사자와 4개의 동정(銅鼎)이 있는데, 모두 명대에 축조되었다. 모든 중대한 날에는 황제가 친히 태화전으로 가서 모든 의식을 거행하고, 평상시 조서를 내리거나 명령을 내릴 때 보통 태화문 안에서 문무백관을 접견한다.

다. 금수하(金水河)

태화문 앞에 금수하(金水河)라고 하는 작은 하천이 있는데, 동서로 뻗어있어 광장을 남과 북으로 나누고 있다. 하천에는 다섯 개의 백옥으로 만든 석교가 있고 태화문을 정면으로 마주 대하고 있다. 이 금수하는 인공하천으로 사실 자금성에는 자연적인 하천이 하나도 없다. 본시 중국인의 환경에 대한 관념 가운데 배산임수(背山臨水)는 일종의 이상적인 형태로서, 자연의 지세 환경이 없더라도 인공적으로 이러한 조건을 충족시켜 길조(吉兆)와 안녕(安寧)을 추구하였다.

자금성이 만들어질 때 하천을 만들기 위해 파낸 흙을 자금성 북쪽에 쌓아 올려 경산(景山)공원을 조성하고 자금성의 서북쪽에서 궁중으로 흘러 들어가게 만들어 중요한 건축 앞을 지나가게 하여 배산임수의 이로운 환경을 만들어냈다.

라. 건청문(乾淸門)

자금성 후궁에도 큰 문이 있는데, 바로 건청문이다. 이는 전조인 보화전의 북쪽에 있으며 궁전식 대문이다. 이 문은 후궁의 대문이기 때문에 지붕의 형식이나 면적과 크기, 문 앞에 있는 사자 동상의 크기 모두 태화전 것보다 한 등급 낮아야 한다.

(3) 고궁의 역사

이 고궁에는 명, 청 왕조 24명의 황제가 살았었다. 그러나 여기에 살았던 황제들 모두가 막강한 권력을 가지고 있었던 건 아니었다. 명 왕조의 마지막 황제인 숭정(崇禎)은 이자성(李自成)의 군대가 반란을 일으켜 고궁에 침입했을 때 먼저 황후를 죽게 하고 또 그 딸을 살해했으며, 자기 자신도 고궁 뒤에 있는 경산에서 목을 매고 자살했다.

고궁의 500여 년의 역사 가운데 어떤 한 여인이 있었는데, 그 여인은 공주도 아니었고 그렇다고 해서 황후가 되어본 적도 없는 사람이었지만, 그의 권력은 황제보다 강했다. 그가 바로 유명한 자희태후로서, 서태후라고도 한다. 1852년 자희(慈禧)는 궁녀로 선발되어 황궁으로 들어가게 되었고, 4년 후에 당시 함풍 황제의 유일한 아들을 낳았다. 그리하여 귀비(貴妃)로 책봉되었다.

자희태후는 권력에 매우 관심이 있었고 권력을 잡기 위한 계략도 세우게 되었다. 함풍(咸豊) 황제가 죽고 나서 그의 6세 된 아들이 황제가 되었다. 그녀는 정변을 일으켜 어린 황제를 도와 나라를 다스리게 한 충신들을 모두 잡아들였고, 함풍 황제의 정실인 동태후(東太后) 자안(慈安)과 함께 수렴청정(垂簾聽政)하고 연호를 동치(同治)라고 하였다. 사실 동치라 하였지만 모든 권력은 자희(慈禧) 태후 손아귀에 들어오게 되었다. 후에 동치 황제가 19세 되던 해에 병으로 죽자, 자희는 4살 된 아이를 황제에 즉위시켰는데, 그가 바로 광서(光緒)이다.

광서의 아버지는 함풍의 형제로, 어머니는 자희의 여동생이다. 광서가 비록 30여 년 넘게 황제 자리에 있었지만, 실질적인 모든 권력은 자희태후 손에 있었다. 1908년 자희는 광서 동생의 아들인 3살 된 부의(溥儀)를 황제 자리에 앉혔는데, 그가 바로 중국 역사상의 마지막 황제이다. 1924년 부의는 고궁에서 쫓겨났다.

이것만은 꼭 알아두자!

자금성을 조망하기 좋은 최적의 장소, 경산(景山)공원

경산공원은 베이징시 서성구 (西城區) 경산전가(景山前街) 에 위치한 공원으로 원대부터 대대로 왕궁의 후원이었다. 이 공원은 명, 청(明淸) 시대 때부터 베이징 성의 중축선 (中軸線) 상에 위치하여 서쪽 으로는 북해(北海)를 바라보 고, 남쪽으로는 고궁의 신무 문(神武門)과 마주 바라보고 있는 명, 청 시대의 어원(御苑) 이다. 공원 가운데에 있는 경 산은 북해를 조성하기 위해 퍼낸 흙을 다져 만들었는데, 예전에는 베이징에서 가장 높

자금성을 포함한 베이징시의 전경을 가장 잘 볼 수 있는 곳이 바로 경산공원이다. 경산공원에 올라 내려다보면 붉은색과 황금색이 어우러진 자금성이 중축선을 따라 건물들이 좌우 대칭으로 늘어선것을 볼 수 있다. 이 자금성의 천안문을 쭉 따라 북쪽으로 가면 2008년 베이징올림픽이 열렸던 주경기장 '냐오차오(鳥巢)'가 있다.

은 곳이기도 하여 자금성 전체를 조망할 수 있을 뿐 아니라 시내 경관을 한눈에 내려다볼 수 있어 많은 관광객이 찾아오는 곳이다. 경산공원은 1928년에 조성되었는데, 전체 면적은 약 23만㎡이고, 이 가운데 꽃밭과 잔디밭이 약 1,100㎡에 달한다. 이 공원은 국가의 4A급 관광지로 공원 안에는 기망루(綺望樓), 오방정(五方亭), 수황전 (壽皇殿), 영사전(永思殿), 그리고 목단원(牧丹園) 등의 명소가 있다. 공원 동쪽에는 명의 마지막 황제 숭정제를 기리는 '숭정자액처(崇禎 自縊處)'가 있다. 1644년 베이징이 이자성의 반란군에게 함락당하자 망국을 비관한 숭정제가 궁전에서 빠져나와 이곳에서 나무에 목을 매 자결했다고 하는데 당시의 나무는 문화대혁명 때 베어져 지금은 남아 있지 않다. 대신 그 자리에는 비석이 세워져 있다.

선양 고궁은 랴오닝성 선양시 중심부인 '중지에(中街)'에 있다. 선양을 방문하는 관광객이라면 모두 이곳 선양고궁을 둘러볼 정도로 유명한 관광명소이다. 청 태조 누르하치가 선양을 점령하고 지은 궁궐로 자금성과 함께 중국을 대표하는 궁궐건축이다.

2) 선양(沈陽) 고궁(故宮)

선양 고궁은 중국 랴오닝성(遼寧省)의 성도(省都)인 선양(瀋陽)에 있는 청나라 때의 고궁(故宮)이다. 한족 문화에 기반을 둔 베이징의 자금성과 달리 선양의 고궁은 총면적이 약 6만㎡로 72만㎡인 자금성에 비해 12배 이상이나 규모가 작다. 1625년에 착공하여 1636년에 완공되었는데, 청의 태조 누르하치가 1625년 선양을 점령하고 지은 궁궐로서 한 번에 완성된 것이 아니라 누르하치의 아들 황태극(黃太極), 건륭황제의 손을 거치면서 점진적으로 완성되었다. 따라서 베이징의 자금성과 달리 하나의 중축선에 주요 건축물이 배치되어 있지 않고 가장 초기에 누르하치가 건설한 동로(東路) 건축군, 황태극이 조성한 중로(中路) 건축군, 건륭황제가 추가한 서로(西路) 건축 군락 등 세 개의 평행 된 축에 조성된 건축군이 전체적인 모습을 형성한다.

동로 건축군은 대정전과 십왕각(十王閣)으로 구성되어 있는데 선양 고궁의 주요한 대전으로 군사를 출정시키거나 전쟁에서 개선하여 돌아

올 때, 중요한 전례를 거행할 때 사용하던 곳이다. 만주족의 통치형식인 팔기군의 제도가 반영된 배치로서 궁궐건축에 표현된 유일한 사례이다.

중로 건축군은 자금성과 마찬가지로 전조후침(前朝後寢)의 배치수법을 취하고 있어 만주족이 중원으로 진출하기 이전에 이미 한족의 궁궐문화를 수용하고 있음을 설명해 준다. 하지만 건축의 형식이나 조각의 수준은 자금성에 미치지 못한다. 그리고 후침 부분에는 온돌시설인 '캉(炕)'이 설치되어 북방 주거의 형식이 도입되어 있고 이러한 시설은 이후 자금성에도 적용이 되었다.

가장 마지막에 세워진 서로 건축군은 1781년 건륭황제가 심양을 방문했을 때 지어진 건물들로 주로 연극을 감상하고 독서를 하는 기능을 담고 있다. 전체적으로 선양 고궁은 한족의 전통적인 양식과 지방적인 수법이 결합하여 정교하고 세련되지는 않지만, 자금성에서 볼 수 없는 생동감과 대담함이 잘 드러나고 있다.

5. 황실의 원림(園林) : 이화원(頤和園)

이화원은 베이징 서쪽에 있는 황실의 원림으로서 이곳에 40년간 청의 최고 권력을 장악했던 자희태후(慈禧太后)가 살았던 곳이다. 오늘날에 이르러 되돌아보면 이 여인이 평생 필사적으로 이루려고 했던 소망은 단지 두 가지에 지나지 않는 것 같다. 하나는 청의 권력을 장악하는 것이고 또 하나는 이화원을 지켜내는 것이다.

산수의 풍경이 빼어난 이화원의 원래 명칭은 청후원(清漪園)으로 청이 가장 융성했던 시기인 1750년에 지어졌다. 청후원의 건설은 건륭(乾隆)황제 시기 태평성세를 이룬 정치적인 자부심을 드러낸 것이자 미학적인 발현이다. 자희태후가 최고 권력을 거머쥔 후 원내를 내려다보았을 당시 이곳은 이미 폐허로 변해 있었다. 1860년 영국과 프랑스 연합군이 청후원을 모두 불살라버렸다.

자희의 눈에 비친 청후원의 소실은 중국민족이 외국과의 전쟁에서 패하였음을 상징하는 것일 뿐 아니라 중국문화가 미학적으로 소멸하였음을 나타내는 것으로 보였다. 이 최고 권력자는 미학적 가치의 소멸을 전쟁의 패배보다 더 중요히 여겨 해안의 방위를 진작시키는 데 쓰여야 할 군사비용을 유용해 청후원을 복구하기에 이른다. 1886년에 시작하여 2년 만에 새 원림을 완공한 자희태후는 마침내 중화민족 역사에서 미학적인 부흥을 이뤄낸 것이다. 게다가 그 이름 또한 자신과 영원히 함께할 수 있도록 이화원으로 명명했다.

내우외환의 시절을 보낸 자희태후는 이후 오랜 기간 이곳에서 머무르게 된다. 당시 자희태후의 심경을 짐작해보건대 아름다운 정원의 경치를 마주하며 왕조가 처한 복잡한 정치적 상황들을 고민했을 듯하다. 1900년 유럽 8개 나라의 연합국이 베이징을 침략했을 당시 이화원은 또다시 약탈당하게 된다. 그녀의 정치 행보가 성공했다고 말할 수는 없지만, 미학적 결심만은 이전과 같아 소실된 이화원을 다시 이전과 마찬가지로 복구하려 한다. 아름다움을 추구하는 자희태후의 의지로 이화원은 1902년 또다시 복원에 성공하지만, 그녀의 정치적 의지는 실패를 거듭해 청은 쇠퇴의 길을 걷게 되었다.

6. 자연 천지에 대한 숭배 : 천단(天壇)

중국은 예로부터 하늘과 땅, 그리고 산과 강에 대하여 제사를 지냈다. 원시시대의 인류는 항상 큰 비와 폭설 등의 습격을 받아왔는데, 인류는 자연으로부터 온 재해에 대하여 과학적인 지식도 부족했고, 저항할 방법도 없어서 자연과 천지에 대한 두려움과 함께 존경심이 생겨났다. 이것이 바로 인류 초기의 원시 신앙인 것이다.

중국이 농업경제사회에 들어간 이후 인류는 주로 농업에 종사하게 되어 자연에 대한 의존도가 더욱 높아지게 되었다. 바람과 비가 적당하게 내려주어야 풍성한 수확을 할 수 있게 되었고, 그렇지 못할 때는 아무것도 얻을 수가 없었다. 즉 자연계의 변화는 직접 농작물의 수확에 영향을 주었고, 인간의 화복을 결정하게 되었다. 그래서 자연 천지에 대한 숭배는 진일보 강화되었고 이에 따라 생겨나고 발전한 것이 바로 하늘과 땅, 해와 달에 대한 제사이다.

하늘과 땅에 제사를 지내는 예는 이미 일찍부터 존재해왔는데, 하대(夏代)부터 정식적인 제사 활동에 대한 기록이 있었고, 그 후 역대 통치자의 중시를 받아왔다. 제왕은 자기를 천지의 아들이라 칭하며 하늘과 땅에 제사 지내는 것을 마치 아들이 아버지에게 효도를 다 하는 것으로 여기며 성심을 다하였는데 이리하여 황제를 천자라고 부르게 되었고, 황제는 하늘로부터 백성을 통치할 권한을 받았다고 여겨 천지에 대한 제사는 중국 역사상 매 왕조의 중요한 정치 활동이 되었다.

이렇듯 하늘과 땅에 대한 제사가 매우 중요한 일이었기 때문에 역대 왕조는 도성을 계획할 때 반드시 제사 장소를 제일 중요한 위치에 두었다. 제사에 대한 예제에 따르면 하늘을 제사하는 곳은 도성의 남쪽에, 땅을 제사하는 곳은 북쪽에 두었다. 이것은 음양의 관계 가운데 하늘은 양, 땅은 음에 속하고, 방위에 있어서 남쪽은 양, 북쪽은 음에 속하기 때문이다. 즉 일상일하(一上一下), 일남일북(一南一北), 일양일음(一陽一陰) 등 양자가 서로 대응을 이룬다.

하늘과 땅, 해와 달에 대한 제사 가운데 하늘에 대한 제사가 제일 중요하기 때문에 천단은 다른 제단들보다 규모도 크고 건축 또한 매우 까다롭게 지어졌다. 천단은 톈탄궁위안이라고도 부르며 베이징시 남부,

자금성과 동축선상에 위치한 톈탄궁위안. 도시 중심에 있어 접근하기 쉬우며 많은 관광객이 찾아드는 명소이다.

둥청(東城)구 융딩먼네이따지에(永定門內大街) 동쪽에 있다.

부지는 약 273만㎡로 자금성의 4배에 달한다. 명(明) 영락(永樂) 18년(1420) 자금성과 함께 동시에 완성되어 청나라 건륭(乾隆), 광서(光西) 때 개, 보수되었으며, 현재 세계문화유산이자 전국중점 문화재보호 단위, 국가 5A급 관광지, 전국문명풍경관광지(全國文明風景觀光地) 시범지역으로 지정되어 있다. 영락 18년(1420) 자금성과 동시에 완성되었다.

톈탄궁위안은 명(明), 청(淸)양대에 걸쳐 제왕이 황천제(皇天祭)를 지내고 오곡(五谷)의 풍성함을 기원하던 장소였다. 천단(天壇)은 환구(環丘), 기곡(紀谷) 양단의 총칭으로 단벽(壇壁)이 이중(兩重)으로 되어있어 내외단(內外壇)을 이루고, 단벽(壇壁)은 남쪽에 북원(北圓)이 있어 천원지방을 주로 내단(內壇)에 건물이 있고, 환구단(環丘壇)은 남쪽에, 기곡단(記谷壇)은 북쪽에 있으며, 2단은 남북 축선(軸線)에 같이 있고, 그 사이에 담이 떨어져 있다. 환구단 내 주요 건축물에는 환구단(圜丘壇), 황궁우(皇穹宇) 등이 있고, 기곡단 내 주요 건물로는 기년전(祈年殿), 황간전(皇乾殿), 기년문(祈年門) 등이 있다.

황궁우에는 황궁우를 둘러싸고 있는 회음벽(回音壁)이 있다. 벽의 높이는 3,72미터이고 두께는 0.9미터, 직경은 61.5미터, 길이는 193.2미터에 달한다. 두 사람이 동, 서 양쪽 벽에 선 후에 한 사람이 북쪽을 향해 말을 하면 그 소리가 190여 미터 벽면을 타고 다른 쪽 사람에게 전달되는데, 말하는 소리가 아무리 작아도 상대방이 뚜렷하게 들을 수 있어서 중국인들이 믿는 이른바 하늘과 사람은 서로 '호응한다(天人感應)' 는 분위기를 느낄 수 있다.

제10강

중국인은 광장에서 무엇을 할까?

- 중국의 광장문화, 그리고 양생(養生)

"
이 장에서는
21세기 생활방식의 다변화와
다양한 시민들의 욕구로 말미암아
도심 속 '열린 공간'인 광장에서 형성된,
특별히 '양생(養生)'을 실천하는 장'으로서
중국의 광장문화에 대해서 알아보자.
"

한국의 현대사를 살펴보면 역사적으로 한 획을 긋는 중요한 사건들이 일어날 때마다 사람들은 각기 다른 의견을 수렴하고 소통하기 위해 '광장'으로 모여들었다. 1960년대 후반 군부 쿠데타의 정당성을 대변하기 위해 이른바 '5·16 광장'이 조성되었고, 이후 반공시위와 같은 대규모 정치적 집회가 이곳에서 열리곤 했다. 2002년 미군 장갑차에 의해 귀가하던 여중생이 치어 사망하는 사건이 발생했는데, 이에 대해 미군이 무죄 평결을 받았을 때 국민은 분노했고, '광화문광장'에 모여 촛불시위를 벌였다. 이렇듯 한국의 광장은 정치적 성향이 뚜렷한 집회의 장소로 사용되었을 뿐 문화광장이라 부르기에는 부족함이 많았다.

그러나 2002년 한일월드컵 때 대한민국 축구대표팀을 응원하기 위해 많은 시민이 자연스럽게 '시청광장'으로 모여들어 다 함께 "대한민~국"을 외치며 마음껏 축제를 즐겼는데, 이후로 시청광장을 중심으로 한국의 광장은 본격적으로 축제와 행사의 장으로서 도시문화를 생산해내는 중요한 장소가 되었다.

그리고 2016년 겨울, 헌정사상 초유의 국정농단사태가 벌어지자 남녀노소를 막론하고 국가를 사랑하고 민족의 미래를 걱정하는 많은 시민들이 혹은 개인적으로 혹은 가족 단위로 자발적으로 광화문광장에 모여 평화적인 행진을 벌이며 촛불시위가 아닌 촛불집회와 각종 공연을 통해 화합하고 소통함으로써 국면의 대전환을 이루어냈고, 광화문광장은 광장문화의 새로운 지평을 여는 중요한 역할을 담당할 수 있게 되었다.

이렇듯 '열린 공간'인 도심 속 광장에서 시민들은 평일이면 일에 지친 심신의 피로를 풀기도 하고, 휴일이면 각종 행사나 축제에 참여하면서 즐거움을 얻기도 한다. 그리고 국가적, 사회적으로 쟁점이 되는 상황이 벌어질 때면 광장은 정치적 의사소통의 창구가 되어 사회의 불합리, 부조리, 불공정, 불평등에 대해 국민의 감정을 표출하는 장소가 되기도 한다. 이처럼 한국의 광장은 묵묵히 한 시대를 살아오면서 때론 여가와 문화생활의 공간으로, 때론 이념의 대립과 계층의 분열을 포용하고 화합하는 장소로 사용됐다.

중국의 광장

중국의 광장도 우리의 것과 대동소이하다. 중국을 대표하는 광장은 아무래도 '천안문광장'인데, 천안문광장 하면 우리들의 뇌리에 1989년 천안문광장 앞에서 벌어진 민주화 시위에서 한 청년이 탱크를 막아서는 한 장의 사진이 떠오를 것이다. 이와 함께 천안문광장 북쪽에 국기게양대가 있어 일출과 일몰 시각에 맞추어 매일 국기의장대에 의한 국기게양식이 많은 사람이 지켜보는 가운데 실시되는데, 엄숙한 표정을 한 군인들이 절도 있게 오성홍기를 하늘을 향해 펼치는 모습이 매우 인상적이기도 하다.

중국 역사상 많은 중요한 사건들도 이 천안문광장에서 일어났다. 1919년 5월 4일의 항일운동인 5·4운동, 1925년 5월 30일 상하이 외국인 조계지에서 일어난 학살사건에 대항하는 학생시위운동, 1949년 마오쩌둥의 중화인민공화국 선포, 그리고 가장 최근에 세계를 놀라게 한 사건으로 1989년 6월 후야오방의 추모를 계기로 일어난 민주항쟁 탄압사건 등이다. 이처럼 천안문광장은 주로 체제를 유지하고 인민들을 영도하기 위한 각종 중요한 국가행사나 집회를 개최하는 장소로 사용되면서 중국을 대표하는 상징성과 대표성을 갖는 장소가 되었다.

그러나 이러한 중국의 광장은 점차 변모하기 시작한다. 80년대 개혁개방 이후 물질문화 수준이 향상됨에 따라 국민의 생활환경 개선과 질적향상에 대한 인식과 요구가 높아졌으며, 중국 정부도 좀 더 편안하고 아늑한 도시환경 조성에 대한 정책적인 배려를 아끼지 않게 되었다. 그리하여 오늘날 중국의 광장에서는 국가가 주관하는 행사와 전시들이 개최될 뿐만 아니라 다양하고 유익한 활동들이 벌어지면서 이에 직접 참여한 많은 중국인은 서로 교류하고 문화생활을 누리기도 한다.

    이 장에서는 21세기 생활방식의 다변화와 다양한 시민들의 욕구로 말미암아 도심 속 '열린 공간'인 광장에서 많은 활동이 전개되고 있는데, 이 가운데 중국의 문화적 특색을 지닌 활동, 특별히 '양생(養生)'을 실천하는 장'으로서 중국 광장문화의 특징과 그 가치에 대해서 알아보자.

1. 광장의 유래와 광장문화의 특징

1) '광장'의 유래

    '광장'의 유래는 지중해 문화권의 고대 도시에서 찾아볼 수 있다. 고대 그리스 도시들의 구성요소인 '아고라(Agora)'와 로마 제국 도시들의 중심 공간인 '포럼(Forum)' 등으로 이어지는 광장의 계보는 시민의 일상생활과 또 이를 통한 융화가 이루어지는 장소로서 '플라자(Plaza)', '플레이스(Place)', '스퀘어(Square)' 등으로 불렸는데, 이들은 집회, 상업, 정치의 장소로뿐만 아니라 주변에 다수의 종교, 문화 활동의 중심으로 도시민들의 다양한 활동을 수용하는 공공시설이었다.

    이 가운데 '아고라(Agora)'는 동사 'Ageirein'에서 유래되었다. 이는 '모여들다(gather)'라는 뜻으로 고대 그리스의 도시국가(폴리스)에서 자유시민들이 정치와 입법에 직접 참여하기 위해 자유롭게 토론을 벌이던 장소로 사용되었는데, 아고라라는 단어 자체의 의미는 '집결지'(Gathering Place)라는 뜻이다.[2]

---

2 『역사용어사전』, 서울대학교 출판문화원, 2015.3.

'대화와 토론의 마당'

이 아고라에는 '대화와 토론의 마당'이라는 의미가 내포되어 있기에 광장은 한 마디로 '대화와 토론을 통해 이질적 집단이 서로 교류하고 소통하는 화합의 장소'라고 할 수 있다. 그러므로 이 '광장'은 서로 다른 많은 사람이 서로 교류하고 소통하기 위해 도시 가운데 조성된 누구든지 쉽게 접근할 수 있는 탁 트인 '열린 공간'으로서 정치적 목적을 지닌 집회나 경축 행사 등이 이곳에서 진행되는가 하면 시민들과 그 도시를 방문한 관광객들에게 편안함과 쉼을 제공해 주는 '쉼터'이자 '자유 공간'이기도 하다. 또한, 많은 사람이 일시에 광장에 모이기 때문에 이들에게 효과적으로 '메시지'를 전달하기 위해 광장은 각종 전시와 문화행사, 공연, 이벤트 등이 열리는 '문화예술공간'이 될 수도 있다.

이처럼 광장은 도시 가운데 사람들이 가장 많이 모이는 곳이며, 사람과 자연, 사람과 사람 사이의 소통과 교류를 원활하게 해주는, 그래서 그 도시를 대표하는 문화 현상과 내재적 특징을 가장 잘 드러내 주는 곳이기도 하다. 그러므로 이러한 광장에서의 문화 활동, 즉 광장문화의 주체는 다름 아닌 대중들이며, 광장문화의 내용과 특징을 규정짓는 주체 또한 시민들이다.

2) 광장문화의 특징

첫째, 광장문화는 공공성을 가지고 있다.

광장은 '도심 속 공공의 장소'로서, 시민들의 사교와 여가활동 및 교육의 장이면서 외지에서 온 관광객의 관광명소이자 쉼터가 된다. 광장에서 진행되는 모든 문화 활동은 일률적으로 대중들에게 공개된다. 이러한 광장의 공공성은 광장문화가 반드시 대중화의 길로 가게 하는 매우 중요한 특성이기 때문에 비록 수준이 아무리 높은 문화공연이라도 반드시 광장의 주체인 대중들이 즐길 수 있는 것인지를 고려해 보아야 한다. 또한, 광장의 공공성으로 인해 광장에서 진행되는 모든 활동의 주체는 대중이어야 하며, 대중성이 빠진, 그리고 대중들이 참여하지 않는 광장 문화는 성립될 수 없다.

둘째, 포용성이다.

광장은 한 마디로 벽과 지붕이 없는 노천 무대이다. 광장문화 활동에는 누구를 막론하고 그 지역 출신이든 아니든 모두 광장에 모여 광장문화의 주체로서 이를 즐길 수 있어야 한다. 즉, 대중들은 광장문화의 주체이자 관람객(객체)이 될 수 있는데, 신분과 지위의 구별 없이 사람들은 가벼운 마음으로 그 어느 것에도 구속됨 없이 자율적으로 문화를 만들어 내고 그것을 누릴 권리가 있다.

셋째, 자발성이다.

산업화와 과학기술의 발전으로 업무의 효율화를 가져오게 되었고, 이에 따라 사람들은 이전보다 많은 시간을 할애하여 여가 및 오락 생활을 즐기게 되었으며, 신체단련을 위해 더욱 많은 시간을 투자하여 건강에 대한 중요성과 그 가치를 중요하게 생각하게 되었다. 이러한 생활환경과 인식의 변화로 인해 대도시뿐 아니라 중, 소도시에까지 더욱 많은 사람은 각자의 취미와 흥미, 그리고 욕구에 따라 자발적으로 활동조직을 만들어 참여하게 되고, 활동의 성격이나 특징에 따라 약간의 차이는 있으나 대체로 어떤 특별한 운영규칙이나 경비, 그리고 책임자나 관리자 없이 자발적으로 진행된다.

상술한 바와 같이 광장은 본래 서양에서 비롯된 많은 사람이 자유롭게 토론을 벌이던 장소로써 사용되었다. 하지만 한국을 포함한 동양에서는 광장이 시민들에게 편의를 제공하거나 토론을 벌이기 위한 장소로 조성되지는 않았고 단지 '넓은 공터'로서의 역할을 수행했을 뿐이다. 특별히 중국 광장도 상술한 바와 같은 전통적인 유럽의 광장개념과는 다소 차이가 있으나 적어도 광장은 '사람들이 많이 모일 수 있는 개방적인 공간'으로 시민들의 자발적인 참여로 광장문화를 형성한다는 점은 같다.

2. 중국의 '광장'과 광장문화

중국경제의 급속한 발전과 도시화로 인해 생활 수준이 점차 높아지고 삶에 여유가 생기자 중국인들은 삶의 질적 향상을 모색하게 되었고, 중국의 '광장'은 오로지 정치적인 목적으로 이용되어왔던 과거와는 달리 시민들에게 즐거움과 여유, 그리고 심신의 건강을 제공하는 중요한 무대로 변모되었으며, 시민들의 적극적인 참여로 조성된 중국의 광장문화는 점차 내용도 풍부해져서 도시문화를 선도하는 아이콘이 되었다.

1) 중국 광장 조성의 배경

첫째, 정치적 기념식이나 행사를 거행하는 곳

중화인민공화국 건국 초기 경제 기초의 제한과 미확립으로 인해 중국의 광장은 대부분 오랜 세월 동안 광장의 조형물로부터 구체적인 문화 활동의 내용에 이르기까지 단조로움을 면할 수 없었기 때문에 **일년 중 특정한 날에 특정한 계층만이 참여하는 정치적인 기념식이나 행사를 거행하는 곳**으로 국한되어 사용되었다.

그러나 80년대 개혁 개방과 함께 경제의 급속한 발전과 사회의 인프라 조성, 그리고 무엇보다도 중국인들 스스로가 문화생활과 이에 대한 향유 욕구가 전에 없이 높아졌고, 중국 정부도 이를 중시하기 시작하여 도시마다 광장을 아름답게 조성하였는데, 이때부터 중국의 대중문화는 점차 광장에서 시민들이 자발적으로 다양한 문화 활동에 참여하면서 형성되기 시작했다.

그리고 90년대에 들어서 중국 정부가 물질문명 건설에 박차를 가하면서 도시화가 급속도로 이루어져 전에 없던 큰 발전을 이루게 되었으며, 이에 따라 국가와 정부가 정신문명의 재건을 중시하게 되어 각종 문화예술 활동 등이 점차 발전하게 된다.

둘째, 문화광장으로서의 역할

1997년 이후 지방정부는 경제건설과 함께 정신문명 또한 중시하여 함께 발전시켜 나가야 한다는 덩샤오핑의 이른바 "두 손으로 잡되 꽉 붙잡아야 한다(兩手抓, 兩手都要硬)"라는 방침[3]을 관철하기 위해 막대한 경비를 지출하여 각 도시의 특색에 맞는 문화광장을 조성하였다. 이와 함께 2001년 1월 중국 정부는 '삼개대표(三個代表)'를 발표하고 이를 실천하려는 방편의 하나로 중국 전역에 6,000여 개의 광장을 조성하게 되었다.[4]

이때 지방정부는 교통이 편리하고 많은 사람이 쉽게 접근할 수 있는 시내 중심지에 '문화광장'을 조성하여 시민들에게 휴식과 여가활동을 즐길만한 공공장소를 제공하고 시민들이 이 공간에서 특색 있는 각종

---

3 한 손으론 대외적으로 개방 정책을 견지하고, 다른 한 손으로는 대내적으로 경제 활성화 정책을 실현하자 또는 한 손으론 경제개발에 힘쓰고, 한 손으론 부정부패를 축출하자 식의 정책적 다변성을 모색, 이 밖에도 한편으로 경제발전을, 한편으론 사회 안정을 모색한다. 한편으론 경제를 한편으론 교육을 중시한다는 뜻이다.

4 장쩌민은 2000년 2월 25일 광동성을 순시할 때 당의 역사적 경험을 종합적으로 분석하고 어떻게 하면 새로운 시대와 요구에 부응하기 위해 '선진적인 생산력의 제고', '선진문화향상의 추구', 그리고 '전체 국민의 근본적인 이익'을 주요 내용으로 하는 이른바 '3個代表'를 제시하였다.

문화 활동을 만들어갈 수 있도록 큰 노력을 기울인 끝에 중국의 광장도 시민문화와 도시문화 형성에 없어서는 안 될 중요한 공간으로 변모하게 되었다[5]. 이곳에서 형성된 풍부하고 다양한 광장문화는 도시에 생기와 활력, 그리고 다양함을 더해주어 도시의 문화적 특징을 드러내면서 '도시의 허파[6]', '도시의 창', '도시문화의 상징'이라는 매우 긍정적인 평가를 받게 되었다.

이 가운데 주목할 만한 것은 중국의 광장문화가 기존의 정치성 집회나 행사, 그리고 대중문화와 더불어 각종 체육활동, 특별히 중국인들의 심신을 단련시키려는 이른바 '양생(養生)'을 중시하는 전통적인 가치관과 요구에 부합하면서 한층 그 내용이 풍부해져 중국만의 독특한 광장문화를 형성하게 되었다는 것이다.

2) 중국 광장의 특징 : '문화광장'

첫째, 광장은 쉼터이자 재생산의 공간이다.

중국의 도심 속 크고 작은 거주지역에는 그 거주지를 대표하는 광장이 있다. 이곳에서 중국인들은 이웃 주민들과 함께 '줌바 댄스(광장춤)'를 추거나 '태극권'을 연마하며 양생을 자신들의 일상생활 속에서 실천함으로써 중국만의 독특한 '문화광장'을 만들어가고 있다. 중국은 바야흐로 '온포(溫飽)' 사회, 즉 먹고 사는 문제가 해결된 사회적 단계를 지나 전면적 '소강(小康)'사회에 진입해가고 있다고 한다.[7] 다시 말해서 중국은 현

5 王希, 「淺論鄧小平"兩手抓, 兩手都要硬"思想」, 遼寧師專學報(社會科學版), 2006.6期.
6 중국의 경우 '霧霾(미세먼지)'로 인한 대기오염이 매우 심각한 상황이어서 도심 속 광장은 녹지와 함께 조성되어 공원과 함께 공기를 정화하는 중요한 역할을 담당하고 있어 도시의 '허파'라 불리기도 한다.
7 중국공산당 16차 전국대표대회의 보고서에서 중국공산당 창당 100주년이 되는 오는 2020년까지 소강 사회를 전면적으로 건설하고, 중국 특색의 사회주의 사업의 신국면을 창조해 나가자고 천명한 바 있다. 얼마 전 막을 내린 제19차 전국대표대회 폐막식에서

중국의 광장에는 우리가 상상할 수 없을 정도로 많은 각종 활동이 벌어지는데, 실내스포츠라 할 수 있는 탁구조차도 노천광장에서 치고 있다. 지나가다가 운동을 하고 싶으면 그냥 가서 치면 된다. 중국의 광장은 중국인에게 있어서 매우 친밀한 공간으로 사교의 장이기도 하다.

재 생존할 수 있느냐의 문제에서 벗어나 '잘 먹고 잘사는 것'을 목표로 하는 이른바 '웰빙(Well-being)'의 시대에 직면하고 있다는 것이다.

웰빙이란 한 마디로 '육체적, 정신적 건강의 조화를 통해 행복하고 아름다운 삶을 추구하는 삶의 유형과 문화'를 통칭하는 개념[8]으로 심리적인 안정과 육체적인 건강, 그리고 건전한 생활방식을 통해 이루어낼 수 있다. 이는 형체(形)와 정신(神)의 상호 의존적 관계를 중심으로 생명을 어떻게 보존하고 기를 것인가 하는 중국 도교 철학의 '양생관(養生觀)'과 지향하는 바가 서로 같은 개념이라 할 수 있다[9].

중국인들은 고도의 산업화시대에 접어들면서 삶의 질을 향상하고 더 나아가 자신에게 주어진 천수를 다하기 위해 바로 '탁 트인 넓은 공간'에서 육체의 피로를 풀고 심적인 부담을 덜면서 건강한 삶을 추구하며,

시진핑 주석은 이른바 '신시대 중국 특색 사회주의'의 기치를 내걸고 다시 한번 전면적 샤오캉 사회 실현과 중화민족 부흥을 역설하였다.

8 김기란 외, 『대중문화사전』, 현실문화연구, 2009.

9 김용수, 「웰빙과 도교 양생」, 『동서사상』 제1집, 2006.8.

이와 동시에 광장에서의 활동을 통해 이웃과 서로 교류하면서 즐거움을 얻기에 노력한다. 그러므로 '광장'은 바로 중국인에게 있어서 쉼터이자 재생산의 공간이며, 새로운 문화를 배태하는 곳이라 할 수 있다.

둘째, 광장은 실질적인 기능을 가진 공간이다.

거주지역 중심광장에서 영화를 함께 보는 중국인들 한 달에 한 번씩 지역 주민을 위해 관리소에서는 광장에 스크린과 영사기를 설치하고 영화를 상영한다. 주민들은 각자 의자를 가지고 나와 편한 곳에서 영화를 감상한다. 광장은 여전히 중국인들의 문화적 욕구를 채워주는 주요 공간인 것이다.

이처럼 광장은 대표성을 가진 상징적 공간이며 무형의 문화적 가치를 생산하는 곳이기도 하지만 실질적인 기능을 갖기도 한다. 어느 나라를 막론하고 사회가 진보하고 과학기술이 발전함에 따라 사람들이 신체를 단련할 기회가 감소하고 있고, 생활의 리듬이 가속화되며 스트레스가 가중됨에 따라 사람들의 건강과 면역력은 지속해서 떨어지고 있다.

이에 따라 각종 현대병, 가령 불면증이나 건망증, 우울증 등이 나타나 인류건강에 나쁜 영향을 끼치고 있는 것이 사실이다. 중국은 전통 체육문화의 영향으로 말미암아 심신 수양을 특징으로 하는 신체활동 등이 주를 이루게 됨에 따라 '강함과 부드러움을 함께 연마(剛柔相濟)'하고 '정신과 육체를 모두 중시(神形合一)'하는 관념을 통해 자연과의 화합을 모색하고 더 나아가 정신적으로 가장 높은 경지에 다다르는 것을 매우 중시하는 관념이 형성되어 있다.

그래서 중국의 광장은 도시 안에서(城市), 거주지(社區)에서 정신적으로 육체적으로 많은 이로움을 가져다주는 게 없어서는 알 될 중요한 장소로서 사람들의 심신을 수련시키고 건강하게 해주는 공간인 것이다.

특별히 일과를 마친 오후나 휴일에는 이 광장을 중심으로 많은 다양한 활동들이 진행되는데, 이 가운데 중국인들은 신체를 단련시키기 위해 광장춤이나 태극권, 그리고 건강달리기 등을 한다. 이는 중국인들이 전통적으로 건강하게 오래 살기 위한 양생을 중시하는 관념 속에서 생겨난 중국만의 독특한 광장문화라고 할 수 있다.

3) 중국 광장문화의 내용

우리는 밤마다 피어오르는 매캐한 숯불 연기 속에서 즐기는 양꼬지와 더불어 그 지역을 대표하는 맥주를 마시고 다양한 음식을 먹으면서 중국문화를 배우는가 하면, 아침 시간과 해가 질 무렵 흥겹게 들려오는 음악 소리와 춤사위 등 역동적인 광장의 모습을 통해 중국인의 생활습관과 관념을 이해할 수 있다. 중국의 대도시와 중, 소도시, 그리고 농촌 할 것 없이 중국 어디에서나 쉽게 찾아볼 수 있는 곳 –'광장', 중국의 광장에는 중국과 중국인만의 독특한 문화와 정서가 깃들어져 있다.

중국의 광장에서는 실제로 많은 다양한 활동들이 벌어지는데,[10] 이 가운데 전통적으로 **중국인들이 중시하는 '양생(養生)'과 '광장'은 매우 밀접한 관련**이 있다. 중국의 광장과 광장문화를 통해 우리는 현대 중국인들이 '여가'의 입장에서 어떻게 양생을 실천하는지 알 수 있기 때문이다.

---

10 蔣述卓는 광장문화의 내용을 크게 세 가지로 분류해 설명하고 있다. 첫째는 공연예술인데, 이는 주로 중앙정부나 시 정부가 기획하여 시민들에게 일정한 공연의 형식을 빌려 메시지를 전달하는 경우이다. 물론 개인이나 기업이 판촉 행사를 벌이기 위해서 광장에서 공연하는 때도 있다. 이 밖에도 상시로 진행되는 음악분수라든가 설치물을 이용한 레이저쇼 등도 이에 속한다. 두 번째는 전시회인데 유명한 그림이나 건축물, 그리고 사진 등을 전시함으로써 시민들과 함께 예술의 아름다움을 공유하기도 한다. 마지막으로는 여가 오락 활동인데, 광장에서 가장 흔히 볼 수 있는 문화의 한 형태이다. 여기에는 매일 아침이나 혹은 저녁때 광장에서 진행되는 각종 오락적 요소를 갖춘 일련의 행위들이 포함되는데, 광장춤이나 태극권 등이 이에 속한다. 이와 함께 지역의 특성에 따라 다양한 문화 활동들이 전개되는데, 시민들 누구나 참여할 수 있는 가라오케나 영화 등이 상연되기도 한다.(「庵場文化城市文化的新資源」, 『庵東社會科學』, 2003年 4期)

일상생활을 통한 양생 실천!

중국인들은 전통적으로 '양생(養生)'을 매우 중시하며, 중국인들은 양생을 생활 속에서 실천하려는 많은 시도가 있었다. 이러한 중국인들의 전통적인 양생관은 현대에 이르러 문명이 진보하고 사회가 발전함에 따라 변화가 일어나 이전보다 더욱 강렬해진 삶에 대한 애착과 다양한 욕구로 말미암아 신체의 건강뿐만 아니라 주위환경 및 사회적 여건에 따른 심리적 안정과 건강까지도 중요시하게 된다. 즉, 건강에 대한 인식의 변화에 따라 생활방식 또한 많은 변화를 가져오게 되어 점차 자신에게 주어진 천수를 다하기 위해 노력하는 전통적 양생의 개념뿐만이 아니라 주어진 삶에 애착을 갖고 문화생활을 중시하며 삶의 질을 향상해 심신이 건강하게 하고 다양한 여가생활을 통해 인생을 즐기는 것이 대세가 되었다.[11]

이에 따라 오로지 심신의 단련을 위해 자신의 욕구를 억제하면서 수행하는 듯한 전통적인 양생법은 이미 시대에 뒤떨어져 사람들이 원하지 않게 되었고, 자연스럽게 문화적 연원과 함께 유희성, 오락성, 사교성, 예술성을 두루 갖춘 '여가' 활동의 한 목적으로 변모되어갔다. 그리하여 일차적으로 심신을 단련시켜 건강을 유지하는 것 외에도 이를 통해 삶의 질을 향상하고 그 안에서 즐거움을 극대화하는 방법을 모색하게 된다.

다시 말해서 이전의 고련(苦練)이나 수행을 통한 양생은 취미활동 내지는 여가생활로서 자발적으로 즐기면서 할 수 있는 양생법으로 변모되었고, 중국의 광장은 이런 '양생(養生)'을 실천하려는 중국인들에게 가장 이상적인 장소가 되었다. 중국인들이 광장 내에서 양생을 실천하기

---

11 '여가'란 개인이 담당하고 있는 여러 가지 의무로부터 해방된 자유 시간에 자발적인 선택 때문에 이루어지는 행위의 자기 표현성, 부담 없는 즐거움 속에서 이루어지는 창조적 활동, 인간의 보편적 현상이며 인간의 근본적인 삶의 질과 관련된 특정한 생활양식이다. (김옥, 「중국 중간계층의 여가 현황」, 『韓中言語文化硏究』 제35집, 2014.6., 400쪽)

위한 대표적인 심신단련 활동으로 아래와 같은 것들이 있다.

(1) 광장춤(廣場舞) : '줌바 댄스'

광장춤은 현재 중국에서 모든 연령대 사람들이 가장 좋아하는 문화 생활방식이자 신체단련 활동이며, 중국의 광장문화를 이해하는 핵심 키워드이다. 광장춤은 대략 개혁 개방이 급속도로 이루어진 1980년대 후반부터 서서히 유행하기 시작한 일종의 체조 댄스로서, 주로 도심 속 광장이나 넓은 공터, 거주지역 내 혹은 아파트 단지 내 '작은 광장'에 서 이른바 '大媽(아줌마)'라 불리는 중, 노년층 부녀자들이 함께 모여 흥 겨운 곡조에 맞춰 춤을 추면서 시작되었는데, '줌바 댄스'라고도 부른다. 현재는 참여 연령대가 젊은 층으로까지 확대되었으며, 도시로, 기관으 로, 학교로, 그리고 농촌에 이르기까지 중국 전 지역에서 광장춤을 추는 광경을 어렵지 않게 목격할 수 있을 정도로 많이 보급되었다.

광장춤은 광장에서 진행되는 신체단련 운동이기에 운동과 건강, 특 히 중국인들 특유의 양생에 관심이 있는 모든 계층과 연령대의 사람들이 자유롭게 참여하고, 중국 정부 또한 광장 춤을 통해 사람들이 건전하게 모여 스트레스를 풀고 심신의 안정을 도모하도록 적극적으로 장려하며 '조화로운 사회'를 건설하기 위해 꼭 필요한 문화 활동이라 생각하고 있다.

통계 숫자에 따르면, 현재 전국 각지에서 광장춤을 추는 사람들이 대략 3억 명 이상이 될 것이며, 그 숫자는 빠르게 증가하여 1~2년 이내 에 5억 명을 돌파할 것이라 예측하고 있다.[12] 이것으로 볼 때, **광장춤은 중국의 광장문화, 더 나아가 중국의 문화를 대표하고 상징하는 매우 중요한 아이콘**이라고 할 수 있다.

---

12 中國新聞網, 2015年 3月 25日.

거주지 광장에 모여 광장춤을 추고 있는 중국 여성들 주로 50~70대 여성들이 참여하는 활동이었지만 최근 경쾌한 음악을 사용하면서 젊은 여성들의 유입이 계속 늘고 있다. 이 아파트 주민들은 유니폼까지 맞춰 입고 제법 절도있게 조직적으로 광장춤을 춘다.

가. 광장춤이 성행하게 된 원인

전통적으로 중국인들이 생각하는 양생을 위한 가장 대표적인 신체단련 활동은 태극권이었는데, 태극권은 오랫동안 연마해야 하고 또한 고난도의 기술이 필요한 운동이라 일시에 많은 사람이 참여하여 즐길 수가 없다. 또한, 태극권은 매우 정적인 운동이라 요즘같이 생활 리듬이 빠른 가운데 많은 사람의 관심을 끌지 못했다.

이에 반해 광장 춤은 일단 시작하기 쉽고 사용하는 음악 또한 최신 유행하는 곡조나 노래가 대부분이며 춤의 형식 또한 체조의 형식을 띠면서 따라 하기 쉬운 동작으로 구성되어 있어서 중, 노년층을 중심으로 모든 연령대의 사람들이 폭넓게 좋아하는 '국민체조'가 될 수 있었다. 광장춤이 성행하게 된 원인에 대해서는 많은 이견이 있지만 대체로 다음 몇 가지로 요약해 볼 수 있다.[13]

---

13 向瑤池, 「論庵場舞的重要性」, 『大衆文藝』, 2016年 1期.

첫째, 광장춤은 습득하기가 상대적으로 쉽다.

광장춤은 특별한 기술이 필요하거나 동작 자체가 그리 어렵지 않기 때문에 누구든지 즐거운 마음으로, 또한 심신을 단련하려는 뚜렷한 목표의식만 있다면 어렵지 않게 배울 수 있다. 물론 광장춤은 한 사람의 숙련된 리더를 중심으로 많은 사람이 통일되고 절제된 동작으로 춤을 추는 군무의 형태를 띠고 있어서 초보자들이 처음부터 기존 광장춤 무리 속에 쉽게 융화되어 일원이 되기가 그다지 쉽지는 않다.

그러나 광장춤의 가장 큰 장점이자 목표는 특별한 기술이나 일정한 격식이 없는 비교적 자유롭고 자발적인 여가활동이기 때문에 동작의 통일성이나 숙련도와는 상관없이 대중들이 함께 모여 즐기면서 심신단련의 효과를 얻을 수 있다.

둘째, 광장춤은 특별한 도구가 필요 없다.

광장춤의 또 다른 특징은 운동하기 위해 준비해야 할 것이 거의 없다는 것이다. 에어로빅이나 구기류 운동의 경우 제대로 운동 효과를 얻기 위해 기본적으로 준비해야 할 기구나 장비들이 있는데, 광장춤은 단지 시간적, 심적 여유와 함께 즐겁게 참여하려는 마음만 있으면 상대적으로 좋은 운동 효과와 신체단련 효과를 얻을 수 있다.

요즘 들어 광장춤이 아무래도 중, 노년층을 중심으로 가히 폭발적인 반응을 보이는 가운데 광장춤 관련 각종 경연대회나 발표회 등이 열리기 때문에 거주지역 내 주민들도 이전보다는 조금 더 조직적으로, 그리고 효과적으로 광장춤을 추기 위해 유니폼을 맞추거나 흰 장갑 혹은 부채 등의 소품을 이용하기도 한다.

셋째, 지역사회 내 조화를 모색하는 장이 된다.

매일 일정한 시간에 비슷한 연령층이 함께 모여 신나는 음악을 들으면서 열심히 춤을 따라 함으로써 생활에서 오는 스트레스를 풀 수 있고, 공감대가 형성되어 나이가 듦에 따라 소원해진 인간관계를 회복할 좋은 기회가 될 수 있다. 또한, 서로 다른 계층이 통일된 유니폼을 입고 같은 춤사위를 반복함으로써 평상시에 느끼는 빈부 격차나 지위고하에 따른 위화감이나 갈등을 완화하고 시민들에게 동질성을 갖게 하여 한 마디로 지역사회의 내 조화로운 공동체를 만드는데 이바지할 수도 있다.

나. 고려해야 할 사항

이처럼 광장춤은 중국인들에게 있어서 없어서는 안 될 신체단련의 효과와 함께 사교의 장을 제공해 주는 매우 중요한 실외활동으로서 개인뿐 아니라 지역사회 발전에도 상당한 이바지를 함에도 몇 가지 고려해야 할 사항들이 있다.

첫째, 지역사회 내 갈등의 원인이 될 수 있다.

상술한 바와 같이 광장춤의 좋은 점 가운데 하나인 지역사회 내 조화를 모색할 수 있는 장이 될 수 있지만 광장춤이 원래 지역 주민들의 자발적이고 자율적인 활동이기 때문에 일정한 규칙이나 규정이 없어서 지역사회의 분열 또한 조장할 수도 있다. 가령, 광장춤은 주로 중, 노년 층을 중심으로 진행되는 활동이며, 광장춤을 추기 위해서는 지역사회 내의 공원이나 광장 등 비교적 넓은 공간이 필요하다.

그러므로 광장춤을 추는 위치를 선정하는 데 있어서 광장춤을 추지 않고 다른 신체단련 활동을 하거나 쉼을 필요로 하는 주민들과의 적절한 양보와 타협이 필요하다. 광장춤을 반대하거나 혐오하는 사람들은 광장 춤 그 자체를 반대한다기보다는 광장춤을 즐기지 않는 주민들의 또 다른 활동을 위한 공간을 빼앗지 말아야 한다는 입장이다. 또한, 광장춤의 필수 아이템 중의 하나가 바로 리듬감 있는 비교적 빠른 풍의 음악인데,

광장춤을 추는 시간대를 잘 선택하여 다른 주민들의 휴식이나 취미활동, 그리고 학생들의 학습을 방해하는 일이 없어야 할 것이다.

둘째, 참여자 확대 유도를 통해 공감대를 형성하고 조화로운 사회 구축을 모색한다.

광장춤은 일반적으로 남녀노소, 누구든지 모든 계층과 연령대가 참여할 수 있다는 장점이 있다. 하지만 중국에서 진행되는 광장춤 참여자의 대부분이 중, 노년층으로 국한되어 있고 젊은 층은 별반 관심이 없거나 심지어는 광장춤이 노년층만이 즐기는 오락행위라 혐오하는 사람들도 적지 않다. 중국의 젊은 층은 해외에 나가서까지 촌스러운 옷을 입고 시끄럽게 음악을 틀며 광장춤을 추는 노년층들을 꼴불견이라면서 매우 혐오스럽다고 생각한다.

그 원인을 분석해보면 광장춤의 춤의 형식과 밀접한 관련이 있는데, 광장춤의 많은 순기능을 고려해 보았을 때, 현재 중국에서, 혹은 세계적으로 유행하는 춤과 노래들, 가령 K-pop이나 미국과 유럽의 음악들을 과감하게 도입하고 춤의 형식을 좀 더 세련되게 만든다면 청소년층까지도 광장춤의 대열에 합류하여 중국의 광장문화를 좀 더 풍부하게 할 뿐만 아니라 더 나아가 광장춤을 통해 세대가 통합되어 조화로운 사회 구축에 일조할 수 있으리라 생각한다.

셋째, 광장춤의 전문화, 체계화를 통해 중국문화를 선양한다.

광장춤이 비록 자발적이고 자율적인 여가활동의 한 목적으로 시작되었지만 이를 좀 더 범국민적인 심신단련 활동, 즉 양생을 생활 속에서 실천하는 명실상부한 체력증진 운동이 되기 위해서는 중국 정부 차원의 지원과 노력 속에서 광장춤의 규범화된 지침을 만들 필요가 있다. 즉, 광장춤의 리더 혹은 지도자의 경우 현재까지 전문적인 훈련을 받지 않는 중년 여성이 대부분이다. 이들에게 좀 더 신체를 단련하고 활동에 도움이 될 만한 기초지식과 이를 적용한 보다 전문화된 동작을 가르쳐 보급하게 하는 것이다.

광장춤에서 사용되는 동작이 때론 너무 과격하거나 어려워 오히려 건강의 이상을 초래하는 때도 있기 때문이다. 그리고 가장 전형적인 광장춤의 동작을 만들어 전국에 보급하고 이를 선전하며 전국규모의 행상에 정식으로 광장춤을 추게 한다면 중국 내뿐만 아니라 해외에서도 중국문화를 이해하는 한 목적으로 광장춤을 바라보게 되리라 생각한다.

(2) 태극권(太極拳)

태극권은 중국을 대표하는 정신문화유산의 하나로서, 중국 전통의 유가와 도가 철학 가운데 태극과 음양의 이치를 핵심사상으로 하여 성정(性情)을 도야하고, 신체를 단련하며, 상대를 무력으로 제압하는 여러 기능을 가지는 중국의 전통무술이다. 1949년 중국체육위원회는 태극권을 신체를 단련시키는 체조운동과 공연, 그리고 시합 등으로 세분화하였다.

개혁 개방 이후 중국경제의 발전과 중국인들의 신체단련에 대한 욕구가 나날이 증대됨에 따라 태극권도 무술로서가 아닌 질병을 예방하고 신체를 단련하는 운동으로서 일반 대중들이 매우 좋아하게 되어 누구나 쉽게 할 수 있는 운동의 하나로 발전되어갔다.

태극권의 장점

태극권은 관절과 근육발달을 돕고, 피부를 건강하게 해주며, 기백을 증강해 준다. 그리고 신체의 오장육부 기능을 향상하고 경맥의 순환을 순조롭게 해주며, 혈압을 조절하고 정신을 진작시키는 역할을 한다. 또한, 몸과 환경과의 균형을 조절하고 혈색을 좋게 하며 신체기능도 향상해 주기 때문에 청소년 이하기에 매우 적합한 운동이다. 특별히 중년과 노년층, 여성과 몸이 약하고 병이 많은 사람에게 좋은 효과가 있으며, 태극권을 할 때 일반적으로 모든 정신을 집중하기 때문에 마음속 잡념을 없애주어 대뇌의 휴식을 촉진해 준다. 그러므로 태극권은 신경쇠약과 불면증 완화에도 매우 좋은 운동이다.[14]

거주지 광장에서 태극권을 하는 중국 여성 중국인들에게 있어서 태극권은 너무 쉽게 할 수 있는 일반적인 운동으로 어느 정도의 공간만 있으면 가능하다. 이렇게 한 사람이 나와서 태극권을 하다 보면 배우고 싶거나 함께 하고 싶은 주민들이 나와 자연스럽게 태극권 모임이 만들어진다.

태극권 연마 시 신체는 주로 나선형으로 움직이면서 손을 서로 교차시키며 크게 뻗는 동작이 주를 이루고 있어 근육을 단련시키는 데 효과가 있는데, 특별히 이런 동작 속에서 등과 허리 부분의 근육을 충분히 이완시킬 수 있어 이 부분의 통증을 제거할 수 있다. 또한, 태극권의 동작은 매우 부드럽고 원만하여 뼈와 관련된 신체조직 발달에 적합한 운동이기 때문에 관절이 손상되지 않는 상황 속에서 근육을 골고루 잘 발달시킬 수 있다. 인체의 골질은 반드시 일정한 운동과 힘의 작용 하에 정상적으로 움직여서 태극권은 다리의 힘을 길러주어 하체를 더욱 튼튼하게 하는 효과가 있기도 하다.

상술한 바와 같이 태극권은 많은 기능을 가진 심신단련 운동으로서, 사회의 급속한 발전과 다변화, 그리고 이에 따라 생활 리듬이 나날이 빨라져 가는 현대인에게 있어서 '느림'과 '부드러움'을 최고의 가치로 여기고 심신을 단련시켜 주기에 태극권이야말로 양생을 실천하기에 적합한 최상의 운동이라 할 수 있다.

---

14 付棨, 「論太极拳在全民健身中的作用」, 『宿州師專學報』, 18卷 第2期, 2003年 6月.

(3) 건강걷기운동(健步走)

거주지에서 건강걷기운동을 하는 중국인들 맨 앞에 깃발을 든 사람이 리더로 속도와 코스를 정하고 아파트 단지 구석구석을 빠른 속도로 걷는다. 경우에 따라 리더 뒤에 있는 사람이 휴대용 음향기기를 가지고 음악을 틀며 흥겹게 운동을 하기도 한다.

'걷기'는 인류역사상 가장 보편적인 신체활동으로 가장 안전하고 특별한 장비나 경제적인 투자 없이도 마음만 먹으면 쉽게 시작할 수 있다는 장점이 있는 운동이다. 따라서 운동을 해본 경험이 많지 않거나 운동신경이 발달하지 않은 노약자나 어린아이, 임산부조차도 할 수 있고, 게다가 유산소운동이기 때문에 체중과 체지방을 감소시켜 성인병의 예방과 치료에도 일정한 효과를 얻을 수 있다. 이러한 장점과 탁월한 운동 효과를 바탕으로 중국에서는 현재 이른바 '젠부저우(健步走)'라는 건강걷기운동이 광장을 중심으로 성행하고 있다.

'건강걷기운동'은 중국국가체육총국이 2005년 이후 지속해서 추진한 장소에 구애받지 않고, 누구나 쉽게 참여할 수 있어 남녀노소 모두에 적당한 신체단련 활동으로, 매일 건강걷기운동을 하여 하루에 일만 보 걷기' 구호를 실현하는데 필요한 중요한 신체단련 활동이다.[15] 현재 중국은 공유경제개념의 활성화로 인해 '最後 1公里(마지막 1킬로미터)'라는 구호와 함께 대중교통수단이 미치지 않는 1㎞ 내의 사각지대에 거주하는 사람들에게 편리함을 제공해 주는 자전거 공유사업이 성행하고 있다.[16] 그 결과 중국인들은 짧은 거리도 자전거나 기

---

15 http://www.sport.gov.cn/n16/n1077/n297454/7047754.html.
16 陳白帆, 「最后一公里: 說走就走」, 光州日報, 2016年 10月 13日.

타 이동 수단을 사용함으로써 가장 기본적인 운동이라 할 수 있는 걷기조차도 하지 않는 심각한 운동 부족 상황에 직면해있는데, 이런 의미에서 '젠부저우(健步走)'는 중국인들에게 꼭 필요한 운동이라고 할 수 있다.

건강걷기운동의 방법과 장점

'젠부저우(健步走)'는 한 마디로 '건강을 위한 빨리 걷기운동'이라고 풀이할 수 있는데, 기본적인 걷기운동에 오락적 재미를 더해 사람들의 운동에 관한 관심을 불러일으키고 실질적으로 운동 효과를 볼 수 있게 만들었다. 이 걷기운동은 일정한 자세를 유지하면서 일정한 속도로 진행되는데, 진행속도와 운동량은 대략 산책과 경보 사이이며, 뛰는 조깅과 달리 무릎 등의 관절에 무리가 가지 않는 걷는 것을 주로 하는 활동이다.

2013년 8월 국가체육부가 발표한 20세에서 69세까지의 사람들이 하는 신체단련 활동에 관한 전수조사에서 '건강을 위한 빨리 걷기운동(40%)'과 '조깅(13.9%)'이 중국의 국기로서 전 국민이 모두 선호하는 탁구나 배드민턴과 농구, 축구 등 구기류 운동보다 훨씬 보편적인 신체단련운동으로 조사된 바 있다[17]. 이것으로 볼 때, 이 운동은 일반적으로 가장 손쉽게 시작하고 참여할 수 있으며 상대적으로 높은 운동 효과까지 얻을 수 있어서 중국인들로부터 많은 환영을 받는 체력단련수단이 되어가고 있다.

'빨리 걷기운동'은 유산소운동으로 매일 진행되며, 한 번에 40~60분 정도 시간이 소요되고, 1분에 100m 정도의 비교적 빠른 속도로 걸어야 한다. 이 운동의 특징은 한 번에 많은 사람이 장소에 구애받지 않고 할 수 있으며, 습도 및 온도의 제약도 비교적 적기 때문에 사계절에

---

17 姚敏, 『中國消費者報』, 2013年 10月 21日.

모두 적합하다고 할 수 있다. 특기할 만한 것은 맨 앞에 '빨리 걷기운동'을 이끄는 리더(領隊)들이 있는데, 이들은 각기 빨간색 깃발과 함께 휴대용 카세트 리코더를 들고 리듬이 빠른 음악을 틀면서 이 음악의 박자에 맞춰 대오를 이끌어간다. 시간이 가면 갈수록 많은 사람이 대오의 끝에 따라붙어 참가하는데, 해가 질 무렵의 시간에 가장 많은 사람이 이 '빨리 걷기운동'에 참여하여 그 끝이 보이지 않을 만큼 길게 줄지어 걸어가는 모습이 꽤 장관이다. 이 걷기운동은 일정한 속도로 광장의 가장자리를 돌면서 1시간에서 1시간 30분 정도 지속하는 것이 일반적이다.

또한, 이 '빨리 걷기운동'은 속보이기 때문에 나이와 운동경력에 따라 초, 중, 고급으로 나뉘고, 고급으로 갈수록 속도도 빨라지고 운동시간도 조금씩 길어진다. 운동 효과가 확실하며 몸에 부담이 되지 않고 각자의 능력에 따라 운동 강도를 조절할 수 있으므로 대체로 청소년층뿐 아니라 중, 노년층의 신체단련에 적당한 신체단련 활동이라 할 수 있다.

이 '빨리 걷기운동'은 요즘과 같이 자가용 차량의 증가로 걷는 기회가 현저히 줄어든 현대인들에게 있어서 꼭 필요한 활동으로서, 이 운동을 열심히 하면 심폐기능이 좋아져 고혈압이나 심혈관질환 등을 예방할 수 있고, 체중감량과 체지방 감소를 유발해 당뇨병 등 만성질환도 예방할 수도 있으며, 더 나아가 차를 적게 이용함으로 말미암아 환경까지도 보호할 수 있는 일거양득의 실익을 얻을 수 있다.

(4) 채찍 휘두르기(打響鞭)

광장에서 행해지는 많은 신체단련 활동 가운데 가장 특이한 것이 바로 무협 영화에서 대인 살상 무기로 자주 등장할 법한 '채찍 휘두르기(打響鞭)'이다. 채찍 휘두르기는 중국 하남지방에서 전해져 내려오는 민간운동으로서, 이 운동은 진행 도중에 불상사가 일어날 수 있어 시계확보가 어려워 안전을 확보할 수 없는 저녁 시간보다는 주로 아침이나 낮에 광장에서 진행된다.

채찍 휘두르기는 일종의 전신운동으로서 유산소운동이며 비교적 적은 힘으로도 신체를 단련시킬 수 있다는 장점이 있다. 이 운동은 근육을 균형 있게 발달시킬 수 있으며, 특히 어깨 부위의 움직임이 많이 요구되기에 그 주위의 근육운동

공원에서 채찍휘두르기를 하는 중국인 무술시범을 보여주고 있는 듯한 모습으로 채찍 끝이 바닥에 닿을 때 굉음을 내기 때문에 공포심을 자아낸다.

에 효과가 있어 견주염과 척추 질병 치료에 도움이 된다고 한다. 어떻게 소리를 내느냐에 따라, 즉 어떤 재료로 채찍을 만드느냐에 따라 '치린볜(麒麟鞭)'과 '샹볜(響鞭)'으로 나뉘는데, '치린볜(麒麟鞭)'은 손잡이에 쇠사슬을 연결하여 만들고 '향볜(響鞭)'은 얇은 나이론 끈을 사용하여 만든다.

이 운동을 할 때 주의해야 할 것은 채찍 자체가 매우 무거우므로 무리하게 한쪽 팔로만 하지 말고 양손을 번갈아 가며 사용하여 몸 전체가 균형 있게 단련될 수 있도록 하며, 가벼운 곳에서 무거운 것으로, 왼쪽에서 오른쪽으로 순서를 정하여 운동하면 더욱 좋은 신체단련의 효과를 얻을 수 있다. 그리고 채찍 휘두르기는 광장춤과 마찬가지로 채찍을 휘두를 때 폭발음과 같은 매우 큰 소리가 발생하기 때문에 특별히 장소가 그리 넓지 않은 곳에서 하게 되면 주민들의 일상생활에 심각한 영향을 줄 수 있다.

그러므로 이 운동은 반드시 규모가 큰 광장이나 공원에서 사람들과 일정한 거리를 유지한 채 진행되어야 하고, 채찍으로 인해 신체적 피해를 볼 수도 있다는 것을 고려하여 인적이 드문 장소와 시간대를 선택하여 진행하는 것이 좋은데, 단순하게 운동자 자신의 체력단련을 위해 다른 사람들이 안전과 휴식의 권리를 침해해서는 안 될 것이다.

(5) 중국식 제기차기(踢毽子)

공원이나 광장에서 제기차기로 운동을 하는 중년의 여성 제기는 중국에서 단순히 놀이가 아닌 운동 종목의 하나로 남녀노소가 모두 쉽게 즐길 수 있다.

저녁 무렵 도심 속 내지는 거주지역 내 광장에 가면 중국인들이 삼삼오오 둥그렇게 원을 그리고 서 있으면서 구령을 붙여가며 무엇인가를 열심히 차는 모습을 볼 수 있는데, 이것이 바로 중국식 제기차기(踢毽子)이다. 제기차기는 우리나라에서도 전통적으로 해왔던 민속놀이로서, 제기를 가지고 발로 차서 떨어뜨리지 않고 많이 차기를 겨루는 아이들 놀이다.

중국식 제기차기는 우리보다 훨씬 더 오랜 역사가 있는 민간에서 유행한 민속놀이이자 전통체육활동의 하나로서, 동전을 헝겊으로 감싸고 실로 묶은 다음 늘어진 천 부분을 여러 갈래로 잘라 만든 한국의 것과는 달리 기러기 깃털과 닭털을 사용하여 만드는데, 제기차기하면 재미있는 것을 물론이고 신체를 단련시켜 양생을 실천하는 방법으로 중국인들이 좋아하는 운동이다.

중국식 제기차기의 역사

중국식 제기차기는 유구한 역사와 전통을 가지고 있다. 전하는 바로는, 중국식 제기차기는 한대(漢代)부터 시작되었는데, 황하 유역에 살던 화하인(華夏人)들이 농한기가 되면 천으로 싼 공을 차서 높은 곳에 올려놓는 '축국(蹴鞠)'이라는 놀이에서 비롯되었다고 한다.[18] 이후 남북조(南

---

18 서한(西漢) 유향(劉向)의 『별록(別錄)』의 기록에 의하면, "蹴鞠은 황제가 만들었다고 전

北朝)와 수당(隋唐) 시대 때 성행하였는데, 당시 시장에 가면 제기를 전문적으로 만들어 파는 점포가 있을 정도였다. 명대(明代)부터 정식으로 제기차기 시합이 거행되었고, 청대(淸代)에 이르러 극성기를 맞이하여 제기를 만드는 기술과 차는 기술이 공전의 발전을 가져오게 된다.

청초(淸初) 한 문학가는 여성이 제기 차는 것을 찬미하면서 '축구보다 기술이 발달했고, 바둑을 두는 것보다 재미있다.'라고 한 바 있다.[19] 신중국 건설 이후 한때 소강상태에 빠진 적도 있었지만, 제기차기는 곡예의 한 목적으로 곡예단에서 보여주는 잡기의 하나로 명맥을 유지하다가 1963년에는 줄넘기와 더불어 국가가 제창하고 주도하는 국민 체육활동으로 선정되어 전국적으로 보급되기에 이른다.[20]

중국식 제기차기 방법

중국식 제기차기는 아주 짧은 찰나의 순간에 제기를 제어하여 공중에서 받기, 떨어뜨리기, 건네주기, 차기 등의 각종 동작을 완성해야 하므로 조금이라도 타이밍을 맞추지 못하면 제기를 떨어뜨려 실패하게 된다. 그래서 제기를 잘 차려면 순간 반응능력이 좋아야 하며, 타이밍도 잘 맞춰야 하고, 동작도 그만큼 민첩해야 한다. 그러므로 제기차기는 사람들의 반응능력과 동작의 균형능력을 제고시키는데 매우

중국식 제기 각종 색깔의 깃털로 만들기 때문에 매우 화려하고 앞부분에 쇠붙이가 들어 있어서 발로 차면 멀리 높이 날아간다.

해지는데, 전국시대부터 시작되었다는 설도 있다(蹴鞠者, 傳言黃帝所作, 或日起戰國之時.)"라고 한다.

19 https://baike.baidu.com.

20 張奉連, 「踢毽子──身心俱益好運動」, 『鄕村科技』, 2016年 1期.

유리한 운동이다. 이렇듯 제기차기는 심신 건강을 단련시키는데 많은 장점이 있다.[21] 일단 제기차기를 하면 하체의 관절과 근육, 그리고 인대를 단련시키는 효과가 있고, 허리를 강화하는 데 도움을 준다.

그리고 제기를 찰 때 뛰어오르기 동작도 하게 되는데, 신체의 균형감각을 발달시켜주고, 차는 동작과 함께 하체를 움직이게 하고 때로는 경추도 적절히 움직이게 한다. 또한, 지속해서 제기차기 동작을 하게되면 심장 박동도 1분에 대략 150여 차례로 증가하기 때문에 전신운동의 효과가 있기도 하다. 제기차기 운동을 꾸준히 지속한다면 하체의 근육과 인대가 튼튼해지며, 관절 또한 강화되면서 유산소운동의 효과까지 얻을 수 있게 되어 신체를 단련하는 좋은 운동이 될 수 있다.

제기차기는 매우 쉽게 도구를 만들 수 있고, 그렇게 넓은 공간이 필요하지 않기 때문에 남녀노소를 막론하고 모두가 할 수 있으며, 특별히 운동할 시간이 없는 경우 남는 자투리 시간을 활용하여서 할 수도 있다. 중, 장년층의 경우 반응속도가 느리고, 신체균형 감각이 젊은 사람만 같지 못하며, 잘못하다가는 허리와 척추에도 무리가 갈 수 있으므로 절대 과도하게 해서는 안 된다.

(6) 양꺼(秧歌)

양꺼(秧歌)는 중국의 동북지역에서 광범위하게 유행하던 민간 가무의 일종으로, 일반적으로 십여 명에서 백여 명까지 단체로 춤을 추는데, 징이나 북의 반주에 맞춰 한 손에는 손수건이나 부채를 들고 추는 춤으로 여러 가지 대형으로 변화하면서 멋지고 통일된 모습을 연출한다. 원래는 중국 화북 농촌 지방에서 오랜 시간 몸을 구부려 모내기할 때 오는 고통을 잊기 위해 부르던 노래였으나, 현재는 징과 북으로 반주하

---

21 「踢毽子---永不過時的健身術」, 『民族醫藥報』, 2008年 3期.

도심 광장에서 양꺼를 추고있는 중국인 양꺼는 주로 대도시가 아닌 시골에서 여성
들이 단체로 하는 운동으로 각종 행사의 개막식에서 축하공연으로 사용되고 있다.

면서 포크 댄스와 같이 춤을 추며 노래하는 것을 말한다.[22]

　　주로 농부들이 추었던 춤이라 역사 고사나 신화전설, 그리고 풍년을 기원하고 액막이에 관한 내용도 들어있으며, 각종 민간 무술과 무용 등도 녹아들어 있어 다양한 형태로 구현된다. 이 모내기 춤은 주로 중국의 명절이나 노동절 혹은 국경절 행사에 연출되는데, 평상시 광장에서는 특별한 행사 때와는 달리 간편한 복장을 하고 삼삼오오 모여 음악에 맞춰 대오를 이루며 양손을 허리에 교차시키면서 진행된다.

　　위에서 살펴본 바와 같이, 광장에서 진행되는 여러 종류의 신체단련 운동은 단순히 몸을 움직이는 정도의 놀이가 아닌 이를 통해 체력을 증진하고 이 과정에 함께 참여한 사람들과 교제하고 소통하여 즐거움을 얻을 수 있으므로 정신적인 스트레스를 풀고 걱정, 근심을 해소할 수 있다는 장점이 있다.

　　다시 말해서 광장에서의 신체단련 운동은 전통적으로 죽음이 두려워 생명을 연장하는 수단으로서 고행을 통해 천수를 누리겠다는 소극적인

22　朱安俊, 「淺談秧歌」, 『古今農業』, 2008年 2期.

양생의 범주를 벗어나 21세기 산업화 사회에서 체력을 증진할 수 각종 체육활동과 '여가'의 개념이 더해져 심신의 건강을 증진하는 것은 기본이고 이를 통해 삶의 질을 향상하고 더욱 행복하고 즐겁게 이웃과 더불어 인생을 즐기기에 더없이 좋은 문화 활동인 셈이다. 이 모든 것을 가능하게 해주는 곳이 바로 '광장'인 것이다.

3. 중국 광장문화의 가치 : '양생(養生)'을 실천하는 장

한 나라 혹은 도시를 이해하기 위해서는 그곳에 조성된 광장을 가보라는 말이 있다. 광장은 기본적으로 도시 가운데 주로 사통팔달의 교통의 중심지에 위치하여 시민들이나 그 도시를 찾는 관광객들이 쉽게 방문할 수 있다. 그리고 그 광장에는 남녀노소, 신분 고하를 막론하고 모든 시민이 자유롭게 드나들며 자신들이 원하는 활동을 진행하거나 자발적으로 여러 활동에 참여하여 즐거움과 건강을 얻을 수도 있다.

이렇듯 공공성과 포용성, 그리고 자발성이라는 특성을 보인 광장은 국가를, 그리고 도시를 대표하는 얼굴이며, 여기서 형성된 광장문화를 통해 국가와 사회가 추구하려는 가치관을 짐작해 볼 수 있다. 이런 의미에서 **중국의 광장과 광장문화는 중국과 중국인, 그리고 중국문화를 이해하는 중요한 표지**라고 할 수 있다.

중국의 광장문화는 민족적 성격이 짙은 민간예술과 전통체육활동에서 비롯되었는데, 이는 장대 다리 걷기(高蹺)와 북방 지역 농촌 지역에서 시작된 한족의 전통 민속춤인 '따양꺼(大秧歌)' 등과 집체 민간 춤과 함께 어우러져 민속 활동의 범주에 속했다. 그렇지만 오랜 세월 동안 도시 광장의 기능이 체제를 선전하고 공고히 하려는 정치적 목적으로 국한되어 대형집회나 기념 활동, 경축 행사 등이 개최되었기에 문화적인 요소가 극히 제한되었던 것이 사실이다.

그러다가 개혁 개방의 새로운 시기에 접어들면서 특별히 90년대 이후 생활환경의 개선과 부유함, 그리고 이로부터 생겨나는 중국인들의 삶의 질적 향상에 대한 욕구와 의식의 성숙, 그리고 중국 정부의 정신문명 건설을 주창함에 따라 대형광장뿐만 아니라 도심 속 광장, 그리고 거주지 내 광장에서 기존의 정치적 집회, 행사, 전시 활동과 함께 각종 문화적 성격이 짙은 활동이 전개되었고, 예로부터 양생을 중시하는 중국인들은 특별히 광장에서 광장춤(庵場舞), 태극권(太极拳), 건강걷기운동(健步走), 채찍 휘두르기(打響鞭), 제기차기(踢毽子), 양꺼(秧歌) 등과 같은 다양한 심신단련 활동을 통해 양생의 도를 실천함으로써 중국의 광장은 또 한 번 변모하게 된다. 이에 따라 광장문화는 이른바 '여가활동'의 목적으로 이전보다 그 내용과 형식이 훨씬 풍부해지고 재미있게 즐길 수 있게 되었으며, 무엇보다도 시민들이 자발적으로 참여함으로써 광장문화 활동의 위상 또한 빠르게 제고되어 도시문화를 선도하는 위치에까지 이르게 되었다.

결론적으로 **중국의 광장은 중국의 도시문화와 지역적 특성, 그리고 이를 만들어내고 누리는 중국인들의 삶에 대한 인식을 이해하는 중요한 키워드**인 것이다. 이점을 고려한다면 중국의 광장은 중국문화와 중국인의 생활습관을 이해하는 중요한 장소일 뿐 아니라 그곳에서 진행되는 각종 놀이와 행사, 그리고 심신단련 활동을 통해 양생을 실천함으로써 중국의 광장은 과거 '정치광장'에서 '문화광장'으로, 그리고 또다시 '양생 광장'으로 탈바꿈되면서 중국인들끼리 서로 소통하고 교류하는 중요한 장소가 되었다.

이뿐만 아니라 광장에서 조성되는 다양한 문화를 통해 많은 외국인도 중국을, 중국문화를 새롭게 이해하는 또 하나의 통로가 될 수 있을 것으로 생각된다. 더욱 중요한 것은 광장을 통한 중국인들의 적극적인 참여와 자유로운 소통, 그리고 유연한 사고방식의 배양으로 인해 전체 중국문화의 다양화, 시민의식의 성숙, 그리고 더 좋은 삶의 형태를 지향하려는 중국 정부의 인식까지도 긍정적인 영향을 줄 수 있을 뿐만 아니라 중국의 독특한 사회주의 시스템 속에서 중국의 광장과 광장문화가 각 계층 간의 조화를 모색하고 화해의 사회, 공존의 시대로 나아가고 있음을 방증하는 중요한 잣대가 될 수 있기를 기대해본다.

제11강

중국의 신세대,
무엇을 어떻게 생각할까?

– '새둥지세대'와 '하이바오세대'의 가치관

"

이 장에서는
'자아 중시와 실현'을 최우선으로 하는
'소황제(小皇帝)'와 '월광족(月光族)'으로 대변되는
중국의 신세대 젊은이들이
어떻게 애국심을 갖게 되었는지
이들의 가치관의 변화양상과
그 원인에 대해서 알아보자.

"

중국은 새로운 밀레니엄 시대에 접어들자마자 2001년 11월 WTO에 가입함으로써 국가 발전의 중요한 방향과 정책을 이전의 '도광양회(韜光養晦: 대외적으로 소극적인 입장을 견지하는 원칙)'에서 '유소작위(有所作爲: 국제적 지위에 부합한 행위가 수반되어야 한다는 것으로 적극적인 대외적 행보를 의미함)'로 전환하였다.

구체적으로 말하자면, 중국은 2001년 12월 세계무역기구(WTO)에 가입함으로써 중국의 3억 5천만 명의 중국 노동자가 세계 경제 시스템으로 편입되었고, 대외무역 총액은 1950년에서 WTO 가입 이전까지의 총액보다 무려 3.67배가 증가했으며, 더욱 의미 있는 것은 고도의 경제적 성장을 바탕으로 중국의 국제적 지위가 크게 신장하여 이른바 'G2'라는 최강국의 반열에 오르게 되었다는 것이다.

신중국 건설과 베이징올림픽

이러한 중국의 세계로 향한 빠른 행보는 건국 60주년이 되는 2008년 정점에 이르렀는데, 그해 8월 중국의 심장부이자 중화 문명의 정수를 보여주는 역사와 전통의 고도인 베이징에서 올림픽을 개최하여 전 세계의 이목이 쏠리는 가운데 신중국 60년의 새로운 비전을 제시했고, 이를 축하하기라도 하듯 금메달 수에 있어서 처음으로 미국을 앞질러 1위를 거머쥐는 쾌거를 이룩하는 등 새로운 중국의 발전과 도약을 만천하에 알리는 계기가 되었다.

이뿐만 아니라 또다시 2년 뒤 중국 제2의 도시이면서 21세기 새로운 도약과 발전의 상징인 상하이에서 전 세계 문화의 잔치인 엑스포를 개최하여 중국의 막강한 경제력을 다시 한번 전 세계에 각인시키는 데 성공하였다.

중국은 이런 국제적인 행사를 개최함으로써 현재의 발전상과 미래의 희망을 제시하였는데, 이때마다 중국 정부는 모든 국민의 관심과 열정을 집중시키고 적극적으로 참여토록 하여 국가적인 축제로 승화시키고 성공적으로 치러 낼 수 있었다. 이 가운데 20대부터 30대 초반에 이르는 젊은 자원봉사자의 역할이 상당한 비중을 차지하며 '신중국(新中國)' 건설의 역군이 되면서 새로운 시대를 대표하는 아이콘으로 급부상하였다.

'새둥지세대(鳥巢一代)'와 '하이바오세대(海寶一代)'

이들이 바로 베이징올림픽과 상하이 엑스포의 성공을 가져오는 데 일익을 담당한 이른바 '새둥지세대(鳥巢一代)'와 '하이바오세대(海寶一代)'이다. 이들 모두 이른바 '소황제(小皇帝)' 출신으로 현대 중국사회의 특징을 반영하는 데 있어서 상당히 중요한 위치를 차지하고 있는 세대군이다. 이들이 바로 '바링허우'이며 이를 바탕으로 '주링허우' 세대가 연이어 등장하게 된 것이다.

이번 장에서는 한 마디로 자아 중시와 실현을 최우선으로 하는 '소황제(小皇帝)'와 '월광족(月光族)'으로 대변되는 중국의 신세대 젊은이들이 이전과는 다르게 어떻게 자신의 이익과 직접적인 연관이 없는 국가적인 행사에 기꺼이 자신을 희생해가면서 '우국우민(憂國憂民 : 나라와 백성을 걱정하다)' 하는 등의 애국심을 갖게 되었는지를 살펴보자.

1. '소황제(小皇帝)'에서 '월광족(月光族)'으로

소황제 탄생의 이면에는 자식에게는 가난과 배고픔, 그리고 배우지 못한 서러움을 물려주지 않겠다는 '우링허우(50后 : 50년대에 태어난 사람)' 부모세대들의 염원이 존재한다. '우링허우'는 어떤 세대인가? 이들은 중화인민공화국 건국 이후 태어나 대약진운동과 그 후유증으로 굶주림에 시달려야 했다. 시대적 동란 속에서 수천만 명이 굶어 죽었기 때문에

살아난 것만으로도 다행이라고 생각한다. 중, 고등학교 시절에는 문화
대혁명이라는 광풍에 휩쓸려 책 대신 마오쩌둥의 어록을 들고 다니며
자본주의에 물든 반동분자를 색출하는데 젊음을 허비했다.

　　그러고 나서 맞이한 개혁 개방은 홍위병으로 광기만을 내뿜으며 혁
명에 앞장섰던 사람들에게 기회를 주지 않았다. '무식'함으로 말미암아
사회의 맨 밑바닥으로 떨어져 하층민으로 전락하기도 한다. 이러한 처지
와 환경 속에서 국가는 한 자녀 이상 낳는 것을 허락하지 않았고 부모들
은 이렇게 귀하게 얻은 자식에게 자신들보다 더 좋은 환경과 풍족함을
제공해 주고 싶었다. 이러한 환경 속에서 태어난 이들의 자녀들은 자연
스럽게 '소황제(小皇帝)'로 성장하게 되었다. 소황제의 특징을 살펴보면
다음 세 가지로 요약해 볼 수 있다.

1) '소황제'의 성장환경

　　문화대혁명을 거친 후 다시 등장한 덩샤오핑을 필두로 개혁 개방주
의자들은 대륙 중국의 경제적인 성공은 얼마나 효과적으로 인구를 억제
하느냐에 달려 있다는 사실을 간파하고 있었다. 2000년까지 중국 전체
인구를 적어도 12억에 묶어두지 않으면 아무리 좋은 경제 정책도 실패할
가능성이 크다고 판단한 것이다. 그리하여 1979년 1월 이후 결혼한 모든
부부는 자녀를 하나만 두어야 한다는 정책이 발표되었으며, 1980년 9월
공산당 중앙위원회는 모든 당원에게 한 자녀 가정을 실천하라고 공개서
한을 보냈다.

(1) 가족계획정책

　　가족계획(計劃生育)정책은 중화인민공화국의 기본적인 국책사업 중
하나로 인구정책에 따라 계획적으로 출산하는 것이다. 1982년 9월 기본

국책(基本國策)으로 결정되어 그해 12월 헌법에 명기되었다. 이 정책의 주요 내용과 목적은 만혼(晚婚, 늦게 결혼하기), 만육(晚育, 늦게 출산하기), 소생(少生, 자녀 적게 낳기), 우생(優生, 잘 낳아 기르기)을 주창하여 계획적으로 인구를 통제하자는 것이다.

산아제한이라는 기본국책 자체가 중국의 인구문제와 발전문제에 대한 긍정적 효과를 무시할 수 없지만, 인구 고령화 문제를 가져왔다. 2000년대 초반까지 중국의 산아제한정책은 또다시 한차례 조정되었는데, 1980년대에 태어난 첫 외동아들이 결혼 적령기에 이르렀기 때문에 많은 지역, 특히 경제가 발달한 지역에서는 산아제한정책이 어느 정도 완화되었다.

사실 산아제한정책은 중국인들에게 있어서 받아들이기 어려운 제도이다. 전통적으로 이른바 '전종접대(傳宗接代)', 즉 아들을 낳아 대를 이어야 한다는 관념이 뿌리박혀 있어 이들에게 아들딸 구별 말고 한 자녀만 출산하라는 지시는 중국사회의 근간을 뒤흔드는 일대 혁명과도 같은 사건이었기 때문이다.

하지만 국가와 당의 정책을 지키지 않을 수 없었고, 무엇보다도 산아제한정책을 어기고 두 자녀를 두면 부담해야 하는 엄청난 액수의 벌금은 실질적으로 감당하기 어려운 큰 부담이었다. 이렇게 되자 자연스럽게 도시를 중심으로 국가의 정책에 따라 1980년 이후 결혼한 젊은 부부들은 한 자녀만 출산하는 현상이 점차 자리 잡아가게 되었다.

(2) 자신만을 생각하는 이기적인 세대 : '4-2-1 증후군'

1978년 덩샤오핑의 산아제한정책인 '독생자녀제(獨生子女制)'를 시행하여 한 가정당 한 자녀 낳기 정책을 시행한 후 중국 사회구조에 적지 않은 영향을 미치게 된다. 이렇게 탄생한 소황제의 성장환경을 단적으로 알 수 있는 개념이 있는데, 바로 '4-2-1 증후군'이다.

요즘 결혼 적령기 들어선 젊은 세대들은 대부분 '독생자녀(獨生子女)', 즉 외동 자녀이기 때문에 이전처럼 아내가 남편의 집에 가서 명절을 보내면 자신의 부모는 외롭게 보내야 하는 상황이 발생하자 아예 양가 부모님을 모두 자신들의 집으로 모셔와 명절을 보낸다. 그러므로 양가 부모님(4)과 부부(2), 그리고 자신들의 한 자녀가 함께 설을 보내기 때문에 '4-2-1'의 형태를 취하게 되는 것이다.

이 외동 자녀에게 조부모와 부모의 모든 관심이 집중되는 것은 극히 자연스러운 일이다. 그야말로 집안의 어른들은 아이를 어린 황제처럼 떠받들고 살아가는 형국이 되고 말았다. 그러므로 소황제는 집안의 형편과는 상관없이 어릴 적부터 입고 먹는 것에 아무 걱정 없는 생활 하면서 자기중심적 사고와 함께 자신만을 생각하는 이기적인 세대로 성장한다. 이들이 바로 중국의 신세대로 불리는 '바링허우(八零后)'로 이후 중국 사회에 많은 영향력을 행사하는 세대로 성장하였다.

2) '소황제'에서 '월광족(月光族)'으로

개혁 개방 이전 중국은 공급이 우선하는 계획경제체제로 공급과 유통, 분배, 소비에서 모두 원활하지 못한 물질 결핍의 시기를 겪었다. 그리하여 사회주의국가가 표방하는 유토피아의 첫 단계에 해당하는 '배불리 잘 먹고 따뜻하게 사는 이른바 온포(溫飽) 사회' 건설에 실패하였다. 그러다가 개혁 개방 이후 중국은 계획경제체제에서 시장경제체제로 전환하면서 농촌과 도시 할 것 없이 삶과 소비의 형태가 비약적 발전을 거듭해왔다.

중국의 선진국형 소비행태

현재 중국의 소비형태는 온포(溫飽: 따뜻하게 자고 배부르게 먹다) 중심의 소비에서 선진국형 소비구조로 전환되고 있다. 그 중심에 소황제

출신의 '바링허우'가 있다. 소황제는 이전 세대들과는 달리 문화대혁명 같은 정치적인 굴곡을 겪지 않았고 개혁 개방 이후 소득의 격차로 말미암은 경제적인 어려움도 모르고 자랐다. 이들은 부모세대의 희생과 전폭적인 지원 속에 상대적으로 물질적인 풍요로움을 누려왔고 현대화된 교육시스템의 혜택을 받으며 인터넷 등 정보 수집에 능한 세대로 성장할 수 있었다. 그래서 이들은 정치적, 경제적 질곡의 세월을 지내온 부모세대와는 차별화된 긍정적이고 개방적인 가치관과 태도를 지니게 되었다.

1979년 계획생산 정책 시행 이후 30여 년의 시간이 흐른 지금 바링허우 1세대로서 태어난 아이들은 이제 30세를 넘어선 나이가 되어 결혼하고 중국사회의 중추적 역할을 담당하고 있다. 이들은 태어날 때부터 소황제로 자라오면서 자신을 위한 것이라면 불가능한 것이 없는 한 마디로 '무소불위(無所不爲)'의 권력을 가진 바 있다. 그 뒤에서 힘들게 이들을 지켜주고 무한한 지원을 해주었던 부모들의 노력 덕택으로 말이다.

'월광족(月光族)'의 탄생

부모의 전폭적인 정신적, 물질적 지원 속에 소황제들은 장성한 후에도 여전히 모든 것을 부모에 기대는, 그래서 의지가 매우 약하며 오로지 자신만을 생각하는 이기적인 성향 또한 바뀔 줄 모른다. 이들은 마침내 대학을 졸업하고 사회에 진출해 직장을 구하게 된다. 이로 인해 많지는 않지만, 수입도 생겨났다. 받은 월급을 몽땅 자신만을 위해 사용하지만 아무래도 자신의 수입보다 더 많은 돈을 지출한다. 이처럼 소황제로 출발해 어른이 된 후에도 자신이 하고 싶은 것은 무엇이든지 해야 하는 심리와 실제로 자신의 능력과는 한참 거리가 있는 소비형태가 맞물려 이른바 '월광족(月光族)'이라는 별칭을 얻게 되었다.

중국 사회에 이러한 월광족이 점점 더 많아지고 있다.[1] 한 통계에 따르면, 대학을 졸업한 후 사회생활을 하는 중국의 청년계층 중에 월광족의 비율이 30%에 이른다고 한다. '光'이란 중국어로 '하나도 남기지 않아 깨끗하다'라는 뜻으로서, '월광족(月光族)'이라 함은 매달 받은 월급을 하나도 남김없이 모두 써버리는 젊은 세대를 일컫는 말이다. 중국의 한 젊은이는 현재 회사원으로 그의 월급은 4,500위안이다.[2] 월급을 받으면 그달 방세와 생활비를 제하고 가끔 친구들을 만나 취미생활을 하다 보면 월급은 금방 바닥을 드러낸다. 사실 월급 4,500위안이면 일반적인 회사원과 비교해 보았을 때 결코 적은 돈은 아닌데도 말이다. 그는 월말이 되면 늘 빈털터리가 되어 다음 달 월급날만을 손꼽아 기다린다고 한다. 이는 비단 액수의 적고 많음만의 문제는 아닌 듯하다. 또 한 사람은 회사에서 책임자로 일하면서 월급을 6,000위안 넘게 받는다. 그러나 그 역시도 월급을 몽땅 다 써버리고 심지어는 다른 사람에게 돈을 빌리기까지 한다.

월광족 등장의 원인

이와 같은 원인을 살펴보면 대부분 자신의 소비 욕구가 지급능력을 넘어서기 때문이다. 수중에 돈이 없음에도 자신이 갖고 싶은 것이 생기면 돈을 빌리거나 신용카드로 할부구매를 한다. 그러다 보면 월급날에 지난달에 빌렸던 돈을 갚거나 할부금을 내버리면 월급은 이미 반 토막이나 있는 상태가 된다. 그러나 매월 고정적으로 지급해야 할 돈은 있고, 그렇다고 사고 싶거나 하고 싶은 것은 안 할 수 없는 상황이기 때문에 금전적인 악순환은 계속될 수밖에 없다. 그래서 저축은 꿈도 못 꾼다.

사정이 이렇다 보니 월광족의 대부분은 경제적으로 독립하지 못하고

1　월광족과 함께 현재 중국에서는 할인 쿠폰을 인터넷, 휴대전화로 내려받아 할인 없이는 물건을 사지 않는 '짠돌이(抠抠族)'도 등장하고 있다.

2　2010년 중국사회과학원이 조사한 통계자료에 따르면, 지역과 학력, 그리고 학교의 등급에 따라 차이는 있겠지만 전국 대졸 취업자의 평균초임은 2,369위안이라 한다.

계속 부모에게 의지하며 살아간다. 부모 또한 하나밖에 없는 자녀이기에, 지금까지 그렇게 해 왔기에 부모 자신들도 넉넉하지 못한 상황 속에서도 예전의 습관을 버리지 못하고 자녀가 내민 손을 감히 뿌리치지 못하고 있다. 이렇게 하여 바링허우는 소황제로 태어나 월광족으로 성장하였고, 나중에는 '컨라오주(啃老族)', 즉 취직한 이후에도 여전히 부모에게 의지하여 생활하는 집단으로 변모하였다.[3]

3) '바링허우(80后)'의 현실

2010년 바링허우 세대는 공자가 말한 이른바 '학문이나 견식에 있어 일가를 이룰만한 30대(三十而立)'가 되었다. 그런데 대다수 바링허우는 '30세에 홀로서기에는 너무 요원한 것 같다(三十難立)'라며 한숨을 내쉬는가 하면 심지어 자신을 노예(奴)로까지 비유하고 있다. 왜냐하면, 교육을 받거나 집, 자동차를 사는 것, 결혼하는 것 심지어는 아이를 낳아기르는 것 모두 자신들의 수입 이상의 비용을 지급해야 하기 때문이다.

'홀로서기'가 어려운 바링허우

치열한 입시경쟁을 뚫고 대학에 입학하고 재학 기간에 조금도 한눈팔지 못하고 열심히 공부하여 졸업하면 그렇게나 그리워하던 '화이트칼라(白領)'가 된다. 하지만 월급은 적고 사고 싶고 하고 싶은 것은 많아 항상 수입보다 많은 지출을 하다 보니 월급날 월급을 제대로 쥐어보지도

---

3 '바링허우'를 지칭하는 여러 가지 신조어가 있는데, 가령 '차오메이주(草莓族)'은 '온실 속 화초'라는 의미로 온실 속에서 자란 딸기는 매우 약해 스트레스를 견디지 못하는 '바링허우'를 나타낸다. '뻔뻔주(奔奔族)'는 소황제처럼 살아오다가 사회로 진출하여 그 속에서 아무리 노력해도 뜻대로 잘 안 되는 '바링허우'를, '우링주(无領族)'은 매일 옷깃이 없는 옷을 입고 다니는, 다시 말해서 거친 작업 환경 속에서 일하는 '바링허우'를 말한다. 그리고 'ATM族'은 저축도 없는 데 소비만을 일삼고 계획성 없는 삶을 살아가는 '바링허우'를 나타낸다. 일련의 별칭으로 '바링허우'의 가치관, 성향 등을 파악할 수 있다.

못하고 대출상환금으로, 카드 대금으로 돈이 빠져나가 아무것도 받지 못한 것이나 다름없는 그야말로 '바이링(白領)'[4]의 상태가 되어 버리는 것이다.

이러한 '수입보다 지출이 많은 빈곤의 상태'를 해결할 수 있는 유일한 방법은 바로 신용카드이다. 현재 중국의 도시에 사는 수많은 중국인은 자동차를 구매하고 집을 사며 고가의 가전제품을 사는 것은 이제 일상이 되었다. 결혼할 때 혼수품으로 준비해야 하는 자전거, 손목시계, 재봉틀은 이미 구식이 되어 '라오싼지엔(老三件)'이라 취급받은 지가 이미 오래다. 그 자리를 TV, 세탁기, 냉장고가 대체하여 이른바 '신싼지엔(新三件)'이 등장한 지 얼마 되지도 않았는데, 벌써 소비의 패턴과 인식이 자동차, 집 그리고 별장을 뜻하는 '신신싼지엔(新新三件)'으로 서서히 옮겨가고 있다. 수입은 한정되어 있는데 씀씀이가 너무나 커져 버린 중국인들은 그래도 누리고 싶은 것은 누려야 한다는 생각이 지배적이다.

그래서 신용카드를 활용한 '미리 앞당겨 소비'하는 이른바 '티치엔샤오페이(提前消費)' 행태가 유행하고 있다. 젊은 세대의 경우 월급은 쥐꼬리만큼 받지만, 명품도 사고 싶고 인간관계도 충실해야 하고 자신의 취미도 계발해야겠기에 늘 항상 수입보다 지출이 많은 상황에 직면한다. 그러나 남보다 앞서 누리고 싶어 한다. 이에 대여섯 장의 신용카드를 만들어 한마디로 '돌려막기'를 하는 것이다.

'바링허우'의 소비형태의 원인

이런 '바링허우'의 소비형태의 원인을 분석해보면 소황제 시절 집안의 형편과 상황은 그들이 걱정해야 할 몫이 아니었다. 부모님의 전폭적인 지원 속에서 한 번도 하고 싶은 그것을 못 했거나 갖고 싶은 것을

4　중국어로 '白'는 '헛수고하다', '보람 없다'라는 뜻이고, '領'은 '얻다', '받는다'라는 뜻이다. 그러므로 '白領'은 '아무것도 받지 못하다'라는 뜻으로 풀이될 수 있다.

못 가져본 적이 없었던 바링허우다. 그래서 뭔가 부족한 상황에 익숙하지 않을 뿐만 아니라 더러 나에게 없는 것, 누리지 못하는 것을 용납하지 못한다.

이들은 성인이 된 후에도 여전히 능력이 안 되는 상황임에도 불구하고 그러한 습관을 버리지 못하고 '일단 쓰고 보자' 혹은 '인생은 단 한 번뿐, 즐기고 보자'라는 인식 가운데 초과지출을 감행하는 것이다. '바링허우'의 성장 과정에서 참을성, 자제력을 배울 기회가 필요성이 전혀 없었고 아무런 미래의 계획 없이 당장 즐거움과 욕구충족을 위해 전술한 바와 같은 행위와 관념이 형성되었을 것이다.

이러한 소비행태와 관념이 지속하여 급기야는 빚에 쪼들리고 대출금 상환에 허덕이는 '노예'와도 같은 생활이 전개되어 이른바 '팡누(房奴, 대출상환금의 노예)', '처누(車奴, 자동차 할부금의 노예)', '카누(卡奴, 카드대금의 노예)' 등으로 전락하고 말았다.

이렇듯 능력이 되지 않는데 집과 차를 사고 사치스러운 소비행태를 보이는 것은 아마도 전통적으로 중국인들이 체면을 중시하고 과시하기를 좋아하는 성격적 특징 혹은 다른 사람들이 자신을 업신여길까 봐 두려워하는 심리적 요인도 다소간 작용했을 그것으로 생각해볼 수 있다.

2. 중국 신세대 양상 및 가치관

소황제로 자라 월광족으로 변모한 '바링허우' 젊은이들에게 최근 들어 새로운 별칭이 또 하나 생겼는데 그것은 바로 '새둥지세대(鳥巢一代)'이다. 이들은 외국인과 대화하기 좋아하고 애국심이 강하며 베이징올림픽이 그들의 인생에 있어서 일대 전환점이라고 생각한다. 즉, 올림픽이라는 국가적인 행사에 자원봉사자로 참여하면서 이전의 자신만을 알고 이기적이었던 성격에서 사회와 국가, 더 나아가 중화민족의 전통을 이어 나간다는 막중한 책임감과 투철한 사명의식을 가진 이들로 탈바꿈하게 된 것이다.

1) 중국식 사회봉사 활동의 모태 : '레이펑배우기 운동'

신중국 건설 이후 이른바 '레이펑배우기 운동(學雷鋒運動)'은 중국의 단결을 위한 일련의 미덕, 가령 '사람 돕는 것을 즐거움으로 삼는 것(助人爲樂)', '의리를 중시하고 용감하게 행동하는 것(見義勇爲)', '노인을 공경하고 아랫사람을 사랑하는 것(孝老愛親)' 등의 전통적 가치관과 현대 사회주의 국가이념이 서로 결합하여 만들어진, 다시 말해서 중국식 사회주의 특색과 시대적 상황이 빚어낸 공익활동의 하나인데, 레이펑 정신과 오늘날의 봉사 정신이 서로 부합되는 측면이 존재하기 때문이다.

후난(湖南)성 왕청(望城)현 태생인 레이펑은 가난한 농민의 자식으로 태어났다. 7세 되던 해 고아가 되었고, 이후 중국공산당에 큰 뜻을 품고 먼저 중국 공산주의 소년선봉대와 청년단에 가입했다. 그는 매우 적극적이고 열심히 맡은 바 임무를 완수하여 '선도자(紅旗手)', '임무의 본보기(工作模範)', '모범노동자(勞動模範)', '선진생산자(先進生産者)'와 '사회주의 건설의 적극적 영웅(社會主義建設積極分子)'이라는 수많은 칭호를 받았다.

부대에서 차량병으로 근무하던 레이펑은 1962년 8월 군용차량을 타고 부대로 돌아가던 중 차량이 전복되는 바람에 동료 한 사람과 함께 22세의 짧은 생을 마감했다. 레이펑은 평범한 중국인민해방군의 전사로서 그의 짧은 생애 동안 무수히 많은 사람을 도와주어 마오쩌둥 주석은 1963년 3월 5일 직접 모든 인민에게 '레이펑 동지에게 배워야 한다.'라고 호소하였으며 아울러 이날을 레이펑 기념일로 정해 그의 업적을 찬양하였다.

사후에 전형적인 '마오쩌둥 주석의 좋은 전사'로 칭찬받은 레이펑을 둘러싼 당대의 영웅 만들기 프로젝트는 개혁 개방 이후 시장 경제의 급속한 발전에 따라 일반 대중들에게 크게 환영받지 못하게 되었지만, 그 영향력은 아직도 수그러들지 않고 있을 뿐만 아니라 후진타오(胡錦濤) 국가주석의 '사회주의 영욕관' 제시 이후 다시 주목을 받기 시작했다.

이후 레이펑식 영웅주의는 21세기 중국 인민들, 특히 젊은이들의 본보기를 세우려는 노력과 시도로 이어졌고, 이 영웅은 중국이 개최하는 굵직굵직한 대형 이벤트(국가적 행사)를 지원하는 자원봉사활동을 통해 구체적으로 재현되었다. 이들이 바로 이른바 '새둥지세대'와 '하이바오 세대'로 불리는 '바링허우'와 '주링허우'이다.

2) 제도적 지원 : '사회주의 영욕관'과 봉사활동지침서

현재 중국의 18세 이하 청소년의 인구는 4억 명에 이른다고 한다. 이들은 전통 유가 사상과 사회주의 이데올로기 학습의 영향으로 말미암아 가치관 및 도덕성에 있어서 아직은 좋은 상태를 유지하여 국가관이 뚜렷하고 진취적인 모습을 보여주고 있다. 그러나 국내외 환경의 대변화 속에서 인터넷 매체의 무차별적인 보급과 가정교육의 소홀함과 사회의 무관심, 냉대 등으로 인해 이들의 가치관과 도덕성에 문제가 발생할 가능성이 점차 커지게 되었다고 한다.

이에 가치관 붕괴라는 공전의 위기 속에서 중국 정부는 '함께 더불어 살아가는 조화로운 사회를 건설'하기 위해 젊은 세대들에 대한 교육의 중요성을 깨닫고 자존감과 책임감 있는, 그리고 국가와 사회에 헌신적으로 이바지할 국가 차원의 제도를 모색하게 되었다.

(1) '사회주의영욕관(社會主義榮辱觀)'

2006년 3월 4일 후진타오 중국 국가주석은 중국인민정치협상회의 (전국인민정치협상회의) 10기 제4차 회의에 참석하여 모든 사회 구성원, 특별히 청소년들이 반드시 갖추어야 할 '8가지 영예스러운 일과 8가지 수치스러운 일(八榮八恥)'을 주요 내용으로 하는 이른바 '사회주의영욕관 (社會主義榮辱觀)'을 제시하였다.

후 주석은 당시 전국정협 중국민주동맹-중국 민주촉진회 위원들의 그룹토론에 참석, "우리들의 사회주의 사회에서는 시비(是非), 선악(善 惡), 미추(美醜)의 경계가 절대 뒤섞여서는 안 된다."라면서 사회주의 도덕 규범의 필요성을 제기한 것이다. 자부심을 느끼고 수치심을 느끼는 것은 사람이 갖춰야 할 기본적인 인성인데, 이에 대해 맹자도 '수오지심 (羞惡之心)이 없으면 사람도 아니다(『孟子·公孫丑』)'라고 말하며 사람이 동물과 구별되는 가장 큰 특성이자 성현의 도에 이르는 데 필요한 것이 라 하였다.

사회 도덕 규범의 회복을 호소함

이번 후 주석이 제시한 사회주의영욕관은 21세기 복잡다단하고 변화 무쌍한 국내외 정세의 변화 속에서 자칫 소홀히 여겨 잊힐 수 있는 가장 기본적이고도 중요한 사회 도덕 규범의 새로운 회복을 의미하는데, 이는 중화민족의 전통 미덕과 시대정신의 유기적인 결합을 구현하며 사회주 의의 기본적인 도덕 규범과 사회 분위기의 본질적인 요구를 실천에 옮김 으로써 사회주의를 기반으로 한 조화로운 사회를 건설하자는데 중요한 의의가 있겠다.

이 사회주의영욕관은 사회주의국가발전을 위해 국민의 의식개혁을 호소하는 내용을 담고 있어서 앞으로 또 하나의 사회주의식 지침이 되고 각계각층의 학습대상이 될 것으로 내다보고 있다. 갈수록 심각해지는 부패 문제를 도덕 재무장 운동으로 치유하고 동시에 개혁 개방에 따른 경제발전의 결과 빈부 격차, 계층 간 격차, 도시와 농촌 간 격차 등 사회적 갈등을 해소하려는 방안으로 제시된 것으로서 이번 후 주석의 발언에는 '어렵고 힘들더라도 참고 노력하자는 근면 성실하게 일하는 것은 영예고, 일하기 싫어하고 쉬운 일만 찾는 것은 수치'이며 '고달프지만 노력하는 것은 영예고, 교만하고 방탕한 것은 수치'라는 내용도 담겨 있다.

자본주의경제가 도입되면서 국가와 국민보다는 개인만의 이익을 좇는 사회현실을 고치자고 호소하는 내용도 포함되어 있다. 즉, 사회주의 영욕관을 실천하여 재능과 덕행을 겸비한 훌륭한 젊은이가 되어야 한다고 주장하고 있는데, 젊은이들이야말로 국가의 미래요 민족의 희망이자 중국식 사회주의의 건설자이기 때문인 것이다.

이와 함께 후 주석은 '8가지 영예와 8가지 수치' 가운데 가장 첫 번째로 '조국을 열렬히 사랑하는 것은 영예, 조국에 해를 끼치는 것은 수치(以熱愛祖國爲榮, 以危害祖國爲恥)'라며 애국주의를 강조하였고, 두 번째로 '인민에 봉사하는 것은 영예, 인민을 배반하는 것은 수치(以服務人民爲榮, 以背離人民爲恥)'라 하며 이타주의적 봉사 정신의 중요성을 각인시켰다. 이에 앞서 제시한 '레이펑' 또한 국가와 인민을 위해 열정적으로 봉사하고 헌신한 인물을 선전함으로써 젊은 세대들에게 이를 본받아 타인과 사회를 위해 봉사하는 의무와 사명감을 강조하고 있다.[5]

---

5 사실 '사회주의 영욕관' 이전에도 대학생들의 헌신과 희생을 요구하는 운동이 있었으니, 이것이 바로 애국주의를 강조하며 인민에 봉사하는 것을 제도화시킨 '삼하향(三下鄕)' 제도이다. '三下鄕'이란 문화, 과학기술, 보건과 관계있는 지식을 농민들에게 전하여 농촌의 문화와 과학기술, 위생환경을 개선하는 국가적 사업이다. 80년대 초반 전국대학생들에게 호소하여 여름방학 시기에 처음으로 '三下鄕' 사회운동이 시작되었다. 1996년 12월 중앙선전부, 국가과학위원회, 농업부, 문화부 등 10개의 관련 부서가 공동으로 〈關於開展文化科技衛生三下鄕活動的通知〉를 발표하였고, 1997년 '三下鄕' 운동은 정식으로 시작되었다.

(2) 중국 정부의 봉사활동지침서 제정

중국은 자원봉사활동을 범사회적, 국가적 행사로 확대하고 정착시키기 위해 중앙정부의 제도규정이 절실함을 깨닫게 되었다. 그리하여 중앙정신문명건설지도위원회(中央精神文明建設指導委員會)는 2008년 9월 '깊이 있게 자원봉사활동을 전개하자는 의견(關于深入開展志愿服務活動的意見)'을 발표하여 베이징올림픽이 후 그 중요성과 필요성이 더욱 증대된 자원봉사활동을 보다 체계적이고 철저하게 전개할 그것을 요구하였다.[6]

중국 정부는 이를 통해 자원봉사정신을 대학생의 가치관, 정치사상 및 교육을 더욱 강화, 개선하며 청소년들의 도덕 관념을 형성하는 데 중요한 내용으로 삼아 자원봉사활동의 교육적 기능을 극대화하기로 한 것이다. 내용을 분석해보면 다음 몇 가지로 요약될 수 있다.

첫째, 학생 자원봉사활동 추진을 위한 기본이념과 원칙 제정

학생들의 자원봉사활동을 더욱 깊이 있게 추진하기 위해 '덩샤오핑이론(鄧小平理論)'과 '삼개대표(三個代表)'를 주요 지도이념[7]으로 삼고 '과학적 발전관'을 실천하며 사회주의 핵심가치체계를 근본으로 삼도록 하였다. 특별히 학생들이 참여했던 자원봉사활동의 방법과 경험을 잘 분석하여 학생들의 자원봉사활동이 앞으로도 정례화되어 지속해서 진행될 수 있도록 노력하며 이것으로 인해 사회의 전반적인 분위기가 쇄신되도록 유도한다.

이와 함께 자원봉사활동의 기본이념인 '자발성'과 '대가를 바라지

6　新華網, 2008年 10月 09日.

7　'덩샤오핑이론'이란 개혁, 개방 이후 마르크스, 레닌 이념의 중국화를 계속 추진하기 위해 형성된 이론으로서, '중국 특색을 지닌 사회주의 이론체계'를 일컫는다. '三個代表'는 마르크스, 레닌주의, 마오쩌둥, 덩샤오핑 이론을 지칭하는 것으로 이를 통해 공산당 건설을 강화하고 중국식 사회주의를 추진하고 완성하기 위한 이론과 사상을 말한다.

않는 헌신'을 학생들에게 널리 알리고 자신의 상황과 특성에 맞는 자원봉사활동에 참여할 수 있도록 지도한다.

둘째, 교육적 효과를 극대화하고 학생자원봉사의식을 강화

학생들에게 자원봉사의식을 심어주고 이를 토대로 교육적 효과를 극대화하기 위해 고등교육기관에서는 자원봉사정신을 정규 교과과정에 편입시켜 관련 내용을 교육한다. 구체적으로 대학에서는 자원봉사활동 지침서를 제작하여 학생들의 자원봉사정신을 함양시키고 정규 수업시간에 관련 사항을 토론하고 평가하여 자원봉사정신의 내용을 알리도록 하였다.

그리고 초, 중, 고등학교에서도 자원봉사정신을 청소년의 도덕의식을 강화하고 개선하는 중요한 요소로 삼고 정규 교과과정에 편입시켜 교육하도록 하였다. 무엇보다도 체계적인 학생 자원봉사활동의 방법을 만들어내고 학생들이 적극적으로 이런 활동에 참여할 수 있게 하려고 학생 자원봉사활동의 단체와 개인 평가 포상 활동도 전개하도록 하였다.

셋째, <학생 자원봉사활동 지원센터> 설립

학생들의 특성을 고려하여 봉사활동조직을 만들고 각종 자원봉사활동에 적극적으로 참여토록 유도하며, 특별히 여름과 겨울방학, 그리고 휴일을 이용하여 사회봉사 활동을 전개할 수 있도록 각급 학교에 <학생 자원봉사활동 지원센터>를 구축하였다. 이를 거점으로 더욱 발전된 사회적 분위기 조성을 위한 자원봉사, 과학, 기술, 위생, 보건, 법률, 사회치안, 환경보호를 위한 자원봉사, 사회의 약소군체(弱小群體, 빈곤층과 소외계층)를 위한 자원봉사, 국가, 사회적 규모의 행사 진행을 위한 자원봉사, 그리고 응급구조를 위한 자원봉사 등으로 나누어 봉사활동을 전개해 나가도록 하였다.

넷째, 학생자원봉사 활동의 질적 향상과 조직화한 체계구축

학생자원봉사 활동의 질적 향상과 조직화한 체계구축을 위해 자원봉사교육계획을 만들고 이에 따라 관련 교재를 편찬하며 정기적으로 학생 지원자에 대해 훈련을 시행한다. 또한, 관련 예산을 확보하고 지원센터를 설치하여 학생 자원봉사활동의 집중도를 향상하며 학생 자원봉사활동에 더욱 넓은 시야를 확보하고 충분하게 교류하도록 지원한다.

또한, 각 지역 교육 관련 부서는 학생 자원봉사활동을 평가할 기관을 만들어 정기적으로 학생 자원봉사자와 그 업무를 심사하며, 대학생 정치사상 교육과 청소년 도덕교육 함양을 위한 평가체계를 구축한다. 이와 더불어 '자발성'을 원칙으로 하는 학생들의 자원봉사활동을 장려하기 위해 합리적인 평가지표와 평가체계를 만들고 결과를 학생생활기록부에 기재하도록 하여 종합적 인성평가의 중요한 기초자료로 삼을 것이며 더 나아가 우수학생평가 및 상급학교선발에 참고자료로도 활용될 것이다.

이와 같은 네 가지 지침의 주요 골자는 서로에 대한 배려와 사회봉사를 핵심으로 국가와 사회 등 공익을 최우선으로 고려하며 어떠한 보상이나 대가를 바라지 않으면서 타인을 이롭게 한다는 것이고, 자원봉사활동과 개인의 목표를 일치시킴으로써 타인에게 온정을 베풀고 사회에 공헌하는 과정에서 자기 자신을 훈련하고 재능을 발전시켜 상생하자는 것이기도 하다.

이것으로 볼 때, 국가 차원에서 이전에는 활성화되지 못했던 자원봉사활동을 말 그대로 '자원'하고 타인을 위해 헌신하는 전문적이고 효율적인 서비스를 제공하기 위한 범국민적 행사로 발전시켜 나가야 한다는 것이다. 결국, 중국 정부는 올림픽을 위시하여 국가적 행사를 성공적으로 치러내기 위해 온 국민의 관심을 집중시켜야 했고, 단순한 관심의 차원에서 벗어나 직접 참여시켜 실질적인 도움을 끌어내기 위해 자원봉사활동이 꼭 필요하고 자원봉사문화의 정착을 위해서는 국가 차원의 전폭적인 지원과 제도적 완비는 물론 철저한 교육이 필요하다는 것을 인식했다.

3) 자원봉사문화의 정착 : '새둥지세대'와 '하이바오세대'

최근 중국 사회에서 '새둥지세대'라는 말로 '바링허우'를 묘사하는데, 그 이유는 베이징올림픽에 자원봉사자로 참가한 젊은 세대들이야말로 베이징올림픽을 대표하는 상징적인 의미가 있기 때문이다. 이들의 명랑하며 자신감이 충만하고 열정적인 봉사 정신은 세계의 이목을 끌만했고, 중국의 젊은 세대들은 모든 이념과 분쟁을 초월하는 지구촌의 축제의 마당인 올림픽에서 자신들의 국가관을 드높이고 중국의 미래를 각인시키는 데 중요한 역할을 담당하였다.

이들의 낙천적인 마음과 세계관, 그리고 자신감과 노력은 사회와 국가에 대한 적극적인 참여를 통해 그대로 드러나 그동안 중국의 비약적인 발전을 통해 일구어온 새로운 중국의 건설이라는 이른바 '차이나 드림'에 새로운 의미를 부여하기에 이르렀다.

(1) 원촨(汶川) 대지진과 자원봉사문화의 대두

2008년은 중국에 있어서 매우 중요한 한 해이다. 신중국 건설을 표방하는 중국은 야심 차게 올림픽을 준비해왔고 이를 통해 만천하에 중국의 자긍심과 발전상을 보여주려 한 것이다. 그러나 호사다마(好事多魔)라고 했던가! 중국은 올림픽을 앞두고 크고 작은 많은 일이 발생했다. 연초부터 내리기 시작한 눈은 춘절까지 지속하여 교통대란을 일으켜 수조

원의 경제손실을 입혔고, 티베트에서 일어난 시위를 강제 진압하여 국제사회의 맹비난을 받았으며, 설상가상으로 중국 전역에 치명적인 전염성장 바이러스가 유행하여 많은 사상자를 냈다. 그러다가 올림픽개막식까지 불과 100여 일도 남지 않은 5월 12일 쓰촨성 원촨현에 역사상 그 전례를 찾아볼 수 없었던 진도 8.0의 대지진이 일어나 45만여 명의 사상자가 발생하였다.[8]

국가적 재난에 대한 중국 정부의 대처방법

중국지도부는 중국 역사상 왕조의 몰락 무렵 큰 자연재앙이 발생하면서 민심이 크게 동요되고 결국 왕조가 쇠락했었던 전례를 거울삼아 지진 발생 직후 재난지역으로 달려가 손해 입은 인민들을 돌아보며 최선을 다해 그들을 위로하였다. 그때 부모를 잃고 하루 만에 고아가 된 아이들을 품에 안고 위로해주는 인간적이고 따스한 원자바오 총리의 모습이 우리들의 기억 속에 여전히 지워지지 않고 남아있다.

이러한 국가적 재난에 직면하여 가장 강인한 의지를 보여준 이들이 바로 수만 명을 헤아리는 자원봉사자들이다. 이들은 지진 직후 앞을 다투어 사천의 재난지역으로 달려가 사명감으로 열정적으로 구호 활동에 참여하였다. 각 지역에서도 시민과 대학생들이 합심하여 헌혈하고 구호 성금을 모으는 모습들을 볼 수 있었는데, 얼마 전 중국의 국가주석으로 선출된 시진핑의 아내 펑리위안도 딸 시밍저와 함께 피해지역에서 자원봉사자로 활약하기도 했다.

고도의 경제발전과 배금주의의 만연으로 개인주의에 빠져들었던 중

8　쓰촨성 원촨현에 2008년 5월 12일 오후 2시 28분 리히터 규모 8.0의 큰 지진이 발생하여 6만 9천여 명이 사망했고, 부상자도 37만 4천 6백여 명이며, 실종자도 만 7천여 명이나 생겼다. 당시에 원자바오 총리는 직접 재난지역에 들어가 구조 활동을 지휘하는 모습이 생중계되어 중국인들의 감동을 불러일으키고, 전국에서 자원봉사자가 몰려들었고, 성금도 많이 모여 재건사업에 많은 도움이 되었다.

국 사회는 대재난을 겪으면서 남을 배려하고 위기 극복을 위해 일치단결하는 모습을 보여주었다. 이 가운데 개인주의적 성향이 누구보다 강한 바링허우 세대가 자원봉사자로서 보여준 이타주의적 정신은 커다란 재난 앞에서 막대한 대가를 치르고 얻어낸 매우 귀중한 것이었다.

'바링허우의 쇄신' : 자원봉사활동

바링허우는 재난지역에서의 자원봉사활동을 통해 자신의 삶을 되돌아보면서 더욱 열심히, 그리고 죄선을 다해 생활해야겠다는 마음을 다시게 되었을 것이다. 현대사회는 시장 경제의 영향 아래 사람들이 금전을 추구하고 소비를 중시하며 물질생활의 풍부함을 찾는 것은 당연할 일일 것이다. 그러나 물질과 쾌락이 가져다주는 만족 이외에도 사람들은 더욱 내적인 충실, 정신적 만족을 추구하고 싶어 한다.

자원봉사활동은 자신의 'Job(일)'과는 달리 자신의 시간을 남에게 대가 없이 주어야 하고 헌신해야 한다. 자신의 시간과 경험을 통해 도움이 필요한 사람들에게 나눠주게 되면 결국 자신의 생활도 더욱 풍부한 의의가 있게 되면서 그럴 만한 가치를 느끼게 될 수 있는 것이다. 즉, "네가 나를 돕고 나도 너를 도와 함께 마음과 뜻을 합하여 조화로운 사회를 이룩하자"라는 것이다. 바링허우는 이렇듯 공전의 국가적 위기 속에서 자원봉사자로서 희생하고 헌신함으로써 가치관이 바뀌는 좋은 전환점을 맞이했다.

(2) 베이징올림픽과 '새둥지세대'

신중국(新中國) 건설 이후 계속되는 경제개혁 실패로 백성들의 궁핍과 빈곤이 이어졌고 게다가 문화대혁명 이후 사회의 전반적인 침체기에서 비롯된 패배의식 및 좌절감은 중국이 계속 수동적이며 전근대적인 사고방식에서 벗어날 수 없게 만들었다. 게다가 정치적 탄압과 개혁,

개방으로 인한 사회의 불평등, 부조화는 젊은 세대들에게 꿈과 희망을
품을 수 없게 만들었다.

젊은 세대들은 그저 열심히 공부하여 좋은 대학에 들어가고 졸업
후 좋은 직장에 들어가 돈 많이 벌어 잘 살면 그만이라는 단순한 인생관,
가치관을 갖게 되었고, 더 나아가 물질만능주의, 배금주의가 사회 전반
에 만연되어 자신이 속한 사회, 국가에 대해 자부심을 가질 수 없게
되자 중국은 건국 이래 유지해왔던 집단주의가 조금씩 와해하기 시작했
고 점차 개인주의화 돼가는 사회로 변질하여 갔다. 결론적으로 중국의
젊은 세대들은 자신들의 욕구와 열정을 쏟을 만한 사회적, 국가적 명분
이나 기회가 없었다.

베이징올림픽과 원촨 대지진

그러나 2001년 7월 13일 모스크바에서 열렸던 IOC 총회에서 2008년
하계올림픽 개최도시로 북경이 선정되면서 중국인들의 모든 관심은 건
국 60주년이 될 즈음에 거행될 올림픽으로 집중되었다. 2008년에 들어
서 젊은 세대들은 베이징올림픽 이전 성화 해외봉송 행사에 적극적으로
참여하여 자신들의 조국에 대한 무한한 지지와 열정, 그리고 애국심을
보여주었다.[9] 또한, 상술한 바와 같이 2008년 5월 '원촨(汶川)'에서 발생

---

9 2008년 4월 27일 대한민국 서울에서 열린 2008년 베이징 올림픽 성화 봉송 행사에서
   중국의 북한 인권 침묵(탈북난민 강제송환)과 티베트 폭력진압 등 인권탄압에 대해 개선
   을 요구하는 한국 측 단체들과 성화봉송 행사 자축을 위해 모여든 중국 유학생들이 충돌
   하는 사건이 발생했다. 이들 사이에서 벌어진 충돌은 중국의 탈북자 송환과 티베트 문제
   에 관련하여 "인권이 없는 나라에서는 올림픽도 없다(No Human Rights, No Olympic
   Games)"를 외치며 관련 단체들이 시위를 진행하자, '사랑한다 중국', '중국의 진정함을
   세계에 알리겠다.', '티베트는 영원히 우리 중국 땅' 등의 피켓 등을 든 중국인 유학생들이
   몰려와 오성홍기를 휘두르며 이들과 대립하기 시작했으며, 급기야 중국인들은 돌, 스패
   너(금속절단기), 개봉되지 않은 음료수캔 등을 던지면서 부상자가 발생하는 유혈사태로
   번지고 말았다. 이들이 바로 "중국의 영광은 자신들의 손에 달려 있다"고 자부하는 '바링
   허우'다. 이들은 나름대로 올림픽의 성화가 전 세계 각지를 돌며 베이징올림픽의 개막을
   알리던 순간 반 중화세력의 방해를 받자 즉각적으로 올림픽 성화를, 더 나아가 국가의

한 대재앙은 중국의 많은 젊은 세대들이 마치 자기 일처럼 여겨 함께 고통을 분담하며 실질적인 도움의 손길을 펴는 등의 이타주의적 정신과 애국심, 그리고 사회에 대한 열정을 갖게 하였다.

이로 인해 이제까지 '소황제(小皇帝)'로 자라나 청년이 된 후 시련과 고통을 이겨내는 정신과 의지력이 부족하며 그저 노는 데만 열중하고 인터넷이나 하는 그런 세대로 여겨져 왔던 '바링허우'에 대한 평가와 인식이 달라지기 시작했다. 일련의 사건들로 촉발된 젊은 세대들의 사회와 국가에 대한 열정과 관심은 급기야 2008년 베이징올림픽 때 절정에 다다랐다. 〈사회주의영욕관〉이 발표된 이후 애국(愛國), 애민(愛民), 애족(愛族)의 구체적인 행동의 목적으로 원촨 대지진에 이은 2008년 베이징올림픽만 한 좋은 기회는 또 없었다.

"나는 참여하고, 헌신하며, 기뻐한다."

베이징올림픽과 장애인올림픽을 위한 자원봉사자는 2006년 8월 28일 정식으로 모집되기 시작했다. 먼저 대회운영을 위한 자원봉사자를 모집하였으며, 이듬해인 2007년 1월 29일 북경시 이외의 도시에서도 자원봉사자가 모집되었다. 2007년 3월 28일에는 홍콩, 마카오, 대만, 그리고 전 세계에 흩어져 있는 화교들과 외국인들에게 자원봉사의 기회를 제공하기 시작했다.

정부의 지대한 관심 속에서 신문 매체 또한 대대적으로 홍보하였으며, "나는 참여하고, 헌신하며, 기뻐한다(我參與, 我奉獻, 我快樂)"라는 구호 아래 올림픽 자원봉사자라는 멋진 이미지가 각 사람의 마음을 움직이

존엄을 보호하고자 궐기하였다. 이들은 대다수 '외동 자녀'로서 집안의 관심과 지원을 한 몸에 받으면서 귀하게 자라 유약하고 자신만 아는 매우 이기적인 성격의 소유자라고 여겨져 온 것이 사실이다. 남의 나라에서 이렇듯 유혈사태를 일으킨 중국 유학생들의 무모함과 맹목적인 애국심은 분명 잘못된 것이지만 이들이 보여준 국가에 대한 열정과 애국심은 이전에는 볼 수 없던 것이라 세간의 이목을 끌 만했다.

기에 충분했고, 그 결과 일반 대중들의 자원봉사자 참여 열기는 그 유례를 찾아볼 수 없는 정도로 높았다. 이 가운데 베이징올림픽조직위원회는 특별히 대학생들을 위주로 한 자원봉사모집계획방안을 마련하였는데, 이들은 올림픽 자원봉사활동을 수행하기 위한 기본적인 자질과 능력을 갖추고 있었고, 이들의 전공을 활용한다면 보다 나은 양질의 서비스를 제공할 수 있다고 믿었기 때문이다.

이 베이징올림픽을 통해 '바링허우'는 원촨 대지진 때 경험했던 국가와 민족에 대한 사명감과 열정이 베이징올림픽 자원봉사자로 활약하면서 더욱 증폭되어 가치관과 국가관이 동시에 전환되는 획기적인 계기를 마련하게 되었으며, 16일간의 올림픽은 그들에게 미리 사회를, 국가를 경험할 기회를 제공해 주어 공동체를 위한 의식이 배양될 수 있었다. 이들은 베이징올림픽의 표어인 "하나의 세계, 하나의 꿈"을 자신들의 가치관으로 여겨 세계를 향해 중화민족의 우수함을 널리 알리려 최선을 다했으며, 그것이 곧 자신의 꿈이자 비전임을 이번 자원봉사활동을 통해 구체화한 것이다. 이들이 바로 '바링허우'이면서 '새둥지세대(鳥巢一代)'인 것이다.

'새둥지세대'는 어떤 세대인가?

'새둥지세대'는 어떤 세대인가? '새둥지세대'는 20세기 80년대에서 90년대 사이에 태어난 젊은이들을 일컫는 말이다. '냐오차오(鳥巢)'는 말 그대로 '새둥지'라는 뜻인데, 2008년 베이징올림픽 주 경기장이 이 '냐오차오(鳥巢)'의 형상에 따라 건축되어 21세기 신중국 건설의 새로운 상징이자 중국인의 자랑이 되었다. 중국이 베이징올림픽을 준비하는 과정 중에 젊은 자원봉사자들이 당대 중국의 젊은 세대 이미지를 매우 긍정적으로 부각하는 데 일익을 담당하였는데, 이른바 '새둥지세대'라는 말로 이들의 개방적이고 현대적이며 개성이 뚜렷하고 넓은 세계관을 갖는 젊은 세대를 설명하고 있다.

새둥지세대의 특징

새둥지세대의 특징을 종합해보면 바로 자신감과 인터넷 환경에 익숙하여 많은 정보를 쉽게 찾아내는 이른바 '노우웨어(Know-where)'라고 할 수 있다. 새둥지세대는 외동 자녀로서 가정의 중심이다. 풍족한 가정 환경과 우수한 교육 혜택으로 말미암아 이들은 자신감이 충만한 세대가 되었다. 게다가 이들은 시청각세대로서 모든 정보를 보고 듣는 것으로 취득한다. 가령, TV를 통해서, 인터넷을 통해서 자신들만이 얻고자 하는 정보를 아주 신속하고 정확하게 찾아내 자기 것으로 만들며, 전문적인 지식을 쌓아가고 있다.

공산당 기관지 인민일보는 19일 중국 인터넷 정보 중심이 발표한 '제28차 중국 인터넷 발전상황 통계보고'를 인용해 현재 중국의 네티즌 집단은 청소년을 위주로 형성되는데, 그중 31.8%가 18~24세의 젊은이들이며, 25~30세의 네티즌도 18.1%를 차지하고 있다고 보도하였다.[10] 다시 말해서 이른바 '바링허우'와 '주링허우'에 속하는 젊은 세대들이 주로 인터넷을 이용하고 있으며, 이를 통해 세계 각국의 다양한 문화와 정보를 얻고 있다는 것을 알 수 있다.

이는 곧 이 세대들이 이전 세대와는 달리 넓은 세계관을 갖추고 세계화될 수 있는 더욱 많은 기회를 얻고 있음을 나타내 주고 있다. 이 밖에도 한 보도에 따르면[11], 이 신문의 여론조사센터가 중국의 유명 웹사이트 '신랑(新浪)'을 통해 온라인조사를 하였는데, 응답자 중 47.4%가 올림픽의 영향을 받은 모든 젊은이 모두 '새둥지세대'라고 생각하고 있다고

---

10 人民日報, 2011年 7月 19日.
11 中國靑年報, 2008年 8月 26日.

응답했다.

또한, '새둥지세대의 키워드는 무엇인가'라는 질문에 응답자 가운데 55.3%가 '자신감'이라고 대답하여 1위를 차지했고, 그다음으로 평화, 조화로 51.9%의 지지를 받았다. 이 밖에도 응답자 중 30% 이상의 네티즌은 새둥지세대의 특징으로 '이성적으로 국가를 사랑(理性愛國)'하고, '우호적(友善)'이며 '꿈을 가지고 있으며(有夢想)', '경쟁을 두려워하지 않고(敢於競爭)', '희생정신을 가지며(奉獻精神)', '책임감이 강하며(責任心强)', '적극적으로 사회에 참여하는 정신(崇尙參與)'을 들 수 있다.

(3) '주링허우'와 '하이바오세대(海寶一代)', 그리고 중국의 미래

2008년 베이징올림픽은 개혁 개방 이후 30년간 중국의 놀랄만한 업적과 성과를 전 세계에 과시하였다면 2010년 상하이 엑스포는 향후 중화민족이 새로운 시대와 목표를 향해 나아가는 첫 출발의 신호탄이라 할 수 있다. 이러한 새로운 움직임은 이른바 '주링허우'라 불리는 젊은 세대들에 의해 주도되었다. 20세기 90년대 이후부터 중국의 '바링허우'는 줄곧 사회의 광범위한 관심을 불러일으킨 세대였다. 그런데 그로부터 10여 년이 지난 지금 바링허우는 이미 30대가 되었고 이들의 뒤를 이어 90년대 이후 출생한 세대들의 나이가 20대 초반에 접어들면서 대학에 들어가거나 직장을 다니기 시작하여 젊은 세대의 중심이 되었다.

'주링허우(90后)' 세대의 특징

이들 '주링허우'는 성장 과정 중에 힘들었다거나 고통스러웠던 기억이 전혀 없었으며 국가와 사회의 각종 변화로 말미암은 모순이나 혼란스러움을 느껴보지 못했다. 이들은 개혁 개방 이후 과도기적인 시기를 겪었던 '바링허우' 세대들보다 더욱 안정적이고 여유로운 사회적 분위기 속에서 성장하여 물질적으로 매우 풍족하고 고도의 경제성장과 이에 따른 많은 혜택을 누린 세대이기도 하다.

'주링허우'들은 청년이 되자 단순한 물질적 풍요로움에 만족하지 않고 외동 자녀로서 느끼는 정신적 공허감을 채우기 위해 같은 고민을 하는 또 다른 자신들과 인터넷, 가령 SNS를 통해 함께 정보를 공유하며 필요한 지식을 얻기도 한다. 국가와 사회가 직면한 문제들에 대하여 세대 간 자유로운 의견교환이 이루어지고 공감대가 형성되어 자아의 실현 못지않게 사회의 요구 또한 중요함을 인식하게 된다. 그리고 인터넷을 통해 세계 각국의 많은 정보를 접하면서 자연 외국어에 대한 필요성을 인식하고 여러 젊은이와 자유롭게 의견을 나누면서 좀 더 넓은 세계관을 갖추기도 한다.

'주링허우' 세대의 애국주의

'주링허우'는 베이징올림픽이 성공적으로 개최된 것을 직접 목격한 이후 더욱 세계관과 가치관이 분명해졌는데, 세계의 평화, 화해, 그리고 조화를 염원하는 마음이 이들의 상징이 되었다. 올림픽 이후 이들은 더욱 자신감을 느끼게 되어 이전보다 훨씬 자유롭고 개방적이며 경쟁을 두려워하지 않는 세대가 되었다. 특별히 주목할 만한 것은 이들 '주링허우'는 이전의 새둥지세대가 올림픽 전후로 대두되기 시작한 맹목적이고 국수적인 중화민족 주의를 신봉한 것과는 달리 이것에 대해 확실하게 반대 생각을 표명하고 좀 더 유연한 사고를 바탕으로 개방적이고 이성적인 애국주의를 지향한다. 이러한 시기에 이와 같은 젊은 세대들이 바로 상해 엑스포를 성공적으로 이끈 주역들이다.

"世界在你眼前, 我们在你身边。(세계는 바로 당신 앞에 있고, 우리는 바로 당신 곁에 있습니다)"이는 바로 2010년 상해 엑스포 자원봉사자들의 구호로서 2009년 5월 엑스포 자원봉사자모집이 시작된 이후 엑스포가 끝나는 날까지 자원봉사자들의 가슴속에 새겨놓은 한마디였다. 이미

2년 전 지구상의 가장 큰 축제인 올림픽을 새둥지세대가 성공적으로 이끌었다면 2010년 상해 엑스포는 이들의 경험과 자부심을 토대로 이제 막 대학에 들어가거나 사회에 진출한 '주링허우'가 새둥지세대의 자원봉사정신을 계승하고 이를 더욱 심화시켜 이른바 '하이바오세대(海寶一代)' 란 별칭을 얻게 되었다.

'하이바오세대'와 자원봉사활동

'하이바오세대'는 베이징올림픽 때 새둥지세대가 보여주었던 봉사와 희생, 그리고 열정을 이어받아 상해 엑스포가 표방하는 "도시가 생활을 더욱 아름답게 한다."라는 이념을 구현하는 데 큰 힘을 보탰다. 이는 국제적인 스포츠 행사를 통해 보여주었던 중국 젊은이들의 성공적인 변화와 시도가 단지 일시적인 흥미와 관심에서 비롯되지 않았다는 것을 여실히 보여주는 하나의 좋은 사례라고 볼 수 있다.

상하이 엑스포는 5월 1일 개막된 이후 여름방학이 시작되는 7월에 접어들자 분위기가 절정에 이르렀다. 햇볕이 따갑게 내리쬐는 한여름 가만히 서 있기만 해도 등에 땀이 비 오듯 흘러내리는데 자원봉사자들은 잠시도 쉬지 않으며 관광객의 질문에 미소를 띤 채 자신의 책무를 수행하였다. 자원봉사자들은 녹색과 흰색 두 가지 색깔이 자연스럽게 어우러진 유니폼을 입고 있어 '샤오바이차이(小白菜)'라는 별명을 얻게 되었는데, 연일 계속되는 불볕더위 속에 이 '작은 배추'는 그들이 흘리는 땀과 눈물로 그야말로 '절인 배추(咸乾菜)'가 되었다고 한다.

통계에 따르면, 한 사람의 자원봉사자가 매일 평균적으로 800명의 관광객을 상대한다고 한다. 그러니까 대략 2분마다 관광객 한 사람을 응대하고 있다. 이렇듯 상해 엑스포 자원봉사자들은 일반적으로 하루에 7시간 정도 근무를 하는데, 대개 너무 열정적으로 봉사한 나머지 하루 만에 목이 쉬어버리기도 한다. 그러나 어느 한 사람 불평하지 않고 묵묵히 자기 일을 처리하고 있는 것을 보노라면 이들이 과연 자신만을 생각하고 남을 전혀 배려하지 않는 그 '소황제'가 맞나 싶을 정도이다.

이렇듯 원촨 대지진과 같은 엄청난 대가를 치르고서 젊은 세대들의 사회와 국가에 관한 관심과 적극적인 참여를 끌어내 헌신과 희생을 기본으로 하는 자원봉사정신이 세간의 큰 이목을 끌기 시작했다. 그리고 이후 올림픽을 통해 더욱 많은 사람에게 자원봉사자의 존재를 알릴 수 있었다고 한다면 상해 엑스포는 진정 자원봉사활동의 가치와 의의를 다시 한번 확인할 수 있게 해주었고, 더 나아가 중국의 공익사업에 대한 왕성한 기운을 느끼게 함과 동시에 그 정신을 후대에 전승해 줄 좋은 기회가 되었다.

3. 새둥지세대와 하이바오세대 등장의 상징적 의미

베이징올림픽과 상하이 엑스포가 전 세계인들의 문화와 문명의 축제였다고 한다면 자원봉사자는 이 축제를 유기적으로 이어주는 연결고리 역할을 담당하였으며 이들의 활약으로 말미암아 한층 더 활기가 넘치는 축제가 될 수 있었다. 이 성대한 지구촌 축제 마당에서 중국의 젊은 자원봉사자들은 협동 정신과 봉사 정신, 그리고 헌신을 배울 수 있었으며 이를 토대로 다른 사람에게 좋은 영향을 끼쳐 사회 각계각층의 기본 소양을 함양시키는 데 일익을 담당하였다.

중국은 아직 개발도상국이며 사회주의국가기에 기타 여느 올림픽처럼 상업성을 추구하는 방식으로 올림픽과 엑스포를 개최할 수는 없다. 그러므로 많은 사람이 축제에 관심을 끌게 하고 더 나아가 자발적으로 이 행사에 참여하여 봉사하게 함으로써 올림픽을 사회와 국가의 위상을 한 단계 격상시킬 기회로 삼아야 한다.

1) '새둥지세대'와 '하이바오세대'의 변모된 가치관

'새둥지세대'와 '하이바오세대'는 바로 이러한 사명감과 애국심을 갖고 자신을 기꺼이 희생하여 중국의 새로운 시대를 맞이할 주인공으로 발돋움할 수 있었다. 물론 자원봉사자 중에 간혹 자신의 이력서에 보기 좋은 경력 한 줄을 집어넣거나 자신의 전공과 특기를 계발하는 기회로 삼는 등 자신의 실리와 입장만을 고려한 젊은 세대들도 있었지만 처음 시작할 때 가졌던 이러한 마음과는 달리 시간이 갈수록, 힘들고 어려운 일들을 극복해 나갈수록 이들은 진심으로 자신들의 봉사활동에 참여하게 되었고, 이익보다는 더 큰 나눔과 헌신, 그리고 이타주의적 마음을 갖게 되었다.

'바링허우'는 철없이 자신만을 생각했던 소황제로 태어나 오로지 자신이 원하는 것은 무엇이든지 독차지하고 누려야 했었던 월광족으로 성장했지만, 자원봉사자의 일원으로 베이징올림픽에 참가하면서 이전에는 느껴보지 못했던 인생의 가치와 참 의미를 깨닫게 되었고 나아가 국가의 발전과 민족의 번영이 얼마나 중요한지를 인식하면서 이전의 부정적인 꼬리표를 떼고 '새둥지세대'로 다시 태어나면서 이 시대 중국을 대표하는 아이콘으로 급부상하였다. '주링허우' 역시 상해 엑스포에서 이전의 경험을 토대로 더욱 성실하고 열정적으로 자원봉사활동에 참여함으로써 다시 한번 그 입지를 굳히면서 '하이바오세대'로서 중국의 앞날을 밝게 만들어 줄 명실상부한 국가의 동량으로 성장하였다.

사실 자원봉사활동에 참여를 신청한 중국의 젊은 세대들은 자원봉사활동에 대한 지식도 부족했고 동기도 그다지 확실하지 않았다. 이들은 단순히 '한번 해볼까'하는 호기심과 이것을 수행했을 때 많은 구체적인 결과를 얻을 수 있겠다는 계산적인 생각으로 자원봉사에 참여했다. 가령, 중국의 젊은 세대들은 성장 과정 중에 부모와 친척들의 지지와 관심을 한 몸에 받다가 사회에 진출하거나 대학에 진학 후 가정을 떠나 혼자 생활하면서 다른 사람과의 관계 또한 매우 중요하다는 것을 깨닫게 되었다.

그러면서 자연스럽게 생각과 비전을 공유하는 커뮤니티가 형성되고 이를 통해 가족 이상의 유대감을 쌓고 사회적 관계를 형성, 발전시켜 나가게 된다. 바로 이 시기에 국가와 사회는 말할 것도 없고 전 세계적으로 주목받는 행사가 자국에서 개최되었을 때 자원봉사자로 참여함으로써 공감대를 형성하고 더 나아가 '자신들만의 공동체'를 구성하여 나름 대로 특권의식을 가지고 이를 매우 자랑스럽게 여기게 된 것으로 생각된다. 자원봉사자 가운데 "주위 친구들이 봉사자에 참여하여 나도 지원하게 되었다."라는 것이 중요한 동기인 것을 보면 알 수 있다.[12]

2) 자원봉사활동의 현실적인 이유

이 밖에도 자원봉사자 활동을 수행했을 때 받을 수 있는 긍정적인 평가를 통해 자아를 실현하고 성취감을 얻을 수 있다는 것도 중요한 이유일 것이고, 최소한 자원봉사자 훈련캠프에서 국가가 보증하고 시행하는 양질의 예절교육, 어학교육 등을 통해 좋은 '스팩'을 만들 수 있다는 현실적인 이유도 존재했을 것이다.

그러나 무엇보다도 중요한 것은 중국 사회에 '자발적'이라는 것과 남을 위한 '봉사'와 '서비스'라는 개념이 등장한 지 그리 오래되지 않아 자원봉사에 대한 사회적 인식이 부족한 상황 속에서 부단한 교육과 훈련을 통해 타인의 이익과 편리함을 가져다주기 위해 자신을 희생하는 것이

---

12 중국의 한 신문 보도에 따르면, 하이바오세대가 상하이 엑스포에 참여하게 된 동기는 첫째, 상해 엑스포에 이바지하기 위해 사회적 책임을 다한다(82.4%). 둘째, 개인의 능력과 경쟁력을 제고시킨다(79.6%). 셋째, 자원봉사활동을 통해 성취감과 만족감을 얻고 자원봉사자로서의 즐거움을 경험한다(66.7%)고 밝혀졌다.(解放日報, 2010年 12月 26日)

자신의 큰 행복이자 사명이라는 책임의식을 심어주었다는 것이다. 이는 이른바 "군자는 의에 밝고, 소인은 이익에 밝다.[13]"는 중국의 전통적 가치관과도 일맥상통하는 것이다.

　현재 중국은 일련의 시련과 경험을 바탕으로 젊은 세대들이 자원봉사활동을 통해 가치관이 전환되는 좋은 시점에 놓여 있다. 이럴 때일수록 체계적인 제도 확립과 더불어 올바른 방향 제시가 필요하리라 생각된다. 일반적으로 자원봉사라 하면 관심과 열정을 가진 사람들이 도움이 필요한 사람이나 집단에 노동력을 무상으로 제공하는 것을 말한다.

　그러나 현대의 자원봉사는 이것 외에 더욱 중요한 요소가 있는데, 바로 전문화된 기술과 지식의 제공 여부이다. 즉, 자원봉사는 '값싼 노동력', 심지어는 '공짜 노동력' 제공이라는 인식이 강했는데, 사회가 다양해지고 발전해 감에 따라 이에 걸맞은 실질적이고 전문화된 노동력을 요구하게 되었다. 그래서 노동력 제공 위주의 자원봉사활동은 점차 그것을 필요로 하는 사람들의 비물질적 부분의 부족함을 채워주고 그들이 뭔가 할 수 있도록 고급의 노동력을 제공해 주는 경향으로 전환되어 가고 있다.

　이런 요구와 공급이 적절히 균형을 이룰 때 양자 모두 최대의 만족과 성취감을 얻을 수 있을 뿐만 아니라 이를 통해 개인의 자아성숙, 가치관의 발전, 더 나아가 사회와 국가 발전에 이바지한다고 자부할 수 있는 것이다. 최근 전 세계적으로 일고 있는 '노블레스 오블리주(Nobless Oblige)', 즉 사회 지도층의 도덕적 의무를 요구하는 것과도 그 맥락을 같이 하는데, 사회로부터 정당한 대접을 받기 위해서는 자신이 누리는 명예(노블리스)만큼 의무(오블리제)를 다해야 한다는 의미로서 자신이 가진 것을 더욱 잘 누리기 위해 그렇지 못한 개인이나 사회에 그만큼의

---

13 "君子喩於義, 小人喩於利."(『論語·里仁』)

의무를 부여하는 것이다. 이는 결국 상생의 의미이기도 한 것이다.

3) 자원봉사활동을 통한 '조화로운 사회' 건설

만약 중국 정부가 이와 같은 자원봉사의 숭고한 정신과 이념을 제대로 인식하고 실천하여 구성원 한 사람 한 사람의 적극적이고 자발적인 참여를 유발할 수만 있다면 이들이 그토록 염원하는 진정한 '조화로운 사회(和諧社會)'로 진입하게 되는 날도 그리 멀지 않았을 것으로 생각한다.

자원봉사활동에 참여할 때 개인적인 요구와 이익만을 고려하지 않고 참여자 대다수가 자신의 이익보다는 사회와 국가의 이익이 더 중요하다는, 아니 사회와 국가의 발전이 곧 자신의 이익과 발전을 증대시키기 위한 하나의 전제조건으로 삼는다면 근본적으로 자원봉사활동이 왜 필요한지, 혹은 '난 잘 모르겠다.' 등 무관심으로 일관했던 사람들도 이러한 숭고한 정신과 이념에 감동, 감화될 것이며, 결국에는 하나의 공통된 목표를 향해 나아갈 수 있게 될 것이다.

자원봉사정신과 이념으로 무장하고 적극적으로 봉사활동에 참여하는 것, 이것이 바로 그 옛날 공자가 그리던, 그리고 새로운 중국을 건설하려는 중국이 염원하는 다 함께 더불어 잘 사는 '대동 사회'로 가는 첫걸음이자 중요한 원동력이 될 것이다.

중국의 미래 : '새둥지세대'와 '하이바오세대'

중국의 '바링허우'를 주축으로 하는 '새둥지세대'와 '주링허우'를 주축으로 하는 '하이바오세대'는 앞으로 그들의 특성과 강점을 잘 발휘하여 자신들의 한계상황과 문제를 극복하고 진취적인 도전을 통해 중국을 더욱 나은 미래로 이끌어 나갈 것으로 보인다. 이들은 중국인들에게 중국의 미래는 희망이 있고, 이전 세대와는 다른 방법을 사용하여 중국을 한층 더 발전시켜 나갈 것이며, 더 나아가 중국의 꿈을 이루어낼 것이라는 비전을 제시하였다. 만약 중국에 국가적 대재앙이 일어나지 않았다면, 그리고 올림픽과 아시안게임, 엑스포 등 국제적인 중대한 행사가 잇달아 개최되지 않았더라면, 중국의 신세대들은 이처럼 빨리 다방면에 걸쳐 업그레이드되어 중국은 물론, 세계인의 주목과 긍정적인 평가를 받지는 못했을 것이다.

즉, 자원봉사자의 주축이 되었던 바링허우와 주링허우 등 중국의 젊은 세대들은 중국 정부의 〈사회주의영욕관〉 제시나 봉사활동지침 제정으로 봉사활동에 대한 강력한 동기 유발 속에서 역사적인 국가사업에 직접 참여하여 국가의 발전과 중화민족의 번영에 일익을 담당했다는 자부심과 함께 봉사의 가치와 헌신의 아름다움을 직접 체험하여 자신들의 이기적이었고 자기중심이었던 지난날의 모습을 돌아보고 반성하며 약진할 기회를 얻을 수 있었다는 것이다.

자원봉사활동을 통한 애국심 고취

자원봉사활동은 말 그대로 스스로 봉사하거나 헌신함을 결정하고 실천하는 것이고 어떤 금전적인 대가를 바라고 하는 것이 아니므로 봉사활동을 통한 자아의 발견과 성취가 있어야 하고 이를 바탕으로 사회와 국가 발전에 이바지할 수 있다는 자신감과 사명감이 절대 필요하다. 이 점에 있어서 중국의 경우 비록 모든 참여자가 한결같이 보상을 바라지 않고 순수한 봉사 정신에 따라 참여하는 봉사자가 그리 많지 않았더라도 반복되는 훈련과 더 많은 경험 축적을 통해 앞으로 점점 더 본래의 자원봉사활동 취지에 부합하는 진정한 자원봉사자가 많아질 것이고, 더 나아가 자기중심적 사고에서 벗어나 사회와 국가를 위해 헌신하는 것이 곧 자신을 행복하게 해준다는 공익의 가치를 깨달을 수 있을 것이다. 그때가 되면 중국은 비로소 신중국 건설의 중요한 전환점을 맞이하게 될 것이요 명실상부한 'G2'로서의 역할을 잘 감당해 낼 것이라 기대해본다.

차이나블링(China Bullying)과 국조열(國潮熱)

1. 차이나블링(China Bullying)

• 개념에 대한 이해

차이나 블링(China Bullying) 이란 중국이 정치, 외교, 문화, 군사적 갈등을 이유로 해당 국가에 경제 보복을 가하는 형태를 일컫는 용어이다. 중국은 국가의 존립과 핵심이익을 건드렸다고 판단하면 부차별적으로 경제보복을 감행한다. 2016년 한국 정부가 미국의 고고도미사일방어 체계(THAAD, 싸드) 시스템 도입을 승인하자 중국은 중국 내 한국기업은 물론 수출과 수입을 강력하게 통제함으로써 우리의 피해는 최대 29조 원에 달했고, 경제성장률을 자그마치 0.4%나 감소한 바 있다. 이러한 차이나 블링은 중국의 경제력과 국가 경쟁력에 비례한다. 최근 중국이 G2 국가로서 미국과 무역전쟁을 벌인 것도 그만큼 중국의 경제력과 영향력이 이전보다 훨씬 커졌기 때문에 가능한 것이다. 중국은 1980년대 개혁 개방 정책 이후 값싼 노동력을 바탕으로 전 세계 모든 기업의 공장을 유치하면서 세계의 공장이 되었다. 이를 바탕으로 고용 창출과 소득증대라는 두 마리 토끼를 다 잡은 중국은 그야말로 빛의 속도로 성장하여 경제적으로 커다란 성과를 거두게 되었다. 또한, 2008년 베이징올림픽에서 중국이 올림픽 역사상 처음으로 미국을 제치고 종합우승을 차지하는 쾌거를 이룩한 이후 중국 사람들은 실제로 중국의 위상이 높아졌고 부강한 나라가 되었음을 실감했다. 특별히 이 과정에서 부유한 경제력과 함께 막강한 영향력을 가진 국가의 모습을 친히 경험하고 지켜본 중국의 20대 30대의 젊은 세대들은 이런 조국에 대해 무한한 자부심을 느끼게 되는데, 이런 성향의 중국 젊은이들에 대해 홍콩 사우스차이나 모닝포스트는 내셔널리즘(Nationalism, 국수주의)'의 머리글자를 따 'N세대'라 명명했다. 이들 'N세대'는 애국심과 사명감으로 무장한 채 중국 정부가 주도하는 이른바 '차이나 블링'을 실생활에서 행동으로 보여주는 임무를 수행하는데,

이들은 한마디로 21세기 신 중화사상에 한껏 고취되어 강한 민족주의
를 주창하게 된 '신홍위병'이라 할 수 있다.

소황제로 성장하여 자기밖에 모르는 바링허우와 지우링허우는 1989
년 천안문 사태 이후 강화된 애국주의 사상교육을 받았으며, 게다가
중국이 굵직굵직한 국제행사를 개최할 때마다 자원봉사자로 선발되
어 자원봉사자로서 갖춰야 할 기본소양과 직무역량에 대한 교육을
받았다. 이런 과정을 통해 중국의 젊은 세대들은 국가와 민족을 사
랑하고 충성을 다함으로써 전에 없던 자부심과 애국심을 갖게 된 것
이다.

• 차이나 블링의 사례

젊은 세대들은 상술한 바와 같이 조국에 대한 자부심과 애국심으로부
터 시작하여 급기야는 맹목적인 국수주의의 모습을 띠게 되었다. 가
령, 올 3월에 나이키, H&M 등 세계적인 스포츠 브랜드에 대한 불매운
동이 젊은 네티즌들을 중심으로 거세게 일어났는데, 이들 기업이 신장
위구르족 탄압에 대해 미국과 유럽연합의 제재에 동참하여 "신장웨이
우얼 지역에서 생산된 면화를 사용하지 않겠다"라고 하면서 신장에서
조달하던 면화수입을 중단한 것을 문제 삼았기 때문이다. 그 결과 올
2분기 중국지역의 내수 판매량이 28% 급감했고, 자그마치 7,400만
달러의 손실을 보았다. 이로써 중국은 H&M의 세 번째로 큰 시장에서
여섯 번째로 밀려났는데, 중국의 네티즌들의 애국심을 몸소 행동으로
보여준 사례가 되었다.

또한, 2020년 BTS가 한미 친선 비영리단체인 코리아 소사이어티가
수여하는 밴 플리트 상을 받으면서 "우리는 두 국가 함께 겪은 고난의
역사와 수많은 남성과 여성의 희생을 늘 기억할 것"이라고 발언하자
중국의 유명한 관영매체인 환구시보(環球時報)는 "방탄소년단이 항미
원조의 역사를 잘 알지 못한 채 전쟁에서 희생된 중국 군인을 존중하지
않고 중국을 모욕했다"라고 전했다.

이를 두고 중국의 젊은 네티즌들은 또다시 방탄소년단을 일제히 공격
하기 시작했고, 전 세계의 BTS 팬들과 설전을 벌이며 자신들의 행위를

정당화하려 했다. 그러자 삼성전자, 현대차, 휠라 등 주요 그룹들도 2016년 싸드 배치로 인한 경제보복이 얼마나 심각했는지 누구보다도 잘 아는 터라 BTS와 관련된 광고와 게시글을 삭제했다. 세계 언론들도 이 사건에 대해 중국의 민족주의적 편협성을 비판적 시각으로 보도하며 거대한 역풍을 맞자 중국 네티즌의 '제멋대로'식 의견에 편승해 여론을 조작하려던 환구시보는 BTS 관련 비판 보도 기사를 삭제하면서 일단락되었다.

2. 국조열(國潮熱)

요즘 중국 도시의 번화가를 걷다 보면 젊은 세대, 특히 지우링허우(90后)와 링링허우(00后)들이 개량된 중국의 전통의상(唐裝) 혹은 중국 국기인 오성기가 커다랗게 그려진 운동복이나 한자가 인쇄된 티셔츠를 입고 다니며 자신의 멋과 개성을 한껏 드러내는 모습을 어렵지 않게 볼 수 있다. 이전 세대인 바링허우가 스타벅스에서 커피를 마시며 맥북으로 작업을 하고, 또한 나이키를 신고 해외 브랜드의 옷을 좋아하는 것과 사뭇 다르게 보인다. 이것이 바로 요즘 10대를 중심으로 중국의 전통문화가 다원화된 가치를 중시하는 요즘에 들어와 강한 생명력을 지닌 이른바 국조의 열풍이다.

국조열은 하루아침에 일어난 것이 아니다. 개혁 개방 초기 한국풍, 일본풍, 유럽과 미국풍 등 각종 외국의 문화가 물밀 듯이 들어왔다. 이러한 풍조는 당시 문화라는 할 만한 것이 전혀 없었던 중국에서 국민의 문화생활을 윤택하게 했고 많은 볼거리와 즐길 거리를 제공하였다. 청바지와 나팔바지, 그리고 노랑머리 등은 80~90년대 유행의 아이콘의 되었고, 아디다스, 나이키, 파나소닉, 소니, 맥도날드, KFC 등 해외의 대형 브랜드는 중국인의 삶 속에서 없어서는 안 될 매우 중요한 문화적 요소였다. 그러나 2000년대에 들어와 중국은 정치, 경제, 사회 등 각 분야에 걸쳐 두각을 나타냈고, 전에 없던 번영과 성취를 이뤄내 국민에게 많은 자부심과 자신감을 느끼게 해 주었다.

국조열(國潮熱)은 '국산품 애용운동'

국조열은 한마디로 '국산품을 애용하자는 운동'이다. 중국의 제조업 기술도 이제 다른 나라에 비해 전혀 손색이 없는데 굳이 외국 제품을 사용할 필요가 있겠냐는 것이다. 이러한 중국의 토종 브랜드에 대한 강력한 선호를 특징으로 하는 국조열(國潮熱)에 불을 댕긴 것은 바로 2021년 미국 정부와 미국의 몇몇 브랜드들이 신장웨이우얼자치구에서 생산된 면화가 그 지역 소수민족에 대한 인권탄압과 관련이 있어서 더 중국의 면화를 쓰지 않겠다고 말한 것이다. 그야말로 중국의 젊은 세대들의 차이나 블링을 통한 외국산 불매운동이 자연스럽게 국산품 애용 운동으로 옮겨가게 된 것이다. 어떤 나라도, 조직도, 개인도 중국의 자존심을 건드리고 헐뜯는 행위를 하면 젊은 세대들을 중심으로 애국심을 불태우며 조국과 민족을 위해 할 수 있는 일을 찾아서 하는 상황이 조성되었다.

국조열의 배후, 바로 문화에 대한 자신감

국조열은 하나의 경제 현상이기도 하며, 문화 현상이기도 한데, 단순하게 보자면 일종의 소비 선택이라고 할 수 있다. 하지만 이러한 소비 선택의 배후에는 일차적으로 옛 추억과 문화에 대한 향수가 있기 때문이다. 어린 시절에 내가 경험했던 문화가 좋든 싫든간에 옛 것에 대한 아련한 그리움이 남아 있기에 성장한 후에 다시금 그 기억을 꺼내보고싶은 마음이 있다. 그렇지만 현재의 상황이 좋지 않아 그럴만한 여유가 없다면 지나간 시간은 단지 과거일 뿐 그 이상의 의미가 존재하지 않는다. 현재를 살아가는 중국의 젊은 세대는 중국이 'G2' 국가로서 막강한 파워를 가진 강대국인 것에 조금도 의심을 하지 않으면서 경제적으로 비교적 여유로운 생활을 하며, 이와 더불어 국가와 문화에 대해 강한 자부심도 생겨났다. 게다가 '메이드 인 차이나'인 중국 토종 브랜드도 경쟁이 치열한 시장에서 소비자의 다양하고 까다로운 욕구를 충족시켜주며 질 좋은 제품을 만드는 것은 기본이고 그 제품에 중국의 전통적 가치와 문화 요소를 적절하게 활용하여 새로운 생명력을 불어 넣어주고 있다. 다시 말해서 요즘 중국의 젊은 세대들에게 '메이드 인 차이나'

제품은 자신들의 개성과 가치관을 표출하는 하나의 수단이 된 것이다. 중국의 일간지 『중국청년보(中國靑年報)』가 1,508명의 만18세부터 35세에 이르는 청년에게 국조열에 대한 설문 조사하였는데, 88%에 이르는 응답자가 중국풍 스타일을 좋아하고 이 가운데 80.5%의 응답자가 직접 중국풍 제품을 구매한 적이 있다고 대답했다.[14] 국조의 유행에 대해 69.6%의 응답자가 제조사와 제품을 통해 중국의 우수한 전통문화를 심도 있게 이해할 수 있었다고 대답했고, 66.7%의 응답자는 중국풍 제품의 디자인에 좀 더 창의성이 돋보였으면 좋겠다고 대답했다. 이런 시장의 흐름을 타고 외국 브랜드에 밀려 수년간 침체의 늪을 벗어나지 못했던 중국의 토종 브랜드 리닝(李寧)과 휘이리(回力)는 중국풍의 기치를 내걸고 전통문화와 현대적 감각의 디자인 컨셉을 접목해 때마침 애국심과 자부심으로 가득찬 중국 젊은 세대들의 마음을 사로잡는 데 성공했다. 그 결과 누적 손실 30억 위안, 매년 1800개의 폐점을 기록했던 리닝은 화려하게 복귀하여 현재 매년 68억 위안의 매출과 8억 위안의 순이익을 기록하고 있다. 국조열에 힘입어 중국풍의 제품은 앞으로 지속해서 늘어날 것이며, 점점 더 많은 중국의 젊은 세대들에게 환영받는 토종 상품이 될 것으로 예측해본다.

---

14 http://news.cyol.com/content/2020-11/01/content_18835467.html.

제12강

중국의 대중문화,
어떻게 이해할 것인가

- 중국 드라마와 〈환락송(歡樂頌)〉에 나타난 주제의식

"
이번 장에서는
중국의 대중문화를 대표하는 중국 드라마의 특징과
최근 몇 년 동안 인기리에 방영되었고
지금까지도 회자되고 있는 중국 드라마 〈환락송(歡樂頌)〉과
'신중산계층(新中產階層)'의 양상과
그 속에 드러난 주제의식에 대해서 알아보자.
"

환락송(歡樂頌)은 2016년 4월 18일 절강 위성TV와 동방 위성TV에서 처음 방영되기 시작하여 현재까지도 상당한 팬덤을 형성하면서 많은 대중의 공감을 불러일으킨 중국 TV 드라마다. 이 드라마는 아나이(阿耐)의 인터넷 동명 소설을 극화한 것으로 총 97부(에피소드 I 42부, 에피소드 II 55부)로 제작되었는데, 소재가 매우 참신하고 상황 및 등장인물의 설정이 매우 현실적이며, 생동감 있는 묘사로 당대 중국 도시 여성의 생활과 욕구를 제대로 반영한 수작으로 평가받고 있다.

특별히 이 드라마에서는 과거 중국 드라마와는 달리 현대 중국사회의 민감한 문제들, 가령 '재벌 2세의 방탕함'과 '물질만능주의', '꽌시로 얼룩져 기회의 불균등을 조장하는 직장문화', '전통 가치관과 괴리된 채 변질하는 사회통념과 사회적 모순', '물질적 풍요 속의 유, 무형적 결핍' 등 논점들을 요즘 새로운 세대로 부상하고 있는 '신중산계층(新中産階層)'이라 불리지만 그 안에서도 각기 다른 위상을 가지는 5명의 직장 여성의 관점에서 생동감 넘치는 언어와 현실적인 소재를 사용하여 때론 담백하고 해학적으로, 때론 치부를 드러내는 듯한 적나라함으로 중국의 사회와 현실을 그려내고 있다.

이번 장에서는 중국의 대중문화를 선도하고 있는 중국 TV 드라마와 이 가운데 2016년 상반기부터 인기리에 방영되었고 지금까지도 회자하고 있는 중국 드라마 〈환락송〉과 이 드라마에 나타난 이른바 '신중산계층(新中産階層)'의 주제의식에 대해서 알아보자.

1. 중국 드라마와 드라마 〈환락송〉의 특징

1) 최근 중국 TV 드라마의 유형

최근 10여 년간의 중국 TV 드라마는 〈판관 포청천〉, 〈황제의 딸〉,

〈랑야방〉 같이 역사 고사를 다루거나 약간의 상상력을 가미한 퓨전 사극을 중심으로 기존 정극의 이야기 전개 방식에서 벗어나 해학과 풍자의 방식을 통해 재미나게 제작됨으로써 TV를 보는 시청자들에게 역사의식을 심어줌과 동시에 당시 사람들의 억압과 고민, 불안 등을 다양한 에피소드를 통해 생동감 있게 전달하고 있다.

(1) 가정윤리 및 도덕의식의 중요성

이와 함께 중국의 도시화, 산업화로 말미암아 대도시를 배경으로 하는 통속적인 생활드라마도 환영을 받고 있는데, 가령 '아적전반생(我的前半生)'[1]과 '도정호(都挺好)'[2]처럼 주로 가정윤리 및 도덕의식의 중요성 등을 주제로 한다. 특히 요즘 들어 젊은 세대를 중심으로 대도시 화이트칼라의 생활과 성장 이야기를 주제로 하는 드라마가 주류를 이루고 있는데, 드라마를 통해 중국 사회와 그 사회에서 고군분투하는 다양한 배경을 가진 사람들의 역경과 성장 과정, 그리고 성공의 달콤함을 그려내고 있기에 이러한 화이트칼라의 삶을 동경하는, 그리고 한층 더 높은 곳을 향해 매진하고 싶어 하는 사람들의 욕망과 좌절 등도 함께 그려내고 있다.

특기할 만한 사항은 몇 년 전 중국에서 〈인민의 이름으로(人民的名

---

1 2017년 7월 4일 동방위성과 북경 위성TV에서 인기리에 방송되었고, 중국 TV 드라마 부분 각종 상을 휩쓴 수작으로 평가받았다. 〈我的前半生〉은 남편의 외도로 이혼을 당한 주인공이 냉혹한 현실을 극복하면서 자아를 발견하고 인생의 또 다른 여정을 위해 용감하게 나아가는 과정을 그려내고 있다. 이 드라마는 특히 자신의 행복을 찾기 위해 유부남을 사랑하고 그 가정을 깨트리는 한 이혼 여성의 모습과 함께 이런 불륜을 너무나도 쉽게 용서하고 받아들이는 중국사회의 부정적 측면을 다루고 있다.

2 2019년 3월 1일 절강 위상과 강소 위성 TV에서 방송되었고, 그 후 각종 동영상 사이트에서 천만 이상의 뷰를 기록한 인기드라마이다. 〈都挺好〉는 집안의 대소사를 결정해왔던 엄마가 갑자기 세상을 떠난 후 매우 이기적이며 소심한 아버지를 누가 돌볼 것인가 하는 문제를 놓고 고심하는 세 자녀의 갈등과 이를 해결하면서 겪는 중국의 전형적인 가정사를 다룬 드라마이다.

義)〉라는 TV 드라마가 시청률 7.3%를 넘기면서 위성TV 역사상 모든 시청률 관련 기록을 경신하는 큰 성공을 치고 많은 중국인의 사랑을 받았다는 점이다. 이 드라마가 지금까지 중국에서 한 번도 진지하게 다룬 적이 없었던 정치권의 반부패를 소재로 한 정치드라마로서 개혁 개방이 후 나날이 발전을 거듭해가면서 발생하는 사회의 어두운 단면과 '평등'을 주제로 하는 사회주의 체제하에서 치부를 위해 온갖 비리와 불법을 저지르는 부패한 현실을 강하게 비판하고 '공정한 사회' 건설을 위해 앞장서는 모습들을 보여주었기 때문이다.

(2) 중국 근대화의 출발점 : 개혁 개방

이와 함께 반드시 언급해야 할 드라마가 있는데 바로 '따쟝따허(大江大河)'이다. 이 드라마는 중국의 유명한 인터넷소설 작가인 아나이(阿耐)의 소설 '다쟝둥취(大江东去)'를 드라마화한 것으로, 1978년부터 1988년 개혁, 개방의 물결 속에서 빈민 출신으로 국영기업의 기술자가 되는 쏭윈후이(宋运辉)와 농촌의 개혁을 선도하는 레이둥바오(雷东宝), 그리고 개체호로 성장, 발전하는 양쉰(杨巡) 등 세 주인공이 등장하여 고도로 발전된 중국의 현재 사회의 출발점이 된 개혁, 개방의 시기 국유기업의 개방정책과정과 농촌의 개혁과 발전, 그리고 소규모로 상공업을 경영하는 이른바 '개체호(個體戶)'의 증가로 인한 소득의 증대, 이로 말미암은 불균형의 문제를 다루고 있다.

최근 개혁 개방 40주년이 되는 2020년 본격적으로 개혁 개방 정책의 내용과 과정을 다룬 에피소드Ⅱ가 방영되기 시작했는데, 드라마 전체를 통해 대중들에게 어려울수록 '단결이야말로 우리가 가져야 할 역량(团结才是力量)'이라는 주제의식을 확실히 전달하고 있다.

'화해사회(和諧社會, 조화로운 사회)' 구축

위에서 언급한 드라마의 유형으로 볼 때, 현재 중국 정부는 대대적으로 '화해사회(和諧社會, 조화로운 사회) 구축'을 위한 방침을 세우고 TV를 포함한 대부분의 매체 또한 이런 정부의 방침에 부합하여 대중들에게 영향력이 큰 매체이기에 더욱 사회적 책임을 통감하면서 대중들을 선도하기 위해 노력하고 있다는 점이 두드러진다. 그러므로 TV 드라마에는 '조화'와 '단결', 그리고 '공존'을 키워드로 삼아 전통적 가치관의 핵심가치를 부각하고 이를 21세기를 살아가는 오늘날의 중국 사회에 적용하려는 막중한 임무가 있다.

이와 함께 도시화, 산업화로 인해 물질만능주의가 팽배해진 작금의 현실 속에서 중국의 드라마는 기존의 가정을 중심으로 구성원 간의 관계를 돈독히 하고 이를 바탕으로 직장, 커뮤니티, 그리고 사회 전반에 걸쳐 인간미가 물씬 풍기는 그런 사회로의 회귀를 적절하게 묘사하는데 온 힘을 기울이고 있다. 특별히 지금까지 잘 다루지 않았던 중국 사회 내 서로 다른 계층이 존재하고 그 속에서 겪는 모순과 고난 속에서도 종국엔 평화롭고 조화롭게 잘 살아가게 되는 새로운 계층의 모습을 생동감 있게 그려냄으로써 TV 앞에서 이를 시청하는 많은 사람이 대리만족을 느끼게 하고 비슷한 현실 생활 속에서 문제 해결을 위한 원동력으로 삼도록 하고 있다. 좋은 드라마는 현실 생활을 그대로 반영할 뿐만 아니라 현실 세계를 긍정적인 방향으로 선도해 나갈 필요가 있기 때문이다.

이러한 사회 분위기 속에서 드라마 〈환락송〉은 제작되었고, 방송되자마자 시청자들은 드라마 속에 등장하는 다양한 인물들에게 자신의 모습을 투영하여 그들의 삶을 긍정적으로 바라보며 자신들도 언젠가는 이들처럼 살 수 있을 거라는 기대를 하게 하여 '환락송 신드롬'이 형성되는 등 많은 대중의 사랑과 공감을 불러일으킨 드라마로 자리매김할 수 있었다.

2) 드라마 〈환락송〉의 특징

어떤 이가 씁쓸하게 다음과 같이 고백했다고 한다.

> 우리의 인생이 바로 〈歡樂頌〉이다. 모든 사람은 曲筱綃(취샤오샤
> 오)처럼 태어나 安迪(핸디)처럼 살고 싶지만 결국 우리는 일개 邱瑩瑩
> 瑩(치우잉잉)일 뿐이며, 關雎爾(관쥐얼)처럼 몇 년간 죽도록 고생만
> 하다가 결국 樊勝美(판성메이)처럼 나이 먹고 이런저런 일에 휩싸여
> 복잡하고 힘들게 살아갈 것이라고![3]

이것이 바로 중국의 현 사회의 모습이자 도시화, 산업화의 물결 속에
양극화 현상이 심화하고 있는 현실 앞에 힘들게 살아가고 있는 대다수
중국인의 허심탄회하고 무기력한, 그리고 전적으로 공감할 수 있는 고백
이 아닐 수 없다. 그러므로 〈환락송〉 드라마 속에 등장하는 80허우,
90허우 미혼여성들은 어쩌면 '나' 자신일 수 있고, 우리 가족, 우리의
이웃으로 이들의 행복과 불행이 모두 나의 것이라는 강한 공감대가 형성
된다. 다섯 명의 등장인물 가운데 어느 한 사람이라도 중국 사회와 현실
속에서는 볼 수 없는, 그저 TV 속에서만 존재할 법한 허구적인 인물이
아니라는 것이다. 이들이 과연 시청자들에게 어떠한 일상과 문제를 보여
주고 그것을 어떻게 풀어나가는지, 그리고 결국 그 속에서는 느끼는
환희와 기쁨은 무엇인지, 어떻게 하면 현 중국 사회에서 궁극적인 행복
을 찾을 수 있을까 하는 현실적이고 본질적인 문제를 던져주고 있다.
　이렇듯 단시일 내에 중국 전역에 〈환락송〉 신드롬이 일어난 원인을
분석해보면 기존의 중국 TV 드라마의 소재가 지나치게 획일적이어서
급변하는 사회 속에서 대중들의 더욱 다양화된 욕구를 채워주지 못하였

3　"人生就是〈歡樂頌〉, 只不過你想生成曲筱綃, 活得像安迪, 然而你只是個邱瑩瑩
　瑩儿的樣子奮斗几年, 可能會變成個樊勝美……"(『河南日報』, 2016年 5月 16日, p.8.)

을 뿐 아니라 너무나도 뻔한 '신데렐라식 신분 상승'을 갈망하는 비현실적이고 낡은 스토리에서 벗어나 보다 현실적인 인물 설정과 참신한 이야기를 제공함으로써 시청자들의 절대적인 공감을 불러일으켰기 때문이라고 볼 수 있다.

그러므로 〈환락송〉이라는 드라마를 통해 표출되는 '새로운 세대'들의 일상에서 겪는 고뇌와 아픔, 그리고 그 속에서 펼쳐지는 이들의 가치관 면면을 이해하는 것이 무엇보다도 중요한데, 이를 위해 드라마의 내용을 바탕으로 다음 몇 가지 특징을 알아보자.

(1) 상황설정의 독특함 : '결핍'과 '아픔'을 부여함

개혁 개방 이후 중국 사회는 물질의 풍요로움 속에서 빠르게 발전하면서 자연스럽게 계층이 형성되었다. 계획경제 속에서 대다수 인민은 국가의 분배원칙에 따라 더함도 덜 함도 없는 평균적인 삶을 살아오다가 시장 경제의 원리가 도입되고 도시화, 산업화가 이루어지면서 어쩔 수 없이 '기회의 불균등'에 이은 '소득의 불균형' 현상에 놓이게 된다. 이에 따라 영화도 드라마도 이러한 사회현상을 반영하여 열악한 현실 상황 속에서도 '열심히 일하면 성공할 수 있다', '끝까지 희망을 잃지 않고 일하다 보면 언젠가 큰 부자가 될 수 있다'라는 식의 단순한 메시지를 전달한다.

〈환락송〉의 상황설정 역시 처음엔 이런 기존 드라마의 노선을 따라가는 듯했다. 드라마 1회부터 계층 간의 분화 현상을 주요 이슈로 삼고 극을 전개해 나가려는 의도가 엿보였기 때문이다.

> 「환락송」은 5년 전 생활 근린시설이 잘 갖추어져 있고 교통도 편리한 곳에 있다. 한 달 전부터 19동 22층의 2201호와 2203호가 갑자기 한꺼번에 개보수 공사를 하게 되었다. 2202호에 공동으로 임대해 사는

3명의 여성은 중간에 끼어 그 소란을 도저히 참을 수가 없을 지경이다. 매일 아침 일찍 출근하고 저녁 늦게 들어와야 겨우 그 소음을 피할 수 있었다.[4]

중국의 대도시 상하이, 천정부지로 치솟는 물가로 아무나 거주할 수 없고 호적(戶口)도 얻기 어려워 이곳에 정착하여 산다는 것은 거의 불가능에 가깝다. '번디런(本地人, 토착인)'이 아닌 '와이디런(外地人, 외지인)'이 이곳에서 직장을 구하기는 쉽지 않은 일이며, 더군다나 성공한다는 것은 그야말로 하늘에서 별 따기만큼 어렵다. 그런데 이런 도시에서, 특히나 교통의 요충지이자 근린시설이 잘 갖추어져 있고 무엇보다도 녹지와 공원이 조성되어 있어 웰빙을 추구하는 요즘 신세대들에게 환영받는 고급 아파트, 그것도 전망이 좋아 집값이 엄청날 것이 분명한 22층에 출신 배경과 경제적 여건, 그리고 가치관이 다른 5명의 여성이 함께 산다는 설정 자체가 현실과는 조금 거리가 있어 보인다.

하지만 기존 드라마와는 다르게 누가 봐도 낡은 설정 위에 부자든 아니든 등장인물 모두에게 각자의 상황에 부합하는 '결핍'과 '아픔'을 부여함으로써 겉으로 보기엔 행복하게 잘 사는 것처럼 보이나 결국 대부분 사람은 행복과 결핍이 서로 상쇄되어 평균적 삶을 살아가는 것이 아니겠냐는 생각의 반전을 꾀하고 있다. 가령, 취샤오샤오는 전형적인 재벌 2세로서 어떤 문제가 발생해도 '꽌시'를 동원하면 모든 문제가 해결되고 자신이 원하는 것은 무엇이든 손에 넣고 마는 인물이다.

그러나 그녀에게도 엄마가 두 번째 부인인 것과 전통적 가치관으로 말미암아 온통 이복오빠에게 쏠린 관심 때문에 늘 아버지로부터 사랑과

---

4 歡樂頌小區交付于五年前地段良好、交通便利. 一個月前19號樓22層的2201跟2203突然湊在一起裝修. 合租在2202的三個女孩被夾在中間不堪其援. 每天早出晩歸才能避開噪音.(〈1화〉)

인정받고 싶은 '결핍'을 부여함으로써 기존의 재벌 2세와는 전혀 다른 절박한 모습을 보여준다. 앤디의 경우도 고학력을 가진 전문직 여성으로 기업의 인수합병문제로 대기업의 고위관리자가 되어 금의환향하지만 어릴 적부터 고아로 성장해 정서적으로 불안정하고, 가족력(정신병)으로 자신도 정신이상자가 될 수 있다는 공포와 절망감이 있다. 잉잉은 부모의 남다른 사랑과 관심을 받으며 밝고 천진난만하게 성장하였지만, 잉잉의 부모가 농민공 출신으로 넉넉한 환경 속에서 성장하지 못해 상하이에서 직장을 구해 살고는 있지만 늘 경제적 어려움 속에서 힘들게 살아간다.

결국, 드라마는 '도시의 이방인'은 말할 것도 없거니와 '푸얼다이(富二代, 재벌 2세)'든 '하이구이(海歸, 해외 유학 리턴파)'든 그 누구에게나 다 말 못 할 결핍과 아픔이 존재하기에 경쟁이 치열한 이 도시에서 살아남기 위해서는 조금의 여유도 용납될 수 없음을 끊임없이 상기시켜 준다. 그러는 과정에서 서로 다른 환경에서 자라온 5명의 주인공은 한편으론 근본적인 삶에 대한 태도와 생각의 차이로 사사건건 충돌하지만, 한편으로 인간이면 누구나 가지는 본질적인 아픔에 서로 동감하면서 상호의존적 관계 속에서 치유를 경험하고 화합하여 종국엔 '너나 나나 별로 다를 것이 없다'라는 동질성을 갖게 된다.

(2) 인물 설정의 섬세함 : '너, 나, 그리고 우리'

〈환락송〉에는 현재 중국 사회에서 볼 수 있는 다양한 부류와 직업군에 속하는 인물들이 등장하여 대중들이 드라마를 통해 현재 중국인들이 지향하는 삶과 가치관을 보여준다. 앞서 서술한 바와 같이 앤디와 취샤오샤오는 누가 어떻게 보더라도 이른바 '신중산계층(新中産階層)'에서도 상층부에 속하는 인물이다. 앤디는 콜롬비아 경영대학원(MBA)을 졸업하고 박사학위를 가진 수재로로, 금융 관련 전문지식과 특별히 숫자에 대해 탁월한 능력을 바탕으로 월가에서 수년간 일해 오다가 중국 굴지의 컨설팅회사에 스카우트되어 CFO가 된다.

취샤오샤오는 또 어떤가? 부동산을 포함해 많은 계열사를 거느린 아버지 밑에서 자란 그녀는 역시 해외 유학파 출신으로 재벌 2세로서의 허영과 제멋대로인 성격을 가졌다. 하지만 재벌 2세로 흥청망청 아무 생각 없이 살아가는 이복오빠지만 남성 위주의 전통적 가치관이 지배하는 집안 분위기 속에서 자신의 존재감에 위협을 느낀 나머지 정신 차리고 아버지로부터 인정받고 회사를 물려받기 위해 자기 회사를 창업한다. 그리고 동창생 야오빈과 앤디의 전폭적인 도움을 바탕으로 해외 유명회사의 국내 총판권을 따내는 실로 놀라운 성과를 가져옴으로써 흔히 재벌 2세로서 보여줄 수 있는 행동과 생각과는 전혀 다른 절박함을 보여준다.

5명 가운데 제일 공감이 가는 인물은 판성메이로서 실제 중국 사회에 수많은 '판성메이'가 존재한다. 그녀는 '신중산'으로서 밝고 진취적인 성향을 지녔는데, 대학교육을 받았고, 외국기업에서 인사책임자로서 그 능력을 인정받아 한 달 수입이 만 위안 이상이나 된다. '도시의 이방인'으로 이 정도면 나름 무난하게 대도시에 정착하여 가끔 '4장에 2천 위안이나 하는 고가의 마스크 팩을 살 만큼의 경제적인 여유'도 부린다. 게다가 그것을 '낭비나 사치가 아닌 자신의 미래를 개척하기 위한 투자'라고 생각할 만큼의 자신감도 충만하며 말끝마다 '걱정하지 마! 언니가 있잖아(彆擔心, 有姐在呢)!'라면서 동생들과 이웃들에게 해결사 노릇을 자처한다.

그렇지만 판성메이는 딱 여기까지다. 다른 이들처럼 결정적인 아픔과 결핍이 존재하기 때문이다. 판성메이는 고향에 계시는 부모님은 물론이거니와 경제적인 능력이 전혀 없어서 자신에게 빌붙어 사는 오빠까지 책임져야 한다. 이런 수고와 희생에도 불구하고 정작 자신에게는 고맙다는 말 한마디를 해주기는커녕 여전히 중국 사회에서 존재하는 전통적인 '남아선호 사상(重男輕女)'으로 인해 오빠는 '집안을 위해 아들을 낳아주었는데 넌 도대체 뭘 잘한 게 있느냐?'고 핀잔을 주는 파렴치한 가족들에게서 오는 배신감과 절망감, 부담감으로 몸서리쳐서 한다.

일반적으로 자신과 같은 부류에 속해 있고, 자신과 비슷한 가치관을 따르고 있어야 서로 관계를 맺고 친분을 나눌 수 있지만, 성격이나 취미가 다르고 게다가 같은 계층에 속해 있더라도 사회적 신분이 다르고 소득의 격차가 크다면 뭔가를 함께한다는 것은 불가능한 것이 오늘날 중국의 현실이다. 그러므로 〈환락송〉의 다섯 주인공에게 발생하는 문제나 갈등도 각기 다를 수 있고, 해결방법이나 결과 또한 달라야 하는 것이 정상이다.

그렇지만 도덕성이나 가치관 등 본질적인 문제는 말할 것도 없고 사소한 다툼이 일어나더라도 5명의 등장인물은 기꺼이 상대방에게 해결방법을 제시해주거나 아무런 사심 없이 도와준다. 가령, 판성메이는 잉잉이 백 주임에게 사기를 당하고 실연당하자 마치 친언니처럼 잉잉을 위해 백주임을 찾아가 통쾌하게 복수를 해주는가 하면 앤디는 창업과 사업에 대해 전혀 아는 바가 없는 취샤오샤오가 입찰경쟁에서 이길 수 있도록 물심양면으로 도와준다. 그런 취샤오샤오는 평소 돈 많은 남자나 꼬셔서 팔자 고치려는 꽃뱀 정도로 생각했던 판성메이가 고향 불량배로부터 돈을 지속해서 갈취당하자 지역의 유지를 이용해 문제를 해결해주었고, 잉잉은 앤디가 남자 친구와 헤어지고 괴로워할 때 조그만 도움이라도 필요하면 언제든지 자신을 부르라고 하며 위로를 해주었으며, 쥐얼 또한 실연과 실직으로 괴로워하는 잉잉을 진심으로 위로하고 다시 재기할 수 있도록 따끔한 충고도 아끼지 않는다.

이처럼 겉으론 서로 싫어하고 성격이나 가치관에서 있어서 현저한 차이를 보이는 5명이지만 위급한 상황에선 각자 자신이 가진 강점으로 상대방의 결핍을 채워주고 아픔을 보듬어줌으로써 애초에 '나와 너' 사이에 존재했던 이질감과 생경함은 서서히 동질감과 친숙함으로 바뀌면서 점차 '하나'가 되어간다.

(3) 또 다른 참신한 시도 : 〈환락송〉 속 방백의 역할과 평가

평면적, 단편적 속성을 지닌 소설이나 극본을 입체적인 드라마나 영화 등의 시청각물로 재현시킬 때 방백은 3인칭 관찰자 시점에서 극을 신속하게 전개하고 시청자들의 이해를 돕는 데 있어서 없어서는 알 될 중요한 역할을 해준다. 이처럼 방백의 가장 중요한 특징 중의 하나는 바로 대본을 창작하고 이를 서술하는 역할을 담당하여 때론 제삼자의 관점에서 극 중 상황을 분석하고 조망하며 판단하기도 한다. 그리고 때론 극 중 이야기를 전개하는 인물의 관점을 대표하여 시청자가 극의 내용을 더욱 쉽게 이해하도록 도움을 줌으로써 극의 몰입도를 배가시켜 주기도 한다.

제삼자의 관점에서 상황을 전개함

〈환락송〉의 원작은 자그마치 81만 자에 이르는 장편소설이지만 이것을 드라마로 제작할 때는 에피소드1의 경우 5명의 주요 등장인물에 포커스를 맞춰 29만 자로 압축하여 45분짜리 42편으로 제작되는 바람에 기타 등장인물이나 상황에 관한 내용이 대폭 삭제되어 드라마만을 보면 극을 이해하는 데 다소 어려움이 있다. 그러므로 드라마 제작 시 이러한 문제를 해결하기 위해 선택한 방법이 방백을 사용하는 것이다.

제삼자의 관점에서 서술하는 방백은 극의 내용을 좀 더 구체적으로 설명해주기도 하고 시청자의 처지를 대변하여 극 중 인물이나 사건을 평가하고 판단함으로써 드라마의 이해를 돕고 몰입도를 높여주는 구실을 하며, 극 중 주인공의 입장에 서서 대화로, 행동으로 보여주지 못하고, 보여줄 수도 없는 미묘한 감정의 변화를 대신 시청자에게 전달해준다. 예를 들면, 제1편 드라마가 시작하자마자 낮고 굵은 남성의 목소리로 드라마의 발생지점과 주요 인물소개, 앞으로 펼쳐지게 될 모순과 대립 속으로 시청자들을 안내함으로써 마치 시청자를 극 중 인물과 동일 선상에서 같은 눈높이로 이야기를 전개하고 상황을 지켜보게 해준다.

중국의 TV 드라마 가운데 방백이 등장하여 극 중 주요 등장인물에 대한 자세히 소개하고 앞으로 어떤 식으로 극이 전개될 것이라고 친절하게 설명 내지는 암시를 해주었던 드라마는 〈환락송〉이 처음일 것으로 생각된다. 이후에도 드라마 전개상 중요한 계기가 될 만한 상황이 오거나 등장인물 간의 모순과 대립이 극에 다다랐을 때 방백이 등장하여 시청자가 극의 긴장감을 더해주고 궁금증을 유발해 너나 할 것 없이 극 중 인물에 감정을 이입하게 하여 재미를 더해주기도 한다.

참신한 시도, 그렇지만 아쉬운 부분

이처럼 방백은 원작소설을 드라마화하는 데 있어서 꼭 필요한 역할 임은 틀림없다. 그러나 시청자들이 인물의 성격을 좀 더 자세히 이해하고 이야기의 맥락을 확실하게 해주며, 극을 전개하고 구조를 완성하는 촉매제 역할을 하지만 하나부터 열까지 드라마의 모든 것을 설명해주고 판단해주기 때문에 시청자가 스스로 판단하고 상상하여 극의 완성도를 높이며 예술적 경지로까지 승화시키는 것을 방해하는 부정적인 요소 역시 존재한다.

이와 함께 미묘한 감정이나 상황의 변화, 그리고 행위의 개연성을 설명하기 위해 배우들은 더욱 실감 나는 연기는 기본이거니와 표정과 말투, 그리고 눈빛까지도 세세하게 신경 써야 하는데, 이렇게 함으로써 시청자들과의 공감대를 형성하여 극 중 몰입도가 배가되며 자신이 마치 주인공이라도 된 듯 주요 인물들과 함께 생각하고 행동할 수 있어서 드라마의 완성도는 더욱 높아질 수 있다.

이런 점에서 여성을 주인공으로 전개되는 〈환락송〉 드라마에서 난

데없이 굵은 목소리의 방백이 등장하여 연기자들이 더욱 자신의 연기력 향상에 신경 써야 할 기회를 빼앗아 버렸을 뿐만 아니라 시청자가 여운을 느끼며 그 속에 흠뻑 빠져있기를 바라고 있을 무렵 방백이 나와 직접 현 상황을 서술하고 상황종료를 선언함으로써 시청자들의 기대를 무참히 깨버리는 그야말로 드라마의 완성도를 방해하는 요소가 되었음에 아쉬움이 남는 대목이기도 하다.

(4) 한국 혹은 한국 드라마에 대한 언급

중국의 도시를 배경을 하는 많은 드라마 가운데 극중 인물간의 대화 속에서 긍정적이든 부정적이든 한국 혹은 한국인에 대한 언급이 등장한다. 〈환락송〉 드라마 속 등장인물들이 어떤 상황을 설명하거나 비유를 들 때 유독 한국이나 한국드라마, 그리고 한국문화를 직접 언급하는 장면이 등장하는데 이런 부분을 통해 중국인의 한국에 대한 인식을 알 수 있는 좋은 자료가 될 수 있을 것이다.

첫째, 비현실적인 신데렐라식 신분 상승 이야기

셩메이가 대학 동창인 왕바이추안으로부터 명품 가방을 선물 받고 너무 좋아한다. 그런 모습을 본 잉잉은 셩메이 언니와 왕바이츄안은 죽마고우이면서도 미남 미녀로 두 사람은 정말 잘 어울린다면서 한국드라마에 나오는 남, 여주인공 같다고 말한다. 그러자 셩메이는 한국드라마 속 얘기는 모두 다 너와 같은 젊은 아가씨들을 속이려는 거짓말이라고 한다.

한국의 드라마 가운데 많은 인기를 얻고 시청률도 높은 드라마는 일련의 공식이 존재한다. 일단 지고지순한 한 여성이 등장하고, 그 여성을 박해하는 상대 여성이나 혹은 시어머니가 등장한다. 이 지고지순한 여성은 상대 여성의 모함과 음모에 매우 어려운 상황에 부닥치지만 바보스러울 만큼 그 상황에 담담하게 대처하며 많은 시청자의 동정심을 유발한다. 그럴 때마다 남자 주인공은 이 여성을 어려움으로부터 구출해내고 여성의 착한 마음씨와 능력에 반해 결국 해피엔딩에 이르게 된다.

중국인들은 이런 한국드라마가 너무 비현실적이고 여성을 지나치게 수동적이며 약한 인물로 묘사된다고 생각한다. 셩메이는 30세를 넘긴, 그리고 한 외국기업에서 인사담당자로 오랫동안 근무해온 터라 그 누구보다도 현실적이고 세상 물정을 잘 안다고 자부하는 인물이다. 그런 그녀에게 잉잉의 철없고 현실성이 모자란 생각에 일침을 가하며 그런 상황은 한국드라마에서나 존재하는 아주 비현실적인 상황이라고 말했다.

둘째, 한국은 성형 대국!

앤디가 치디엔의 여자 친구인 줄 알고 그녀를 SNS상에서 모함했던 여성을 샤오취가 직접 만나보니 전에 일면식이 있는 사람이었다. 그러면서 하는 말이 "몇십만 위안을 들여 한국에 가서 성형했다더니 어떻게 예전만 못한 거 같네!" 중국인들이 한국인을 만나면 꼭 한 번씩 물어보는 것이 바로 한국 사람은 정말 성형을 좋아하는지에 관한 것이다. 한국이 전 세계 성형수술 시장에서 우위를 점하고 있다는 것은 부인할 수 없는 사실이다. 그런데 그렇다고 해서 한국인 모두가 성형수술 하는 것을 좋아한다고 생각하면 큰 오산이다.

다만 한국이 엔터테인먼트 사업이 체계적으로 잘 되어있고, 아무래도 연예인을 양산하는 하는 것이 가장 큰 목적이라고 봤을 때 시청자들에게, 그리고 팬들에게 예쁘고 멋지게 보이고 싶은 것은 당연하기 때문에 성형수술이 상대적으로 많아 보이는 것으로 생각한다. 중국 내 한류의 영향으로 말미암아 이런 한국의 엔터테인먼트 사업이 중국에서도 주목을 받고, 한국의 드라마나 영화 등이 중국에서 상영되는 빈도가 높아졌기 때문에 한국 연예인들을 보고 모든 한국인이 다 성형수술 하는 것을 좋아하고 성형하면 한국이라고 생각하는 것이 일반적이라고 할 수 있다.

셋째, 한국드라마 속 철없고 세상 물정 모르는 여성

닥터 조가 샤오취와 함께 데이트하기 위해 차를 타고 열심히 어떤 곳으로 향하던 중에 갑자기 병원에서 걸려온 전화를 받고 급히 병원으로 다시 돌아가야 하는 상황이 발생한다. 이에 샤오취는 어렵게 만나서 좋은 곳에 가서 데이트하려는데 꼭 돌아가야 하느냐고 물었다. 이에 닥터 조는 한국드라마에 등장하는 그런 철없는 여주인공도 아닌데 왜 그러냐고 오히려 핀잔을 준다.

중국인들 사이에 한국의 여성들은 세상 물정 잘 모르고 그저 귀하게 성장하여 상대방의 입장은 전혀 고려하지 않고 자신의 감정에 충실한, 한 마디로 철없고 배려심 없는 사람으로 여겨지고 있는 대목이다.

넷째, 한국인의 폭탄주 문화!

샤오취는 닥터 조와 헤어진 후 마음이 좋지 않아 앤디에게 술 한 잔 마시러 시내에 나가게 된다. 이때 샤오취는 앤디에게 이 부근에 "한국 사람이 오픈한 술집이 있다는데 틀림없이 재미있을 거다.[5]"라고 말한다. 난통시에서 가장 유명한 술집이 한국인이 오픈한 가게라는 건데 그 술집이 너무 재미있겠다고 생각한 이유가 바로 한국인이 사장이기 때문이란다. 아마도 중국인들은 한국인들이 술을 아주 많이, 그리고 재미있게 마신다고 생각한다.

일반적으로 중국에서 중국인들과 함께 술을 마실 기회가 있을 때마다 늘 듣던 소리가 바로 한국인은 술을 잘 마시고 주량도 상상을 초월한다는

---

5   安迪啊，我听说这个酒吧是韩国人开的. 肯定特好玩.

것이다. 게다가 한국인은 술을 마실 때면 빨리 취해 재미있는 상황이 발생하는 것을 좋아하여 여러 술을 혼합해 폭탄주를 만들어 마시고, 그것도 한 잔이 아니라 여러 잔 연거푸 마시기 때문에 중국인들은 대개 한국인들은 술을 아주 많이, 그리고 재미있게 마신다고 생각하는 것 같다.

2. 드라마 〈환락송〉과 '신중산(新中産)'의 계층의식

환락송 드라마의 가장 큰 특징이자 기존 드라마와 다른 것은 이미 앞에서도 몇몇 인물을 중심으로 설명한 바 있지만 바로 5명의 등장인물과 이들을 중심으로 전개되는 다양한 인간관계와 현실 속에서 오늘날 중국 사회에서 중추적 역할을 담당해가는 '신중산'의 계층의식을 이해할 수 있다는 것이다.

개혁 개방 이후 중국은 '선부론(先富論)'을 바탕으로 시장경제 체제로 전환되면서 본격적으로 사회주의 경제건설을 시작하게 된다. 시장경제 체제는 중국에 많은 기회를 제공하기도 하지만 한없이 냉혹한 경쟁 구도 속에서 승리하면 새로운 부유층으로 편입되어 보다 안정적인 삶을 살아갈 수 있고 그렇지 않으면 하루아침에 일터에서 내몰리며 중산층의 대열에서 낙오되어 이른바 하층민인 '리유민(流民)'으로 전락한다.

결국, 중국의 급속한 산업화는 평등과 분배를 원칙으로 하는 사회주의 체제 안에서 자연스럽게 구성원 간의 경쟁을 부추기고, 사회생활 가운데 기회와 능력의 차등으로 말미암아 다양한 계층이 형성된다. 이러한 시장경제 체제의 형성 과정에서 점점 양극화되어 가는 계층 간의 분화와 소비 풍토 속에서 소득이 부단히 증대되고 다양한 욕구를 충족시키기 위해 더욱 적극적인 소비 습관을 지닌 '신소비계층'이 탄생하는데,

이들을 중심으로 '신중산계층'이 형성된다.

'소황제(小皇帝)' 출신의 신중산계층

이른바 '신중산계층'은 개혁 개방 정책의 혜택을 입고 이미 중산계층을 형성한 부모세대 밑에서 의식주에 있어서 아무런 부족함과 걱정 없이 성장한, 이른바 '소황제'로 어린 시절을 보낸 젊은 세대들이 주축을 이루고 있다.[6] 이런 이유로 80허우, 90허우라 하면 많은 중국 사람들의 기억 속에 손가락 하나 까딱하지 않고 자기가 원하는 모든 것을 손에 넣을 수 있었던 '소황제'였고, '소공주(小公主)'였다. 미국의 저명한 잡지인 『Times』는 중국의 이런 세대를 다음과 같이 묘사하고 있다.

> 스타벅스에서 커피를 마시고, 나이키 운동화를 신으며, 아무렇지도 않게 블로그에 이런저런 글을 올리지만, 사회적, 정치적 이슈에 대해서는 오히려 관심이 없다. 이들은 자기중심적 세대로 물질문화에 심취하며 소비를 숭배하는 세대로서 SNS, 게임과 함께 성장한 세대'이다.[7]

이것으로 볼 때, '신중산계층(新中産階層)'은 그야말로 '개혁 개방 키즈'로서 중국 근대 역사상 첫 번째로 가장 평화롭고 안정된 환경 속에서 성장한 중국인이라 말할 수 있다. 게다가 이들은 단 한 번도 결핍이라는 것을 경험해 보지 못했으며, 오히려 중국이 세계 최강이라는 미국과 어깨를 나란히, 아니 정치, 경제, 문화, 체육 등 각 방면에 걸쳐 미국을

---

6 일반적으로 '신중산계층'에 편입되기 위해서는 각종 지출을 제외한 연간 가계 순소득이 대략 15만에서 40만 위안(한화로 1672만~8360만 원) 정도 되어야 한다. 이들은 기본적으로 자동차와 집을 보유하고 있으며, 1, 2선 대도시에 거주(73%)하며, 투자 가능 자산, 즉 잉여 재산은 20만~500만 위안 정도 되어야 한다. 연령대는 일반적으로 75허우에서 80허우, 90허우 세대의 사람들로 현재 25세에서 40세가 주축을 이룬다.(趙正, 〈對位營銷的中國新中産階級〉, 『中國經營報』, 2004年 10月 11日, p.10.)

7 唐福勇, 「新中产: 消费升级的新群体」, 『中国经济时报年』, 2017年 8月 10日, p.11.

능가하는 모습과 가능성을 지켜본 세대[8]들로 그 어느 세대들보다 자신감이 충만 해있고 이에 걸맞은 라이프 스타일을 추구한다. 〈환락송〉에는 아래 표와 같이 80허우와 90허우를 주축으로 하는 5명의 '신중산'이 등장하여 계층의식을 보여주고 있다.

계층분류	대표인물		계층의식
상층부	譚宗明, 包奕凡, 魏渭, 曲筱绡 부모		사회적 지위와 함께 경제적 여유를 가짐.
중층부 (新中産)	상층	安迪, 曲筱绡, 赵启平	자기 프라이드와 인정받고자 하는 욕구가 강함. 현세 중심주의. 삶을 즐기는 문화에 소비를 집중함. 신중산층에 속하지만, 언제든지 하위계층으로 전락할 수 있다는 위기감과 부담감이 있음.
	중층	樊胜美, 关雎尔과 부모, 王柏川, 应勤, 白主管	
	하층	邱莹莹과 부모	
하층부	樊胜美의 부모와 오빠네		경제적 능력과 여유가 없어 늘 생활에 허덕이며 살아감.

〈환락송〉에 등장하는 인물들을 계층별로 분류하고 이들이 가지는 계층의식에 대해서 설명하고 있다.

1) '신중산', 그들만의 자신감과 우월감, 그리고 동종의식

사회적 지위와 그 차이는 사람 간의 교류에 적지 않은 영향을 미친다. 인간관계의 관건은 서로 소통해야 하는 상호 간의 신뢰와 공통점이 있다는 것인데, 여기서 말하는 신뢰와 공통점 또한 같은 사회계층과 부류를 바탕으로 형성된다. 즉, 가치관, 지식(학력)과 문화 수준, 경제적 능력,

---

8 중국은 자신의 안방에서 열린 2008년 베이징올림픽에서 사상 처음으로 금메달 50개를 획득하여 36개를 획득하는데 그친 미국을 제치고 우승을 차지하였다. 이때부터 중국의 젊은 세대들은 실질적으로 미국과 대등하게 경쟁을 펼칠 수 있다는 확고한 자신감을 느끼게 되면서 애국심이 상당히 고취된다.

취미와 기호 모두 한 사람의 사회적 신분을 드러내는 중요한 지표가 되는데, 비슷한 계층에 속하는 사람일수록 그 신뢰와 공통점, 그리고 가치관은 대동소이할 수밖에 없다.

등장인물 가운데 앤디와 취샤오샤오를 비롯하여 웨이웨이(魏渭), 탄종밍(譚宗明), 짜오치핑(赵启平) 등이 여기에 해당하는데, 이들은 신중산층에서도 상층부에 위치한다. 이 부류의 사람들은 대졸 이상의 고학력자로서 지적 수준이 높아 말끝마다 시경(詩經)과 원곡(元曲)의 시구를 인용하여 대화를 나누며 취미와 여가생활을 즐기면서 '워라벨(일과 삶의 균형)'을 중시하기 때문에 주말엔 '친구가 운영하는 별장'에 가 휴식을 취한다. 또한, 사업상 접대를 할 때는 '내 지인이 경영하는 레스토랑'에 가는 등 '꽌시'도 매우 두텁고 경제적인 여유도 있는 편이다.

사회적 지위와 상황이 상대적으로 낮은 판성메이, 쥐얼, 잉잉의 경우 앤디의 똑같은 행동이나 말 한마디가 어쩌면 그들 위에 군림하는 듯한, 대화 혹은 논의를 하는 것이 아닌 충고나 지시로 받아들였을 가능성이 크다. 그렇게 되면 그렇게 생각하는 쪽이나 다른 쪽 모두 대등한 관계가 아니라고 생각해 대화하는 것 자체도 부담이 됐을 것이다.

취샤오샤오를 보자. 취샤오샤오는 일이 있든 없든, 그리고 사안의 경중을 떠나 툭하면 앤디를 찾아가 도움을 청하는데, 취샤오샤오는 언제든 자기식대로 앤디에게 도움을 줄 수 있다는 자신감과 실제로 그만한 능력을 갖추고 있기 때문이다. 그래서 취샤오샤오는 유일하게 앤디에게 성질을 부리거나 때론 '쵸우안디(臭安迪, 꼴 보기 싫은 앤디)'라고 하며 불평불만을 아무 거리낌 없이 내뱉는데 바로 취샤오샤오의 '난 당신이랑 같은 부류이고 비슷한 지위야!'라는 계층의식이 있었기 때문이 아닐까?

394

2) 현세 중심주의

〈환락송〉에는 같은 '신중산'이라고는 하지만 또 다른 계층의식과 가치관 양상을 보여주는 인물들이 등장한다. 치우잉잉(邱瑩瑩)은 올해 23세로 중소도시에서 대학을 졸업하고 상하이로 오게 되는 지극히 평범한 여성으로 이제 막 직장생활을 시작한 사회 초년생이다. 솔직하고 단순하며 호불호가 분명하지만 일을 할 땐 원칙도 없고 분위기 파악도 잘 안 되는 편이라 실수가 잦다. 그러므로 항상 동료들에게 민폐를 끼치거나 자신을 곤경에 빠트리곤 한다.

지금 중국의 젊은 세대들을 대표하는 잉잉이란 인물은 자신의 꿈과 포부를 펼치기 위해 위험과 모험을 감수하기보다는 그저 한 달 열심히 일하고 월급 받아 자신이 사고 싶은 것, 먹고 싶은 것을 사면서 '인생의 소소하지만 확실한 행복'인 이른바 '소확행'을 추구한다. 이런 잉잉이 상하이와 같은 대도시에서 살아남기엔 능력도 눈치도 부족하지만, 부모는 오로지 그녀가 대도시에 정착하여 안정적으로 살아가기만을 바라기 때문에 마음에 큰 부담을 안고 살아간다.[9] 극 중 잉잉의 아버지는 잉잉에게 다음과 같이 얘기한다.

> 잉잉아 아빠는 우리 집안에서 농촌에서 도시로 진출한 첫 번째 사람이다. 넌 또한 우리 집안에서 처음으로 대도시로 진출한 사람이야 …. 그러니 절대 뒤로 물러나서는 안 된다. 무슨 일이 있든지 간에 반드시 상하이에서 버텨야 해![10]

9 　二十三岁. 来自小城市的平凡姑娘. 职场新人. 直爽、单纯、爱恨分明、做事莽撞. 凡事拎不清的她, 常让自己陷入窘境. 父母一心盼望她在大城市站稳脚跟.
10 爸爸是咱们家第一个从农村进城的人. 你又是咱们家第一个进大城市的, 一定不能退步. 你一定要在上海坚持住.(〈10화〉)

잉잉의 아버지는 농촌에서 자랐지만, 가난을 극복하기 위해 중소도시로 이주한 농민공(農民工) 출신이다. 대다수 농민공은 도시에서 열악한 주거 환경을 견디며 저임금으로 노동하고 있으므로 사실상 자신의 가난과 결핍을 그대로 자식에게 물려줄 수밖에 없는 상황이라 어떻게 해서든지 이 가난의 고리를 끊어내기 위해 자식에겐 무한정, 무조건 지원을 아끼지 않는다. 잉잉의 아버지도 그런 마음으로 잉잉이 어렵게 소도시에서 벗어나 대도시인 상하이에서 거처를 마련하고 직장을 구해 열심히 살다 보면 비록 현재는 이른바 '도시의 이방인' 취급을 받고 있지만 언젠가는 안정적으로 '번띠런(本地人, 그 지역 출신자)'으로 살아갈 수 있으리라는 희망을 품고 산다.

그렇지만 잉잉의 실제 생활은 그리 평탄하지만은 않다. 대도시에 정착하여 화이트칼라로 사는 생활을 시작하지만, 근본적으로 많은 어려움을 겪게 된다. 실제로 〈환락송〉의 공간적 배경이 된 아파트의 경우 월세와 관리비로 매달 9,080위안이기에 2202호에 사는 세 여성은 3,017위안씩 내야 하는데, 잉잉의 한 달치 월급에 해당한다.[11] 경제적 궁핍으로 그녀는 늘 항상 먹어도 배부르지 않고 만성적 피로감에 시달린다. 그럴 때마다 잉잉의 마음속에 슬며시 대도시에서 이렇게 살아가는 것이 무슨 의미가 있을까 하는 회의감이 찾아든다. 드라마가 시작되자마자 잉잉은 쥐얼과 함께 상하이의 밤길을 걸으면서 다음과 같이 대화를 나눈다.

너 우리가 대학 다닐 때 보다 더 가난하게 살고 있다는 거 알고 있니? 한 달에 겨우 4천 위안의 월급을 받아 방세 내고 이런저런 생활비와 교통비로 쓰고 나면 늘 마이너스다. 그나마 아버지가 한 달에 생활비를 보내주시지 않으면 정말이지 퇴근 후에 어디 나갈 형편도 안 된다. 그래서 하루에도 몇 번씩 집으로 돌아가는 것이 낫겠다고 결론짓고

---

11 李宇嘉, 「大城市, 新中产生存不易」, 『证券时报』, 2016年 5月 16日.

부모님께 말씀드리면 아버지는 너 죽고 나 죽자 식으로 반대하시면서 집으로 돌아오는 그런 애들은 미래가 없다고, 그냥 상하이에서 잘 버티면서 지내라고만 하신다.[12]

이렇게 상하이라는 대도시에서 직장생활하는 것이 어찌 보면 현재 중국에서 사는, 특히 중, 소도시에서 나고 자라며 또한 그곳에서 대학을 나온 젊은 세대라면 어찌 되었든 간에 일단 대도시로 나가 살아보겠다는 의지가 강하다. 잉잉 또한 그렇게 지방에서 대학을 나오고, 좀 더 나은 삶을 살아가기 위해 희망을 안고 대도시에 와서 비록 세 명이 함께 세를 사는 집이긴 하지만 비교적 좋은 환경에 있는 아파트에 살고 있고, 월급은 많지 않지만 그래도 직장이 있어 돈을 벌기 때문에 대도시에서 살아갈 수 있는 것이다. 과연 이렇게 열심히 일하면 이들에게 희망은 있는 것일까? 잉잉은 자신의 현실 상황에 대해서 다음과 같이 고백한다.

난 요즘 먹어도 배부르지 않고 매일 정말 피곤해 죽겠어. 나 그냥 집으로 돌아갈까? 이렇게 상하이에서 있다 보면 나에게도 기회나 희망 이런 것이 생길까? 너도 알지? 내가 일년 동안 먹지도 마시지도 않고 죽어라 일만 해도 겨우 요만한 방 하나도 혼자 얻지 못하는 걸 보니 참 한심하다! 만약 고향으로 돌아가 공무원시험이라도 보면 이렇게 구차하게 이런 거 저런 거 따지지도 않고 잘 살 수 있을 텐데 말이야![13]

잉잉과 같은 중국의 젊은 세대들이 대도시에서 직장생활과 경제활동을 하고 있으면서 비록 앤디, 취샤오샤오와 같은 신중산에 속해있다고는

---

12 "你有没有发现咱们现在比上学时候还穷?我一个月四千块钱的工资, 租房子还有基本的吃喝拉撒, 还有交通, 这麽一算下来工资卡基本上为负数了. 要不是我爸每个月给我接济, 我每天下班都不敢出去."(〈1화〉)

13 我最近老感觉我吃不饱、每天都累死了. 我也觉得我瘦了. 你说我要不要回老家呀?待在上海还有没有前途啊?你说我这一年不吃不喝地拼命工作才能买两平米的房, 而且都是偏偏的地方. 可是我要是回老家考个公务员, 我就活得不用那么斤斤计较了.(〈1화〉)

하지만 이들은 그야말로 신중산에서도 말단에 위치하면서 신중산으로
서의 가장 기본적인 자격과 여건을 갖추며 여유로운 생활을 하기보다는
늘 불확실한 미래와 치열한 경쟁 속에서 현실을 직시함과 동시에 더욱
노력하지 않으면 언제든 하층민으로 전락할 수 있다는 걱정과 위기감
속에서 살아간다.

3) 원칙을 고수하며 자신의 능력으로 성공하려는 신중산

〈환락송〉에서 가장 현실적인 신중산층을 대표하는 인물은 바로 '관
쥐얼'이다. 쥐얼은 잉잉과 마찬가지로 중소도시에서 태어나 상하이에서
대학을 나온 또 다른 도시의 이방인이다. 하지만 쥐얼은 부모님이 모두
공무원으로 비교적 풍족하고 안정적인 환경 속에서 성장하였고, 그런
중산층 가정의 영향 아래 쥐얼은 전형적인 '신중산'으로 '삶을 즐기는
문화생활에 소비하는 경향'이 강한데, 셰익스피어의 작품을 영문판으로
읽고 드보르자크를 좋아하여 혼자 음악회에도 가는 등 문화적 수준이
꽤 높은 편이다.

또한, 쥐얼은 비교적 좋은 가정환경의 영향으로 나름 원칙을 고수하
며 살아가는가 하면 한편으론 외동딸로서 어릴 적부터 부모가 계획하는
대로 따라 하여 문제가 발생할 때마다 '언니 어떻게 하지?(姐, 怎么办呀)'
라며 도움을 청하는 90허우의 전형을 보여준다. 이런 쥐얼의 직장생활
은 쉽지만은 않다.

> 쥐얼, 너랑 같이 들어온 동료들은 모두 명문대를 졸업했고, 이전에
> 대기업에서 일한 경력도 있어. 너만 그저 그런 대학을 졸업했고 영어
> 실력도 전문지식도 모두 부족하니 앞으로 매사에 더욱 적극적으로 임
> 하고 많이 배우고 소통해야 한다.[14]

그녀는 상사의 평가처럼 일류대학을 나오지도 않았고 스펙도 별로지만 부모의 '꽌시' 덕분에 세계 굴지의 회사에 입사하게 된다. 연말에 있을 정규직 전환시험에 통과하기 위해 거의 매일 야근을 하지만 이에 불만을 품지 않고 자신에게 주어진 소임을 다하고 나름의 방식으로 일로부터 오는 스트레스를 해결하려고 노력한다. 쥐얼은 또한 늘 자신의 실력이 부족하다고 여기며 앤디의 총명함과 다재다능함을 보고 앤디를 자신의 '우상'으로 삼고 앤디의 조언에 따라 실천에 옮기면서 자신에게 주어진 몫을 해내려는 적극적인 여성이기도 하다. 이런 점에서 다섯 명의 등장인물 가운데 쥐얼에게는 목표를 세우고 자신의 가치관에 충실하면서 실천에 옮기는 '신중산'의 적극적인 라이프 스타일을 가지고 있다.

매사에 성실하게 주어진 일을 묵묵히 해오던 쥐얼이 회사에서 일을 처리하는 과정에서 오해로 말미암아 상사로부터 질책을 듣자 이 일에 대해 앤디에게 조언을 구한다. 앤디는 상사의 관점에서 쥐얼을 위로하기보다는 귀에 거슬리더라도 냉철하게 상황을 판단해야 한다며 회사에서 필요한 사람이 되기 위해 고수해야 할 원칙을 알려 준다.

세상에 잘못하거나 실수를 저지르는 않는 사람은 한 사람도 없어. 정말 중요한 건 잘못한 후에 해결할 방법을 찾는 것이다. 먼저 상사에게 일의 자초지종을 설명하고, 그런 다음 자신이 이 과정에서 잘못한 것이 무엇인지 판단하고 인정하는 것과 그것을 책임지는 것, 그리고 이로 인해 발생할 회사의 손실을 어떻게 하면 최소화할 것인지에 대해 생각해 봐야 하는 거야! 그리고 만약 네가 직장을 잃게 되면 샤오취도 나도 너를 고용할 거야! 왜냐하면, 넌 매우 성실하고 자기 일을 책임지고 잘하기 때문이지!

---

14 跟你一起进来的都是名校毕业的. 很多以前就有一些大企业的工作经验. 只有你是一般大学毕业. 不管是英语水平, 还是专业能力, 都有所欠缺. 所以我希望呢, 你能更主动一些. 多去学习和交流, 知道吗?(〈8화〉)

쥐얼은 앤디의 말 대로 자신의 잘못에 대해 진지하게 생각해보며 억울함보다는 책임감 있게 잘못을 인정하고 책임을 지기 위해 오류를 수정하여 회사의 손실을 줄일 방법을 생각해 본 후 차분하게 보고서를 작성하여 팀장에게 제출한다. 쥐얼은 이 사건을 계기로 그저 엄마의 바람대로 조신하게 있다가 좋은 사람 만나 시집을 가는 것이 가장 큰 행복이라는 전통적 가치관을 가진 여성으로서가 아닌 사회인으로, 그리고 직장인으로서, 더 나아가 조직의 한 일원으로서 어떻게 하면 자신의 능력을 통해 맡겨진 책임을 완수하며 적극적으로 살아갈지를 생각해봄으로써 비로소 '신중산'으로서의 자부심과 자신감을 가지고 회사생활을 전념할 수 있게 된다.

이상과 같이 **〈환락송〉에서 '신중산'의 삶과 그 속에서의 분투를 집중적으로 부각하는 이유**는 간단명료하다. '신중산'은 아마도 향후 중국사회의 주류가 될 것이 분명한데, 이들은 한 국가의 부유 정도를 실현하며 시대를 선도하는 문화 수준을 견인하는 등 그 영향력이 매우 클 것으로 예측되기 때문이다. '신중산'은 드라마 속 5명의 주인공을 통해 본 바와 같이 상대적으로 부유하고 비교적 좋은 업무환경에서 일하기 때문에 현실 생활과 사회체제에 대해 비교적 만족해하며 사회의 주류가치와 질서에 대해 강한 유대감을 가질 수 있어서 사회적 대립이나 모순에 직면하여 완충 역할을 한다.

결국, **'신중산'은 정치적으로 비교적 온건한 의식구조를 가진 이들을 대표하며, 경제적으로는 소비를 촉진하는 주요계층이고, 문화적으로 문화를 생산하고 누리는 주체**가 된다. 그러므로 중국 정부는 이러한 사회의 구심점 역할을 담당하는 '신중산'의 계층의식을 고취하고 공감을 불러일으킴으로써 이들을 국가 산업 발전의 원동력으로 삼고, 궁극적으로 양극단의 중간지점에 하나의 디딤돌을 구축함으로써 실질적으로 계층 간의 이동이 비교적 쉽도록 '브리지(가교)' 역할로서 중간계층을 적극적으로 활용하고자 하는 의도가 있는 것으로 보인다.

3. '환희의 찬가', 무엇을 위한 〈환락송〉인가?

〈환락송 : Ode to joy〉은 모두가 알다시피 원래 베토벤 9번 합창 교향곡 내 솔리스트와 합창단이 등장하여 독일의 시인 실러가 1786년에 발표한 〈환희의 송가〉에 곡을 붙인 노래를 합창한 것인데, 이 노래에는 자유와 평등한 생활에 대한 갈망과 이상적 삶에 대한 동경과 추구 등 무한한 인류애와 환희의 메시지를 담고 있다.

이 '환희의 찬가'를 드라마의 제목으로 삼은 것도 어찌 보면 드라마를 통해 현 중국의 사회적 모순과 계층 간의 갈등을 원만하게 해결하며 궁극적으로 '화해(和諧)'의 사회로 나아갈 수 있음을 제시해주고 싶은 의도가 있지 않을까 하는 합리적 추측을 해보게 된다. 그렇다면 〈환락송〉에서는 전혀 기쁘고 즐겁지 않은 현실 속에서 어떻게, 그리고 무엇을 위한 '환희의 찬가'를 부르려 한 것일까?

1) 의심과 갈등을 해결하기 위한 첫걸음

〈환락송〉 22층에 가장 먼저 입주한 2202호의 판성메이와 관쥐얼, 치우잉잉은 친자매와 같이 서로 도우며 생활하던 가운데 비어있던 옆집 에 누군가가 입주한다는 소식을 듣게 된다.

언니, 2201호 CCTV를 달았다. 언니 한 번 봐봐 CCTV 렌즈가 이리저 리 움직이는 걸 말이야. CCTV를 달았다고? 도둑을 잡으려고 그러나? 안에 누가 사는데? 샤오정이 그러던데 이사 온 지 여러 날 되었어도 사람이 보이질 않는다네! 난 청소하는 아줌마가 들어가는 걸 봤는데,

그림자도 못 봤다고 그러더라. 이 사람 참 괴팍하여 잘 지내기 어려울 거 같아.[15]

과연 어떤 사람이 이사해 올지에 대한 설렘과 기대와 2201호에 이사 온 입주자가 CCTV를 설치한 것을 보고 22층의 첫 갈등은 시작된다. 게다가 2203호에는 판성메이의 기대와는 달리 재벌 2세 취샤오샤오가 이사 오면서 밤늦게까지 친구들과 귀국 및 이사 축하파티를 여는 바람에 2202호의 세 여인은 '우리 같이 세 들어 사는 사람이 저렇게 밤늦게까지 떠들고 놀아도 관리소 사람들이 이렇게까지 정중하게 했을까?'라고 말하면서 다시 한번 월세로 사는 자신들의 처지를 비관함과 동시에 취샤오샤오에 대해서도 불쾌한 감정을 갖게 된다. 취샤오샤오 역시 자신들이 파티를 여는 것에 대해 2201호 입주자가 고성방가로 인한 생활권 침해로 경찰에 신고하고 요목조목 자신들의 몰상식함을 지적해대자 앤디에 대해서 좋은 감정을 가질 이유가 없었고, 늘 외모에 치중하고 허영심이 가득해 보이는 판성메이를 '꽃뱀'이라고 무시하였으니 이들의 사이가 좋을 리가 만무하다.

첫 만남부터 얼굴 붉히며 감정이 좋지 않았던 5명의 주인공은 우연한 기회에 함께 엘리베이터를 탔다가 엘리베이터가 고장이 나서 그 안에 갇히고 만다. 엘리베이터가 심하게 요동치며 전기가 나가고 어둠 속에 갇히게 되자 공포에 휩싸이게 되는데, 가장 어렵고 중요한 순간에 진심이 나온다고 했던가! 판성메이가 무서울 땐 함께 손을 잡고 있으면 좋아진다고 하자 하나 둘 씩 손을 잡기 시작했고 함께 공포심을 극복해나간다. 결국, 엘리베이터에서 무사히 구출된 5명의 여인은 걸어서 22층까

---

15 邱莹莹：樊姐, 2201装了监控. 关雎尔：樊姐你看, 它这摄像头好像还能这样来回这样动. 胜美：装个摄像头……防贼呢?里边住的什么人啊?雎尔：我听小郑说了, 说这里面的人搬来好几天了, 就是没见着人影. 莹莹：我只看见保洁阿姨进出, 连个人影都没看见. 这麽看来, 这个人很古怪. 一定不好相处.(〈1화〉)

지 올라가면서 서로 눈을 맞추며 웃어버림으로써 비록 그리 긴 시간은 아니었지만, 함께 손을 잡고 한마음이 되어 어려움을 극복하게 되면서 은연중에 서로 간에 존재했던 감정의 골, 계층의 벽, 생각의 차이, 그리고 여기서 비롯된 편견과 오해가 조금씩 허물어지기 시작하였고, 이들의 관계는 비록 '낯선 사람'으로 시작되었지만, 이후 좋은 인간관계를 맺음으로써 점차 '이웃'으로, '친구'로, 그리고 '멘토'로 발전하는 좋은 계기를 마련하게 된다.

2) '조화'와 '상생'을 위한 〈환락송〉

모순과 갈등으로 시작되었던 5명의 주인공은 점차 진정한 인간관계를 형성해 가는데, 이러한 관계개선은 앤디의 변화를 통해 어렵지 않게 알 수 있다. 원래부터 혼자 있기를 좋아하고 일하는 것에만 익숙해 매사에 무뚝뚝하고 사무적으로 주변 사람들을 대해왔던 앤디였지만 〈환락송〉으로 이사 온 후 4명의 여성과 함께 많은 시간과 다양한 사건들을 겪으면서 불우했던 성장환경으로 인해 닫혔던 마음이 열리면서 '나도 이들과 다르지 않다'라는 생각을 하게 되며 마음 따뜻한 나날을 보낸다.

'훠궈어(火鍋)'는 차별이 없는 조화로움의 상징

그러던 어느날 앤디는 복잡한 심경의 변화 속에서 이웃들과 저녁 식사를 함께 하고 싶다는 생각에 퇴근길에 슈퍼마켓에 들러 장을 본다. 공교롭게도 앤디가 생각해낸 메뉴는 바로 '훠궈어(火鍋)'다. '훠궈어'는 사실 중국 음식 가운데 상징적 의미가 매우 많은 요리다. '훠궈어'의 불은 '따뜻함'을 나타내고, 둥근 식탁은 식사하러 온 사람들이 지위고하의 '계층적 색채'를 드러내지 않고 '한 자리에 둥그렇게 모여 앉는 것'을 상징한다. 이는 '훠궈어'가 천하의 지위고하를 불문하고, 차별을 드러내지 않는 모든 사람이 두루두루 함께 배고픔을 해결함과 동시에 조화로움을 추구하는 이른바 '천하를 두루 구제함(兼濟天下)'을 갖는 중요한 요리라는 것이다.

앤디와 3명의 여성이 앤디의 집 식탁에 빙 둘러앉아 음식 얘기를 하며 식사를 하는 모습은 많은 것을, 특히 앤디의 많은 변화를 말해주는 대목이다. 다시 말해서 앤디의 집은 듀얼 모니터를 통해 전 세계 주식시황을 살펴보며 사무를 보던 공간이었던 과거와는 달리 지금은 시도 때도 없이 이웃들이 찾아와 교류와 나눔이 일어나는 공간으로 바뀌었고, 이전까지는 단지 토스트나 굽고 커피를 마시는 등 꽤 서구적인 아침 식사를 준비하던 부엌이었지만 지금은 사업상 만난 사이도 아닌 이웃들과 함께 중국 전통식의 '훠궈어'를 먹는 사랑방으로 변모되었다. 어릴 적 미국으로 건너가 그곳에서 교육을 받고 자란, 그래서 앤디라는 영문 이름만을 사용하며 서구적 사고방식을 가지고 살아왔던 그녀가 불과 1년도 되지 않아 중국적 사고방식을 갖고 이웃들과 소통하게 되었음을 단적으로 보여주고 있다.

정치는 요리, '조화로움'을 중시함

중국은 일찍부터 정치를 요리(烹飪)하는 것에 비유해왔다. 노자는 아무것도 하지 않음으로써 나라를 다스린다는 '무위이치(無爲而治)'를 바탕으로 "큰 나라를 다스리는 것은 작은 생선 한 마리를 요리하는 것과 같다.[16]"고 주장한다. 그 이유는 생선을 요리할 때 자주 뒤적이면 살이 부서지듯, 나라를 다스림에 있어서 정책을 자꾸 번복해서 뒤집으면 혼란을 일어나 백성은 결국 흩어지니 걸핏하면 백성들을 힘들게 하거나 혼란스럽게 뒤흔들지 말라는 의미일 것이다.[17]

---

16 "治大國若烹小鮮."(『老子·60장』)

17 韓非子가 "작은 생선을 삶으면서 자주 뒤적이면 그 윤택을 해칠 것(烹小鮮而數撓之, 則賊其澤.)"라고 말한 것과 일맥상통한다.(『韓非子·解老』)

이와 함께 "맛의 조화란 반드시 달고 시고 쓰고 맵고 짠맛이 다 나게 만들고, 그런 뒤에 어떤 맛이 많이 나게 하든 적게 나게 하든 고르고 미세하게 하여 각각의 맛이 발휘되도록 해야 한다.[18]"라면서 요리를 할 때 5가지 맛의 조화를 강조함과 동시에 어느 한 가지 맛이 두드러지는 것을 매우 경계해왔다. '오미(五味)'의 조화를 '치국(治國)'에 응용한 것은 각 사회의 역량을 조화롭게 하여 국가 발전에 도움이 되도록 하는 것을 가리킨다.

이런 점에서 앤디가 '우리'가 함께 먹고 다섯 가지 맛의 '조화'를 중시하는 '훠궈어'를 선택했다는 것은 매우 의미심장하다. 드라마는 비록 5명의 서로 다른 출신 성분과 가치관을 가진 여성들이 함께 모여 살면서 많은 모순과 갈등이 발생하지만, 전적으로 어느 한 사람에게 치우치지 않게 상황을 설정하고 상호보완적 관계 속에서 균형을 맞추게 한다. 타인과 관계를 맺고 교류하는 것에 익숙지 않은 앤디가 '서로 어울릴 것 같지 않은 각종 재료'를 준비하여 상석이 따로 정해져 있지 않은 식탁에 둥그렇게 둘러앉아 '훠궈어'를 먹으며 즐겁게 담소를 나누는 장면은 정말 인상적이지 않을 수 없다.

그뿐만 아니라 드라마 끝에 춘절을 맞이하여 다 같이 함께 먹는 밥인 '트완위엔판(团圆饭)'의 목적으로 한 차례 더 앤디의 집에서 '훠궈어'를 먹으며 대단원의 막을 내리는데 이번에는 취샤오샤오까지 합세하여 완전체가 된 5명은 즐겁게 식사하면서 그간 서로 배려하면서 도움을 주고받을 수 있음에 감사하며 처음에 가졌던 반목과 위화감은 없어지고 새로운 각오와 희망으로 새해를 맞이하면서 한 해 동안 동고동락했던 친구이자 이웃들과 함께 '환희의 찬가'를 부르게 된다.

결론적으로 〈환락송〉 드라마는 기존에 갖고 있었던 생각과 가치관

---

18 "調和之事, 必以甘酸苦辛鹹, 先後多少, 其齊甚微, 皆有自起."(『呂氏春秋·孝行覽·本味』)

의 변화를 경험한 앤디, 집안 형편으로 말미암은 무기력함과 절망감을 극복하고 새로운 직장에서 새로운 목표를 가지고 다시금 출발하게 되는 판성메이, 많은 충고와 격려에 힘입어 멋지게 정규직 전환에 성공하여 자신감 넘치는 삶을 살게 되는 쥐얼, 실연과 실직의 아픔을 이겨내고 새로운 직장에서 인정받고 새로운 삶과 목표를 위해 매진하는 잉잉, 재벌 2세지만 가정환경의 불안정으로 인해 받았던 심리적 장애를 극복하고 사업가로서 성공하는 샤오취 등 5명의 여성을 통해 절대 쉽지 않은 삶을 살아가는 '신중산(新中産)'의 삶과 조화로운 관계 속에서 각자의 아픔을 치유하고 결핍을 보완해가면서 보다 나은 미래로 나아가는 모습을 묘사하고 있다.

4. 드라마 〈환락송〉은 과연 무엇을 보여주려고 했을까?

첫째, 반목과 갈등에서 조화와 상생으로

흔히 〈환락송〉을 '중국판 섹스 앤드 더 시티[19]'라고 평가하기도 한다. 미국의 드라마 '섹스 앤드 더 시티'는 4명의 여성이 뉴욕이라는 대도시에서 고군분투하며 치열하게 살아가는 삶을 통해 때론 절망하여 주저앉기도 하지만 그 역경을 딛고 일어나 자아를 발전시켜 나가는 과정을 보여주는 개인 성장 드라마이다. 그러므로 드라마상에서 보여주는 인간관계는 이들이 일어설 수 있도록 도움과 격려를 해주는 버팀목의 역할만을 수행할 뿐, 굳이 주위 사람들과 조화롭게 상생하는 모습을 보여줄 필요는 없다. 반면 〈환락송〉은 비록 상하이라는 대도시에서 힘겹게 살아가

---

19 〈섹스 앤 더시티(Sex and the City)〉는 미국 HBO에서 제작 및 방영한 텔레비전 드라마로서 1998년부터 2004년까지 총 여섯 시즌동안 방영되었다. 이 드라마는 주로 뉴욕시에 생활하는 30대 중반 3명과 40대 1명 이렇게 4명의 여성들의 생활과 가치관에 초점이 맞춰졌다. (출처: 네이버 위키백과사전)

는 5명의 여성의 삶을 묘사한 점은 매우 흡사하지만, 이 5명의 여성이 직면한 현실과 그 속에서 야기된 갈등을 한 개인이 어떻게 극복하는지에 대해 초점을 맞추기보다는 더 큰 분량으로 서로의 관심과 배려 속에서 모순과 갈등을 해결하고 끝내 '조화'와 '상생'에 이른다는 결말로 끝맺고 있다.

중국은 개혁 개방 이래 자본주의의 급격한 유입으로 배금주의가 만연하고 사회주의 전통의 문화적 구심점도 점차 사라지고 있다. 게다가 14억 인구에 56개 민족을 하나의 통일체로 이끌어야 하는 절대 쉽지 않은 과제도 중국 사회 전반에 드리워진 상태다. 이에 중국 정부는 후진타오 집권 직후부터 이른바 '조화사회론(和諧社會論)'을 제시하면서 중국이 직면한 정치와 경제, 그리고 양극화된 사회를 진단하는 한편 '조화'와 '상생'이라는 키워드로 문제 해결을 시도하고 있다.

둘째, 중국의 '신중산층'과 '조화로운 사회'

이런 상황 속에서 〈환락송〉이 기존 중국 TV 드라마에서 다루지 않았던 '신중산(新中産)'의 계층의식과 중국사회의 부정적 단면을 대중들에게 비교적 진솔하게 전달하려 했던 점은 매우 고무적이다. 하지만 근본적으로 계층이 존재해서는 안 될 중국 사회에 엄연히 계층이 존재하고, 비록 '신중산(新中産)'이라는 이미 차별화된 계층에 편입되어 일반 대중보다 좀 더 나은 삶을 영위하고 있지만, 그 안에서도 또다시 계층이 세분되는 현실 속에서 〈환락송〉은 등장인물들이 각기 자신들에게 주어진 여건 속에서 계층의 상이함으로 인해 발생한 모순을 해결하고 현실적 한계상황을 이겨내는 과정에 중점을 두기보다는 계속되는 우연과 이른바 '꽌시'를 통해서 문제가 봉합되고 그 과정 중에 서로의 아픔을 보듬어주면서 역경을 극복함으로써 서로 다른 출신 배경을 가진 5명의 여성이 낯선 사람들에서 이웃으로, 그리고 친구 관계로 발전해가는 모습만을 묘사하고 있다.

결국, 삶에서 비롯된 현실적인 문제는 오롯이 자신의 몫으로 남겨지게 된 채 대중들이 주어진 현실에 만족하며 조화와 상생의 길로 나아가게 함으로써 '문학의 효용성'이라는 기능적 측면을 부각하려는 듯한 제작 의도에 다소 아쉬움이 남기도 한다. 이런 점을 고려하여 우리는 중국의 TV 드라마를 통해 보다 객관적이고 냉철하게 드라마에서 묘사되고 있는 중국 사회와 문화 현상의 참 의미와 가치를 되새겨 봐야 할 것으로 생각한다.

제13강

중국 사회 내 여성의 지위는 어떠할까?

- '빤벤티엔(半邊天)'

"
사회주의 체제 아래
여성은 '하늘의 반쪽'이라는 뜻인
'빤벤티엔(半邊天)'이라는 의미로 정착돼
여성의 파워가 하늘 높을 줄 모르고 치솟고 있다.
이번 장에서는
중국 사회 내 여성의 지위에 대해서 살펴보자.
"

　　동서고금을 막론하고 한 시대의 사회상을 이끌어감에 있어서 여성의 역할이 매우 중요하다. 이 말은 정치와 사회를 움직이는 모든 세력 가운데 여성의 역할과 지위가 절대 낮지 않았음을 보여주고 있다. 5천 년의 장구한 역사를 자랑하는 중국도 여성의 역할과 지위를 결코 무시할 수가 없었는데, 때론 측천무후나 서태후 같은 여성 절대 권력자들이 천하를 쥐락펴락한 역사가 있었는가 하면 때론 과거 '강혼(搶婚)'의 사회적 풍습으로 인해 여성을 단지 성적 대상으로만 여겨 전족이라는 굴레를 여자들에게 강요하기도 했던 뼈아픈 과거도 있었다.

　　그러나 현대에 들어와서는 이러한 중국의 전통적인 여성상은 완전히 달라졌다. 2019년 중국 국가통계국의 발표에 따르면, 현재 중국의 인구는 약 14억 명인데, 남자가 약 7억 천만 명이고 여성은 6억 8천만 명으로 남성이 여성보다 약 3천만 명 정도 많다. 전통적으로 남아선호사상이 강한 중국에서 여성이 차지하는 비율은 48.79%로 이미 과반수에 접근하는 괄목할 만한 성장세를 보여주고 있다.

　　사회주의 체제 아래 여성도 남성과 똑같이 노동에 종사하며 사회적 책임과 의무를 다해야 한다며 여성의 사회적 참여와 지위가 이전과는 판이해져 이른바 '하늘의 반쪽'이라는 뜻인 '반볜티엔(半邊天)'이 여성이라는 의미로 완전히 정착돼 여성의 파워가 하늘 높을 줄 모르고 치솟고 있다. 이번 장에서는 중국 사회에 있어서 여성의 지위에 대해서 살펴보자.

1. 중국 사회의 특징

남존여비(男尊女卑)의 전통적 관념

　　지난 몇천 년 동안 중국은 농업을 중시하는 산업구조로 인해 3대,

혹은 4대가 함께 사는 대가족 사회를 이루고 살아왔다. 이러한 사회는 노동력이 가장 중요하게 여겼기 때문에 자연 남성을 중심으로 이루어졌고 대대로 남존여비의 전통적인 관념으로 말미암아 여성은 가정과 사회에서 일정한 지위를 갖지 못했다.

특별히 여성에 대한 전통사회의 요구와 제한은 특별히 많았는데 '어릴 적에는 아버지를 따르고, 결혼한 후에는 지아비를 따르며 늙은 후에는 아들을 따른다는 삼종지덕(三從之德)'이 가장 대표적이다. 이러한 도덕적인 관념은 여성이 결혼 이전에는 아버지를, 결혼 후에는 지아비를, 그리고 남편이 죽은 후에는 아들에게 복종할 것을 요구하였다.

'종일이종(從一而終)': 전통적 여성관

중국의 전통적 도덕 관념은 여성들에게 이른바 한 사람을 죽을 때까지 따른다는 '종일이종(從一而終)'을 요구하기도 했다. 이것은 다름 아닌 여인은 일생에 단 한 번 한 사람과 결혼할 수 있을 뿐이어서 남편이 죽고 난 후 그 부인이 다시는 결혼을 하지 않는다면 사회로부터 많은 존경과 찬사를 받았고, 다시 결혼하여 정절을 잃었다면 많은 사람으로부터 멸시를 받았다. 전통적으로 "굶어 죽는 것은 작은 일이고 정조를 잃어버리는 것은 매우 큰 일(餓死事极小, 失节事极大)"이라며 여성의 정절을 강조하였고, 여성에게는 "닭에게 시집가면 닭을 쫓아가고, 개에게 시집가면 개를 따라간다(嫁鸡随鸡, 嫁狗随狗)"라며 출가 후 지아비를 따라가야 함을 요구했기 때문이다.

남성은 또한 처를 버릴 수도 있었고 한 번에 여러 명의 처를 거느릴 수도 있었지만, 여성은 위에서 설명한 바와 같이 남편과 이혼할 수가 없었다. 그래서 "한번 시집가면 그 집의 귀신이 되어야 한다."라는 말도 나옴직 한다. 이렇듯 중국의 여성은 오랫동안 사회의 각종 차별을 받아왔을 뿐 아니라 특별히 교육의 기회도 받지 못해 성장한 후에도 사회적으로 적당한 일을 찾지 못했고, 경제적으로 독립할 수 없었기 때문에 어쩔 수 없이 이러한 차별과 어려움 속에서도 그냥 꾹 참고 살아와야만 했다.

그러나 중국은 20세기 초반 서구의 영향을 받아 사회가 조금씩 변화하기 시작하여 남녀평등, 부녀해방 등의 목소리가 높아지기 시작했다. 특별히 1949년 이후 중화인민공화국이 성립되면서 중국 여성의 정치와 사회적 지위가 제고되기 시작했다. 즉 불평등한 결혼제도를 폐지하였으며, 여성도 남성과 같이 교육을 받을 기회를 받았다. 정부는 또한 여성의 노동참여를 적극적으로 권장하여 오늘날 도시에 사는 대부분 여성이 정식 일자리를 갖고 있으며 수입도 남성과 거의 비슷하게 받게 되었다.

2. 전통적인 중국의 여성상과 지위

1) 전통 중국 여성의 네 가지 덕목

중국의 이상적인 여성이란 빗자루를 들고 방을 깨끗하게 청소하는 부녀자다. 중국의 '부(婦)'라는 글자는 원래 여성이라는 의미의 '여(女)'와 빗자루라는 의미의 '추(帚)'로 구성되어 있다. 고대 중국인은 여성을 방의 주인, 즉 부엌의 주인이라 불렀다. 또한, 이른바 '남자는 바깥 일을 돌보며 여자는 집안 일을 돌본다(男主外, 女主內)'라는 관념 속에서 명확히 남자와 여자의 역할을 규정해왔다. 좀 더 구체적으로 살펴보면, 중국인의 여성상은 상술한 바와 같이 고대로부터 내려온 '세 가지 순종(三從)'과 '네 가지 덕목(四德)'으로 개괄할 수 있다. '네 가지 덕목'이란 무엇인가?

첫째, 부녀자의 품행(女德)이다.

부녀자의 품행이란 특별한 재능이나 지혜를 요구하는 것이 아니다.

그러나 공손하고 낯을 가리며 정성스럽고 쾌활해야 한다. 아울러 순결하고 순종적이며, 정결한 품행과 완전무결한 행동거지를 말한다.

둘째, 부녀자의 말씨(女言)이다.

이는 웅변조의 구변이나 재주 넘치는 입담을 요구하는 것이 아니다. 단어를 조심스럽게 사용하고 조잡한 언어를 구사하지 않아야 한다. 아울러 언제 말을 하고 언제 말을 멈춰야 하는지 알아야 한다.

셋째, 부녀자의 용모(女容)이다.

부녀자의 용모란 아주 예쁘거나 아름다운 용모를 요구하는 것이 아니다. 그러나 매무시를 단정하게 하여 타인에게 흠 잡히지 않도록 해야 한다.

넷째, 부녀자의 일(女工)이다.

전문적인 기능을 요구하는 것이 아니다. 부지런히 전심전력으로 직물을 짜야 하며 웃으면서 시간을 낭비하지 않는 것이다. 부엌일을 잘하려면 주방을 깨끗이 정돈하고 몸에 좋은 음식을 준비해야 한다. 또한, 중국에서 이상적 부녀자가 지녀야 할 도리 가운데 '세 가지 순종(三從)'이란 무엇인가? '세 가지 순종'은 사심 없이 희생하여 아버지를 위해 살며(在家從父), 결혼 후 그녀의 남편을 위해 살고(出家從夫), 과부가 되었을 때는 자식을 위해 산다(夫死從子)는 것이다.

이처럼 중국 부녀자의 중요한 목표는 그녀 자신이나 사회를 위해 사는 것이 아니다. 성직자가 되어 세상에 선행을 베풀기 위해 사는 것도 아니다. 무슨 개혁자나 여성 단체의 의장이 되는 것도 아니다. 중국 부녀자의 중요한 목표는 좋은 딸로, 좋은 아내로, 좋은 엄마로 사는 데 있다.

2) 중국의 이상적인 여성상

중국어로 '유(幽)'라는 글자는 '고요하고 부끄러워하며 신비하고 오묘한 것'을 의미한다. '한(閑)'이라는 글자는 '편안함과 유유함'을 의미한다. 중국어의 유는 'modest(겸손함, 단정함, 순박하고 부끄러워함)'와 그 의미가 비슷한데, 즉 낯을 가리고 수줍어 어쩔 줄 모르는 특징이 여성의 본질적인 특성이라 할 수 있다.

이러한 특징을 발전시킬수록 여성은 더욱 여성스러워지고, 더욱 완전하고 이상적인 여성이 된다. 반대로 이러한 특징을 상실하게 되면, 여성은 자신의 여성스러움과 더불어 순박한 향기마저 잃게 된다. 따라서 중국 여성의 이상적인 형상에서 유의 특징은 중국 여성에게 공공장소에서 얼굴을 드러내는 일을 체통이 서지 않는 것이고, 그렇게 하지 않아야 한다는 것을 본능적으로 느끼게 했다.

시경 속 중국의 전통적 여성상

『시경』 가운데 가장 오래된 사랑 노래가 등장하는데, 이 시에서 중국인의 이상적인 여성상을 다음과 같이 묘사하고 있다.

꾸우꾸우 물수리가 강가에서 울고 있네. 마음이 곱고 용모가 아리따운 아가씨는 군자가 좋아하는 배필일세.[1]

'요조(窈窕)'가 바로 '유한(幽閑)'과 같은 뜻이다. '요(窈)'는 글자 그대로 고요하고 온유하며 수줍어한다는 뜻이며, '조(窕)'는 매력적이고 명랑하다는 의미를 내포한다. 숙녀는 순결하고 정결한 아가씨나 여성을 나타낸다. 이처럼 중국에서 가장 오래된 사랑 노래에서 이상적 여성의 세

1　"關關雎鳩, 在河之洲. 窈窕淑女, 君子好逑."(『詩經·關雎』)

가지 본질을 발견할 수 있다. 첫째는 그윽한 사랑, 둘째는 부끄러워 수줍
어하며, 형언할 수 없는 우아함과 매력, 셋째는 순결 혹은 정결이다.
요컨대 참되고 진실한 중국 여성은 정결하며 수줍어 부끄러워하면서도
염치가 있고, 쾌활하면서도 매혹적이며 공손하면서도 우아하다. 이런
특징을 지닌 여성이어야만 중국의 이상적인 여성상과 진정한 중국 여성
에 합치될 수 있다.

이와 함께『시경(詩經)·석인(碩人)』에서 중국의 전통적인 여인의 이
상형을 구체적으로 언급하고 있다.

> 손은 부드러운 띠 싹과 같고 피부는 엉긴 기름과 같으며
> 목은 나무굼벵이 같고 치아는 표주박 씨 같으며
> 씽씽 매미의 이마에 나방 눈썹을 가졌고
> 방긋 웃으면 예쁜 보조개가 드러나며 눈자위가 뚜렷한 예쁜 눈을 가졌
> 다네.[2]

즉, 손은 길고 유연하며 희고 깨끗해야 하며, 피부는 희고 매끈해야
하며, 목은 온화하고 부드럽고 가늘어야 하며, 이는 박속 모양처럼 결백
해야 한다. 또한, 이마는 편편하게 넓어야 하며, 눈썹은 누에나방의 눈썹
처럼 아름다워야 하며, 웃으면 입 가장자리에 웃음이 고이고, 눈매는
차분히 가라앉아 있어야 한다. 비록 2천여 년 전에 기록된 미인의 조건이
지만 오늘날에도 적용될 수 있는 것이라 할 수 있다.

3) 중국 전통여성의 지위

중국 최초 시가집『시경(詩經)·소아(小雅)·사간(斯干)』에서 이르길,

---

2 "手如柔荑, 肤如凝脂. 领如蝤蛴, 齿如瓠犀. 螓首蛾眉, 巧笑倩兮, 美目盼兮."

> 사내를 낳으면 침상에 재우고 옷을 입히고 그 손에 홀을 쥔다.
> 그 울음조차 우렁차서 붉은 슬갑에 번쩍거리는 왕가의 기둥 되려니.
> 딸을 낳으면 맨땅에 재우고 포대기로 싸서 그 손에 실패를 들린다.
> 할 일이 무에 있겠나? 술 담고 밥 지으면 그만인걸, 어버이 걱정
> 않게.[3]

　철기시대와 더불어 농경시대가 열리면서 크건 작건 정부라는 것이
생기고 정치와 경제가 인간 생활의 주요한 부분이 되자 힘과 돈이 지배
의 결정적 요소가 되었다. 남자들이 힘과 돈을 손아귀에 쥐면서 여성에
게는 남자의 사랑이 유일한 무기가 되었다. 그로부터 여성은 현모양처로
미화되곤 했지만, 전혀 힘과 돈을 쥘 수 없었다. 남성들은 축첩을 허용하
고 기원을 보호하는 등 그들에게 편리한 제도를 마련했다.

(1) 중국의 혼인제도 : '육례(六禮)'

　과거 중국의 젊은 남녀들은 유가 사상의 영향으로 자유롭게 연애
를 할 기회나 권리가 없었다. 혼례 절차와 관련해서 일찍이 주나라 때
부터 '육례(六禮)'라는 것이 존재했는데, 육례는 신중국 건국 이전까지
중국의 젊은 남녀들이 결혼하기 위해 반드시 지키고 거쳐야 할 과정과
절차를 의미한다. 이러한 전통 혼례는 송나라 때 주자에 의해 간소화
되기 시작하였고, 신중국 건국 이후 중국 정부가 결혼식 간소화를 제
창하였다.

3　"乃生男子, 載寢之牀, 載衣之裳, 載弄之璋. 其泣喤喤, 朱芾斯皇, 室家君王, 乃生女子,
　　載寢之地, 載衣之裼, 載弄之瓦. 無非無儀, 唯酒食是議. 無父母貽罹."

신중국 건국 전후의 결혼관련 법령 및 조건

건국 이전	건국 이후
신분 차별 엄격 남녀불평등 사회구조 겁탈혼, 매매혼, 납첩, 강제결혼 일부다처제 결혼연령 : 남자 20세, 여자 18세	혼인법 공포 봉건주의 혼인제도 폐지 남녀 혼인의 자유 보장 일부일처, 신민주주의 혼인제도 결혼연령 : 남자 22세, 여자 20세

　　중국에서 합법적인 혼인이 성립하기 위해서는 '**여섯 가지 예(六禮)**'
를 이행해야 한다. **첫째는** '**납채(納彩)**'로 신부 측에서 중매인을 통해
신랑 측의 혼인 의사를 받아들임으로써 이루어진다. 납채의 채는 '채택
하다'라는 뜻이므로 납채란 채택함을 받아들인다는 뜻인데, 오늘날의
약혼과 비슷하다. 이것에서 비롯되어 풍속이 된 것은 돈 주고 '여자 사
오기'이다. 신랑 집이 여자의 노동력을 뺏어 오기 때문에 그 대가를 지급
해야 한다는 논리이다. 여자의 외모, 나이, 건강 등의 여러 조건과 남자
의 조건도 고려되어 신부의 값이 매겨진다. **둘째는** '**문명(問名)**'으로 신
랑 측에서 신부 어머니의 성명을 묻는 절차이다. 이는 신부 외가 쪽의
가계나 전통을 알기 위함인데, 이를 통해 약혼을 정식으로 제의하는
것이다. **셋째는** '**정기(定期)**'로 신랑 측에서 신부 측에 혼인 날짜를 정해
달라고 요구하는 것을 말한다. **넷째는** '**영친(迎親)**'으로 신랑이 직접 신
붓집에 가서 신부를 맞이하는 것으로, 오늘날의 결혼예식에 해당한다.
다섯째는 '**전안(奠雁)**'으로 기러기에 술을 뿌리는 것이다. 이는 부부가
될 것을 굳게 약속하는 것으로 이처럼 하는 까닭은 기러기가 배우자
간의 사랑에 가장 충실한 조류이기 때문이다. **여섯째는** '**조견(廟見)**'으
로 사당을 참배하는 것'이다. 여섯 가지 가운데 뒤의 두 가지 예가 가장
중요하다고 한다.

(2) 영혼이 없는 것이 아닌 자아가 없음(無我) : 중국의 첩 제도

중국 여성의 지위가 너무 낮아 영혼이 없다고 말하고 있다. 그러나 정확히 말하자면 중국의 부녀자는 자아를 지니지 않는다고 여겨왔는데, 그것은 중국의 첩 제도때문이다. 중국의 첩 제도는 일반적으로 상상하듯 부도덕한 풍습이 아니라 먼저 알아야 할 것은 중국 부녀자들에게는 사심과 자아가 없다는 점이다. 이것이 중국의 상황에서 첩을 들이는 것을 가능하게 할 뿐만 아니라 결코 비도덕적인 것으로 보게 하지도 않는다. 중국의 첩 제도는 부인을 많이 둔다는 의미가 아니다. 남자는 한 명의 부인만 거느리는 것이 중국의 법도였기 때문이다.

그러나 남자는 자신이 원하면 첩이나 하녀를 여럿 들일 수 있다. 중국의 이상적인 여성은 남자가 평생토록 자신을 감싸 안고 존경해 주길 바라지 않는다. 여성들은 순수하고 사심 없이 남편을 위해 살아가려 한다. 그래서 그녀의 남편이 병이 났거나 극도로 피로해 손잡이와 눈요기가 필요하며 건강을 회복하여 생활과 일에 적응해야 할 때, '자아가 없는' 아내는 남편에게 모든 것을 가져다준다. 중국의 아내는 무아심(無我心)과 책임감 그리고 희생정신을 지니고 있기에, 남편이 하녀나 첩을 받아들일 수 있도록 허용한다.

4) 전족에 대하여

전족이란 성적 매력 증대, 그리고 '강혼(搶婚)'에서 비롯된 습속으로 민국(民國) 시기까지 천 수백 년 동안 중국 여성들의 발을 친친 동여매어 어린아이 손바닥만 하게 옥죄어놓는 괴상하고도 병적인 악습을 말한다. 린위탕(林語堂)은 「내 나라 내 겨레」에서 "전족은 여성을 압박하는 상징일 뿐 아니라 남성, 특히 황음무치(荒淫無恥)한 군주들이 궁녀들의 성적 매력을 높이고 매력적인 걸음걸이를 만들기 위해 서양 사람들이 소녀에게 하이힐을 신기듯 전족이라는 억제를 통해 볼기 부위와 치부의 근육을 발달시키려는 책략"이라고 했다.

고대 중국의 무희들은 '뾰족한 신발'인 이사(利躧)를 신고 춤을 추었다고 한다. 이는 발꿈치를 들어 올린 채 발끝으로 춤을 추는 프랑스의 발레나 하이힐의 기원이 된 르네상스 시대의 초판(Chopin)의 형태와 유사하다. 이렇게 작고 코가 뾰족한 신발과 그 안에 숨겨진 작은 발은 남성들의 미감을 만족시켰고 여성의 발에 대해서 '작은 것이 아름답다'라는 관념이 생겨나자 자연히 발을 작게 만들고자 수단을 마련하는 사람들이 나타나게 되었다. 천으로 두 발을 졸라매는 수법은 분명히 발을 강제로 가냘프고 작게 하는 지름길이었다.

(1) 중국 역사에 나타난 미인의 유형 : 연보소말(蓮步小襪)

중국 역사에 나타난 미인의 유형은 크게 두 가지로 구별된다. 하나는 한나라 성황제가 사랑했던 조비연(趙飛燕)과 같은 '날씬한 형'이고 다른 한 형태는 당나라 현종의 로맨스에서 가장 중요한 자리를 차지하고 있던 양귀비(楊貴妃)와 같은 '풍만한 형'이다. 이 두 여인을 놓고 말하면 서로 다른 두 가지 형태의 바디 이미지를 보이지만 그녀들이 가진 하나의 공통된 특징이라면 그녀들 모두 작은 발을 갖고 있었다는 것이었다.

양귀비의 발은 3촌밖에 되지 않았던 것으로 유명한데 전족을 했을 가능성도 있다. 안정된 농경사회의 타성이 작고 섬세하고 유약한 것을 숭상하는 문화를 발전시키고 여성에 대해서도 섬세하고 병약한 아름다움을 강요하는 현상을 나았다고 할 수 있겠다. 이렇듯 미인이란 발을 최대한 작게 해야 성적인 매력을 풍긴다고 보았다. 그래서 중국 미인의 10대 조건에는 여인의 아장거리는 걸음이라는 뜻의 '연보소말(蓮步小襪)'이라는 조건이 있는데, 그것은 바로 전족을 말한 것이었다.

(2) 전족의 기원

전족이 언제 생겨나고 왜 생겼는지는 다양한 의견과 논리가 따른다. 하지만 전족의 관습에 대해 기원은 아직도 정확히 밝혀지지 않고 있다. 어떤 사람은 오대(五代: A.D.907~959)의 요낭(窈娘)에서 시작되었다고 말하고 어떤 이는 당대(唐代: A.D.618~907)부터 나타났다고 한다. 또 혹자는 남조(南朝)인 제(齊: A.D.479~502)나라 반귀비(潘貴妃)의 발걸음마다 연꽃이 피어난 데서 비롯되었다고 주장하기도 한다. 더 나아가 어떤 사람은 하(夏: B.C.2100~B.C.1600년대) 나라의 도산씨(塗山氏)와 상대(商代: B.C.1600~B.C.1100년대)의 달기(妲己)가 전족이었다고도 한다.

전설에 의하면 달기(妲己)는 여우였다고 한다. 그녀는 몸의 모든 부분을 인간처럼 쉽게 변신할 수 있는데 발은 쉽게 변할 수가 없자 궁여지책으로 자신의 발을 비단 조각으로 꽁꽁 싸매고서는 다른 궁녀들에게도 발을 싸매고 있도록 명령을 한 것이 유행으로 자리 잡게 되었다고도 전해지며 일설에는 호족과 구별하기 위해서라고도 전해진다.

첫째, 당대(唐代) : '젠토우세(尖頭鞋)'

당대 천보 말년에 앞코가 가늘고 긴 신발을 신는 것이 유행하였는데, 이 신발의 모양으로 추측해 보건대, 아마도 발의 모양이 작고 뾰족하여야 신을 수 있었으며, 당대 문물 가운데 많은 인형의 발 모양도 이와 같았다. 특이한 것은 남자 인형도 이러한 발 모양과 비슷한 궁형을 하고 있었고 여자 인형은 작고 뾰족한 신발을 신고 통이 좁은 옷을 입고 있었다. 그래서 당대에 이미 전족의 풍습이 있었으며 남녀 모두 이를 따랐다.

둘째, 오대(五代)

통설로는 10세기 때의 시인으로 유명한 이욱(李煜)이 궁녀 예낭의 발을 비단으로 싸서 황금의 연꽃 대좌에서 춤을 추게 한 것이 그 시초라고 전해지고 있으나 당나라 말기 때라는 설도 있고 북송 때라는 설도 있다. 또한, 11세기에 선천적으로 내반족(內反足)이었던 황후가 모든 궁중 여성들에게 자신의 발 모양에 따르도록 하는 포고령을 내린 것에서부터 비롯되었다고 하기도 한다.

이렇듯 전족의 관습에 대해서는 여러 가지 설이 있으나 보편적인 전족이 처음 나온 것으로 알려진 것은 960년대 유명한 풍류가이자 문학가이기도 했던 남당의 황제 후주 이욱의 조정에서였다. 후주는 6척 높이의 금연(金蓮)을 만들어 온갖 보화로 장식한 후 후궁인 요랑에게 비단으로 발을 졸라매고 그 안에서 춤을 추게 했다. 이때의 풍경이 인상적이어서 당시의 후궁과 무희들이 다투어 이를 모방하여 전족이 생겨났다는 것이다.

셋째, 송대(宋代)·원대(元代)

송대에는 많은 명문가의 규수들이 전족의 풍습을 따라 그 수가 증가하였고, 남송 이후 그 풍습은 더욱 성행하여 전족하지 않은 여자를 찾아보기 어려웠다.

원대(元代)에는 북방 또한 남방 한족의 영향을 받아 점차 전족의 풍습이 유행하였고, 원대 문학의 대표인 산골짜기에서 전족한 여인의 발을 '금련'이라 묘사하며 찬양하였다.

전족을 금련이라고 부르는 데는 유례가 있다. 남북조시대 제나라의 동혼홍이라는 황제는 정사는 돌보지 않고 날마다 주색으로 지냈다. 그에게는 반비라는 총애하는 비가 있었는데 민간에서 수탈한 금을 연꽃으로 만들어 궁의 뜰에 깔아놓고는 그 위에서 춤을 추게 하였다. 발걸음마다 금으로 된 연꽃이 나왔다. 그래서 그녀의 걸음을 금련보라고 했다. 이때부터 여인의 발은 정욕 또는 구애를 상징하게 되었다.

넷째, 명(明)·청(淸)대

　명대의 전족은 시녀화나 궁궐연회 그림, 소설 등에서 많이 볼 수 있었는데 남자는 책을 많이 읽은 것으로, 여자는 전족했느냐 하는 것으로 사회의 존비귀천의 기준으로 삼았을 정도이다. 청대에 들어와 이러한 풍습은 민간에까지 파급되어 어떤 사람이건 배우자를 선택하는 데 있어서 "부인의 발이 크면 수치스럽고, 발이 작으면 자랑스러웠다(婦人脚大爲恥, 脚小爲榮)"라는 말을 기준으로 삼았다. 청말 익양의 소도시인 도화강 일대 여성들도 미모로 이름이 날렸는데 그 이유도 이곳의 여인들이 전족으로 저명한 덕택이었다. 또한, 옛날에는 이른바 "천하의 미녀들은 양주에서 나온다."라는 속담이 있었다. 여기서 말하는 양주 미인들의 '아름다움'이란 얼굴에 있는 것도 몸매에 있는 것도 아니고 바로 전족의 특징으로 당시 사람들에게 칭송을 받았다.

　금련을 완성한 여성은 발이 체중을 지탱하지 못하고 옷의 무게도 견디지 못할 정도로 허약해졌다. 그녀들은 오직 하늘하늘 가냘프게 걷고 행동도 바람에 나는 가느다란 버들가지 같았다. 전족 풍속이 생겨난 뒤로 시대가 지날수록 점점 극심해져 전국적으로 만연하고 오랫동안 쇠퇴하지 않은 이유는 당시 사회적인 심미관과 더욱 깊은 관련을 맺고 있었기 때문이다. 금병매의 주인공 반금련도 어릴 적부터 전족했는데 얼마나 아름다웠던지 이름까지 금련으로 바꾸었다고 한다. 서문경이 그녀의 발을 보고 마음이 동한 것은 물론이다. 반금련의 의중을 알 수가 없어 안타까워하는 서문경에 중매쟁이 왕파는 이렇게 말했다.

　　식사할 때 일부러 젓가락을 떨어뜨려 줍는 척하시오. 그때 모르는 척하고 그녀의 전족을 살짝 만져 보시오. 만약 소리를 지르면 만사가 끝장이고 미소를 지으면 일은 성사되는 것이니까.

과연 왕파의 제안은 적중했다. 반금련은 서문경의 작업에 미소로 대했다. 우리나라에도 상영된 적이 있는 '붉은 수수밭'이라는 영화가 있다. 주인공 구월이가 시집을 갈 때 가마꾼 하나가 가마 밖으로 살짝 나와 있는 그녀의 발을 꼭 만지면서 집어넣어 주는 장면이 있다. 물론 두 사람은 나중에 결혼하게 된다. 중국에서 특히 여인이 맨발을 보인다는 것은 몸을 허락하는 것으로 보았다. 미인의 10대 조건에 보이는 '소말(小襪)'이 그것이다. 이러한 전족의 풍습은 청말 서구 열강이 중국을 침략하여 문호를 개방하게 하고 난 후에야 비로소 점차 사라지게 되었다.

(3) 전족하는 이유

첫째, 심미관

고대인들이 발을 싸는 것은 지금의 다이어트와도 같은 것으로 일종의 유행이며 미의 상징이라 할 수 있다. 전족의 풍습이 형성된 후 가냘프고 약해 보이는 소녀는 남자들의 애틋한 사랑의 대상이 되었고, 발이 작아 걸을 때, 마치 오리 엉덩이처럼 심하게 흔들며 넘어질 듯 걸어가는 여인네의 뒷모습을 통해 남자들은 나름의 묘한 성적 매력을 느꼈을 것이다.

둘째, 사회 지위의 상징

당시 사회의 많은 사람은 발을 싸는 것은 곧 부와 권세, 그리고 지위의 상징이라고 여겼다. 왜냐하면, 일단 전족을 하게 되면 혼자서 걷기에도 힘들었기 때문에 반드시 하녀의 도움이 있어야 겨우 몇 발짝을 옮길 수 있었다. 이러니 일반 평민들은 이렇게 전족을 한 채 가사노동이며 많은 일을 할 수 없었기 때문에 전족은 당연히 귀족들의 전유물이 되었다. 이렇게 되니 집집마다 좋은 사람에게 시집보내기 위해 전족을 했으며 전족의 풍습을 조장하게 되었다.

셋째, 사회의 규범

중국은 도덕을 지표로 하는 사회이기 때문에 여성들에게 정절을 지키도록 요구하며, 여성은 집안에 남성은 집 밖의 일을 책임진다. 전족하여 행동이 불편하면 많은 제약을 받게 되고 오로지 남자에 의지한 채 어떠한 고통과 멸시를 당해도 아무 소리 하지 않고 부드럽고 온유하게 남자들의 권위가 흔들리지 않게 하는 데 많은 도움이 된다. 또한, 예부터 전해 내려오는 '강혼(搶婚)' 풍습으로 인해 여자가 도망가는 것을 미리 방지할 수 있다고 생각한다.

여자의 발이 좁고 작다는 것은 고귀하다는 상징이며, 발이 작다는 것은 성기도 멋지다는 특징을 간접적으로 표현하는 그것으로 생각했다. 또 보행에 보통 이상으로 노력하지 않으면 안 되었기 때문에 허리 부분이 단련되고 강철 같은 힘을 키워주었다. 하지만 자연 상태의 발은 미인의 조건을 충족시켜주지 못하므로 인위적으로 작게 할 수밖에 없었다. 즉 여아가 태어나면 3, 4세가 될 때를 기다려 천이나 가죽으로 발을 감싸는 일을 시작하였다. 결국, 발은 더 성장하지 못하게 되는 것이다.

발이 작으면 우선 걸음걸이부터 달라진다. 마치 오리처럼 엉덩이를 심하게 흔들게 되고 이를 본 남자들은 성적 매력을 느꼈다. 그뿐만 아니라 여성 자신은 이로 인해 특정 부위의 근육이 발달한다고 한다. 하지만 재롱을 부려야 할 나이에 그것은 엄청난 고통을 안겨주었다. 여자라는 이유만으로 아무도 이것을 회피하거나 거절할 수 없었다. 그것은 하나의 숙명이었다.

3. '빤볜티엔(半邊天)' : 세상의 반은 여자

중국 역사에서 남녀가 처음으로 동등한 사회적 지위를 보장받았던 시기는 아마도 태평천국(太平天國, 1851~1864)[4] 때부터 이다. 그들은 전통적인 남존여비를 파타하여 남녀평등을 실현하려 하였다. 남녀 모두 군대에 입대시켰고, 생산활동에 종사시켰으며, 이를 위하여 오랫동안 지속해 왔던 여성의 전족을 폐지하였다.

마오쩌둥의 신중국

본격적으로 남녀의 동동한 지위를 보장하려던 시대는 마오쩌둥이 영도한 공산당의 혁명이 시작된 때부터일 것이다. 신중국 건국 이후 좀 더 살기 좋은 나라를 만들려고 있는 가운데 혁명과업을 보다 원활하게 수행하기 위해 여성의 역할을 강조하게 되었고, 이는 자연스럽게 여성의 지위를 향상하는 결과를 가져왔다. 이를 위해 중국 정부는 다방면에 걸친 여러 조처하며, 남녀평등을 기본으로 한 정책을 구체화하고 있다. 그동안 여성 노동의 사회화와 동일노동 동일임금을 철저히 실현함으로써 '남존여비(男尊女卑)'라는 전통적인 폐단을 종식하고 남녀평등을 추구하고자 하였다.

1982년부터 추진된 경제체제개혁으로 공유제 원칙에 따라 사유제를 일부 인정하고 가정을 새롭게 경제, 사회 단위로 복귀시키면서 선거권 획득, 생산활동 참여, 문맹 퇴치, 혼인법 실시, 그리고 매춘 금지라는 역사적인 조치들을 통하여 정치, 경제, 사회, 문화 분야에 걸쳐 중국 여성은 많은 변화를 경험하고 있다.

---

4 청나라 말기 홍수전(홍수전)과 농민반란군이 세워 14년간 존속한 국가이다. 홍수전은 하늘의 주재자인 상제(上帝)를 그리스도교의 여호와와 같은 위치에 놓고, 모세와 그리스도가 여호와로부터 구세의 명령을 받았듯이 온갖 악마의 유혹으로 타락의 극에 달한 중국을 구제하라는 명령을 상제로부터 받았다고 주장하였다.

1) 여성해방과 남녀평등

중국의 국가에는 "일어나라. 우리의 피와 살로 우리의 장성을 축조하자(起来, 把我们的血肉筑成我们的长城)"이라는 구절이 있다. 그동안 중국을 압박했던 봉건세력 및 자본계급에 대한 전면적인 저항과 투쟁을 선포했는데 그 안에 여성해방을 강력하게 암시했다. 이후 여성해방을 위한 결정적인 계기가 있었다.

첫째, 1949년 중화인민공화국 선포

상술한 바와 같이 전통적으로 중국 여성은 이른바 '삼종지도(三從之道)'와 정절을 목숨보다 귀하게 여기는 유가 이데올로기의 영향을 받아 육아와 가사노동의 일차적인 책임자로서 생산적인 노동에 참여하는 것이 그다지 주목받지 못한 채 전족, 매매혼, 축첩 등의 봉건적 관습에 의해 억압당해 왔다. 이렇듯 수천 년 동안 지속해 온 남존여비 사상은 1911년 신해혁명 이후 서양의 신문물, 신사상이 유입되면서 점차 변화되기 시작했다.

사회주의 평등사상 : 부녀해방

공산당은 처음부터 "부녀해방"을 주장했다. 항일전쟁, 해방전쟁을 거치고, 특히 사회주의 중국이 세워진 후 문화대혁명 동안에 여성 압박이라는 전통문화에 대한 비판이 맹렬했다. "하늘의 반은 여자가 지탱한다."라는 모택동의 말에 중국 여자들은 큰 용기를 얻었다. 당시 젊은 사람들, 즉 우리 어머니 세대는 여성스러움을 부끄럽게 생각하고, 남자들과 똑같이 군복을 입고, 똑같이 고된 노동에 종사한다는 사실을 자랑스럽게 여길 정도였다.

사회주의 혁명의 성공을 위해 주장했던 '인민 평등'이란 구호가 자연스럽게 남녀평등의 개념으로 자리 잡기 시작했다. 그러다가 여성의 지위

가 어느 정도 성과를 나타내기 시작한 것은 중국 사회주의 정부가 '공동
강령'을 발표하여 남녀의 평등한 권리를 선언하고 혼인의 자주권을 법적
으로 보장한 이후부터다.

그 이듬해인 1950년에 발표한 '중화인민공화국 혼인법'은 여자들을
봉건적 족쇄로부터 해방하는 획기적인 조치였다. 이 법은 본인의 동의가
없이 부모가 독단적으로 결정하는 강제혼인과 남존여비 사상에 기초한
모든 봉건적 관습과 제도를 법적으로 금지하고 혼인과 이혼의 자유를
선포하고, 일부일처제, 남녀평등과 여성의 정당한 권리를 보장하고 있다.

둘째, 대약진운동시기

1958년 중국의 당면한 과제는 경기침체를 타개하고 중국에 부합하
는 새로운 사회주의 경제모델을 개발하여 급속한 경제발전을 이루는
것이었다. 모택동은 농, 공업 분야의 침체 일소와 비약적인 발전을 목표
로 한 2차 5개년 계획을 수립하고 이를 추진하기 위하여 대약진운동을
전개하였다.

이때 토지개혁이 진행됨에 따라 여태까지 토지를 소유하지 못했던
농민이 남녀를 불문하고 모두가 균등하게 토지를 소유할 수 있게 되었
다. 이에 따라 방대한 노동력이 조직화하여 농촌 지역에서는 '농촌 인민
공사'가 조직되었고 농촌의 집체화를 통한 '정사합일(政社合一)' 체제가
확립되었다. 이를 위해 모든 인민이 노동에 동원될 때 여성도 그 노동력
을 바쳐 남성과의 평등을 쟁취했다.

셋째, 문화대혁명시기

건국 초기에 마오쩌둥은 가족계획을 통한 인구정책에 반대했다. 그
러다가 문화대혁명을 일으키고 나서야 인구를 억제하는 것이 부강의
길임을 알게 되었다. 그러니까 여성해방은 국가 정책의 착오와 노동력의

수급, 봉건 잔재의 타도, 경제적 독립 등과 같은 난제 속에서 뿌리내렸다
고 볼 수 있다.

1966년 문화대혁명과 함께 시작된 봉건 요소 척결 투쟁에서는 남성
과 어깨를 나란히 겨루게 되었다. 이 기간에는 사회주의 도덕 관념을
더욱 강조하고, 성차별은 인간의 태도와 신념이 변화되어야만 천천히
제거될 수 있는 보편적인 현상임이 인정되어 여성의 지위 향상을 위해
여성 정책을 분리해서 취급하기보다는 사회주의 혁명운동의 일부로서
합류시키고, 성차별을 평가하거나 제거하기 위한 문제에 전혀 관심이
없었다.

다만 문화대혁명으로 경제가 마비되고 생산 수준이 저하되자 중국
여성이 방대한 노동 잠재력으로 노동에 종사하는 능력에 있어서 남성과
차이를 두지 않았을 뿐이다.

넷째, 개혁 개방 이후

1978년 이후 경제개혁이 시작됨에 따라 단위 기업들도 인사권을 회
복하게 되었을 뿐 아니라 이윤과 손해를 스스로 책임지도록 하였으며,
사기업도 허용하기에 이르렀다. 이러한 정책에 따라 도시 여성의 취업
기회가 늘어나게 되었고, 또 시장원리가 도입되면서 급속한 물가상승이
일어나게 되자 부녀자의 취업수요가 크게 증대되었다.

2) 남녀평등을 위한 제도적 보장

지금 중국은 폐쇄적인 사회 정책에서 벗어나 개혁과 개방의 길로
나아가고 있다. 1990년 전국 인구조사 통계에 따르면 중국의 30여 개의
성, 시, 자치구 중에서 여성 인구가 차지하는 비중이 48%에 이르고 있
다. 사실 거의 절반이라고 해도 과언이 아니다. 이후 중국 여성의 지위는
지속해서 높아가고 있다.

법률, 경제, 정치, 교육 분야뿐 아니라 가정에서도 남녀가 평등하다. 물론 그것은 1949년 중화인민공화국이 건설되면서 보장받은 것이다. 헌법을 비롯하여 혼인법, 노동법, 상속법, 민법, 형법, 형사소송법 등 기본법과 각종 행정법규와 조항에서 모두 여성의 권익을 명확히 규정한 데다 여성 권익의 보장과 남녀평등을 위하여 따로 '중화인민공화국 여성 권익보장법(1992)', '중화인민공화국 모자보건법(1994)' 등의 특례법을 제정, 공포하였다. 나아가 2002년 9월1일에는 '1가구 1자녀'를 공식 입법하였다.

1980년에 유엔에서 통과된 '여성에 대한 모든 형식적인 멸시를 없애는 공약'에 서명하였으며 공약에 따라 집행하고 있다. 1992년 4월에 중국은 또한 '중화인민공화국 여성권리와 이익 보장법'을 통과하여 여성들이 정치, 문화, 교육, 노동, 재산, 임신, 혼인, 가정 등의 방면에 남자와 동등한 권리를 보장받고 이를 실시하기 위하여 중앙에서부터 성, 시에 이르기까지 여성과 어린이를 위한 단체를 설치해 놓고 여성과 어린이의 문제에 관한 조사 연구가 진행되고 있다.

3) 여성의 정치 활동 증가와 교육기회의 향상

중국은 봉건 통치제도를 시행한 2천 년의 역사를 가진 나라로서 종법 제도를 매우 중시하였다. 그러므로 종족의 대를 계승하는 일로 남성 중심으로 이루어졌고, 여성이 출가한 후에는 반드시 남편의 성씨를 따라야 했던 관계로 성씨도 남성의 특권으로 되어있었다. 그 후 종법 사회에서는 君(임금), 父(아버지), 夫(남편)의 이른바 '삼권(三權)'이 확립됨과 함께 가족에서 남권(男權)은 드디어 정치상의 남권으로 발전할 수 있었다.

이처럼 오랫동안 남성들이 모든 것을 주재하고 많은 여성의 정치적 권리가 거의 없다고 말할 수 있다. 그러나 신중국 건설 이후 여성이 정치에 참여하게 되면서 새로운 원동력이 되었다. 중국의 헌법과 기타 각종 법률, 법규에서 남녀가 동등한 정치적 권리를 누린다고 규정하고 있다. 통계에 따르면, 선거 시에 보통 선거 투표에 참여하는 여성이 총 여성 인구의 90% 이상이고, 현, 향 등 각급 인민대표 중에 여성들이 일반적으로 20% 이상이 된다는 결과가 나오고 있다.

　또한, 비록 정직이나 주관직은 적고 부직이나 차관직에 치중되고 있지만, 여성의 정치 참여도 괄목할 만하다. 중앙위원회의 위원과 후보 위원의 수가 계속 늘어나고 있는 가운데 제14차 중앙위원회에 참가한 여성 위원이 건국 초기의 제8차 때 보다 3배나 늘었다. 이러한 여성의 정치, 경제계 진출은 법률의 보호와 교육 혜택으로 이루어진 것이다.

　1912년 5·4 신문화 운동을 계기로 여성 또한 남성과 동등하게 교육을 받을 기회를 얻게 되었다. 당시만 하더라도 각 성에는 여자고등학교만이 있을 뿐이었으나, 북경 대학이 가장 먼저 여성 입학 금지를 철폐하고 대학의 문을 활짝 개방하게 되자 그 여파를 타고 전국 각 대학도 일제히 여성에게 배움의 문을 열어줄 수 있게 되었다. 그 결과 여성들도 학식과 재능을 겸비하여 남성과 어깨를 나란히 하며 직무를 수행할 수 있었고, 이에 상응하는 동등한 대우도 받게 되었다.

　이처럼 여성의 교육이 향상됨으로써 문맹을 퇴치하는 결정적인 계기를 가져다주었는데, 건국 당시 여자아이의 초등학교 취학률이 고작 20% 이었던 데 비해 1995년에는 98.1%로, 초중고대학의 재학생이 1951년 1260.8만 명이었던 것이 1995년에 9156.8만 명으로 증가했다.

4) 결혼 풍속도의 변화

　여성의 권리 정도를 재는 마지막 잣대는 역시 결혼에 이르는 과정에서 나타난다. 중국은 사회주의 건설과 함께 봉건제로 탈피하여 여성의

자주적인 결정을 권장했다. 1950년 5월 중국 정부는 「중화인민공화국혼
인법(中華人民共和國婚姻法)」을 공포하여 강요, 남존여비, 자녀 이익을
경시한 봉건주의 혼인제도의 철폐 등을 포괄하는 내용을 명문화하였다.
그리고 1980년 9월 제정되어 다음 해 1월부터 시행된 「신혼인법(新婚姻
法)」은 혼인 자유, 일부일처제, 남녀평등을 실행하기 위하여 매매혼과
혼인의 자유를 간섭하는 일체의 행위를 금지함은 물론, 혼인을 빙자하여
재물을 갈취하는 행위, 중혼(重婚)을 금지하였으며, 결혼은 반드시 남녀
쌍방의 자유의사에 존중하도록 했다.

그러나 이와 함께 이혼율이 급상승하면서 최근에는 여성의 이혼 제
청이 70%를 차지하고 있다. 한편 농촌 여성은 이혼율이 낮고 재혼율이
높지만, 도시 여성은 이혼율이 높으면서도 재혼하는 경우가 적은 것으로
나타나 여권의 상승에 따른 사회의 냉혈현상이 심해지고 있음을 알 수
있다.

5) 사회참여와 경제적 독립

남녀평등의 기본원칙 : '동공동수(同工同酬)'

남녀평등은 무엇보다 '동공동수(同工同酬)', 곧 노동과 보수를 남성과
동등하게 한다는 원칙에서 출발한다. 남성과의 동등한 보수를 위해 여성
의 노동 활동 또한 광범위하고 적극적이다. 50년대에는 중국의 여성
노동자가 213만 명으로 전체 노동자의 11.7%였다. 그러던 것이 1997년
에는 5,745만 명으로 늘어나 전체 노동자의 38.7%, 여성 취업인구의
44%를 점유함으로써 세계 평균치인 34.5%보다도 높다. 마침내 중국
여성들은 경제적 독립을 얻어 남편이나 다른 사람에 대한 의존에서 벗어
나고 있다. 경제적 자립이야말로 여성의 지위와 권리를 보장하는 열쇠라
고 할 수 있다.

이와 더불어 여성의 지위 제고에 큰 영향을 주는 것은 바로 '가사노동
으로부터의 해방'이다. 오늘날 중국 부부의 90%는 이른바 '맞벌이 부부
(雙職工)'이기 때문에 남편이 가사노동에 참여하는 것은 당연시되고 있
다. 여성이 부엌에서 해방되지 않는 한, 양성평등은 불가능하다. 여성이
사회 경제 활동을 하기 위해서는 가사노동과 육아를 남녀가 동등하게
분담해야 한다. 그래서 중국 부부들은 '남자는 사회, 여자는 가정'의
전통적 성별 역할 분담의 경계성을 이미 허물고 보편적으로 가사노동을
상호 분담한다. 부부가 가족 경제를 공동으로 책임지는 대신, 가사노동
도 공동 분담한다는 논리이다.

"나 기관지염(气管炎)에 걸렸어."

그래서 일반적으로 저녁에 학교로 아이를 데리러 가는 것은 아내의
몫이며, 그 사이 남편은 시장에 들러 찬거리를 사 오고 저녁준비를 한다.
저녁 설거지는 아내 몫이고, 그 사이 남편은 아이 공부를 돌봐주어야
한다. 혹 남편이 자신의 임무를 망각하고 TV를 보거나 딴짓을 했다가는
아내의 불호령이 떨어진다. 오죽했으면 남자들의 유행어 중에 "나 기관
지염(气管炎)에 걸렸어."라는 말이 있겠는가! 기관지염(气管炎)은 감기라
는 뜻이지만 여기서는 발음이 비슷한 "치관옌(妻管严)", 즉 '아내가 너무
엄하게 간섭한다.'라는 의미로 공처가를 말한다.

어디 이것뿐이겠는가! 손님이 집을 방문했을 때 아내와 장모님은
거실에서 손님과 차를 마시며 환담하고 남편은 얼른 부엌으로 들어가
식사를 준비한다. 저녁 무렵 큰 봉투 작은 봉투를 들고 다니는 남성을
어렵지 않게 볼 수 있는데, 대부분 퇴근길에 시장에 들러 장을 보거나
가사 일을 하는 것이 일상이 되었는데, 중국의 남성들은 직장에서는
돈을 벌고, 집에 돌아와서는 열심히 집안일을 해야 하는 고달픈 신세가
된 것이다.

여기서 특별히 언급할 것은 여성의 부엌으로부터의 해방은 그네들의 독특한 음식문화와도 깊은 관계가 있다. 외식문화와 함께 간편함을 주로 하는 식생활로 말미암아 여성이 비교적 쉽게 부엌일로부터 해방되었다고도 볼 수 있다. 그러나 여성의 경제적 독립 추세와 함께 이혼율이 폭증하면서 가정이 붕괴하는 현상이 두드러졌다. 그러자 최근에는 여성의 '가정복귀론(婦女重返家庭論)'이 심각하게 대두되고 있다.

4. 중국 여성의 경제적 지위 향상

쉬코노미(姐經濟, Sheconomy) 또는 여성경제라는 말은 2007년 중국 교육부가 공포한 신조어 171개 중의 하나로서 저명한 중국의 경제학자 스칭치(史淸琪) 교수가 제시한 경제학 용어이다. 그녀는 여성의 경제활동 참여가 많아지고 사회적 지위가 점차 높아짐에 따라 여성의 소비능력과 소비행태를 둘러싸고 특이한 경제권과 경제 현상이 형성되었다고 한다. 구체적으로 말하자면, 과거 경제적 능력을 갖춘 남성 위주로 소비시장이 형성되었던 것과 달리 지금은 여성의 사회참여가 늘어나고 지위 또한 부단히 높아져 소득 수준도 상당히 높아졌기 때문에 이렇게 소비능력을 가진 여성의 시각에서 소비층을 특정해 신제품을 만들고 개발하는 사업자가 늘고 있다는 것이다.

일부 경제전문가들은 여성 경제의 독립과 자주, 그리고 왕성한 소비수요와 소비 여력이 새로운 성장기반을 형성하고 있다고 판단하고 있는데, 수요와 소비 계층을 구분하여 보면, 여성 소비 수요의 왕성한 발전은 일련의 새로운 소비 트랜드를 끌어냈고, 사업자에게 무한한 기회를 제공함과 동시에 더 큰 도전을 할 수 있도록 해주었다.

1) 여성의 지위 향상과 소득 증대

이렇게 여성의 지위가 높아지고 소득 증대에 따른 구매력 향상의 원인을 살펴보면 다음과 같다. 먼저 중국의 여성 노동자 비율은 다른 나라에 비해 월등히 높고, 노동시장에서 여성과 남성 간의 성비가 계속해서 상승하고 있는데, 2018년에 평행지수가 이미 65.8%에 이르렀다. 중국 여성이 경제적 독립을 가능하게 한 첫 번째 원동력은 아무래도 교육 정도가 부단히 상승했기 때문일 것이다.

현재 중국 사회에서 고학력 가운데 여성이 차지하는 비율은 이미 50%를 넘어서고 있는데, 여성 학부생과 대학원생의 비율이 각각 52.5%와 50.2%를 차지하고 있다. 마지막으로 4차 산업혁명 시대의 도래로 전 세계의 경제 규모와 패턴이 빠르게 변화하고 있고, 특히 디지털 시대가 가져온 커다란 변화는 바로 여성들이 각 분야에서 주도적인 위치를 차지할 수 있는 기술혁신이 대부분이라 예전처럼 힘이 세고 억척스러운 남성들이 경제의 주체가 되었던 것과 다른 시대이기 때문이다. 결국, 사회에서 여성의 활동 영역이 늘어나고 그 능력이 중시되는 사회적 분위기가 여성을 새롭게 경제의 중심으로 보는 이른바 '여성 경제'가 주목을 받는 것이다.

2) '쉬코노미(Sheconomy, 여성경제)'

'쉬코노미(여성 경제)'라는 개념이 유행하게 된 근본적인 의의는 바로 기존의 마케팅 방식으로는 더는 여성이 주요 소비층으로 등장한 지금의 시장 수요를 만족시킬 수 없기에 반드시 더 깊이 있게 시장을 세분화해야 하며, 서로 다른 타깃 소비자, 특히 여성 소비자를 대상으로 더욱 개성적이고 선별적인 상품과 서비스를 제공해야 시장이 체계화되고 이성적으로 발전할 수 있다는 것이다.

　이른바 '여성경제(姐經濟)'라는 것은 여성을 둘러싼 특유의 경제권과 경제현상을 말하는데, 2021년 한 인터넷 쇼핑몰 왕이(罔易)에서 조사한 바에 따르면, 중국은 현재 20세에서 60세에 이르는 여성 소비자가 대략 4억 명 이상이고, 이들이 물건 구매로 지출하는 금액이 약 10조 위안에 이르러 전 세계 3위에 해당하는 소비시장을 형성하기에 충분한 것으로 나타났다.

　특히 모바일 보급이 일반화되고 이 가운데 여성 사용자가 2021년 1월 기준 이미 5억 4천만 명에 이르러 남성 사용자보다 성장 속도가 훨씬 빠른 것으로 나타났다. 즉, 많은 여성이 모바일이나 인터넷을 이용해 본래 가지고 있었던 쇼핑에 대한 흥미가 배가되고 이와 함께 물건을 구매하려는 욕구가 바로 행동으로 옮겨질 수 있어서이다. 또한, 일단 물건을 구매하려는 여성이 오프라인 매장을 일일이 찾아다니며 보지 않고 여러 인터넷 쇼핑몰이나 모바일을 통한 실시간 물품구매방송을 시청하면서 간편한 방식으로 원하는 물건을 빠르게 살 수 있기 때문이다.

　중국의 최대 전자상거래 플랫폼인 알리바바(掏寶罔)와 핑뛰뛰(拼多多)가 발표한 수치에 따르면, 25세에서 35세에 이르는 여성들이 물건을 구매하기 위해 시청하는 동영상이나 사용시간이 월 50시간을 넘어서고 있으며, 여성들이 구매하는 물품 또한 기존의 화장품이나 옷, 아동용품에서 생활용품이나 가전제품으로 점차 바뀌어 가고 있다는데, 이는 물건을 구매할 때 여성의 발언권이나 결정권이 점차 확대되고 있음을 나타내는 것이다.

　새로운 시대의 독립 여성들은 더욱 감성적인 제품 서비스와 고품격 체험활동, 그리고 개성에 맞는 맞춤식 제작이 필요하다. 소비행태는 가치관을 반영하고 소비는 또한 시장을 선도하고 재탄생시킬 수 있다. 마케팅과 상품 디자인에서 여성 소비의 새로운 특징에 따라 마케팅을 정교하게 진행해야 한다.

'여성경제'의 소비 행동 추이

사람의 생활 가운데 의식주는 필수적 요소이기에 어느 한 가지라도 없어서는 안 된다. '여성경제'의 소비 행동 추이는 다음 다섯 가지 형태로 나타난다.

첫째, 감성적이다.

소득이 높아질수록 여성 소비자들은 제품의 품질과 실용성을 중시하는 동시에 정성적 즐거움과 만족을 더욱 중시한다. 그들이 상품을 구매하는 목적은 더는 생활에 필요하기 때문이 아니라 감정적인 욕구를 충족하기 때문이거나 혹은 특정한 제품을 추구하는 이상적인 자아의식에 부합하기 때문이다.

이들은 자신의 심리적 욕구에 공감할 수 있는 감성 상품이나 서비스를 선호한다. 따라서 상품명, 외관, 색상, 스타일은 물론 쇼핑, 식사, 취미활동에 따라 다른 건축양식 등이 그들이 상품을 구매하도록 부추기는 요인이 될 수 있다.

둘째, 다양성을 추구한다.

사회적 지위와 경제적 지위의 향상으로 현대 여성들은 고정된 생활, 천편일률적 이미지에 만족하지 않는다. 이들은 삶의 다양화를 추구하고, 다양한 라이프 스타일을 시도하길 원하며, 신분을 바꾸고, 다양한 경험을 하고 싶어 한다. 그러자 여성들의 새로운 변화와 욕구에 부응하는 상품과 서비스가 생겨났다.

셋째, 개성을 중시한다.

개성 있는 이미지를 만들어 차별화를 꾀하는 제품이나 서비스를 추구하는 여성들이 늘고 있다. 브랜드 의류가 인기를 끌고 있는 것은 독특한 디자인뿐 아니라 한 가지 모델당 한정된 수량으로 여성 소비자들의 개성적인 소비심리에 부응하기 때문이다.

넷째, 자주적이며 적극적이다.

최근 몇 년간의 소비패턴을 살펴보면, 여성 소비자의 자기 소비 의식은 더욱 강화되었다. 베이징시의 한 은행 통계에 따르면, 올해 이 은행에서 진행한 자동차 대출의 33%가 여성이 신청했다. 주택 구매도 현대 여성 소비에서 가장 유망한 분야로 꼽힌다.

이것으로 볼 때, 중국의 전통적인 여성은 나 자신보다는 가족을 더욱 중시했었는데, 현재의 중국 여성은 자신의 가치 역시 가족과 가정 못지 않게 중요하게 생각하여 자신의 가치를 높이기 위해 자신에게 과감하게 투자한다.

다섯째, 여가생활을 중시한다.

과학기술의 발전과 생산성 향상에 따라 많은 여성이 자질구레하고 고된 가사노동으로부터 해방되어 여가와 오락은 점차 여성의 주요 소비 항목 중의 하나가 되었다.

통계에 따르면, 25~40세의 중국 사무직 여성들은 대부분 헬스나 미용 회원권을 가지고 있다고 한다. 레저(여가)는 신세대 소비자의 특징일 뿐 아니라 '여성 경제'가 이끄는 주요 소비 트랜드이기도 하다.

한·중 양국의 문화,
무엇을 어떻게 비교할 것인가?

– 한·중 양국의 의식구조와 가치관 비교

“
이번 장에서는
한국과 중국 양국의
사회와 문화에 대해서 살펴보고
그 특성을 비교 분석해 봄으로써
양국이 가지는 문화에 대한 차이를 알아보자.
”

한국과 중국은 지리적 인접성으로 인해 예로부터 경제, 문화 등의 교류가 비교적 활발하게 진행되어왔고, 유교적인 가치체계에 의한 가족주의와 충효(忠孝)의 강조, 자연주의적 세계관[1], 보수적인 가치관 등의 문화적 공통점도 가지고 있다. 그러나 좀 더 자세하게 두 나라를 들여다보면 각국이 가지고 있는 자연환경과 지배문화의 특성에 따라 상당한 차이점이 있는데, 아무리 유교문화권, 한자문화권이라는 큰 범주 내에서의 공통점이 있어도 그것을 어떻게 받아들이고 생활에 적용하는가에는 많은 차이가 존재한다. 게다가 한·중 양국은 역사를 통해 함께 공유하면서 내려온 강력한 문화적 일체감 혹은 공감대가 없다.

이번 장에서는 한국과 중국 양국의 사회와 의식구조, 그리고 문화적 특성에 관해 살펴볼 것인데, 그 목적은 바로 어떤 가치관 혹은 문화형태가 옳고 그르냐 하는 것을 결정짓는 것이 아니라 무엇이 같고 다른지 양국의 장, 단점을 비교 분석함으로써 양국에 대한 편견을 없애고 서로에 대한 올바른 인식을 갖게 하기 위함이다.

1. 한·중 양국의 문화적 동질감과 이질감

한국과 중국은 예로부터 지정학적 근접함으로 인해 몇천 년 동안의 교류를 통해 정치, 경제, 사회, 역사, 문화 등 다방면에 걸쳐 매우 밀접하고 긴밀한 관계를 맺으며 오늘에 이르렀다. 이로 인해 서양 역사학자들의 일본을 포함한 한·중 양국의 문화를 동일시하는 경향도 전혀 근거가 없는 것은 아닐 것이다.

기실 양국은 오래전부터 **한자문화권, 동양 문화권, 특히 유교문화권**

---

1   자연주의적 세계관이란 사회적 질서를 자연계의 운행에 비유하고 자연의 질서에 순응하는 것을 말한다.

이라는 사회, 문화적 측면에서의 공통적인 기반을 바탕으로 상호 동등하며 대체로 유사한 문화를 형성해왔으나, 공산당 정권 수립과 1950년 6.25사변 이후 한·중 양국의 냉전체제가 시작되었고, 그 후 1992년 국교가 정상화되기까지 40여 년간 양국은 관계가 단절된 채 각각 서로 다른 모습을 지닌 사회로 변화되어왔는데, 특히 양국은 서로 다른 정치적 이념과 이에 따라 형성된 판이한 사회적 풍토와 관습 및 가치관의 형성으로 말미암아 양국의 문화패턴은 너무나도 다른 양상을 띠게 되었다.

이에 서로 다른 문화적 환경 속에서 성장한 우리 젊은 세대들이 한·중 양국의 관계를 보다 발전시키고, 아울러 향후 양국은 21세기를 여는 동반자의 역할과 임무를 수행하기 위해 더욱 적극적이고 객관적으로 두 나라 문화의 유사성과 상이성을 분석, 파악하여 양국 간의 상호 이해도를 높이고 교류를 더욱 활발히 진행해 가야 할 것이다.

한국 사람들은 흔히 중국을 '가깝고도 먼 나라'라고 말하는데, 그 이유는 두 나라는 지리적으로 매우 인접해 있어서 국경조차도 선명하지 않지만 예로부터 한국과 중국은 조공(朝貢) 관계로 인해 '군신(君臣)'이라는 말로 두 나라의 관계를 표현할 정도로 역사적으로 매우 밀접했다. 그러다가 근대에 이르러 그런 중국의 위상이 서구열강의 침략과 아편전쟁, 그리고 청일전쟁 등 많은 내우외환으로 말미암아 철저히 붕괴되었고, 한중 양국 모두 근대화라는 길에 들어설 무렵 함께 일제에 의한 식민지화, 점령지화 되는 같은 경험들을 가지게 되었다.

그 후 중국은 사회주의 노선을 표방하고, 한국은 한반도 전쟁을 기점으로 미국에 예속되어 자의 반 타의 반 식으로 민주화의 노선을 걷게 되자 전통적 유교 문화를 배경으로 역사 속에 오랫동안 존재해왔던 두 나라는 이데올로기 속에서 점차 이질화되기 시작했고 40여 년이 지난 1992년 두 나라는 자주국으로서 대등한 관계를 맺게 되었다. 당시 정권의 북방외교정책의 하나로 한국과 중국의 수교는 급속도로 이루어졌고,

그때까지 우리를 가장 큰 우방이라 여겨왔던 대만(중화민국)과 단교함으로써 외교사에 커다란 오점을 남기게 되는 위험까지 감수하고 말이다.

　　이렇듯 중국과의 수교 이면에는 정치적인 요소가 많이 작용하였고, 또한 중국을 경제 논리에 따라 거대한 시장이라고만 생각했기 때문에 많은 공감대가 있었음에도 수교 이후 얼마 동안 양국문화의 충돌로 인해 많은 시행착오를 겪게 되었다. 서로 왕래가 전혀 없었던 상황 속에서 갑자기 수교가 되었고, 이후 쌍방 간의 문화에 대한 이해 없이 경제교류가 시작되어 어찌 보면 당연한 결과였으리라 생각된다. 서로의 환경과 가치관이 판이하였던 두 나라의 올바른 교류의 형태는 먼저 서로 오고 가는 일에 성실해야 했다.

　　서로의 정치, 경제적 득실과 이해를 따지기 전에 오랫동안 단절되어 공유할 수 없었고, 교감할 수 없었던 부분들을 많이 만들어야 한다. 즉, 상대방에 대한 올바른 이해를 바탕으로 양국의 교류가 서서히 시작되어야 너무나 달라져 버린 중국의 모습들, 그리고 서로가 가지고 있었던 많은 오해와 편견들을 버리고 새롭게 시작해야 할 것이다.

2. 한·중 양국의 의식구조 양상과 그 특징

　　한중 양국은 위에서 언급한 바와 같이 유구한 역사와 전통에서 비롯된 많은 유사성(相同)을 발견할 수 있고, 또한 그 후 냉전 시대와 탈냉전 시대를 겪어오면서 생겨난 행동 양식과 사고방식에서의 상이성(互異)을 동시에 가지고 있다. 이러한 상반된 생각과 사고는 두 나라 문화를 이해하는 데 도움이 되기도 하지만, 이에 못지않게 편견 혹은 서로에 대한 잘못된 이해로 적지 않은 오해와 잘못을 저지르게 된다.

1) 한국 사회와 문화의 특성

한국인은 의지가 강하고, 현실적이며, 효율을 중시하고, 낙천적이다. 또한, 대체로 외향적인 성격을 가지고 있어 누구를 만나도 쉽게 친해지고 자신의 감정을 드러내는데 별 어려움을 느끼지 않는다. 그래서 감정을 적절히 조절하지 못해 매사에 쉽게 흥분하고 화를 내지만, 금방 화를 가라앉히고 웃으며 아무일 없었다는 듯이 평정심을 되찾기도 한다.

성격이 조급하여 늘 '빨리빨리'를 외치며 속전속결을 좋아하는데, 이런 한국인의 성격을 '냄비근성'이라고 비하가기도 한다. 가령, 자판기 커피를 사 마실 때 그걸 기다리지 못해 물이 다 나오기도 전에 컵을 빼들어 마시기도 하고, 엘리베이터 문이 닫히려면 일정한 시간이 필요하지만 '닫힘' 버튼을 연신 눌러대며 빨리 닫히기를 바란다. 그렇지만 이런 급하고 기다리지 못하는 성격 때문에 전후 70년 만에 선진국의 대열에 합류하게 되었고, 전 세계에서 가장 빠른 인터넷 속도를 자랑하며 IT강국이라는 영예를 얻기도 했다.

처음 만난 사람에게 서슴없이 매우 개인적인 일을 물어보며 쉽게 속을 드러내 쉽게 친해지고 누구와도 짧은 순간에 친구가 될 수 있다. 게다가 술이라도 한 잔 마시는 날이면 빛의 속도로 관계는 급진전되고, 어느새 호형호제 하면서 오늘 처음 만났지만 십년지기처럼 서로에게 마음을 내어준다. 그런 반면, 비교적 쉽고 빨리 인간관계가 형성되기 때문에 그 만큼 빠르게 인간관계의 단절을 야기시키기도 한다. 다른 사람과 시시비비를 따지기 좋아하지만 일이 끝난 후에는 서로 어깨동무하며 금방 친구가 된다. 이런 한국인의 성격을 어떻게 설명할 수 있을까?

(1) 유가사상에 입각한 가치관 형성

한국 문화는 지정학적 요인으로 인해 역사상 수많은 외래 민족의 침략을 이민족과 끊임없는 갈등과 저항을 통해 독자적인 문화적 특성을 유지해왔기 때문에 "황야에 피는 꽃"에 비유되고 있다. 이러한 문화적인 특징으로 한국은 강인한 민족적 자존과 독자성을 유지해왔고 매우 낙천적인 기질을 가지게 되었다. 또한, 한국인의 행위와 문화형성에 가장 큰 영향을 끼친 것은 600여 년간 국시(國是, 나라를 위해 옳다고 인정되는 바나 국정의 방침)로 지속하여온 유교 문화이다.

　유교의 교의 내용 가운데 예의, 예절, 도덕, 윤리 등이 주를 이룬다. 특별히 노인을 공경하고 효를 다하며, 사람과 사람 간의 종적 관계와 질서를 매우 중요하게 생각한다. 유교는 본래 중국에서 시작되었지만, 한국이 유교 문화의 중심국가가 될 만큼 사회 여러 분야에 유교의 영향이 지대하다. 유교적 전통 중에서 한국인의 가치관 형성에 지대한 영향을 미친 것은 자연주의적 사고이며, 풍수지리설, 음양오행과 주역 사상 등을 대부분 생활의 원리로 받아들여 왔기 때문이다.

　또한, **한국어 가운데 '우리'라는 말의 가장 기본적인 단위는 가정**이다. 가정 내에서 자녀는 부모에 순종하고, 부인은 남편을 따르며 한 집안의 가장은 가장 막중한 권위와 지위를 가지고 있다. 가족 간 지위에 따른 아랫사람과 윗사람의 관계를 중시하기 때문에 아랫사람은 윗사람 앞에서 큰 소리도 내지 못하며, 허락 없이는 마음대로 술과 담배를 할 수도 없다. 명절이 되면 웃어른께 무릎을 꿇고 큰절을 올리고 문안을 여쭙는다. 비슷한 나이의 젊은 사람도 촌수에 따라 서로 예를 갖추고 인사를 함으로써 존경하는 마음을 표시한다.

'계층 간의 질서'

　윗사람과 아랫사람 간의 예절과 예의는 가정과 생활 속에서 수도 없이 드러난다. 식사할 때 어른이 앉는 고정자리가 있어서 아랫사람이 그 자리에 앉아서는 안 되고, 윗사람이 먼저 수저를 들기 전에 아랫사람이 먼저 수저를 들어 밥을 먹을 수 없으며, 식사를 다 한 후에도 윗사람이 일어나기 전에는 자리를 뜰 수 없다. 이런 윗사람과의 예절은 술자리에서 확연히 드러난다. 술은 반드시 어른에게 배워야 제대로 주도(酒道)를 익힌다고 생각하기에 술버릇이 고약하면 한마디로 '상종못할 인간'이라고 낙인찍힌다.

보통 자기보다 나이 많은 사람과 술을 마실 때 술잔을 받고 몸을 돌려 마시는 것이 예의이다. 한 외국인이 술 마실 때 돌려 마셔야 한다는 지엄한 한국식 주도에 따라 아주 정성스럽게 술잔을 돌린 후 상대방을 똑바로 쳐다보고 술을 마셨다는 우스갯소리도 전해진다. 한국인은 이를 '밥상머리 교육'이라고 하며 매우 중요하게 생각한다, 그러니 밥을 먹는 분위기 사뭇 엄숙할 수밖에 없고, 오히려 이런 점으로 인해 부모와 자식 간의 대화가 쉽사리 이루어지지 않는 폐단이 발생하는 것이다.

한국문화의 사회 제도적 차원에서 가장 특징적인 요소는 철저한 '가문 숭상주의'와 '가족주의 문화'이다. 한국에서 조상숭배와 가문 중심주의는 거의 종교적인 수준이며 다른 종교 활동에 있어서도 핵심적 논리가 되고 있다. 이러한 특징은 가족 이외의 사회로까지 확대되어 학연과 지연을 중시하는 양상을 가지게 된다. 학연이란 이른바 같은 학교를 나왔다는 동질감에서 비롯된 의식구조로서, 가족집단과 비슷한 구성원 간의 귀속적인 지위와 지극히 인간적인 관계의 유지를 그 특징으로 하고 있다. 학연으로 인해 형성된 동문회 혹은 동창회는 한국 사회에서 다양한 방면에 걸쳐 막강한 영향력을 행사하고 있다.

(2) 끈끈하고 강력한 유대관계 중시

한국 사회의 또 다른 특징은 출신 지역에 따라 형성되는 지연 관계, 즉 향우회, 동향을 중심으로 끈끈하고 강력한 유대관계를 형성하여 학연과 더불어 각 방면에 걸쳐 많은 공동체를 만들어 가고 있다. 이 두 특징으로 말미암아 한국인의 집단주의적 성격과 종적, 횡적 인간관계를 중시하는 사회의 형성에 많은 역할을 담당하고 있다.

　　한국인이 가장 흔하게 사용하는 한마디는 바로 '우리'이다. 이 단어는 너와 내가 합쳐진 좀 더 넓은 의미의 단어로 '나의 국가(My country)'라고 하지 않고 '우리나라(Our country)'라고 말하며, '내 학교'라고 하지 않고 '우리 학교'라고, 심지어 '내 남편'이라고 하지 않고 '우리 남편'이라고 한다. 한국인은 작게는 집에서, 크게는 나라에서 모두 우리라는 말을 정말 자주 사용한다.

　　한국인에게 있어서 사회는 모든 단체의 집합체로 '우리'를 떠나서는 존재감을 상실하여 살 수 없고, 이 '우리'라는 집합체 안에서 살아야만 안정감을 느끼는 것 같다. 아마도 한국인은 외로움을 지극히 두려워하는 민족으로 자기 자신에게 강렬한 집체의식과 소속감 내지는 정체성을 매우 중요한 것으로 생각한다.

전체주의를 중시하는 한국인

　　한국인은 전체주의를 중요하게 생각하기에 협력, 화목, 복종 등의 정신을 매우 가치가 있다고 판단한다. 전체주의는 문화는 집단의 필요와 이익아 개인보다 우선시되기에 자신이 속한 집단 내에서 협력을 중시하고 서로 도우며 집단협력 정신이 매우 강하다. 전체주의는 자신이 속한 단체나 조직 내(圈內), 외(圈外)의 구별이 매우 엄격해서 조직 외 사람에게는 전혀 관심이 없고, 지역과 혈연, 그리고 학연 등으로 작은 집단의 이익을 도모한다. 물론 전체주의의 폐단 또한 존재하는데, 그건 집단 내 사람끼리 서로 의존도가 크기 때문에 창의력이 부족하다.

　　한국인은 집단주의, 전체주의 사상을 토대로 매우 단체와 조직, 그리고 사회와 국가를 매우 중시하기도 하지만 의외로 개인주의 또한 매우 팽배해있다. 중국과 같은 대륙문화는 자아를 중심으로 하는 특징이 강하여 다른 문화에 대한 흡수가 다소 느리고, 일본과 같은 섬 문화는 바깥 문화에 대해 적극적으로 받아들이는 등 매우 개방적이다. 이에 반해 반도 문화는 이 둘의 성향을 반반씩 가지고 있어서 전통적으로 중국의 우수한 문화를 받아들이고 근대에 와서는 일본의 영향 또한 받았기에 이 두 가지 문화를 골고루 가지고 있다는 장점이 있다. 그래서인지 외국 사람의 눈에 한국인은 외모에 있어서 일본인을 닮았지만 일단 관계를 형성한 후에는 여러 방면에 있어서 중국인과 흡사하다고 생각한다.

(3) '정(情)'이 많은 한국인

"
말하지 않아도 알아요~ 당신의 마음을!
"

어느 과자의 광고문구이다. 짧은 몇 글자 안 되는 문장 속에 한국인의 성격을 제대로 표현하고 있다. 가부장적 권위 의식과 체면을 중시하는 한국 사회에서 사람들은, 특히 남성은 자신의 속마음, 감정 등을 드러내는 것을 '마음이 약하다'라는 이유로 매우 어려워하고, 표현하는 것에 매우 서툴러 '그걸 꼭 말로 해야 아나?'라고 둘러댄다. 이런 대치 국면에서 서로 간의 마음을 녹여 자신의 감정을 그대로 드러내는데 '초코파이'만한 것이 없다는 뜻이다.

초코파이는 오리온이라는 제과 회사에서 만든 지름 6센티, 무게 28g의 작고 달콤한 과자이다. 1974년 3월에 출시된 후 30년만인 2003년 제과 업계 최초로 총매출액 1조 원 돌파(57억 위안)했다. 이후 초코파이는 온 국민이 사랑하는 '국민 과자'가 되었는데, 특별히 군인들이 단것을 먹고 싶을 때 매점에서 간편하게 사 먹을 수 있어서 군인들 사이에서도 매우 인기가 높은 간식이기도 하다. 그래서인지 초코파이 광고는 주로 사람과 사람 사이를 연결하여 훈훈한 정을 느끼게 해주는 매우 훌륭한 메신저 역할에 초점이 맞춰져 제작되는데, 영화 〈JSA : 공동경비구역〉에서 남, 북한 병사가 이념의 벽을 뛰어넘는 친구가 될 수 있도록 만들어 준 매개체도 역시 이 초코파이였다.

　외국인들이 생각하는 **한국인의 가장 큰 장점 또한 '인정이 많다'**는 것이다. 한국대학에서 교수님들이 학생들에게 이런 말을 자주 한다.

　　"술 많이 마시지 말고 공부 열심히 하세요."
　　"연애 적당히 하고 전공 공부 열심히 하세요."

　학생의 사적인 생활까지 관여하는 한국대학의 교수님들이다. 그런데 이건 간섭이 아니라 관심이라고 말하고 싶다. 경쟁 사회 속에서 학생들이 살아남기 위해 인생의 선배로서 학생들에게 진심 어린 충고를 하는 것이기 때문이다. 외국의 경우 학생들의 자율과 책임성을 존중하기 때문에 사적인 생활은 언급하지 않는 것과는 매우 다른 현상이다. 한국대학의 분위기 이렇기에 교수들과 학생들, 선배와 후배, 친구들 사이에도 어떻게 보면 지나치다 싶을 정도로 상대방의 사생활에 관심을 둔다.

　이것이 바로 한국인의 정 문화에 기인한 것이다. 일본에서 한류가 일어난 것도 바로 한국 드라마 속에 나타나는 한국인의 정 때문이라고 한다. 일본인 또한 부모와 자녀 사이, 부부간에 정이 있지만, 겉으로 표현하지 않는 문화적 전통과 20세가 되면 대부분 부모와 떨어져 사는 문화 때문에 직접 감정을 표현하는 한국 드라마를 보고 충격을 받았다는 것이다.

"어디 가십니까?" 아~네에!

어느 나라에서도 볼 수 없는 굉장히 한국적인 인사말이다. 프라이버

시를 중시하는 외국인들이 도저히 이해할 수 없고, 심지어는 분노마저도 일으킬 수 있는 매우 위험한 발언임에도 불구하고 말이다. 도대체 "내가 어디 가는지 왜 궁금한 거지?" 혹은 "그건 알아서 뭐 하게?"라는 의구심을 갖는 건 매우 자연스러운 일이다. 하지만 한국인에게 있어서 이 말은 단순히 상대방에게 관심을 두고 안부를 물어보며 최근 잘 지내고 있는지를 물어보려는 인사말이다. 이 밖에도

> "식사하셨습니까? (네~에 식사하셨습니까?)"
> "요즘 잘 지내신다면서요? (네~에 덕분에요!)"
> "많이 바쁘시죠? (네~에 그럭저럭 이요!)"

정이 넘치는 사회

친구가 차를 몰고 가다 과속을 해서 사람을 치었는데 당신은 그 차에 함께 타고 있었다. 유일한 증인인 당신이 과속 사실을 숨기면 친구는 가벼운 처벌만 받게 되나 사실대로 얘기한다면 큰 벌을 받게 된다. 당신은 친구를 위해 법정에서 당시 그가 과속하지 않았다고 거짓말을 할 용의가 있는가?" 이에 대해 '아무리 친구라 하더라도 진실을 이야기한다.'라는 비율이 캐나다 사람들은 96%에 이르렀고 미국, 영국, 독일도 90%를 넘었다. 반면 프랑스, 일본, 싱가포르 등은 60%대, 중국, 인도네시아, 러시아가 40%대를 기록했다. 한국은 26%에 불과했다. 38개 조사 대상 국가 중 꼴찌였다.

이렇듯 한국은 규칙이나 약속보다 정을 더욱 우선시하는 사회라고 할 수 있다. 한국은 인간관계를 중시하고 인간관계에서도 정(情)이 중요한 '정(情)의 사회'다. 규칙과 약속도 중요하지만, 정 때문에 규칙과 약속을 과감히 왜곡하고, 적절히 변용하는데, 그 이유를 물으면 "아~ 이 사람이 정 없이 그렇게 매정하게 굴면 안 된다."고 한다. 그러므로 한국

에서는 규칙대로 하거나 원칙을 너무 강조하면 살아가기 힘들다. '벽창호'이거나 '고지식한 사람', '인정머리가 없는 사람'으로 통하기 쉽다. 그러기에 한국인들은 인정과 원리, 원칙 사이에서 늘 고민하며 줄타기를 한다. 인간관계에 있어서 매우 중요한 원칙 아닌 원칙이다.

'다정하다'라는 한국어

한국어 가운데 '다정(多情)하다'라는 말이 있다. 한자로 '정이 많다', '동정심이 많다', '열정이 넘친다' 등의 뜻이다. 이것으로 볼 때, 한국인을 평가하는 가장 기본적이고 중요한 표준이 바로 '정이 있고 없음'이다. 중국에서 가장 잘 팔리는 한국 과자 중에 초콜릿으로 만든 파이가 인기다. 그 과장 상자에는 원래 큼지막하게

중국에서 판매하는 초코파이 '인(仁)'을 중시 중국 시장을 고려한 유연한 마케팅이다.

'정(情)'이라고 쓰여 있었다. 앞서 설명한 대로 초코파이 하나로 정을 나누자라는 마케팅인 것이다. 그런데 중국에서는 그 마케팅 전략이 별로 효과적이지 못하다고 판단하여 한국에서 크게 환영받았던 '정(情)'이란 글자 대신에 중국인이 좋아하는 '인(仁)'으로 대체하였고, 그 결과 중국인들의 국민간식이 되었다고 한다.

한국은 '정'을 이처럼 중시한다. 한국인은 정이 많고 매우 감성적이어서 사람을 평가할 때 '다정(多情)'한지 아닌지를 매우 중요하게 생각한다. 그래서 자신의 감정을 굳이 억제하려고 하지 않고 솔직하게 표현하기를 좋아한다. 이런 경향은 나에게만 적용되는 것이 아니라 나와 똑같이 남에게도 적용된다. 남도 나처럼 감정을 속이지 않고 솔직하게 표현해주기를 바라며, 그렇게 했을 때 감정의 교류가 일어나 진정한 사귐이 있게 되고, 올바른 인간관계가 형성된다고 믿는다. 이런 이유 때문에

공적으로 일을 처리하다가 실수해도 그냥 좋은 게 좋은 거라고 '봐주기' 도 하지만, 지나치게 감정적으로 일을 처리하다가 큰 일을 내는 경우도 빈번하다. 가령, 한국인이 단체여행을 갔다가 가이드가 저질러서는 안 될 중대한 실수를 했다면 한국인은 당장 그 가이드에게 화를 내며 가이 드의 잘못을 꾸짖는다. 그러나 그뿐이다. 똑같은 상황에서 만약 일본인 이었더라면 상황은 크게 달랐을 것이다. 일본인의 경우 당장 가이드에게 화를 내는 사람을 단 한 사람도 없을 것이다. 그냥 웃으면서 '그럴 수도 있죠!'라고 넘긴다. 그러나 일본인은 귀국 후 여행사에 가이드의 실수를 요목조목 지적하면서 배상을 요구할 것이다.

결론적으로 한국인은 친정(親情), 우정(友情), 애정(愛情) 등 열정(熱 情)과 인정(人情)이 넘친다. 물론 이런 이유로 공과 사를 구별하지 못하고 일을 그르치는 때도 있지만 그것을 바로 잡으려 하거나 악이라 규정짓지 않는다. 그저 사람 사는데 원리원칙과 규정대로 살아가는 것이 결코 좋은 것만은 아닌, '좋은 게 좋은 것'이라 생각하며 오히려 인간미가 없다고 생각한다. 인간관계에 있어서 이 '정(情)'은 바로 윤활유(潤滑油) 와 같은 역할을 한다. 결국은 한국 사회에서 모든 갈등은 바로 이 '정(情)' 에서 비롯되고 그 '정(情)'으로 해결된다. 그것이 바로 한국인이고, 한국 사회를 움직이는 원동력이라 할 수 있다.

2) 중국 사회와 문화의 특성

중국을 가리켜 흔히 '땅도 크고 사람도 많으며 자원도 풍부한 나라 (地大人多物博)'라고 한다. 지금 중국의 땅도 우리 한반도보다 무려 44 배나 크다고 하니 한반도, 그것도 두 동강이 난 남한 땅에서 한 평생을 살아온 우리들에게 중국은 실로 '광대무변(廣大無邊)'한 거대한 나라임 이 틀림없다. 가족과 가문, 그리고 종친을 중시하는 공자의 나라, 비단 장사 왕서방의 나라, 그리고 사회주의 이념으로 무장하였지만 시장경제를 허용하는 나라 중국과 중국의 사회를 이해하는 것은 인접국가로서, 앞으로 미래를 함께 살아가야할 '전략적 동반국가'로서 우리가 해야할 일이 아닐까 싶다.

(1) 중화사상에 입각한 가치관

중국이라는 나라는 역사적으로 사상의 복잡성과 영토의 광대성(廣大性), 민족의 다양성(多樣性) 등으로 인해 단일한 차원에서 문화적 특성을 정리하기 매우 어려운 사회이다. 중국인들은 자신을 중화(中華) 또는 화하(華夏)라고 부르는데, 기원전부터 사용되어 온 이 말은 "세계의 한가운데에 있는 가장 꽃다운 장소"라는 뜻이다. 황하 문명 이래 중국의 고대 문명은 세계 4대 문명인 매소포타미다 문명, 인더스 문명, 이집트 문명, 황하문명 가운데 지금까지 유일하게 살아남아 번영을 이룩한 유일한 문명으로서, 매우 독자적인 문화를 창조했고 문화적 우월성에 대한 중국인의 자부심을 느끼게 하여 자기 민족의 정체성 형성에 크게 이바지하였는데, 이것이 바로 중화사상이다.

중국인의 자민족 중심의 세계관인 중화사상으로 말미암아 주변국을 오랑캐로 보고 지배의 대상으로 보았다. 그러므로 중국과 한국 양국의 관계는 예로부터 대등한 관계가 아닌 지배국가와 피지배 국가의 형식으로 지속해 왔고, 우리 문화의 척도로서 항상 중화문화(中華文化)를 숭상하였다.

(2) 집(家)과 가문, 종족을 중시하는 중국인

중국 문화의 가장 큰 특징은 집(家)과 가문, 종족을 중심으로 하기에 중국인은 항상 '내 사람(自己人)'이라는 단어를 즐겨 사용하며, 중요한 순간에 이른바 '우리는 한 가족이나 다름 없다(我們都是一家人)'라는 말로 정체성을 나타낸다. '내 사람'은 바로 친척, 친구, 내부인, 동료라는 뜻으로 비록 혈연관계가 아니더라도 아주 강력한 응집력을 가지고 있다. 어떤 사람은 중국인이 신용을 지키지 않는다고 하고 또 어떤 사람은 중국인은 정말 신용을 잘 지킨다고 한다.

그럼 뭐가 맞는 말인가? 다 맞는 말이기 한데 다만 대상이 누구냐에 따라 달라진다. 즉, 내 편, 내 사람이면 신용을 잘 지키고, 그렇지 않으면 신용 또한 달라진다는 말이다. 한마디로 사람과 상황, 그리고 이익의 여부에 따라 중국인의 가치관과 선호도, 친밀도 등은 판이하게 달라진다는 말이다.

중국인은 오히려 개인주의에 가깝다!

상술한 바와 같이 중국인은 '꽌시'라는 테두리 안에서 '내 사람'이란 강한 유대감을 중시하지만, 전체주의나 혹은 집단주의와 비교해 보자면 중국인은 오히려 개인주의에 더 가깝다. 중국에는 '풀어주면 혼란해지고, 모으면 죽는다(一放就亂一統就死)'라는 말이 있다. 즉, '중국인 한 사람은 한 마리의 용이 될 수 있지만, 그 이상이 모이면 한 마리의 벌레가 된다.'라는 말이다. 즉, 내 사람이라는 의식이 강해 매우 끈끈한 유대관계를 보이지만 그 관계가 집단이나 전체로까지 발전하지 못한다는 말이다.

중국은 전 세계 스포츠 영역에서 최상의 실력을 보유하며 올림픽에서는 미국을 초월하기까지 하는 괄목할 만한 성과를 보인다. 그런데 중국인이 잘하는 스포츠를 보면 대부분 탁구나 배드민턴 등 개인종목에 국한되어 있다. 시진핑 주석은 축구를 매우 좋아한다. 그래서 접대와 부패의 온상이라는 이유로 도심 인근의 골프장을 모두 없애고 그 자리에 축구장을 만들었다고 한다. 14억의 인구 대국으로 각 성(省)에서 한 사람씩만 선발해 축구팀을 만들어도 될 텐데 왜 그렇게 성적이 좋지 않을까? 그 이유는 바로 중국인의 개인주의적 성향과 특징 때문이라고 할 수 있다.

'만만디(慢慢地, 천천히)'와 '콰이콰이디(快快地, 빨리빨리)'

어디 이뿐이겠는가? 우리는 중국인이 어떠한 급박한 상황 속에서도 대부분 '만만디'해서 역시 대륙적 기풍이 느껴진다고 중국인을 칭찬하곤 하는데, 이는 한마디로 중국인이 매사 여유가 있다거나 천천히 일을 꼼꼼하게 처리한다는 뜻이라고 생각할 것이다. 그런데 중국인은 알고 보면 천천히 일하지 않는다. 다시 말해서 나와 직접적인 이해관계가 아닌 경우에는 모든 일을 원칙대로, 위에서 시키는 대로 천천히 여유롭게 한다. 그런데 나와 직접적인 이해관계가 얽혀있다면 '만만디'가 아니라 바로 '콰이콰이디(빨리빨리)'가 된다.

이런 중국인의 이중적 성격 혹은 이도 저도 아닌 애매모호하고 중성적 성격은 동전의 앞뒷면처럼 공존한다. 이는 주로 중국인의 전통적 가치관인 유가의 인문주의와 도가의 자연주의가 오랜시간에 걸쳐 원만하게 결합하여 고착화된 것이며, 그 접점이 바로 '중용(中庸)'에 있는 것이다. 중국인은 중용의 영향을 받아 한마디로 '좌로나 우로나 치우치지 않고, 느리거나 빠르지도 않으며, 적극적이지도 그렇다고 해서 소극적이지도 않은 일종의 양극단을 철저히 배제하고 조화와 균형을 유지하려고 애쓴다.

이와 함께 중국인의 양면성은 지극히 개인주의적인 성향에서 비롯된 것이라고 할 수 있다. 개인주의는 내 영역과 그 외의 영역을 철저히 구분하여 모든 원칙과 가치를 부여하는데, 이 개인주의 문화 안에서 관심의 대상이 되는 것은 바로 개인이지 집단이 아니다. 중국은 다민족 국가로서 지역 간의 차이가 매우 크고 생활방식과 풍속이 다르기에 가족 혹은 가문을 매우 중시하면서 개인적인 성향이 강해진 것이라고 볼 수 있다.

3) 한·중 양국의 문화 비교

문화란 한마디로 '인류의 지혜와 노동의 산물'이다. 일반적으로 어떤 문화든지 일정한 지역사회 가운데 함께 생활한 사람들에 의해 만들어지고, 그들이 사용하며, 여러 시행착오를 거친 후 모든 사람이 보편적으로 받아들여 누리는 정신적, 물질적 총화이다. 이런 이유로 문화란 결코 하나의 사회, 하나의 지역, 하나의 집단, 한 사람의 전유물이 아닌 서로 공감하고 공유하며 발전한다.

한국과 중국, 왜 비교합니까?

비교의 목적은 한 가지 전제가 필요하다. 반드시 원류가 같다거나 하는 식의 공통점이 있어야 하고, 이후 여러 가지 환경적, 자연적, 인위적 작용으로 말미암아 현재는 서로 다른 양상을 나타내고 있기에 이 둘을 비교하여 왜 같은 출발점에서 출발했는데, 지금은 왜 서로 달라졌는지를 밝혀내는 것이 바로 비교의 목적이 될 것이다.

중국과 한국, 무엇이 같습니까?

첫째, 한자문화권이다.

한국문화 형성에 중국의 영향을 많이 받았다는 것은 엄연한 사실이다. 한국에는 세종대왕이 한글을 창제하기 이전까지 우리글이 없었다. 그래서 중국의 한자를 표기수단으로 오랫동안 사용해왔는데, 한국어 어휘 가운데 약 50% 이상이 한자어로 되어있다.

둘째, 유가 사상에 대한 동질성, 즉 유가 문화권이라는 점이다.

중국과 한국 모두 유가 문화권에 속해 있다. 중국은 2008년 베이징 올림픽 때 전 세계에 중국문화에 대한 우수성과 중국의 미래를 널리 알린 바 있다. 그 가운데 아주 인상 깊었던 것은 바로 공자의 3천 제자가 나와 우렁찬 목소리로 "사해지내(四海之內), 개형제야(皆兄弟也)[2]"를 외치면서 전 세계 모든 사람은 다 같은 형제임을 역설한 바 있다. 그리고 중국의 4대 발명품 중 하나인 인쇄술을 보여주기 위해 거대한 '화(和)'자가 여러 글자체로 넘실거리며 조화로운 사회, 평화로운 세계를 주창하던 모습도 잊을 수가 없다. 이러한 것들 모두 중국문화 속에 유가가 차지하고 있는 비중이 매우 크다는 것을 알 수 있다.

한국 역시 군주제를 중심으로 발전해 온 나라이기에 군신 간의 관계를 매우 중요시했으며, 이를 위해 가장 기본적인 관계의 시작을 부자간이라 보고 상하 계층 간의 질서를 매우 중시해왔다. 이렇듯 한국 사회와 문화 속에서는 수평적 관계보다는 수직적 관계를 매우 중시하는 특징을 나타내고 있다.

그렇다면 한국과 중국, 무엇이 다릅니까?

한국과 중국은 모두 동양 문화권에 속한다. 유구한 역사 속에서 한국은 지리적, 문화적으로 중국의 영향을 많이 받았고, 심지어는 불교와 기독교 모두 중국을 통해 한국으로 전해졌다. 한국인은 유가 사상의 영향을 많이 받았기에 문화적으로 중국과 많은 공통점을 가지고 있다. 그렇지 유가 사상의 영향만을 놓고 보았을 때, 한국과 중국은 분명 다름이 존재한다.

---

[2] 『論語·顔淵』

(1) 한국은 예절, 중국은 사상

가장 중요한 것은 바로 유가 가상이 한국의 경우 예절방면에 표현되지만, 중국의 경우 유가 사상이 철학과 가치관의 영역에서 표현되어 처세 철학으로 발전하였다. 중국인의 다양성, 양면성 같은 성격적 특성은 대체로 중성에 속하는 이는 바로 유가의 인문주의와 도가의 자연주의 결합으로 형성되었고, 그 행위는 중용에 나타난다. 중국인은 중용의 영향을 매우 많이 받아 좌로나 우로나 치우치지 않고 급하지도 느리지도 않으며, 적극적이지 않으면서 그렇다고 소극적이지 않고, 조화로움을 추구한다.

중국인은 또한 감정을 표현하는 데 있어서 매우 함축적이고 쉽게 속내를 드러내지 않아 비교적 폐쇄적이다. 중국인의 전통적 가치관으로 예를 중시하고 법을 가볍게 여기며, 의를 중시하고 이익을 경시한다. 극기복례(克己復禮: 나를 이기고 예로 돌아간다)를 강조하면서 사람들에게 자신의 욕망과 감정, 그리고 이익을 절제함으로써 조직과 국가, 민족에게 이바지하라고 요구한다.

이처럼 우리가 안다고 하는 중국은 공자의 나라 중국, 삼국지의 배경이었던 중국, 당대 시인 이백과 두보의 나라 중국 등이 대부분이다. 그 후 쉽지 않았던 근대화의 고통을 겪었던 두 나라는 한반도의 전쟁 이후 찾아온 냉전질서 속에서 동아시아문화의 한 축을 담당하며 극단적인 체재, 즉 민주주의와 사회주의라는 이념의 대립 속에서 오랜 세월을 살아왔다.

유가에 대한 양국의 가장 큰 인식 차이는 바로 한국인에게 있어서 유교는 예(禮)와 효(孝)를 중시하여 행위에 많은 영향을 미친 하나의 종교적 규범인 데 반해, 중국인에게 유교는 종교 혹은 생활의 규범으로서가 아닌, 통치이념으로서의 '인(仁)'을 중요시하는 하나의 학술사상으로 인식되고 있다. 그래서 명칭에서부터 알 수 있듯이 한국에서는 흔히 행위규범으로서 모든 도덕과 윤리적 기준이 되는 유교(儒敎)라고 하며, 중국에서는 추상적인 가치관으로서 유가(儒家) 혹은 유학(儒學)이라 일컫는다.

(2) 가치관 전환에 따른 여성의 지위 변화

중국은 전통적으로 남성 위주의 사회였다. 그러므로 자연스럽게 남자는 바깥일에 종사하고 여성은 집안일에 신경을 써야 했는데, 이것이 바로 이른바 '남주외(男主外), 여주내(女主內)'이다. 그러나 이런 사회의 관념은 시대가 변화하고 가치관이 전환됨에 따라 점차 바뀌는데, 현대 중국 사회에서 여성의 지위는 계속 높아지고, 여자에 대한 편견도 적어졌으며, 사회적으로 여자들의 활동 범위도 훨씬 높다. 가장 중요한 것은 바로 여성이 경제적으로 독립해 있으므로 예전보다 훨씬 많은 결정권을 가지게 되었다. 이렇듯 중국의 여권신장 이유에 대해서 알아보자면 다음 몇 가지를 들 수 있다.

첫째, 어려서부터 강인한 여성상에 대한 고사(故事)를 들으며 성장

중국 여성의 강인성은 그 기원을 수나라가 중국을 통일하기 전인 5호 16국의 시기에 등장한 이른바 '뮬란'에서 찾을 수 있을 것이다. 뮬란(Mulan)은 한글로는 '목란', 한자로는 '木蘭', 중국어로 읽으면 '무란'이 되는데, 이는 당시에 유행하였던 목란시(木蘭詩)에 등장하는 인물이다. 상술한 바와 같이 짧은 시기에 많은 나라가 난립하다 보니 전쟁이 빈번했고, 한 집에 적어도 한 사람은 군역의 의무를 다해야 하는데, 아들이 없던 목란의 집에는 아버지가 대신 군역을 져야 했고, 아버지를 대신하여 처녀 목란이 남장을 하고 싸움터에 나가 큰 공을 세우고 돌아왔다는 얘기이다.

이후 목란은 중국의 여성을 대표하는 이상적인 여인상이 되었고, 지금까지도 이 목란의 이야기는 중국 오페라 경극 〈화목란(花木蘭)〉이란 작품으로 개작되어 공연되면서 많은 중국인 사이에서 사랑받는 영웅으로 자리 잡았다. 이러한 중국의 강인한 여성상은 우리나라에서 연극과 곡예, 그리고 각종 시문의 주제로 등장하여 아버지를 위해 인당수에 몸을 던진 효녀 심청과는 전혀 다를 수밖에 없다.

둘째, 여성의 경제활동 증가로 가사노동으로부터 상대적으로 해방

남성들과 똑같이 여성들도 경제활동에 참여하게 되면서 중국 사회는 커다란 변화를 가져오게 된다. 가령, 한국의 경우 과거는 말할 것도 없거니와 현재도 여성은 전업주부로서 식구들의 건강을 책임지는 중요한 역할을 한다. 그래서 아침마다 일찍 일어나 부지런히 아침 식사를 준비하여 남편 출근시키고 아이들 학교에 보낸다.

중국의 경우는 어떨까? 여성들도 남성들과 똑같이 아침에 출근을 하기 때문에 아침 식사를 준비하는 모습은 상상하기도 어렵고, 그렇게 할 필요를 느끼지 못한다. 그래서 중국인들은 출근하면서 회사 근처에 있는 '루벤탄(路邊灘, 간단하게 손수레에서 아침을 만들어 파는, 우리의 포장마차와 같다)'에서 중국식 아침인 '도우쟝(豆漿)'이나 '요우탸오(油条)' 등을 사서 회사에서 먹는다. 바쁜 일상은 중국의 아침식사 문화까지도 바꾸어 놓았다.

셋째, 이로 인해 집안일은 남자와 분담

남편과 아내 모두 직장생활을 하다 보니 집안일이나 육아 모두 여성의 몫이 아니라 두 사람의 문제가 된다. 가령, 아침에 아내가 아이를 유치원이나 학교에 데려다주면 오후에 아이를 데려오는 것은 남편의 몫이 된다. 아내가 아이를 데려오는 날이면 남편은 그냥 귀가하는 것이 아니라,

시장에 들러 저녁 식사에 필요한 장을 봐서 자연스럽게 부엌에 들어가 음식을 만든다. 중국에서 남자가 부엌에 들어가는 것은 한국보다 훨씬 자연스럽고 당연하다. 심지어 처가 식구가 집에 놀러오는 날에는 아내와 장모님은 거실에서 TV를 보면서 수다를 떨지만, 남편은 부엌에서 열심히 저녁을 준비하는 것이 중국에선 너무나도 자연스러운 일상이다.

(3) 한·중 양국의 대학생활

중국의 대학생은 아무래도 취업과 진로 때문에 대학에 들어오자마자 매우 열심히 공부한다. 매일 아침 수업도 시작하기 전에 많은 학생이 캠퍼스 곳곳에서 열심히 영어문장을 외우는 학생을 어렵지 않게 볼 수 있는데, 중국 대학생의 영어 실력은 전반적으로 좋은 편에 속한다. 특히 발음을 중요하게 생각해 큰 소리로 본문을 읽고 외우는 모습이 꽤 인상적이다. 그러다 보니 회화 실력도 상당하여 원어민 교수와 어렵지 않게 대화하기도 하고, 토플 성적도 꽤 좋은 편이어서 장학금을 받고 외국대학에서 유학하는 것이 이들 대학생의 로망이기도 하다.

수업시간에 학생 대부분은 적극적으로 교수의 지시와 요구에 따라 수업에 참여하고 교수가 질문하면 매우 진지하게, 그리고 큰소리로 대답한다. 이들의 가장 큰 목표는 바로 좋은 성적을 받아 좋은 직장에 취직하고 돈을 많이 버는 것이기 때문이다. 당연히 열심히 공부하지 않은 학생들도 있는데, 이런 학생은 대체로 교실 뒤쪽에 앉아 핸드폰을 보거나 동영상을 보는 등 딴짓을 하기도 한다.

중국 대학의 독특한 기숙사 문화

중국의 대학은 일반적으로 재학생의 경우 학교 기숙사에 사는 것을 원칙으로 한다. 중국 대학의 기숙사는 4인 1실을 기본으로 하며, 네 개의 책상과 침대가 있고, 가운데에는 커다란 탁자가 있어 함께 식사하거나

중국의 일반적인 재학생 기숙사 중국 대학은 모든 대학생이 기숙사에서 생활하는 것을 원칙으로 한다. 규모가 적은 대학의 경우라도 재학생 수가 몇 만명씩 되기 때문에 기숙사가 있는 곳은 하나의 작은 마을과 같다. 슈퍼마켓, 세탁소, 문구점은 기본이고 학생들 전용 공중목욕탕이 있어 학교 밖을 나가지 않아도 모든 것을 기숙사안에 해결할 수 있다. 수업 이외의 대부분의 시간을 기숙사에서 지내기 때문에 입학 시 어떤 룸메이트를 만나느냐 하는 것이 매우 중요하다.

공부하기도 한다. 특이한 것은 중국 대학생의 경우 모두 기숙사에서 생활하기 때문에 '동창' 혹은 '룸메이트' 간의 감정이 매우 좋다. 즉, 이들은 같은 전공과 학년 학생끼리 방을 배정받고 한번 룸메이트가 되면 이들은 온종일, 1년 내내 졸업할 때까지(물론 중간에 휴학도 하지 않는다) 줄곧 같은 공간에서 생활한다. 사정으로 같은 방에 배정받지 못해도 최소한 같은 층, 가까운 곳에 방을 배정받아 관계는 계속된다. 이것으로 볼 때, 중국의 대학 생활을 가운데 큰 비중을 차지하는 것은 바로 기숙사 생활과 문화라고 할 수 있다.

평상시엔 함께 방에서 과제를 하고 시험을 준비하며, 휴일이 되면 학생회에서 주관하는 이런저런 단체활동에 참여하는데, 같은 전공이라도 워낙 학년마다 학생 수가 많아서 대부분 기숙사를 기준으로 같은 전공 학생끼리 소그룹을 만들어 생활한다. 가령, 룸메이트끼리 한팀이 되어 운동시합을 하거나 주말엔 마작이나 카드놀이를 하는 등 친목을 도모하며 서로 간의 감정을 교류한다. 이렇게 중간에 휴학 없이 대학

4년을 함께 보내기에 졸업한 후 학생들이 뿔뿔이 전국으로 흩어져도 동창회를 하면 모두 학창시절의 그리움으로 멀리 있는 길도 마다하지 않고 모여 가장 꿈 많고 순진했을 당시의 추억을 떠올리며 즐거운 시간을 갖는다.

한국의 일반적인 대학생활

한국의 대학은 모든 학생을 수용할 만한 기숙사도 없고 재학생이라도 반드시 기숙사에 살아야 할 의무조항이 없으며, 대부분의 학생들은 학교가 집에서 멀지 않기 때문에 개별적으로 통학하거나 부득이한 경우 학교 밖에서 자취를 한다. 기숙사에 살면 통금시간, 취침시간 등 여러 가지 준수해야할 사항이 있어서 기피하는 경우가 많기 때문이다.

또한, 처음엔 나이가 같거나 비슷한 연령대의 학생들이 함께 입학하지만, 남학생이라면 반드시 군대에 가야 하고 군대 가는 시기도 서로 달라서 같은 학년이라도 연령대도 다르고 사는 곳도 서로 다르며, 기숙사에 산다고 해도 무작위로 추첨하여 룸메이트가 정해지기 때문에 중국 대학처럼 1학년 때 한번 같은 방에 배정받으면 졸업할 때 까지 함께 지내며 좋은 관계를 유지하는 등의 친근한 기숙사 문화가 존재하지 않는다.

그리고 한국대학의 중국대학보다 휴학이나 자퇴가 비교적 자유롭다. 한국의 경우 대부분 1학년 1학기를 마치고 2학기부터는 자유롭게 휴학을 할 수 있어서 어학연수를 가거나 취업에 필요한 자격증을 취득하는 등 서로 다른 목표를 가지고 휴학을 한다. 오히려 대학 4년 동안 휴학을 하지 않고 내리 4년을 다니는 경우가 거의 없을 정도로 한국대학에서는 휴학을 대학 생활에 있어서 매우 중요한 기회라고 생각한다. 중국 대학생을 만나면 한국 대학생들이 학교 다니다가 왜 휴학하는지 잘 이해할 수가 없다고 할 정도이다.

이런 이유로 한국의 대학생은 중국대학처럼 같은 학년 혹은 같은 기숙사에 사는 학생끼리의 관계가 매우 좋은 것과는 다르게 감정 간의 교류도 그리 많지 않고 깊은 우정이나 감정을 쌓기가 쉽지 않다.

한·중 양국의 대학생활 가운데 가장 큰 차이는 자율성이 있다. 중국 대학의 경우 학생들이 입학하면 전공이나 학과별로 이른바 '도우미 선생님(導員)'이 있어 수강신청, 장학금 신청, 학교생활, 진로 및 취업 상담 등 세세한 것까지 많은 도움을 받을 수 있다. 이들은 학교의 정직원으로 일반 행정을 담당하는 직원과 똑같은 대우를 받으며 학생들은 도우미 혹은 선생님이라 부르며 많은 부분을 지도한다. 중국대학의 경우 한 학년에도 3개 혹은 4개의 반이 있고 각반별 50여 명의 학생이 있어 전문적으로 도움을 주는 선생님이 없으면 학교생활하는데 많은 문제가 발생한다고 한다.

한국의 경우 특정한 도우미가 없고 학교생활 전반에 관련된 부분은 각 부서의 교직원에게 물어보거나 아니면 학과 선배들에게 직접 물어보며 해결한다. 어느 정도의 도움은 불가피하겠지만 대부분 학생 스스로 모든 것을 알아서 해결해야 한다. 수강신청도 그렇고 장학금이나 교내 아르바이트 신청 등 반드시 자신이 학교공지 사항을 꼼꼼히 체크하면서 제시간에 처리해야만 한다. 기한을 넘기거나 관련 서류가 하나라도 미비되어 발생되는 모든 불이익은 자신이 스스로 책임져야한다는 것이다. 특히, 신입생의 경우 학교생활에 적응이 채 되기도 전에 모든 것을 스스로 처리해야 되기 때문에 일부 학부형들은 수강신청과 같이 민감한 사안인 경우 직접 담당교수에게 전화를 걸어 이런 저런 이유로 이 과목을 수강해야 된다 혹은 수강할 수 없다는 얘기를 하며 때론 강압적으로, 때론 애원하다시피 하여 자식의 대학생활의 도우미 역할을 자처한다.

한·중 양국의 문화적 이질감

중국의 다양한 민족, 문화 그리고 자연환경으로 인해 생기는 다양성에 반대되는 한국의 단일민족, 거의 비슷한 자연환경 속에서 문화에 의한 획일적인 사고방식이 생겨나 유행에 매우 민감하며 자신의 개성보다는 대중화에 더욱 전념하게 된다. 세계화는 바로 다른 문화에 대한 폭넓은 이해에서 비롯된다. 이러한 다양성을 인정하지 못하면 세계화의 물결 속에서 자연 도태되고 말 것이다.

하나의 문화만을 인정하는 것은 자기를 다른 문화로부터 격리하는 것과 마찬가지다. 가령, 자기보다 나이 어린 직장 상사에게 고개 숙여 인사를 했을 때 양국은 어떻게 생각할까? 한국의 경우 직장 상사이기 때문에 그럴 수 있다고 생각하지만, 중국의 경우 그건 단지 직장 내에서의 상, 하 관계이고 서열이기에 직장에서 일할 때는 아랫사람이 윗사람에게 복종하는 것은 당연하고, 일과가 끝난 후에 회사를 나와서는 다시 동등한 인격체로서 모든 사람이 평등하다고 생각한다.

> "
> '다름'을 인정하고 그 속에서 '같음'을 추구하자!
> "

어느 나라나 지역을 막론하고 모두 특유의 문화적 환경과 관리방법을 가지고 있다. 나라마다 정치제도와 경제구조, 법률제도, 가치관, 풍속습관, 종교와 신앙 등 가장 중요하다고 여겨지는 사회적 가치체계가 매우 달라서 한 나라에서는 너무나도 보편적이고 이해 타당한 논리와 상황이라도 또 다른 지역과 나라에서는 전혀 이해가 안 되고 받아들여지지 않는 것이 있다. 또한, 오랜 세월 동안 자기도 모르게 습득되는 현상으로 말미암아 각자 자기가 속한 사회의 문화나 가치관을 너무나 당연한 것으로 받아들인다. 이는 종종 나와 다른 지역과 국가의 문화를 이해하는 데 심각한 장애 요인이 되기도 한다.

이런 점을 십분 고려하여서 중국의 사회와 문화를 접하고 그것을 평가할 때 반드시 중국의 사회와 문화를 형성하는데 결정적 영향을 끼친 시, 공간적 배경에 대한 충분한 이해가 수반되어야 한다. 즉, 나의 관점에서 상대방을 평가하는 것이 아니라, 그 상대방의 관점에서 현상을 바라보고 이해할 수 있어야 한다는 말이다.

참고문헌

• 단행본

〈제1강〉

임어당, 『중국, 중국인』, 도서출판 장락, 1995.

공상철 외, 『중국 중국인 그리고 중국문화』, 다락원, 2003.

주영하, 『중국, 중국인, 중국음식』, 책세상, 2006.

위화, 『위화, 열 개의 단어로 중국을 말하다』, 문학동네, 2016.

스위즈, 『중국, 엄청나게 가깝지만 놀라울 만큼 낯선』, 애플북스, 2018.

홍순도 외, 『베이징특파원 중국문화를 말하다』, 서교출판사, 2020.

정숙영, 『중국이 싫어하는 말』, 미래의창, 2020.

한중인문학교류연구소, 『중국문화알기』, 시사중국어사, 2020.

김준봉·김성준, 『성공하는 중국유학』, 어문학사, 2014.

〈제2강〉

张素梅, 『阶层分化与中国梦的实现』, 北京 : 社会科学文献出版社, 2013.

윤창준, 『현대 중국문화의 이해』, 어문학사, 2017.

홍순도 외, 『베이징특파원 중국문화를 말하다』, 서교출판사, 2020.

〈제3강〉

李宗桂, 『中國文化概論』, 동문선, 2003.

한창수·김영구, 『중국문화개관』, 한국방송대학출판부, 2003.

강진석, 『중국의 문화코드』, 살림, 2004.

후자오량, 『중국의 경제지리를 읽는다』, 휴머니스트, 2005.

〈제4강〉

장범성·고연걸, 『중국학개론』, 한림대학교출판부, 2002.

이인호, 『이것이 중국이다』, 도서출판 아이필드, 2002.

한창수·김영구, 『중국문화개관』, 한국방송대학출판부, 2003.

변성규, 『중국문화의 이해』, (주)문학사, 2003.

李宗桂, 『中國文化概論』, 동문선, 2003.

유광종, 『연암 박지원에게 중국을 답하다』, (주)크레듀, 2007.

박재범, 『중국인의 얼굴 중국인의 생각』, (주)박영사, 2019.

468

〈제5강〉
송봉규 외, 『중국학개론』, 동양문고, 2002.
왕순홍 편저, 『중국의 어제와 오늘』, 평민사, 2007.
김태만 외, 『쉽게 이해하는 중국문화』, 다락원, 2011.

〈제6강〉
S.시그레이이브, 『보이지 않은 제국, 화교 중국인 이야기』, 프리미엄북스, 1997.
송봉규 외, 『중국학개론』, 동양문고, 2002.
최진아 역, 『중국상식』, 다락원, 2003.
정성호, 『화교』, (주)살림, 2004.2.
한중인문학교류연구소, 『중국문화알기』, 시사중국어사, 2020.
정숙영, 『중국이 싫어하는 말』, 미래의창, 2020.
https://www.joongang.co.kr/article/11977051#home

〈제7강〉
후자오량, 『중국의 문화지리를 읽는다』, 휴머니스트, 2005.
강윤옥, 『중국문화오딧세이』, 차이나하우스, 2006.
주영하, 『중국, 중국인, 중국음식』, 책세상, 2006.
이규갑 외, 『중국문화산책』, 학고방, 2006.
양세욱, 『짜장면』, 프로네시스, 2009.
김상균·신동윤, 『사진으로 보고 배우는 중국문화』, 동양북스, 2015.

〈제8강〉
송봉규 외, 『중국학개론』, 동양문고, 2002.
한창수·김영구, 『중국문화개관』, 한국방송대학출판부, 2003.
송철규, 『경극』, (주)살림, 2004.2.
차미경, 『경극(상징의 미학)』, 신서원, 2005.
이규갑 외, 『중국문화산책』, 학고방, 2006.

〈제9강〉
『北京四合院』, 北京美術撮影出版社, 1993.
『故宮』, 新华出版社, 1996年.

〈제11강〉
김동욱, 『광장을 읽는 일곱 가지 방법』, 문학과 지성사, 1996.

〈제13강〉
홍순도 외, 『베이징특파원 중국문화를 말하다』, 서교출판사, 2020.

• 논문
〈국내 논문〉
장태현, 「中國廣場의 形成과 變遷過程에서의 現象 : 中心區 廣場을 中心으로」, 『산업
　　과학연구』 제21권 제2호, 2004.2.
김동하, 「중국 중산층의 부상과 그 특징과 규모」, 『중국학연구』 제27집, 2004.3.
조성균, 「도가사상이 중국 전통체육 양생학에 미친 영향」, 『한국체육학회지 : 인문·사
　　회과학편』 제45권 제6호, 2006.11.
이문기, 「중국 중산계층의 성장과 정치민주화전망」, 『아시아연구』, 2010.6.
김옥, 「중국 중간계층의 여가 현황」, 『韓中言語文化研究』 제35집, 2014.6.
갈소휘, 「광장과 광장춤(廣場舞), 중국의 정치 전통」, 『韓中靑年論叢』 제5집, 2015.
구리, 「광장무를 추는 젊은이들, 혹은 소멸을 앞둔 광장무 팀」, 『문화연구』 5권 1호,
　　2017.

〈중국 논문〉
付荣, 「论太极拳在全民健身中的作用」, 『宿州师专学报』 18卷 2期, 2003.6.
程嘉纯, 「对广场文化的美学探讨」, 『学术交流』 8期, 2004.
穆青, 「如何理解志愿服务与志愿精神」, 『北京青年政治学院学报』 14卷 3期, 2005.9.
杨渝南, 「对中国城市广场文化表达的思考」, 『广东园林』 2期, 2007.
张瑞琴, 「浅论群众文化之广场文化」, 『科技创新导报』 6期, 2008.
孙云晓, 「鸟巢一代塑造中国公民形象」, 『中国教育报』, 2008.9.16.
李图强, 「志愿者与志愿精神: 和谐社会的重要内在动力」, 『探索与争鸣』 第11期, 2008.
赵伟科, 「城市广场体育文化活动的兴起和发展趋势」, 『山西大同大学学报(自然科学版)』
　　6期, 2008.
穆青, 「鸟巢一代特点分析」, 『北京青年政治学院学报』 第4期, 2009.
邹小燕, 「鸟巢一代与中国未来」, 『黑龙江生态工程职业学院学报』 22卷 1期, 2009.
刘琨, 「我国城市广场健身文化研究」, 『西安体育学院学报』 6期, 2012.
尤莼洁, 「鸟巢一代给海宝一代的启示」, 『解放日报』, 2010.1.22.
舒国宋, 「以世博志愿服务为契机, 检验和提升海宝一代」, 『组织人事报』, 2010.4.20.
曹玲娟, 「海宝一代锭放2010上海世博」, 『人民网』, 2010.8.12.
徐瑞哲, 「海宝一代精神特质出炉, 逾八成学生自信是祖国希望」, 『解放日报』, 2010.12.26.
万相辛, 「鸟巢一代: 后奥运时代的人生变迁」, 『21世纪经济报道』, 2010.12.27.

470

姚敏,「健步走: 走出快乐走出健康」,『中国消费者报』, 2013.10.21.

丽华,「广场舞热的冷思考」,『中国工人』3期, 2014.

樊晓, 崔国文,「论广场舞发展中的问题与对策」,『体育文化导刊』6期, 2014.

刘婷,「论广场舞的文化内涵」,『当代体育科技』18期, 2014.

闫茂华,「论中医运动养生及慢病防治」,『云港师范高等专科学校学报』第2期 6期, 2015.

牛胜男外,「浅谈健步走的价值意义与科学方法」,『社会体育学』19期, 2015.

张奉连,「踢毽子——身心俱益好运动」,『乡村科技』1期, 2016.

王馨,「电视剧〈欢乐颂〉的社会现象分析」,『新闻研究导刊』, 2016:7.

何文静,「浅析〈欢乐颂〉火爆的塬因」,『科技传播』, 2016:8.

杨雨晴,「浅析以女性形象为主的都市剧——以〈欢乐颂〉为例」,『戏剧之家』, 2016:15.

王钰,「电视剧〈欢乐颂〉与新穷人的思考」,『商业』, 2016:33.

杨静,「都市浮华之下的人生七苦—浅析影视剧〈欢乐颂〉」,『戏剧之家』, 2016:13.

• 인터넷 웹사이트

https://sites.google.com/site/ahnbyoungjoon100/jalyosil/jung-gug-yolipyeonchinesecooking

http://www.kjbchina.com/bbs/board.php?bo_table=sayings&wr_id=29

https://terms.naver.com/entry.naver?docId=5569999&cid=43667&categoryId=43667

https://terms.naver.com/entry.naver?docId=1052108&cid=42693&categoryId=42693

https://m.post.naver.com/viewer/postView.nhn?volumeNo=30955674&memberNo=32543211

https://blog.naver.com/chinasisa/222219479837

https://blog.naver.com/donmany0203/30081824848

https://m.post.naver.com/viewer/postView.naver?volumeNo=32093669&memberNo=32660183

저자 최세윤

대학시절 『諸子選讀』이라는 수업을 듣다가 노자와 장자 철학에 흥미를 느끼고 대학 졸업 후 대만으로 건너가 국립대만사범대학교 국문연구소에서 석, 박사 학위를 취득하였는데, 석사과정 시 魏晉玄學을, 박사 과정에는 魏晉文學理論을 연구하였다. 귀국 후 위진 시대의 철학과 문학이론을 연구하면서 王弼과 嵇康, 그리고 竹林七賢, 世說新語 관련 논문을 다수 발표하였다. 저서로는 『유가를 비판한 진정한 유학자 혜강, 그리고 성현고사전찬(聖賢高士傳贊)』(한국학술정보, 2018)이 있다.

중국어교육에도 관심이 많아 「독해력강화를 통한 종합적 중국어학습법고찰」(『중국어문학논집』 63호), 「중국어독해능력 향상을 위한 '無標志複文'의 유형분류와 독해방법 고찰」(『중국어문학논집』 69호) 등의 논문을 발표하였다. 중국문화 역시 관심 있는 연구 분야의 하나로, 「중국 신세대 양상 및 그 가치관 변화 연구 – '小皇帝'에서 '鳥巢一代', 그리고 '海寶一代'까지」(『외국학연구소』 24집), 「중국 광장문화의 특징과 가치 고찰 – '養生'을 실천하는 장」(『중국문화연구』 39집), 「基督敎의 그리스도론과 中國人의 道家的 思惟方式에 관한 認識論的 考察」(『중국학연구논총』 2집) 등의 논문을 발표하였다. 특히 2014년 EBS 다큐멘터리 〈세계견문록 아틀라스 – 중국비경, 서하객유람기〉의 큐레이터로 중국의 武夷山, 黃山, 廬山을 직접 오르면서 중국의 자연절경에도 심취하는 계기가 되었다.

현재 고신대학교 중국학전공 교수로 재직 중에 있다.

디코딩 차이나

14개의 주제로 풀어본 중국

2022년 1월 14일 초판 1쇄 펴냄

지은이 최세윤
펴낸이 김흥국
펴낸곳 보고사

책임편집 이경민
표지디자인 오동준

등록 1990년 12월 13일 제6-0429호
주소 경기도 파주시 회동길 337-15 보고사
전화 031-955-9797
팩스 02-922-6990
메일 kanapub3@naver.com / bogosabooks@naver.com
http://www.bogosabooks.co.kr

ISBN 979-11-6587-245-8   03300
ⓒ 최세윤, 2022